UNIVERSITY OF NORTH CAROLINA AT CHAPEL HILL
DEPARTMENT OF ROMANCE LANGUAGES

NORTH CAROLINA STUDIES
IN THE ROMANCE LANGUAGES AND LITERATURES

ESSAYS; TEXTS, TEXTUAL STUDIES AND TRANSLATIONS; SYMPOSIA

Founder: URBAN TIGNER HOLMES

Distributed by:

UNIVERSITY OF NORTH CAROLINA PRESS
CHAPEL HILL
North Carolina 27514
U.S.A.

NORTH CAROLINA STUDIES IN THE
ROMANCE LANGUAGES AND LITERATURES
Number 145

HISTORIA Y BIBLIOGRAFÍA DE LA CRÍTICA SOBRE EL
POEMA DE MÍO CID
(1750-1971)

To my son Joseph

HISTORIA Y BIBLIOGRAFÍA DE LA CRÍTICA SOBRE EL *POEMA DE MÍO CID* (1750-1971)

POR

MIGUEL MAGNOTTA

CHAPEL HILL

NORTH CAROLINA STUDIES IN THE ROMANCE
LANGUAGES AND LITERATURES
U.N.C. DEPARTMENT OF ROMANCE LANGUAGES

1976

Library of Congress Cataloging in Publication Data

Magnotta, Miguel.
 Historia y bibliografía de la crítica sobre el Poema de mío Cid (1750-1971).
 (North Carolina studies in the Romance languages and literatures; no. 145.)
 (Publications of the Department of Romance Languages, University of North Carolina.)
 A revision of the author's thesis, Case-Western Reserve University, 1969, which was presented under the title: Historia de la crítica sobre el Cantar de mío Cid (1750-1969).

Bibliography: p. 261.

1. El Cid Campeador. 2. El Cid Campeador-Bibliography. I. Title. II. Series.

Library of Congress Cataloging in Publication Data

PQ6380.M34 1974 861'.1   74-22082
ISBN 978-0-8078-9145-2

I.S.B.N. 0-88438-945-6

DEPÓSITO LEGAL: V. 555 - 1976
ARTES GRÁFICAS SOLER, S. A. - JÁVEA, 28 - VALENCIA (8) - 1976

ÍNDICE DE MATERIAS

Págs.

PREFACIO ...	9
INTRODUCCIÓN ...	11
LISTA DE ABREVIATURAS EMPLEADAS ...	13
I. EL PROBLEMA DE LA FECHA ...	17
II. PROBLEMAS EN TORNO AL AUTOR ...	38
a) ¿Autor anónimo o autor conocido? ...	38
b) ¿Clérigo o juglar? ...	44
c) Patria del autor ...	57
d) ¿Un autor o dos autores? ...	64
e) ¿Creador o refundidor? ...	70
III. EL PROBLEMA DE LOS ORÍGENES ...	78
IV. LAS INFLUENCIAS EN EL CANTAR ...	90
a) Influencia francesa ...	90
b) Influencia germánico-gótica ...	107
c) Influencia musulmana ...	113
V. RELACIONES ENTRE EL CANTAR Y LAS CRÓNICAS.	118
a) El poema y la *Primera crónica general* ...	118
b) El poema, la *Crónica de Castilla* y la *Particular del Cid* ...	124
c) El *Mío Cid* y la *Crónica de Veinte Reyes* ...	127
d) Cantar, *Crónica de 1344, Tercera General* y *Crónica toledana* ...	131
VI. RELACIONES ENTRE EL CANTAR Y LOS ROMANCES.	136
VII. EL PROBLEMA DE LA VERSIFICACIÓN ...	150
VIII. EL POEMA COMO OBRA DE ARTE ...	177
IX. APÉNDICES ...	208
Apéndice A) El papel de Per Abat y la tradición épica oral o (y) escrita del *Mío Cid* ...	208

Apéndice B) El arte de los cantares de gesta: juglares y clérigos	219
Apéndice C) Sobre el carácter mítico del *Mío Cid* ...	224
Apéndice D) Sobre el sentimiento del paisaje y del tiempo en el *Poema del Cid*	229
X. CONCLUSIONES	240
XI. BIBLIOGRAFÍA	261
Dos notas bibliográficas adicionales	286
Índice general de autores y materias	287

PREFACIO

"The book has been published with help of a grant from the Humanities Research Council of Canada, using funds provided by the Canada Council."

En el presente estudio revisamos, añadimos y ponemos al día nuestra tesis doctoral "Historia de la crítica sobre el *Cantar de Mío Cid* (1750-1969)," escrita en la Universidad de Case-Western Reserve University (Cleveland, Ohio) en 1969, bajo la dirección del Prof. Joaquín Gimeno.

Nos es grato expresar nuestro profundo agradecimiento al *Humanities Research Council of Canada* que, con su generoso subsidio, ha hecho posible la publicación de la obra.

Muy especialmente queremos poner de manifiesto nuestra deuda y reconocimiento a D. Joaquín Gimeno, maestro y guía durante nuestros años de estudio en C. W. R. U. A él quedamos vivamente agradecidos por habernos sugerido valiosas ideas, por la paciente lectura que hizo de la primera redacción de la tesis doctoral, y por habernos animado siempre con afecto y genuino interés a preparar este libro para la publicación. También damos las gracias a la Universidad de North Carolina por haber apoyado la publicación de esta obra, especialmente a D. Juan Bautista Avalle-Arce, por su ayuda valiosa en muchos puntos de detalle y por sus muchos consejos sobre la redacción final del libro. A todos los que han contribuido, de una manera u otra, a completar, mejorar, la presente obra quedamos vivamente agradecidos.

INTRODUCCIÓN

Durante más de doscientos años el *Cantar de Mío Cid* se ha estudiado, interpretado y discutido. La crítica, fuera y dentro de España, ha procurado resolver sus problemas y descubrir el secreto de su arte. Se ha enriquecido enormemente, así, con tantas obras y desde tan diversas perspectivas, el conocimiento del *Poema*.

Dice Américo Castro en su artículo "Presencia del Sultán Saladino en las literaturas románicas":

> ¿Cómo enterarse de lo que ya ha sido averiguado en cualquier parcela de la historia? Las *terrae incognitae* no están en las tinieblas del pasado, sino en las bibliotecas en torno a nosotros. De ahí mi interés por buscar *modos de entender*, más bien que hechos nuevos o inéditos. Va siendo ya hora de sistematizar (en la forma modesta y limitada que nos sea dable) lo allegado por la labor benemérita de nuestros predecesores.[1]

Como falta un estudio del nacimiento y del desarrollo de la crítica cidiana, y como es cada vez más necesario reunir y sistematizar la inmensa cantidad de investigaciones que se ocupan del poema, nosotros, animados por las palabras de don Américo, hemos decidido emprender este trabajo. Intentaremos, pues, usando como núcleos sistematizadores los más interesantes problemas que en relación con el *Cantar* se han planteado, delinear las corrientes críticas, apuntar los fenómenos en ellas más determinantes, mostrar sus métodos, enumerar las teorías características,

---

[1] Américo Castro, *Semblanzas*..., p. 18. Salvo algunos casos, en las notas damos siempre la forma abreviada de las obras de autores citados; referencia completa a ellos se da en la BIBLIOGRAFÍA (Cap. XI).

y destacar, por último, a los autores que de una manera sobresaliente han intervenido con su estudio. Es decir, presentar la historia y bibliografía de la crítica cidiana.[2]

No pretendemos, por lo tanto, analizar ni interpretar la obra; no pretendemos tampoco valorar ni discutir lo que se ha dicho sobre ella. Pretendemos, sí, facilitar el acercamiento a los futuros lectores, guiarlos a través de la selva de estudios y comentarios, animarles a hacer, al presentar lo hecho, algo de lo que falta todavía.

---

[2] Hemos fijado el año 1971 como límite temporal (fecha final) de esta historia de la crítica sobre el *Poema del Cid*. Hay, sin embargo, una excepción: los estudios contenidos en la *Festschrift* dedicada a Edmund de Chasca y publicados por la *PQ*, LI (1972); Stephen Gilman, "The Poetry of the *Poema* and the Music of the *Cantar*," 1-11; Charles V. Aubrun, "Le *Poema de Mio Cid* alors et à jamais," 12-22; Thomas R. Hart, "The Rhetoric of (Epic) Fiction: Narrative Technique in the *Cantar de Mio Cid*," 23-25; y A. D. Deyermond, "Folk-motifs in the Medieval Spanish Epic," 36-53. Estudios, éstos, que, por su importancia respecto a algunos de los problemas cidianos hoy más discutidos, hemos creído necesario incluir en la presente obra.

LISTA DE ABREVIATURAS EMPLEADAS

A	Atenea (Concepción, Chile).
AAL	Atti dell'Accademia del Lincei.
AEM	Anuario de Estudios Medievales (Barcelona).
AFFLUSM	Annali della Facoltà di Filosofia e Lettere dell'Università Statale di Milano.
AHAM	Anales de Historia Antigua y Medieval.
ALM	Anuario de Letras (México).
AO	Archivum (Oviedo).
APCIH	Actas del Primer Congreso Internacional de Hispanistas (celebrado en Oxford, 1962, y publicado en 1964).
ARAST	Atti della Reale Accademia delle Scienze di Torino.
ASCIH	Actas del Segundo Congreso Internacional de Hispanistas (celebrado en 1965 en Nijmegen y publicado por el Instituto Español de la Universidad de Nimega, Holanda, en 1967).
ASNSL	Archiv für das Studium der Neuen Sprache und Literatur.
ARCIH	Actas del Tercer Congreso Internacional de Hispanistas (celebrado en México, agosto de 1968 y publicado por la Asociación Internacional de Hispanistas, El Colegio de México, México, 1970).
AUCh	Anales de la Universidad de Chile.
AUM	Anales de la Universidad de Murcia.
BAE	Biblioteca de Autores Españoles.
BACL	Boletím da Academia das Ciencias de Lisboa.
BBMP	Boletín de la Biblioteca Menéndez y Pelayo.
BCPMB	Boletín de la Comisión Provincial de Monumentos de Burgos.
BF	Boletín de Filosofía (Santiago de Chile).
BFD	Boletím da Facultade de Direito (Coimbra).
BH	Bulletin Hispanique (Bordeaux).
BHS	Bulletin of Hispanic (Spanish) Studies.
BIFG	Boletín de la Institución Fernán González.
BILE	Boletín de la Institución Libre de Enseñanza.
Bol	Bolívar (Argentina).
BRABLB	Boletín de la Real Academia de Buenas Letras de Barcelona.
BRAE	Boletín de la Real Academia Española.
BRAH	Boletín de la Real Academia de Historia.
CCM	Cahiers de Civilisation Médiévale.
CE	Cultura Española.
CHA	Cuadernos Hispanoamericanos.

CL	Comparative Literature.
Celt	Celtiberia.
Clav	Clavileño.
CN	Cultura Neolatina.
CuEM	Cuadernos de Estudios Manchegos.
CuHE	Cuadernos de Historia de España.
CSAC	Collected Studies for Américo Castro (Oxford, 1965).
DR	Deutsche Rundschau.
DRAE	Discursos Leídos ante la Real Academia Española.
DRAH	Discursos de la Real Academia de Historia.
Est	Estudios.
EH	Estudios Hispánicos.
EMP	Estudios dedicados a Menéndez Pidal, 7 vols. Madrid: Consejo Superior de Investigaciones Científicas, 1950-1962.
ERO	Lengua, literatura, folklore. Estudios dedicados a Rodolfo Oroz (Santiago de Chile, 1967).
FR	Filología Romanza.
GRM	Germanisch-romanische Monatsschrift, Neue Folge.
Gr. r. Ph	Gründriss der romanischen Philologie, de Gröber.
HDA	Studia Philologica. Homenaje a Dámaso Alonso, 3 vols. Madrid: Gredos, 1960-1963.
Hisp	Hispania.
HMPelayo	Homenaje ofrecido a M. Menéndez y Pelayo, 2 vols. Madrid, 1899.
HMPidal	Homenaje ofrecido a Ramón Menéndez Pidal. Miscelánea de estudios lingüísticos, literarios e históricos, 3 vols. Madrid: Hernando, 1925.
HR	Hispanic Review.
HRM	Homenaje ofrecido a Rodríguez Moñino. 2 vols. Madrid, 1966.
HSCPh	Harvard Studies in Classical Philology.
HT	History Today.
Ins	Ínsula.
IMW-KT	Internationale Monatsschrift für Wissenschäft, Kunst und Technik.
JFI	Journal of the Folklore Institute.
JS	Journal des Savants.
KFLQ	Kentucky Foreign Language Quarterly.
LM	Letterature Moderne.
LNL	Les Langues Néo-Latines.
LR	Les Lettres Romanes.
LT	La Torre (Puerto Rico).
MA	Le Moyen Âge.
MAe	Medium Aevum.
MATh	Mélanges Antoine Thomas. Paris, 1927.
MEJC	Miscelánea de Estudios a Joaquím de Carvalho. Figueira da Foz, 1960.
MFB	Mélanges de Philologie offerts à Ferdinand Brunot. Paris, 1904.
MIF	Mélanges de linguistique et de littérature romanes à la memoire d'Istvan Frank. Saarbrucken, 1957.
MLN	Modern Language Notes.
MLR	Modern Language Review.

LISTA DE ABREVIATURAS EMPLEADAS

MMB	Mélanges offerts à Marcel Bataillon, Bordeaux, 1962.
MMD	Mélanges offerts à Maurice Delbouille, 2 vols. Gembloux, 1964.
MPh	Modern Philology.
MRC	Mélanges offerts à René Crozet, 2 vols. Poitiers, 1966.
MRL	Mélanges offerts à Rita Lejeune, 2 vols. Gembloux, 1969.
MIS	Miscellanea di Studi Ispanici (Pisa, 1965).
Mus	Le Muséon.
NC	La Nouvelle Clío.
Neoph	Neophilologus.
NJWJ	Neue Jahrbucher für Wissenschäft und Jugendbildung.
NRFH	Nueva Revista de Filología Hispánica.
NS	Die Neuren Sprachen.
NSM	Nuovi Studi Medievali.
PE	Punta Europa.
PIFS	Publications of the Institute of French Studies (Columbia University, 1934).
PLPLS-LHS	Proc. Leeds Philosoph. and Lit. Soc., Lit. and Histor. Sect.
PMLA	Publications of Modern Language Association.
PQ	Philological Quarterly.
Prop	Propugnatore. (Il Propugnatore.)
QR	Quarterly Review.
RABM	Revista de Archivos, Bibliotecas y Museos (Madrid).
RDR	Revue de Dialectologie Romane.
RE	Revista de España.
REP	Revista de Estudios Políticos.
RF	Romanische Forschungen.
RFE	Revista de Filología Española.
RFH	Revista de Filología Hispánica.
RFL	Revista da Facultade de Letras (Lisboa).
RGLJ	Revista General de Legislación y Jurisprudencia.
RH	Revue Hispanique.
RIE	Revista de Ideas Estéticas.
RJ	Romanistisches Jahrbuch.
RLC	Revue de Littérature Comparée.
RLi	Revista de Libros.
RLR	Revue des Langues Romanes.
RLV	Revue des Langues Vivantes (Bruxelles).
RN	La Revue Nouvelle.
RNC	Revista Nacional de Cultura (Caracas).
Ro	Romania.
RO	Revista de Occidente.
RomN	Romance Notes.
RPh	Romance Philology.
RPr	Romanistica Pragensia.
RR	The Romanic Review.
RRIL	Rendiconti del Real Istituto Lombardo.
Sef	Sefarad.
SHR	Southern Humanities Review.
SIS	Studi in onore di Italo Siciliano, I (Firenze, 1966).
SP	Studies in Philology.
Spec	Speculum.

TR	La Table Ronde.
UCPMP	University of California Publications in Modern Philology.
UNC	Universidad Nacional de Colombia.
USC	Universidad de San Carlos (Guatemala).
ZFSL	Zeitschrift für französische Sprache und Literatur.
ZRPh	Zeitschrift für romanische Philologie.
WJL	Wienes Jahrbuch der Literatur.

Capítulo I

EL PROBLEMA DE LA FECHA

Fray Martín Sarmiento escribió en 1745 sus *Memorias para la historia de la poesía y poetas españoles,* denominó en ellas al *Cantar* "fragmento de la Historia del Cid", y, utilizando como argumento lo "inconexo" del estilo y lo "alterado" del metro, afirmó que "este *Poema* es el más antiguo que hay en orden de las cosas del Cid"; aunque no se atrevió, sin embargo, "a determinar la época fixa".[1]

La afirmación, demasiado imprecisa, debía precisarse, debían precisarse también las argumentaciones que la sustentaban. Dos críticos entonces (Tomás Antonio Sánchez y Rafael Floranes) hacen surgir con su discusión las dos teorías que se desarrollan en adelante.

Sánchez, primer editor del *Poema,* fija la fecha en la segunda mitad del siglo XII: "Si con cuidado se observa el lenguaje y el estilo de este poema, sus voces, sus frases y venerable rusticidad con que se explicaba el poeta, también se hallarán en él indicios de mayor antigüedad que en las poesías de Berceo. Todo esto me hace conjeturar que el *Poema del Cid* se compuso a la mitad, o poco más, del siglo XII, acaso medio siglo después de la muerte del héroe cuyas hazañas se celebran".[2] Acude a Sarmiento, por lo tanto, para sostenerse; pero defiende, a la vez, con nuevas pruebas sus afirmaciones. Así, apoyándose en los versos 3002 y 3003 ("El comde don Anrrich y el comde don Remond, / aqueste

---

[1] Publicadas en *Obras Pósthumas* [sic] de Sarmiento, I, números 551-2.
[2] Sánchez, *Colección...*, I, 223.

fo padre del buen enperador"),[3] propone como límite temporal del poema, aunque no lo justifica, el año de la muerte del "buen enperador", Alfonso VII de Castilla: "Este emperador murió el año 1157. Y aunque el haberle mencionado no es prueba cierta de que ya hubiera muerto, parece lo más verosímil según el modo con que se explicaba el poeta. Creo, pues, que debe éste [el *Cantar*] colocarse después del año 1157 y antes del 1200 en que ya vivía D. Gonzalo de Berceo".[3]

Rafael Floranes se opone a Sánchez. Cree que el *Cantar* se compuso en 1245, y apoya su afirmación insistiendo en que nada se había escrito en la lengua de Castilla antes de 1240, cuando le dio carácter oficial Fernando III. Se apoya, además, en los versos del éxplicit que indican, según él, que el poema fue escrito, por Per Abat, en 1245. Se apoya, por último, en los versos finales del poema ("quando señoras son sus fijas de Navarra e de Aragón. / Oy los reyes d'España sos parientes son", 3723-4), ya que sólo después de 1221 podía decirse, afirma Floranes, que habían emparentado con el Cid los reyes de España:

> Manifiestamente quiso decir el Poeta, que por estos casamientos eran ya parientes de la sangre del Cid todos los Reyes christianos que reynaban en España quando estaba escribiendo, lo que respecto a Aragón sólo pudo verificarse desde el año 1221, en que fue a casar allá con el Rey D. Jayme la Infanta D.ª Leonor de Castilla hija del Rey D. Alonso VIII, la primera que llebó envuelta en sus venas a aquella real Casa la sangre de la tercera Abuela D.ª Elvira de Vivar, hija del Cid... No habiendo pues entrado la sangre del Cid en la Casa de Castilla antes del año 1151, en la de Portugal antes de 1208, ni en la de Aragón antes de 1221, está patente que para verificarse la expresión del poeta, debió éste escribir después de todos estos tiempos, y con precisión pasado el año 1221. y aún después de él, tampoco es preciso que fuese inmediatamente; y he aquí un argumento, que a mi ver no tiene solución y que confirma grandemente mi juicio de

---

[3] Utilizamos la edición de Ramón Menéndez Pidal, *Poema de Mío Cid* (Madrid: La Lectura, 1913).

[4] Sánchez, "Prólogo" a su *Colección*..., II, p. I. Ver también "Dos opúsculos inéditos...," 404-5.

que el Poema se hubo de acabar en el año 1245, por Pedro Abad, Chantre de la Capilla Real de S. Fernando III.[5]

Las dos teorías que comienzan en el siglo XVIII y colocan el *Cantar* respectivamente en el siglo XII y en el XIII, oponiéndose siempre, se desarrollan en adelante, con nuevos partidarios y con distintos argumentos.

Durante las primeras décadas del XIX, los críticos en general aceptan y mantienen la teoría de Sánchez; pero no aportan nuevos testimonios para sustentarla, y se limitan con repetir, a su favor, palabras anteriores: rusticidad de lenguaje, rudeza de la versificación, simplicidad de estilo.[6]

Es Fernando Wolf, sin embargo, el primero en establecer, entre 1831-32, la fecha del *Cantar*, y en utilizar (aunque repita los de Sánchez) unos argumentos más precisos y mucho más convincentes. Apoyándose en los versos del poema que mencionan al "buen enperador", propone como límite de la antigüedad del poema el año 1135; año en que recibe el título de emperador Alfonso VII de Castilla. Fundándose en el verso que hace parientes del Cid a los reyes de España ("Oy los reyes dEspaña sos parientes son," 3724), fija la composición del *Cantar* en 1151, año en que Sancho III de Castilla celebra sus bodas con Blanca de Navarra, biznieta de Rodrigo; y cree, incluso, que para celebrar las bodas se escribiría el poema.[7] En 1840 Eugenio de Tapia, tras atacar la tesis propuesta por el Abate Juan Andrés en 1782,[8] se

---

[5] Floranes, *Notas críticas*...; el texto que citamos puede verse en "Dos opúsculos inéditos...," 356-62.

[6] F. Bouterwek, *Geschichte*... (1804), trad. inglesa por Th. Ross (London, 1847), pp. 18-19; Quintana, *Poesías*..., BAE, XIX, pp. 2-3; Simonde de Sismondi, *De la littérature*..., trad. inglesa por Th. Roscoe, II, 71; Hallam, *View of the State*..., 554; Martínez de la Rosa, *Arte*..., BAE, CXLIX, p. 251, n. 10; L. Fernández de Moratín, *Orígenes*..., BAE, II, p. 165; Durán, *Romancero*..., BAE, X, LII.

[7] Artículos publicados en *WJL*, LV-LIX (1831-2) y reproducidos, con adiciones, en sus *Studien*... (1859). Citamos por la trad. esp. de los *Studien: Historia de las literaturas*..., I. Sobre la fecha del poema, ver I, 54-8.

[8] *Dell'origine*..., I, 278-9. En desacuerdo con la crítica de su tiempo, el Abate Andrés fecha el poema a finales del siglo XI. El interés con que el poeta del cantar habla constantemente del héroe, y el decir, como de presente, que las hijas del Cid son señoras de Navarra y Aragón ("Oy los reyes dEspaña sos parientes son"), son los argumentos con los cuales el erudito defiende su tesis: "Non mezzo secolo dopo l'eroe, ma nello stesso suo secolo sia vissuto

declara en favor de la teoría de Sánchez, afirmando que el verso del "buen enperador" indica que el *Mío Cid* se compuso "a mediados del siglo XII". [9]

La tesis de Floranes, que durante treinta años había sido abandonada, reaparece hacia 1830, cuando el venezolano Andrés Bello sitúa en el siglo XIII la fecha del poema. [10] Conviene señalar ahora que en el XIX los partidarios de la teoría (Bello, Dozy, Janer, Costa, Tailhan, Restori), aunque colocan en el XIII la composición del *Cantar*, no lo creen escrito, como decía Floranes, en 1245, sino en el primer tercio de la centuria, entre 1207 y 1230. Andrés Bello significa, por eso, un paso hacia adelante, pues, oponiéndose a Sánchez, fija el año 1230 como el de la composición. Se apoya en los versos del explicit ("Quien escribió este libro / del dios paraíso / Per Abbat le escribió en el mes de mayo, / en era de mill CC... XLV años"), en el 1475 ("Troncieron a Santa María e vinieron albergar a Fronchelas") y en el 1182 ("con el de Montes Claros avíe guerra tan grand"). [11] Versos que indican para Bello que la obra no pudo componerse antes del siglo XIII, y que indican a la vez su posterioridad al año 1160. Acudiendo después a la

---

il poeta, contemprano, ed amico, ed ammiratore di lui, che non alla metà del secolo duodecimo, ma bensì al principio di esso, ovvero alla fine dell'undicesimo, sia stato composto quel poema". Esta tesis, sin embargo, no parece encontrar el apoyo de los críticos posteriores; atacada por Tapia en 1840, se abandona cuando Restori la combate en 1881 así: si el poema se hubiese escrito en vida del Cid, "non so poi come il poeta avrebbe potuto indovinare che il Cid morì nel giorno di Pentecoste!" ("Il Cid Campeador," 25). También E. de Saint-Albin (*La Légende...*, I, 223) y Ángel de los Ríos y Ríos ("Exactitud histórica...," 65) colocaron el poema en vida del Cid.

[9] Tapia, *Historia...*, I, 268-9.

[10] Bello, *Obras...*, VI, 227-309. Este tomo comprende una serie de artículos escritos entre 1827 y 1841, y publicados en varias revistas chilenas. Sobre la fecha del poema, ver, además, el tomo II, 1-25.

[11] *Ibid.*, VI, 240-3. Según Bello, la fecha del manuscrito es de 1307, era de Cristo, y el poema es más antiguo que el códice; pero no se compuso "con tanta inmediación a la muerte del héroe, como se ha creído". El verso 1475 indica que la obra es posterior a 1160, pues el autor menciona a la ciudad de Albarracín con el nombre de Santa María, sobrenombre dado a esa ciudad en 1160. El cantar es posterior a este año porque el verso 1182 menciona al rey de los Montes Claros. Este título fue dado por los españoles a los príncipes de la secta de los Almohades; secta que, según Bello, no tuvo importancia en España hasta mediados del XII. Así, un poeta que escribiese por aquella época, o poco después, no podía caer en el anacronismo de hacer a los Almohades coetáneos del Cid y de Yuçef, primer miramolín de los Almorávides.

vieja argumentación de Floranes (parentesco del Cid con los reyes de España, 3722-5), propone como límite temporal el año 1221, pues sólo a partir de entonces se podía afirmar ese parentesco: "Por consiguiente el *Poema* no se compuso antes del siglo XIII, ni probablemente antes de 1221".[12] Apoyándose, por último, en el lenguaje afirma que el *Cantar* fue redactado "en el reinado de Fernando III de Castilla, hacia 1230".[13]

En defensa de la teoría de Floranes, escribe Dozy en 1849. Rechaza éste las argumentaciones de sus oponentes (Wolf, Tapia) y establece como fecha el año 1207, pues lo indica el lenguaje, y sobre todo los versos del explicit: "La date de la composition de l'ouvrage indiquée par le copiste Per Abbat, est donc 1207".[14]

En 1858, sin embargo, Damas Hinard rechaza lo que Dozy había establecido, y acudiendo a la versificación y al lenguaje fija en 1150 el nacimiento del *Cantar*. Apoya luego sus afirmaciones en los versos 1288-9 ("de part de orient vino un coronado; / el obispo don Jerome so nombre es llamado") pues, según él, la venida de Jerónimo apunta hacia la fecha de la segunda cruzada (1143-1148). Alude por último al *Poema de la conquista de Almería*, que se refiere al *Cantar* y que nombra a Rodrigo con el famoso epíteto: Mio Cid. Por todo lo cual asegura Hinard que algo después de Alfonso VII, el "buen enperador", "notre Poëme était déjà nonseulement connu, mais répandu et populaire".[15]

Cinco años después Amador de los Ríos revisa las pruebas con que se venían defendiendo las dos tesis, y, tras rechazar la de Floranes, acepta la de Sánchez. Fija la fecha hacia el año 1150, y aduce a su favor dos testimonios a su parecer indiscutibles: el verso del "buen enperador" y el poema latino sobre la conquista de Almería. El primero, por nombrar a Alfonso, coloca el *Cantar* próximo a la muerte del monarca (1157); el segundo indica que los autores (el del *Mío Cid* y el del poema latino) escribirían antes del año 1157.[16]

Florencio Janer, a pesar de todo, rechaza en 1864 las afirmaciones de Sánchez. Cree, apoyándose en la frase por él descubierta

---

[12] *Ibid.*, VI, 243-61.
[13] *Ibid.*, VI, 265.
[14] R. Dozy, *Recherches*..., II, 1881, 78-84.
[15] Damas Hinard, *Poëme*..., pp. XIII-XVIII.
[16] José Amador de los Ríos, *Historia crítica*..., III, 1863, p. 77, n. 1, 128-33.

al final del códice ("es el romanz fecho"), y en el verso 440 ("Vos con C. de aquesta nuestra compaña"), y en el explicit que lo indica, que el *Cantar* se compuso en 1207.[17] Janer, por lo tanto, documenta y defiende, con Bello y Dozy, la tesis de Floranes; sus pruebas, sin embargo, no consiguieron convencer a los críticos posteriores. De ahí que la teoría se abandone pronto, que sólo se defienda de cuando en cuando, y entonces sin argumentos más determinantes, y, en realidad, sin éxito. Tailhan, por ejemplo, intenta resucitarla en 1880, apoyándose en la poca frecuencia de la palabra "fijodalgo", palabra que a principios del XIII comienza a utilizarse en los documentos de León.[18] Joaquín Costa cree, en 1881, que el poema conservado es una refundición de la época de Fernando III, quizá de "Pero Abad, poeta del Rey Santo (considerado por unos como autor, y por otros como copiante), según deja sospechar la circunstancia de atribuírse a Alfonso VI la celebración de las Cortes de Carrión y de Burgos, que realmente fueron convocadas por Alfonso VIII".[19] Con pruebas semejantes y sin mayor éxito, defiende la teoría en 1881 y en 1890 el italiano Restori.[20]

En realidad la teoría de Sánchez es la que triunfa en la segunda mitad del XIX. Por una parte, la propugnan Milá y Fontanals (1874), L. de Monge (1883), Menéndez y Pelayo (1891), Gottfried Baist (1894), Gaston Paris (1898), James Fitzmaurice-Kelly (1898).[21] Por otra parte, la desarrollan y sustentan, con nuevos datos, Vollmöller (1882), Lidforss (1895) y Eduardo de Hinojosa (1899). Vollmöller y Lidforss precisan más la fecha del *Cantar*: se escribió entre 1135 y 1139. Se basan en los versos cidianos ("Non lo detiene por nada Alfonso el castellano. / Enbía sus cartas para León y Santi Yagüo. / A los portogaleses y a los gallizianos," 2976-8) para proponer como *terminus a quo* 1135, año en que Alfonso

---

[17] *Poema del Cid*, ed. Florencio Janer, BAE, LVII, pp. XV-XVI, n. 2, y p. 38, notas.

[18] Tailhan, "Notes...," 443.

[19] Costa, *Poesía popular*..., p. 76. El crítico cree, sin embargo, que la versión original del poema fue escrita "al mediar el siglo XII".

[20] Antonio Restori, "Il Cid Campeador," 27-30; y *La Gesta*..., p. 7.

[21] Milá y Fontanals, *De la Poesía*..., pp. 247-9; L. de Monge, "Roland...," 507-8; Marcelino Menéndez y Pelayo, *Antología*..., II, 1891, p. XIII; Baist, "Die spanische Literatur," II, 397; Paris, "La Leyenda...," 326; Fitzmaurice-Kelly, *A History*..., 47.

VII recibió el título de Emperador, y como *terminus ante quem* 1139, fecha en que Portugal llegó a ser reino independiente, pues el juglar menciona a los portugueses como vasallos del rey Alfonso VII ("Ellos comdes gallizanos a él tienen por señor," 2926), siendo así que Alfonso VII, el "buen enperador", fue el último rey castellano señor de Portugal. [22] Hinojosa examina, en 1899, las referencias al derecho en el *Mío Cid* y concluye que éste, por el estado jurídico y social en él reflejado y el arcaísmo de las instituciones conocidas por el autor, se escribió en la segunda mitad del siglo XII, más bien que a comienzos o mediados del XIII. [23]

La teoría de Sánchez, después de haber prevalecido sobre la de Floranes, sigue su marcha en el siglo XX, y encuentra numerosos partidarios. Sin embargo, Julio Cejador (1920) y Nicola Zingarelli (1925) la rechazan, y defienden que se redactó el poema después de la *Primera crónica general* (en el XIV). Los partidarios de Sánchez triunfan, con todo, sobre sus argumentaciones. La mayor parte lo coloca entonces en la primera mitad del siglo XII, hacia 1140 (Menéndez Pidal, Mateu y Llopis, Chéret, Lloyd, Castro, Aubrun...) y el resto de la crítica entre 1160 y 1200 (Manuel Alonso, Ernst Robert Curtius, Russell, Gicovate, Catalán, Horrent, Barceló, Chalon, Deyermond).

Así está la situación cuando Ubieto Arteta (1957), Fradejas Lebrero (1962), Pattison (1967), Colin Smith (1971), Riaño Rodríguez (1971) y Deyermond (1971) hacen resucitar la olvidada teoría de Floranes, situando la fecha del *Cantar* conservado en 1207 (o a principios del siglo XIII). Ésta es la teoría que en nuestros días compite con la de los seguidores de Sánchez.

Numerosos investigadores cidianos fijan la composición del poema en el siglo XII (hacia 1140), pero sólo algunos de ellos contribuyen al desarrollo y triunfo de la teoría, suministrando en su apoyo nuevos datos.

Menéndez Pidal es el primero en dedicar, en 1908, un estudio completo a la antigua cuestión, y el primero en establecer con más exactitud la fecha del *Cantar*. Acepta, aunque con ligeras

---

[22] Karl Vollmöller, *Gottinger gelehrte Anzeigen*, I, 509; Lidforss, *Los Cantares*..., p. IV.
[23] Hinojosa, "El derecho...," 580-1.

modificaciones, la teoría de Sánchez, situando la obra alrededor de 1140.[24]

Para sustentar esta fecha Menéndez Pidal, acude, por lo tanto, a la crítica anterior; pero la defiende, a la vez, con nuevos testimonios:

1) Entre los personajes que acuden a las cortes de Toledo, figuran en el *Poema* "el comde don Anrrich e el comde don Remond, / Aqueste fo padre del buen enperador" (vs. 3002-3). Estos versos sirven como primer argumento para datar el poema hacia 1157, fecha en que muere el monarca: "el poeta y su auditorio tenían muy presente en la memoria a Alfonso VII, al que ni siquiera se cree necesario nombrar".

2) Los versos finales que aluden al parentesco entre el Cid y los reyes de España indican, según don Ramón, que, si no todas, al menos las principales familias reinantes habían emparentado ya con Rodrigo. El poeta se refiere en los discutidos versos a las bodas de Sancho III de Castilla con Blanca de Navarra; pero éstas, aunque se celebraron en 1151, como había indicado Wolf, tuvieron un momento de gran resonancia once años más antes (en 1140), cuando cesó la guerra entre Alfonso VII y el Navarro García Ramírez, celebrándose entonces el desposorio entre Sancho y Blanca. A este casamiento alude el poeta; y, por eso, afirma Menéndez Pidal, el *Cantar* hubo de escribirse alrededor de 1140.[25]

3) Los versos del *Poema de Almería* ("Ipse Rodericus, Mio Cidi semper vocatus...") indican, como demostró Amador de los Ríos, que el autor latino y el juglar del *Mío Cid* escribieron en vida de Alfonso VII, pues el primero alude al *Cantar* y da al héroe el mismo nombre (apelativo: Mio Cid) que el juglar utiliza:

---

[24] Todos conocen la obra monumental que Menéndez Pidal preparó para dar a conocer el poema: *Cantar*... (3 vols., 1908-1911). En el tomo I, pp. 19-28, el erudito examina el problema de la fecha, presenta las distintas opiniones de la crítica anterior, rebate los argumentos de muchos, apoya los de otros, y aduce, por último, sus propias argumentaciones a favor de una fecha hacia 1140. La segunda edición del *Cantar*..., con adiciones y enmiendas, salió en Madrid, 1944-1946; y la tercera en 1954-1956.

[25] *Ibid.*, I, 21-3. Para dar al poema una fecha hacia 1140, Menéndez Pidal se apoya, además, en el estudio de Hinojosa, quien había colocado el cantar en la segunda mitad del siglo XII, basándose en el estado jurídico y social reflejado en la obra.

En suma, no hay motivo para creer que el *Cantar* conservado no sea el mismo compuesto en tiempo del *buen Emperador*, el mismo *Cantar de Mio Cid* (Mio Cidi de quo cantatur) que había oído el autor del *Poema de Almería*, la misma primera redacción, compuesta entre 1140 y 1157. El lenguaje, por su parte, nos hace remontar cuanto más posible la fecha del *Cantar* que hoy conocemos; en él, *muerte* se pronunciaba todavía *muorte*, y veremos que esto, en la segunda mitad del siglo XII, tenía ya carácter de arcaísmo; por eso debemos propender al año 1140. [26]

4) El *Cantar* fue redactado después de 1121 y probablemente antes de 1146; esto es lo que sugiere el verso que menciona al rey de los Montes Claros (v. 1182). [27]

5) La historicidad de los personajes principales es otro testimonio de que el *Poema* se escribió poco después de muerto el héroe, porque el juglar tiene recuerdos exactos de los personajes principales de la obra lo mismo que de los secundarios: todos son históricos, y esto, dice don Ramón, significa que el autor del cantar había nacido en Medinaceli o en San Esteban de Gormaz entre 1110 y 1120, época en la cual aún vivían varios personajes del poema. [28]

Con estos argumentos de Menéndez Pidal se establece desde comienzos del siglo XX la teoría de Sánchez, y se impone la fecha de hacia 1140, la cual prevalece, sin encontrar oposición, hasta 1920. [29]

Frente a Menéndez Pidal y sus partidarios, presentan Julio Cejador (1920) y Nicola Zingarelli (1925) la nueva tesis. Ambos sitúan el *Cantar* después de la *Primera crónica general*, y rechazan, para defenderla, las pruebas aducidas en favor de la fecha de hacia 1140. Cejador afirma que el texto de la crónica de Alfonso X es "más natural, más épico, por consiguiente más antiguo que el del poema". [30] Zingarelli cree que el *Poema* fue escrito

---

[26] *Ibid.*, I, 27-28.
[27] *Ibid.*, III, 1911, 1173.
[28] *Ibid.*, III, 1956, 1165-8.
[29] La aceptan, entre otros, J. D. M. Ford en su reseña al tomo I del *Cantar...* de Menéndez Pidal, *MLN*, XXIV (1909), 83-7; Menéndez y Pelayo, *Historia...*, I, 41; Ortega y Gasset, "La vida en torno...," *El Espectador*, I, 52; Fitzmaurice-Kelly, *Literatura...*, p. 15.
[30] "El *Cantar de Mio Cid*...," 1-210.

en el XIV, precisamente en 1307, pues así anota Per Abat en el explicit.[31] Funda sus argumentos en el examen de varios casos en que la crónica y el poema difieren, en los que el relato cronístico se manifiesta, según él, más original y acertado que el del cantar, pues el autor de éste exagera demasiado las cifras. Insiste, además, en que el poema conservado no es más que una versificación de la prosa alfonsí; versificación ejecutada en 1307 por Per Abat: "È un popolano davvero, pieno di brio, non privo d'ingegno, ma grosso, e di modesta cultura, e parla soltanto al volgo, Pero Abate, che alla fine del "romanzo" chiede denaro e vino".[32] Un año más tarde Giulio Bertoni, apoyándose en argumentos de Menéndez Pidal y de Hinojosa, rechaza la tesis de Zingarelli, indicando que el lenguaje del *Poema* y las instituciones sociales y jurídicas en él representadas pertenecen al siglo XII, no al XIV.[33] No obstante el ataque de Bertoni, Karl Vossler acepta la fecha propuesta por Zingarelli, y rechaza la que Menéndez Pidal había defendido. Vossler cree que el poema fue compuesto hacia 1300; acude, por lo tanto, a Zingarelli para sustentar la fecha indicada, pero la apoya, a la vez, con un nuevo argumento: "La lentitud o retraso en llegar al empleo de un número exacto de sílabas en los versos podría ser prueba de ello".[34]

Aunque defendida por Vossler, la teoría de Zingarelli no encuentra apoyo entre los críticos posteriores; al contrario, combatida por Américo Castro,[35] Camillo Guerrieri Croceti,[36] Franco

---

[31] "Per la genesi del *poema del Cid*...," en *Scritti*..., 153-73. Citamos por esta obra.

[32] *Scritti*..., p. 173.

[33] "Intorno alla cronologia del *Cantare del Cid*," 455-62.

[34] Vossler, "Italienische-Spanische...," artículo escrito en 1926 y reimpreso en parte con el título de "La fisonomía...," en *Algunos caracteres*..., 51-67. Para la cita ver p. 52 de esta obra.

[35] Américo Castro, "Notas...," 182, n. 1, dice: "Lástima que Vossler, para sostener que Castilla comenzó tarde su poesía, se base en un absurdo artículo de N. Zingarelli.... Zingarelli sostiene, en tal aserto, que el *Poema del Cid* no es del siglo XII, sino del XIV; lo cual no podemos perder tiempo en discutir, lo mismo que no se discutiría en Italia la opinión de un extranjero ingenuo que atribuyera al Ariosto los versos de Dante."

[36] *L'epica*..., p. 332, dice que las observaciones de Zingarelli al poema "si basano su impressioni soggettive e su un'interpretazione un po' troppo grossolana e sommaria di tutta l'opera".

Meregalli,[37] y Menéndez Pidal,[38] se abandona en seguida; el mismo Zingarelli, debido a nuevas investigaciones, se declara a favor del año 1140.[39]

La inmensa mayoría de los eruditos posteriores creen con don Ramón que la versión del *Poema* conocido se escribió hacia 1140; sólo Manuel Alonso (1942-1943), Ernst Robert Curtius (1948-1949), P. E. Russell (1952, 1958), B. Gicovate (1956), Jules Horrent (1959-1964), Diego Catalán (1963), Miguel Barceló (1967-8), Louis Chalon (1967) y Alan David Deyermond (1968) lo consideran escrito entre 1150 y 1200.

En 1942 y 1943 Manuel Alonso rechaza la fecha de 1140, y, para atribuir el *Cantar* a Diego García de Campos, sitúa la composición hacia 1165.[40] Cuatro años más tarde Mateu y Llopis defiende con Menéndez Pidal la antigüedad del *Poema*. Opina que se compuso hacia 1130. Se funda en las referencias que el autor hace a las monedas, y, advirtiendo que éste no menciona el maravedí, concluye así: "El contenido numismático del *Poema*, relativo a su argumento, es independiente de las cuestiones filológicas, métricas, etc., y se refiere sólo al fondo de la más primitiva composición, de la más antigua forma del *Cantar*. Su autor vivió en el primer tercio del siglo XII, según las monedas."[41] Curtius, sin embargo, cree que el *Cantar* se redactó en la segunda mitad del XII. Para él la influencia francesa lo testifica; influencia que se nota

---

[37] Meregalli, *Questioni*..., p. 31, afirma que "a rinforzare la tesi dello Zingarelli non vale naturalmente l'afrettata adesione di Karl Vossler".

[38] Menéndez Pidal, *Reliquias*..., p. LVIII.

[39] Así dice Karl Vossler en *Algunos caracteres*..., p. 52, n.

[40] Alonso, "El Canciller Diego García...", 477-94; y, del mismo, *Diego García de Campos*....

[41] "La moneda en el *Poema del Cid*...," 56. El autor observa que la única moneda mencionada en el poema es el dinero, moneda que comenzó a acuñar Alfonso VI; el "dinero malo" que se menciona tres veces (vs. 165, 503, 1042), puede referirse a la acuñación segoviana de los reyes Alfonso VI y VII, que es de plata de baja ley. No se nombran las monedas musulmanas de oro *(dirhemes, dinares)*, sino que se designan vagamente como "el oro e la plata, averes monedados". No se nombra el maravedí, entrado en España con el almorávide Yuçef (1087-1106), y esto parece indicar que el autor del cantar conservado (o de su versión primitiva) vivió en el primer tercio del siglo XII (43-56). Menéndez Pidal considera de gran importancia el estudio numismático de Mateu y Llopis, y acepta sus conclusiones ("La fecha del *Cantar de Mio Cid*," en *En torno*..., pp. 165-6).

en una serie de "clichés estilísticos" que aparecieron en Francia entre los años 1150 y 1170. [42]

Siguiendo a Curtius, Peter Russell se opone, en 1952, a la fecha de hacia 1140. El crítico estudia las referencias del autor a documentos imperiales y cancillerescos de la época. Se fija sobre todo en el pasaje cidiano que menciona la carta que el rey Alfonso VI envió a los habitantes de Burgos para que no acogieran al héroe desterrado de Castilla. La carta "fuertemientre seellada" es, según Russell, "un mandato real" y lleva "sello pendiente". Referencias a tales documentos y a asuntos legales ocurren varias veces en el *Poema*. Así, apoyándose en que las cartas con sello pendiente no se usaron en España hasta finales del siglo XII o comienzos del XIII, Russell concluye que es un anacronismo atribuir el uso de tales documentos a Alfonso VI, y que el *Cantar*, por eso, no pudo escribirse antes de 1178. [43] También Gicovate, en 1956, impugna la fecha establecida por Menéndez Pidal, y propone otra más moderna, alrededor de 1200. [44] Cree que el dato más importante para fechar el poema es quizá su relación con la *Primera crónica general*. Menéndez Pidal había sostenido que las numerosas divergencias entre el relato del *Cantar* y el de la crónica alfonsí se deben al hecho de que los compiladores de ésta utilizaron una refundición tardía del poema. [45] Gicovate, en cambio, opina que los historiadores tenían a su alcance datos más auténticos que el juglar del *Mío Cid*, y los preferían a los trozos ficticios del poema: el juglar "vivía no mucho antes de los historiadores, los que utilizan su poema conscientes de que necesita rectificaciones y seguros de lo que es ficticio

---

[42] Curtius, *Literatura europea*..., I, p. 58, n. 47; II, p. 552; y, también de Curtius, "Antike Rhetorik...," 28-9. Ver, en contra de Curtius, Menéndez Pidal, "Fórmulas épicas...," 261-7; artículo reimpreso en *Los godos*..., pp. 243-251. También Michèle Chéret cree en la antigüedad del poema y lo fecha alrededor de 1145. Al considerar los acontecimientos históricos de 1145 en relación con el poema, afirma Chéret que éste se acomoda muy bien a ellos; esto, sin embargo, no asegura que la obra se compusiera exactamente en ese año (Chéret, "La vérité historique...," (1954); ver la reseña de Charles Aubrun en *BH*, LVII (1955), 211-212.

[43] Russell, "Some Problems of Diplomatic...," 340-349; y "San Pedro de Cardeña...," 57-79.

[44] Gicovate, "La fecha de composición...," 419-22.

[45] Menéndez Pidal, *Cantar*..., I, 126-30.

en él.[46] Se apoya, además, en que el uso del diptongo *-uo* en vez de *-ue* no es un arcaísmo, como dice Menéndez Pidal, sino un dialectalismo; en el verso ("Melchior e Caspar e Baltassare," 337) y en los estudios de Ernst Robert Curtius; y concluye que el *Cantar*, por todo ello, debe ser posterior a 1178: "Por necesidad de nuestro concepto de literatura y de creación poética necesitamos también postular una fecha cercana a 1200".[47]

Mientras tanto, y después de ochenta años de olvido, renace la teoría de Floranes (iniciada en el siglo XVIII). La resucita Antonio Ubieto Arteta en 1957, oponiéndose a Menéndez Pidal y a sus seguidores, y fijando en 1207 la composición del poema.[48] Estos son los argumentos principales de Ubieto Arteta: 1) Los versos ("Llegaron las nuevas al comde de Barcilona, / que Mio Cid Roy Diaz quel corríe la tierra toda," 957-8) atribuyen al conde de Barcelona el dominio del Bajo Aragón, lo que no sucedió hasta la época de Berenguer IV (1154). 2) El poema alude al pueblo de Cetina que fue repoblado por los años 1151-1157. 3) El título "buen enperador" suena a elogio fúnebre; y Alfonso murió en 1157. 4) El topónimo Navarra tiene en el *Cantar* un significado que por su amplitud es posterior al año 1160. 5) Sólo en 1178 se divulgó la *Historia escolástica* de Pedro Comestor, de donde proceden los nombres de los reyes magos citados en el poema. 6) Los reyes de León emparentaron con el Cid el año 1179, y en 1201 los de Portugal.

Ubieto Arteta, lo que sostiene, sin embargo, es que la versión que ha llegado hasta nosotros (y no el poema primitivo) es posterior a 1200: "Pudo existir un *Poema del Cid* escrito en 1140 y aun antes de 1128, pues es evidente que sufrió refundiciones." Esta refundición, opina, la hizo Per Abat en 1207, pues "la fecha de mayo de 1207 dada por el *Poema del Cid* en sus últimos versos [Per abbat le escribió en el mes de mayo / En era de mill e CC...XLV años"] nos está datando con precisión el momento en que un refundidor del viejo *Poema* lo actualiza."[49]

---

[46] Gicovate, "La fecha de composición...," 420.
[47] *Ibid.*, 422. También Diego Catalán afirma (aunque no lo justifique) que "el *Mio Cid* conservado bien pudiera ser medio siglo más tardío de lo supuesto por Menéndez Pidal, por faltar argumentos probatorios" ("Crónicas Generales...," 291, n. 83).
[48] Ubieto Arteta, "Observaciones...," 145-170.
[49] *Ibid.*, 168-70.

Paul Lloyd en 1959 y Menéndez Pidal en 1960 escriben en defensa del año 1140, y rechazan, para sostenerlo, las argumentaciones de Curtius, Gicovate y Ubieto Arteta. El primero revisa los datos aducidos por la crítica anterior y encuentra que hay más convincentes razones para fijar la composición del poema hacia 1130, que para retrasarla hasta finales del siglo XII o comienzos del XIII. Termina diciendo que las conclusiones de Curtius (en las que se basaba Gicovate para sostener la fecha de hacia 1200) carecen de documentación positiva; y que no hay ningún argumento probatorio de que se compusiera el poema entre 1170 y 1200 o en 1207.[50] Menéndez Pidal, por su parte, se dedica a refutar las argumentaciones de Gicovate y Ubieto Arteta. Rechaza primero la fecha postulada por Gicovate ("No ofrece argumento de concreción suficiente, sino vagas consideraciones de crítica individualista, el trabajo de Bernardo Gicovate; quiere fijar la fecha hacia el año 1200, desentendiéndose de la dificultad del diptongo *uo* con decir que tal diptongo no será arcaísmo, sino dialectalismo. Esto es desconocer en absoluto los documentos dialectales que existen; en ninguno del centro de España, escrito hacia 1200, aparece el menor rastro de *uo*").[51] Combate luego la fecha propuesta por Ubieto Arteta; rechaza uno por uno sus argumentos; y repite que el *Cantar* conservado, aunque sea una refundición, se redactó con motivo de los desposorios de Sancho de Castilla con Blanca de Navarra, biznieta del Cid.[52]

No había terminado la disputa, sin embargo. Por una parte, Jules Horrent retoma en 1964 la vieja cuestión, defendiendo la existencia de tres versiones del *Cantar*. Hacia 1120 se escribiría la más antigua ("La version la plus ancienne qui soit accessible serait née une vingtaine d'années après la mort du héros");[53] entre

---

[50] Paul M. Lloyd, "More on the Date...," 489-91.
[51] Menéndez Pidal, *En torno*..., p. 166.
[52] *Ibid.*, pp. 166-9.
[53] Jules Horrent, "Tradition poétique...," 477. Según el erudito belga, la versión del *Cantar* más antigua (la redactada hacia 1120) no diferiría en mucho de la refundición conservada. Ésta se escribió hacia 1160 ("Tradition poétique...," 453-77; y "Le *Poema de Mío Cid*...," 446). Ubieto Arteta sostiene que la refundición conocida se hizo en 1207 y admite, por otra parte, la existencia de un *Poema del Cid* más antiguo escrito hacia 1120 ("Observaciones...," 168-70). Martín de Riquer acepta la última afirmación de Ubieto Arteta, pero se separa de su tesis en cuanto cree, con don Ramón, que el poema conservado se compuso hacia 1140 ("L'épopée vivan-

1140 y 1150 la segunda (la citada en el *Poema de Almería*); y hacia
1160 la tercera, única que ha llegado hasta nosotros (y que en
el XIV copiaría un tal Per Abat de un manuscrito de 1207): [54]

> La version conservée du *Cantar de mío Cid* comprend
> donc un certain nombre de vers, dispersés au cour de
> l'œuvre, qui sont justiciables des années postérieures à
> 1150, voire à 1160, plutôt que de la première moitié du
> siècle. La seconde moitié du XIIe convient donc au
> texte que devait récopier plus tard Per Abbat. Pour fixer
> cette date approximative, qu'il serait aléatoire et dange-
> reux de trop préciser, les archaïsmes tant historiques que
> linguistiques sur lesquels insiste M. Menéndez Pidal im-
> portent moins que les modernismes. Ce sont des traits du
> passé qui ont été conservés. [55]

También Louis Chalon (1967), Miguel Barceló (1967-8) y Alan
David Deyermond (1968) se oponen a la tesis pidaliana de que
el *Poema* de Medinaceli se compusiera con ocasión de los desposorios de Sancho III de Castilla con Blanca de Navarra (1140);
y, para dar al cantar una fecha en la segunda mitad del siglo XII,

---

te...," 129). En sus últimos trabajos sobre el poema Menéndez Pidal
defiende ("muy contra mis opiniones") la tesis de dos poetas en el *Cantar*:
el primero (de San Esteban de Gormaz) escribiría la versión más antigua
entre 1103 y 1109; el segundo (de Medinaceli) haría hacia 1140 la refundición que ha llegado hasta nosotros ("Dos poetas...," 145-200). Es posible,
sin embargo, que el juglar de San Esteban de Gormaz fuera ya un refundidor
de cantos noticieros recientes sobre el Cid (Menéndez Pidal, "Los cantores
épicos yugoeslavos...," 214-225). José María Gárate Córdoba, *Espíritu y
milicia*..., p. 21, hace remontar el origen oral del poema a finales del
siglo XI. Colin Smith, por otra parte, defiende que el autor del *Cantar* conservado (probablemente un poeta culto de Burgos) escribió su obra a comienzos del siglo XIII, y sin aprovecharse necesariamente de versiones o cantares
cidianos anteriores ("The Personages of the *Poema*...," 580-98).

Erich von Richthofen acepta las nuevas teorías de Menéndez Pidal, pero
añade que, quizá, la versión del *Cantar* más antigua se compusiera ya a
finales del siglo XI, como parece indicar el estudio de varias formas estilísticas del poema. Concluye que "ya no podemos afirmar con certeza que
el *Poema del Cid* es posterior a la *Chanson de Roland*" (Von Richthofen,
Nuevos estudios..., 110-146). Manuel Laza Palacio, por su parte, cree
que la refundición de Medinaceli la hizo un poeta-juglar culto (Gonzalo-
Gundisalvo) entre 1146 y 1151 (*La España del poeta del Cid*...; ver la
reseña de Martínez de Pisón, "Bien e tan mesurado," *Ins*, XX (1965), números
224-5, 22).

[54] Horrent, "Notes de critique textuelle...," 275-82.
[55] Horrent, "Tradition poétique...," 457-77.

se apoyan en argumentos de Ubieto Arteta, de Peter Russell y de Jules Horrent. [56]

Por otra parte, Fradejas Lebrero (1962), Pattison (1967), Colin Smith (1971), Riaño Rodríguez (1971) y Deyermond (1971), vuelven a la fecha propuesta por Ubieto Arteta, colocando el *Mío Cid* a comienzos del XIII. El primero supone que el cantar se redactó unos setenta años después de 1140; y cree, incluso, que se escribió por orden del rey Alfonso VIII: "Repasando la historia del s. XII no encontramos ningún momento en que fuera urgente y necesaria la creación de un poderoso ejército para dar fuerte impulso a la Reconquista. Solamente tras la batalla de Alarcos 1195 con la derrota de Alfonso VIII, se vislumbra un aire de cruzada internacional que plasmará en las Navas de Tolosa, 1212... He supuesto que el *Poema* fue escrito por orden de Alfonso VIII y creo en el período de 1195-1212." [57] En fin, el crítico confiesa que todo esto es pura hipótesis: "Ni afirmo ni niego, expongo una hipótesis ya que hoy por hoy, no podemos precisar cuándo se escribió el *Poema*." [58] Pattison defiende, con argumentos lingüísticos, que se redactó el *Cantar* a principios del XIII. [59] Colin Smith (1971) estudia los personajes del *Mío Cid* (la manera histórico-facticia con que nos los presenta el autor) para rechazar los argumentos con los que Menéndez Pidal había defendido la fecha de 1140 y colocar la composición del poema a comienzos del siglo XIII. El crítico se funda, además, en las argumentaciones de Ubieto Arteta y de Peter Russell; y sostiene que el poeta-juglar de la versión conocida, por los errores históricos que comete en relación con varios personajes y hechos, por su conocimiento de asuntos legales y cancillerescos, hubo de escribir la obra varias décadas después de 1140, pues esta fecha "allows far too little time for the transformation of history into legendary and poetic material, with regard to the personages and their actions (and thus to much of the plot of the poem)". [60]

---

[56] Chalon, "A propos des filles du Cid," 235-6; Barceló, "Sobre dos textos cidianos," 15-25; Deyermond, *Epic Poetry* ..., pp. 6-7.
[57] Fradejas Lebrero, *Estudios épicos* ..., pp. 53, 63.
[58] *Ibid.*, p. 69.
[59] D. G. Pattison, "The Date ...," 443-50.
[60] C. Colin Smith, "The Personages of the *Poema* ...," 581.

En su edición del *Cantar,* Menéndez Pidal se basa en la historicidad de los personajes y de la geografía para fijar su composición hacia 1140;[61] después, en 1961, atribuye los casos de veracidad histórica (verismo épico) a un primer juglar de San Esteban de Gormaz (que poetiza hacia 1105) y los disparates históricos (anacronismos y casos de novelización-ficción) a un segundo juglar-refundidor de Medinaceli (que compone su obra hacia 1140).[62] Frente a esta teoría de Menéndez Pidal, defiende Colin Smith que el *Cantar* fue escrito a comienzos del siglo XIII (probablemente por un poeta culto de Burgos ("a lawyer") que estaba al alcance de archivos y documentos cidianos de la época).[63] Luego, para explicar el proceso mediante el cual ese poeta-juglar burgalés llegó a familiarizarse con los hechos y los personajes históricos que figuran en el *Poema* (a cien años de distancia de la muerte del héroe), Colin Smith acude al estudio de Peter Russell y, apoyándose en su afirmación ("the one explanation of the partial historicity of the *Cantar* which seems to have escaped consideration is that it could be the product of a certain amount of historical investigation by its author"), concluye que ese poeta fue a los documentos y archivos para encontrar los nombres asociados con el Cid.[64]

Según Riaño Rodríguez (1971), el *Cantar* fue escrito por un tal Pero Abad, clérigo de Fresno de Caracena, en 1207. Para mantener esta fecha, el autor se apoya en "un documento de 1220 encontrado en el Archivo de la Catedral de El Burgo de Osma, en el que figura, como testigo, el nombre de Pero Abad, clérigo de Fresno de Caracena".[65] Se basa además en argumentos aducidos por críticos anteriores (Pérez de Urbel, Ubieto Arteta, Pattison...): el explicit final; las alusiones históricas posteriores al año 1140; la lengua del *Cantar;* su estructura y su carácter eclesiástico.

---

[61] Menéndez Pidal, *Cantar...*, III, 1956, 1165-8.
[62] "Dos poetas...," 145-200.
[63] Colin Smith, "The Personages of the *Poema*...," 581-92.
[64] *Ibid.,* 593-8. El estudio y comparación de las expresiones épicas y del lenguaje formulaico del *Cantar* con los de las crónicas latinas del XII también llevan a Colin Smith a la conclusión de que el poema conservado se escribió a comienzos del siglo XIII ("Latin Histories...," 1-19).
[65] Timoteo Riaño Rodríguez, "Del autor y fecha...," 468-9.

Todo ello indica, dice Riaño Rodríguez, que la obra no pudo componerse antes del año 1207:

> En resumen:
>
> a) Hay acontecimientos históricos aludidos en el *Cantar* que nos impiden fechar el *Poema* antes del 1200.
>
> b) La estructura del *Poema* corresponde a la segunda mitad del siglo XII y primera mitad del siglo XIII.
>
> c) Parece evidente que el autor del *Poema de Mio Cid* fue de carácter eclesiástico.
>
> d) La lengua usada por el autor del *Poema de Mio Cid* es muy parecida a la empleada en la Extremadura Oriental de Castilla, antiguo obispado de Osma, a principios del siglo XIII.
>
> e) Hay que leer los versos 3732-3733:
>
>> Per Abbat le escribió enel mes de mayo
>> En era de mill CC XLV años
>
> tal como aparecen en el texto, al menos mientras no se dé una explicación conveniente para interpretarlos de otra manera.
>
> f) El autor conoce muy bien la geografía en torno a Fresno de Caracena.
>
> g) El nombre de Pero Abat, clérigo de Fresno de Caracena, figura como testigo en un documento de 1220 (Archivo de la catedral de El Burgo de Osma).
>
> h) Por consiguiente, podemos concluir, ante la fuerza de todas estas circunstancias, que Pero Abat, clérigo que fue de Fresno de Caracena, por los años 1220, escribió el *Poema de Mio Cid* en el año 1207.[66]

Y Deyermond, también en 1971, se basa en el estilo, la versificación, la lengua, las referencias históricas y geográficas, y el tratamiento del autor del poema en relación con asuntos legales y cancillerescos, para colocar la composición del *Cantar* a comienzos del siglo XIII:

> Taking in conjunction the evidence of style, versification, language, historical and geographical references, and the poem's treatment of legal and documentary

---

[66] *Ibid.*, 500.

matters, a very different picture emerges. *CMC* was composed towards the end of the twelfth century, or perhaps at the beginning of the thirteenth, by a single author, a learned poet who may well have been a cleric and who had certainly had a legal and notarial training.[67]

Últimamente, J. M. Aguirre ha propuesto una nueva y posible solución a la interminable disputa. Basado en los estudios de la epopeya oral griega a la vez que en las teorías de Parry-Lord sobre la composición oral de la moderna épica yugoslava, afirma Aguirre que, dentro de una teoría oral (si se acepta que la epopeya castellana se compuso oralmente), "el que este poema [el *Cantar*] fuera compuesto hacia 1140 (M. Pidal), o 'no más tarde de la segunda decena del siglo XII... [Jules Horrent],' o 'no antes del primer cuarto del siglo XIII [Ubieto Arteta, Fradejas Lebrero, Pattison, Riaño Rodríguez, Colin Smith, Criado de Val, Deyermond],' carece virtualmente de sentido". Y, citando a James Notopoulos ("Any attemps to date the (Homeric) hymns earlier or later, on the basis of the degree of Hesiodic vocabulary and formulae present in the himns, are vain... Unless archeaological or historical data are contained in an oral poem, it is very difficult to date by criteria of style. Older criteria of dating such as the digamma, zynezesis, or contracted vowels no longer are valid in oral poetry"), defiende así su postura: "Muy simplemente, el vocabulario épico cambia o se desarrolla muy poco en el transcurso de la tradición, de tal manera que un poema cantado, quizá, por primera vez en el siglo XIII puede conservar en parte el vocabulario y la morfología del siglo anterior, aunque, naturalmente, si un poema con-

---

[67] A. D. Deyermond, *A Literary History*..., I, p. 45. También para Manuel Criado de Val el *Poema* conservado se escribió (creó) en 1207. Criado de Val cree además que el cantar conocido, por su precisión geográfica y topográfica, debe atribuirse al Per Abat del explicit final: "La precisión con que los itinerarios y los datos geográficos aparecen en el texto paleográfico del *Cantar* da al Códice conservado las mayores probabilidades de ser un original o muy directamente emparentado con él. También parece reafirmarse con ello la fecha "era de mill e C. C. XLV años" (v. 3733) y la atribución como principal y definitivo autor del *Poema* a Per Abbat, único nombre que figura en el texto, en el que por dos veces se afirma fue él quien "escrivió este libro" (v. 3731-3732)" (Criado de Val, "Geografía...," 105).

Por otra parte, Charles Aubrun, "Le *Poema de Mio Cid*...," 12, coloca la fecha del cantar original alrededor de 1143.

tiene palabras exclusivas del siglo XIII tendrá que concluirse que no puede ser anterior al mismo, si bien no podrá afirmarse que fue compuesto en ese siglo." [68]

La fecha establecida por Menéndez Pidal y sus seguidores es, a pesar de las serias argumentaciones de sus oponentes (Manuel Alonso, Curtius, Gicovate, Russell, Chalon, Ubieto Arteta, Catalán, Barceló, Pattison, Deyermond, Fradejas Lebrero, Colin Smith, Riaño Rodríguez), la que ha prevalecido en nuestro siglo XX. [69]

Puede decirse, resumiendo, que en el XVIII, no sólo se recoge el material que luego aprovechará el XIX, sino que, gracias a la polémica entre Sánchez y Floranes, surgen también las dos teorías principales (la que fecha el poema en el siglo XII, y la que lo sitúa en el XIII). Si alguna otra tesis (la del Abate Juan Andrés y de Ángel de los Ríos y Ríos) aparece, ocupa un lugar secundario y se abandona relativamente pronto.

El siglo XIX, por su parte, se distingue del anterior por su gran uniformidad; no hace aparecer nuevas teorías, sino que se limita a desarrollar y sostener, mediante los datos ya utilizados y otros nuevos, las teorías iniciadas en el XVIII. Al comienzo del período se acepta unánimemente la teoría de Sánchez, la cual se mantiene en adelante y triunfa a lo largo de todo el XIX, gracias a algunos eruditos (Wolf, Tapia, Hinard, Amador de los Ríos, Vollmöller, Lindforss, Hinojosa), los cuales precisan más la fecha del *Cantar*. Todos ellos creen que se redactó en el siglo XII, pero discrepan, sin embargo, al fijar el año preciso de la redacción. Wolf lo sitúa en 1151, Tapia a mediados del XII, Hinard hacia 1150, Amador de los Ríos hacia 1149, Volmöller y Lindforss entre 1135 y 1139, Hinojosa en la segunda mitad del siglo XII. Sólo hacia 1830 comienza a desarrollarse la teoría de Floranes; sus partidarios colocan

---

[68] J. M. Aguirre, "Épica oral...," 28-31.
[69] Desde 1930 hasta nuestros días han mantenido la fecha de hacia 1140 innumerables críticos: Américo Castro, "Poesía y realidad...," 7; Aubrey Bell, *Castilian Literature*, p. 27; Blasi, *Epopea*..., p. 92; Bertoni, "Il *Cid*...," 132; Cirot, "*Cantares*...," 12-24; Aubrun, "Le métrique...," 337, y "Le *Poema de Mío Cid*...," 12; W. J. Entwistle, "Remarks...," 119; Eleazar Huerta, *Poética*..., p. 85; Erich von Richthofen, *Estudios*..., p. 15; Luigi Fiorentino, "Sul *Cantare*...," 4-10; Tomás Navarro, *Métrica*..., p. 31; Guerrieri Croceti, *Il Cid*..., p. 231, n. 1; Thomas S. Thomov, "La *Chanson de Roland*...," 96; Ilda Grassotti, "La ira regia ...," 67; y muchos otros.

el poema a comienzos del siglo XIII (Bello, Tailhan, Costa, Restori), precisamente en 1207 (Dozy, Janer); esta teoría, sin embargo, deja de defenderse a finales del XIX, pues la mayoría de los críticos prefieren la de Sánchez.

El siglo XX principia con varios hechos de importancia en relación con la antigua controversia: aumenta el rigor científico iniciado por la generación precedente; se descubren nuevos textos; se encuentran datos nuevos a la vez que crece el interés por la literatura medieval; se escriben trabajos especiales sobre la composición del *Cantar;* y aparece una nueva tesis (la de Cejador y de Zingarelli) que coloca el poema en el siglo XIV.

Menéndez Pidal actualiza y desarrolla desde comienzos de la centuria la teoría que el XIX había preferido (la de Sánchez y seguidores); y apoyándose en una gran cantidad de pruebas, a la vez que en un método de trabajo más serio, establece la composición del *Cantar* hacia 1140. Don Ramón, y la mayor parte de los críticos posteriores rechazan la tesis defendida por Cejador y por Zingarelli; tesis que, dicho sea de paso, no amenaza a la vieja teoría, pues uno de sus propugnadores (Zingarelli) la abandona, y acepta la fecha de hacia 1140 que antes había combatido.

A pesar de los serios argumentos de Manuel Alonso, Curtius, Russell, Gicovate, Ubieto Arteta, Horrent, Fradejas Lebrero, Catalán, Chalon, Pattison, Criado de Val, Miguel Barceló, Colin Smith, Riaño Rodríguez y Deyermond a favor de una fecha de composición más moderna (entre 1155 y 1215), don Ramón y sus seguidores han continuado sosteniendo la fecha de hacia 1140, la cual parece ser hoy la más generalmente aceptada (a pesar de que la teoría opuesta ha ganado mucho terreno en los últimos años del XX).

Capítulo II

PROBLEMAS EN TORNO AL AUTOR

Nos ocuparemos ahora de las corrientes críticas, en relación con los cinco problemas que sobre el autor del *Cantar* se han planteado:

a) ¿Autor anónimo o autor conocido?

b) ¿Clérigo o juglar?

c) Patria del autor.

d) ¿Un autor o dos autores?

e) ¿Creador o refundidor?

a) *¿Autor anónimo o autor conocido?*

Sarmiento, entre 1745 y 1750, fue el primero en reducir la función de Per Abat a la de copista ("El códice que pasa por original se conserva en el Archivo del Concejo de Vivar. Escribiólo P. Abad..." [1] y el primero en establecer el carácter anónimo del poema, considerándolo como uno de los antiguos romances compuestos por "ignotos autores, los juglares". [2] Tomás Antonio Sánchez, en 1779, se dedicó a justificar la afirmación de Sarmiento, y a resolver las dudas que pudieran presentarse. Saliendo al paso a la afirmación del manuscrito ("Per Abbat le escrivió") asegura Sánchez que "en aquellos tiempos *escribir* se solía usar por *copiar*, y *fer* o *facer* por *componer*". Concluye, por eso, que "no parece

---

[1] Ver Chacón y Calvo, "El P. Sarmiento...," 151-2.
[2] *Memorias...*, en *Obras...*, I, números 550-2.

[que Per Abat] fue el autor, sino el copiante de este Libro". [3] El Abate Juan Andrés (1782) aceptó la posición de Sánchez y la mantuvo. [4]

Hacia 1780, sin embargo, se opuso Rafael Floranes a la teoría, atribuyendo a Per Abat la composición del *Poema*. Rechaza primero los argumentos de Sánchez ("tanto se indicaba a la composición de un libro con la palabra *escribir* que con la voz *facer* o *componer*. Y lo cierto es que aun desde entonces y de más atrás queda en uso llamar *escritores* a los *autores* y no *factores* o *compostores*"), [5] y reforzando su posición identifica incluso a Per Abat [6] con uno de los poetas de la corte de Fernando III: "En el repartimiento de Sevilla del año 1253, que puso Espinosa en la Hist. de aquella ciudad, Parte 2, pág. 10, col. 2, hay hecho repartimiento entre otros a Pero Abad, Chantre de la Clerecía real, o real capilla del Rey, cuyo nombre Chantre quería decir lo mismo, entonces, que cantor, o Maestre de capilla o música. Tengo para mí que no fue otro el autor de nuestro poema." [7] La tesis de Floranes, sin embargo, se olvida en el siglo XIX; sólo Florencio Janer, José Fernández Espino, Joaquín Costa y Antonio Restori la repiten a finales de la centuria. [8] Fernández Espino, indicando la semejanza entre el explicit del *Cantar* y el del *Libro de Alexandre*, suministra nuevos argumentos en su apoyo: "Si se concede, y es razón, a Juan Lorenzo Segura de Astorga la gloria de ser el compositor del *Alejandro*, no puede negarse a Pedro Abbat el mismo título respecto al *poema del Cid*." [9]

En realidad la teoría de Sarmiento y de Sánchez es la que prevalece a lo largo del siglo: la propugnan, aunque sin aportar nuevas argumentaciones para sustentarla, José Quintana, Henry Hallam, Dozy, Ticknor, Damas Hinard, F. Wolf, Amador de los Ríos, Ángel de los Ríos y Ríos, Puymaigre, Fitzmaurice-Kelly. [10]

---

[3] *Colección...*, I, 221.
[4] *Dell'origine...*, I, 278.
[5] Ver "Dos opúsculos inéditos...," 358-60.
[6] Ver Apéndice A) El papel de Per Abat y la tradición épica oral o (y) escrita del *Mío Cid* (Cap. IX).
[7] "Dos opúsculos inéditos...," 359-60.
[8] Janer, *Poema...*, p. 15, n. 2; Costa, *Poesía popular...*, p. 76; Restori, *La Gesta del Cid*, p. 261.
[9] Fernández Espino, *Curso histórico crítico...*, pp. 47-50.
[10] Quintana, *Poesías...*, p. 3; Hallam, *View of the State...*, III, 554; F. de Moratín, *Orígenes...*, p. LII; Bello, *Obras...*, VI, 266; Dozy,

De modo semejante triunfa en el siglo XX la teoría iniciada por Sarmiento. Menéndez y Pelayo y Ramón Menéndez Pidal la consagran, y la apoyan en el carácter anónimo de la épica castellana. [11]

Según las diferentes posturas (escuelas) críticas, se han aportado diversas razones para explicar la general anonimia de las canciones de gesta medievales.

La llamada escuela tradicionalista dirigida por Ramón Menéndez Pidal sostiene que el anonimato del cantor épico es una característica propia de su personalidad artística. Afirma, además, que el arte de los cantares de gesta es esencialmente un arte juglaresco, tradicional, colectivo, popular, oral y anónimo. La obra del cantor épico se transmite, según el tradicionalismo, oralmente (en su origen), propagándose de generación en generación; se recrea y se renueva constantemente gracias a la vital labor memorista de juglares transmisores y de juglares refundidores. Los primeros repiten el poema prototipo colectivo y tradicional, operando sobre éste una recreación conservadora, producto de la memoria recreativa. Los segundos reaniman la canción épica cuando, a fuerza de repetirse, se ha hecho ya vieja, y renuevan algo de ella, principalmente el desenlace. De ahí que los cantores memoristas y refundidores sean la vida de la canción tradicional oral: "el canto épico vive en variantes y se rejuvenece y crece en refundiciones." [12]

Los cantores del *Mío Cid*, como la generalidad de los juglares épicos medievales de Occidente, se sumergen en la colectividad, se quedan anónimos; no buscan, como en el caso de los poetas líricos o de los clérigos, la gloria personal de autoría, porque lo que cantan y recitan para el público (las hazañas de un héroe histórico y mítico a la vez) [13] no es exclusivamente suyo, sino que

---

Recherches..., II, 85-6; Hinard, *Poëme...*, pp. XII-XVIII; Wolf, *Historia de las literaturas...*, I, pp. 57-9; Amador de los Ríos, *Historia crítica...*, III, 132-3, 157-8; Ángel de los Ríos y Ríos, "Exactitud histórica...," 62-70; Puymaigre, *Les vieux auteurs...*, I, p. 154; Fitzmaurice-Kelly, *A History...*, pp. 47-51.

[11] Menéndez y Pelayo, *Antología...*, en *Obras completas*, XVII, 121-41; XXII, 271-6; Menéndez Pidal, *Poesía juglaresca...*, pp. 303-334.

[12] Menéndez Pidal, *Poesía juglaresca y orígenes...*, pp. 334-84, y "Los cantores épicos yugoslavos...," 195-225.

[13] Cesáreo Bandera Gómez, *El "Poema de Mío Cid"...*, pp. 56-70.

pertenece a la tradición oral colectiva, a la comunidad, a todos. Muchas veces, escribe Menéndez Pidal, la obra de un juglar épico no es más que una refundición de un canto anterior también anónimo (éste es el caso del *Cantar* conservado y de la *Chanson de Roland* de Oxford).[14]

Los juglares cidianos (creadores, transmisores y refundidores) se nos presentan, pues, como instrumento anónimo de la tradición oral colectiva y mítica que se había venido creando y desarrollando en torno al héroe castellano. Dado que el poeta-juglar del *Cantar* conservado utiliza hechos y leyendas orales cantados por anteriores juglares anónimos, hereda de éstos no sólo un arte colectivo, tradicional, sino también anónimo.

Escriben H. M. y N. K. Chadwick: "However inventive [el juglar épico] may be, he seems to be regarded as a reciter or artist rather than an author."[15] Y Maurice Bowra añade: "The anonymity of the oral poetry is easily explained. Each poem has one existence, when it is recited, and then the audience knows who the poet is. He has no need to mention his name in his poem since it is familiar to those who listen to him and are the only people who matter on each occasion. He does not foresee a time when his poem will be written down and people will wish to know the author's name. Oral poets make no claim to copyright."[16]

A los tradicionalistas se oponen los individualistas, negando todo o casi todo lo que aquéllos atribuyen a la tradición oral y juglaresca. Joseph Bédier y sus discípulos (Italo Siciliano, Maurice Delbouille, Duncan McMillan, Antonio Viscardi...) niegan la existencia de un arte épico colectivo, tradicional y anónimo; afirman que los cantares de gesta, obra de autores doctos y eruditos, comienzan y acaban con el autor individuo, con el poeta; que el anonimato sólo toca a producciones amorfas, inacabadas; y que si una obra de valor es anónima lo es por puro accidente. La crítica individualista niega en general la tradición oral y

---

[14] Ver Menéndez Pidal, *Poesía juglaresca y orígenes*..., pp. 351-3; *La "Chanson de Roland"*..., pp. 463-6, y Pierre Le Gentil, "Les nouvelles téndances...," 134-9, y "Le traditionalisme...," 40-52.

[15] *The Growth of Literature* (Cambridge, 1940), III, 751. Citado por Maurice Bowra en su *Heroic Poetry*, p. 404.

[16] Bowra, *Heroic Poetry*, pp. 404-405.

latente de la épica medieval, sosteniendo que ésta se transmite mediante los manuscritos.[17]

Milman Parry, Albert B. Lord y su escuela, aunque admiten la tradicionalidad y originalidad de la épica románica y de la yugoslava, difieren de la postura pidaliana al afirmar que no hay transmisión, sino creación y composición oral.[18] En cuanto al anonimato, Albert B. Lord cree que es una ficción: "The anonymity of folk epic is a fiction, because the singer has a name."[19] J. M. Aguirre (1968), siguiendo a Lord, explica la anonimia de los cantares de gesta medievales así: "El que el nombre del juglar no aparezca en los manuscritos épicos que se conservan se debería simplemente a que él nunca escribió su obra. Por otra parte, lo mismo que los poetas épicos yugoslavos contemporáneos, el juglar castellano no se consideraría *autor* de sus cantares, sino simple narrador de los mismos, que cada naracción implicaba una nueva creación en cuanto a su composición, aunque no, en principio, en cuanto a la historia misma.... Los juglares castellanos medievales debieron de poseer las cualidades atribuidas por Lord, Jackson y Bowra al narrador oral. Estos juglares, pues, fueron "creadores", verdaderos artistas; individuos bien conocidos en su tiempo, quizá en una región, o en un país, quizá en un pueblecito; y analfabetos, en su mayoría por lo menos".[20] Pierre Le Gentil (1956) y A. D. Deyermond (1971) apoyan la tesis que defiende la esencial anonimia de los cantares de gesta medievales.[21]

Menéndez Pidal, al establecer las diferencias entre los juglares épicos y líricos, da nuevo vigor a las viejas argumentaciones: "De los juglares épicos... no conservamos ni un solo nombre propio, ni una sola anécdota que nos revele una fisonomía o nos ayude a comprender una obra; siempre esos juglares serán para nosotros figuras anónimas, de cuya vida y carácter apenas nada llegaremos a conocer a través de sus obras de tono objetivo e

---

[17] Ver M. Delbouille, "Les chansons de geste et le livre," 259-407; "Chansons de geste...," 97-104, y "Le chant heroïque...," 83-98; Duncan McMillan, "À propos de traditions...," 67-71.

[18] Lord, *The Singer*..., pp. 5, 13, 101, 152.

[19] *Ibid.*, p. 101.

[20] "Épica oral...," 16.

[21] Pierre Le Gentil, "À propos de l'origine...," 114-120; A. D. Deyermond, *A Literary History*..., I, 47-49.

impersonal; siempre quedarán para nuestra curiosidad como un grupo de sombras quietas y taciturnas, frente a la vocinglera reunión de los juglares de la lírica, tan bullente de vida, de expresión y de individualidad." [22] Ésta es la teoría de nuestro tiempo, la que innumerables críticos mantienen: Américo Castro (1935-1954), Blasi (1938), Aubrey Bell (1938), Dámaso Alonso (1944), Pedro Salinas (1945), Georges Cirot (1945-6), Eleazar Huerta (1948), Manuel de Montolíu (1949), Erich von Richthofen (1954), Stephen Gilman (1961).... [23] Sólo Nicola Zingarelli (1925), Ubieto Arteta (1957), Criado de Val (1970) y Riaño Rodríguez (1971) han sostenido la teoría de Floranes, y han atribuido a Per Abat la autoría del *Poema de Mío Cid*. [24]

Conviene señalar, por último, que algunos críticos han intentado identificar al autor del *Cantar*. Manuel Alonso atribuyó en

---

[22] *Poesía juglaresca*..., pp. 308-10.
[23] Castro, "Poesía y realidad...," 7-30, y, del mismo, *La realidad*..., pp. 264-81; Blasi, *Epopea*..., pp. 88-102; Bell, *Castilian Literature*, p. 28; Dámaso Alonso, "Estilo y creación...," *Ensayos*..., 69-111; Salinas, "El Cantar de Mío Cid...," *Ensayos*..., 27-44; Huerta, *Poética*..., p. 9; Manuel de Montolíu, "La poesía heroicopopular...," *Historia general*..., I, 330; von Richthofen, *Estudios*..., p. 17; Gilman, *Tiempo y formas*..., p. 80, y muchos otros.
[24] Zingarelli, *Scritti*..., p. 173; Ubieto Arteta, "Observaciones...," 168-70; Criado de Val, "Geografía...," 105-6; Riaño Rodríguez, "Del autor y fecha...," 467-500.

También Leo Spitzer, "Los romances españoles...," en *Sobre antigua poesía*..., p. 65, parece ver en Per Abat el autor del *Poema*, pues dice que "el moro del romance de *Abenámar* se vuelve casi juglar, cantando como un Pero Abad, no la historia del Cid, sino de Granada". Más tarde, sin embargo, Spitzer atribuye el *Cantar* a un anónimo y genial poeta de Medinaceli ("Sobre el carácter histórico...," 105-117). Dieciséis años después, José Sanz y Díaz (1964), "Dos poetas...," 97-116, acepta las nuevas conclusiones de Menéndez Pidal a favor de dos poetas-juglares en el *Mío Cid*, pero no deja de mencionar la tesis (sustentada por Carlos Arauz de Robles y por otros escritores molinenses) de que Per Abat nació en tierras del antiguo señorío de Molina, y que, por su conocimiento geográfico y topográfico de las tierras descritas en el poema, pudo muy bien ser el autor de éste. Y Aguirre, "Épica oral...," 28-29, ha aplicado en 1968 al *Cantar* las teorías perri-lordianas (sobre la composición oral de la épica), y, fundado en una gran cantidad de noticias proporcionadas por críticos anteriores (Menéndez Pidal, Dámaso Alonso, Jean Rychner, James Notopoulos, Italo Siciliano, Jules Horrent, Maurice Bowra, Albert Lord...), adelanta la posibilidad de que el poema fuera una obra de composición oral, y se inclina por creer que "un juglar que, sin sentido alguno de la métrica escrita, se puso a escribir una representación del *CMC*. Ese juglar quizá fue un tal Pedro Abad".

1942 el poema al Canciller Diego García de Campos, sobrino de Santo Domingo de Guzmán;[25] y Laza Palacio creyó, en 1964, que Gonzalo-Gundisalvo sería probablemente "autor no sólo de la *Crónica de Alfonso VII* con su *Poema de Almería*", sino también del *Cantar de Mío Cid*.[26]

b) *¿Clérigo o juglar?*[27]

Aunque poco, algo se dijo en el siglo XVIII sobre las circunstancias históricas y culturales del autor del *Poema:* juglar le llamó el Padre Fray Martín Sarmiento; Floranes, Chantre de la capilla de San Fernando; amigo o admirador del Cid, el Abate Juan Andrés.[28]

Es en el XIX, con todo, cuando sobre las distintas afirmaciones se levanta consistente una teoría: se atribuye (aunque sin argumentos o datos concretos que la sustenten) a un juglar (poeta laico) el poema, a un juglar ambulante, dedicado a cantar y recitar ante el público (pueblo) las gestas del héroe castellano. Andrés Bello (1830), José Amador de los Ríos (1863), José Pidal (1851), Hinard (1858), Milá y Fontanals (1874), Frank Koërbs (1893), Fitzmaurice-Kelly (1898), Gaston Paris (1898), confirman la teoría; teoría que, sin competidores, continúa a lo largo del siglo.[29]

En 1898 una nueva teoría se desarrolla. En efecto, Rudolph Beer, apoyándose en el papel que Cardeña juega en el *Cantar*, establece que sólo un monje de su monasterio pudo haberlo

---

[25] Manuel Alonso, "El Canciller Diego García...," 477-94. Diego García era natural de Campos, pero se crió en Caleruega, no muy distante de San Esteban de Gormaz. Núñez Marqués, "Itinerario del Cid...," 737-42, y Palacios Madrid, "¿Se escribió en Gumiel de Hizán...?," 134-43, apoyan la posibilidad de que Diego García de Campos escribiera el *Poema*.

[26] Laza Palacio, *La España del poeta del Mío Cid*..., citado por Martínez de Pisón, "Bien e tan mesurado," *Ins*, XX (1965), 22.

[27] Ver Apéndice B) El arte de las canciones de gesta: juglares y clérigos (Cap. IX).

[28] Sarmiento, *Memorias*..., *Obras*..., I, números 550-2; Floranes, "Dos opúsculos inéditos...," 358-60; Abate Juan Andrés, *Dell'origine*..., I, 278.

[29] Bello, *Obras*..., VI, 259-344; José de Pidal, en su "Introducción" al *Cancionero*..., pp. XII-XXVI; Hinard, *Poëme*..., p. XVIII; Amador de los Ríos, *Historia crítica*..., III, 210-214n.; Milá y Fontanals, *De la poesía*..., pp. 240-65, 395-410; Körbs, "Untersuchtung...," p. 63; Fitzmaurice-Kelly, *A History*..., pp. 47-51; Paris, "La Leyenda...," 322-326.

escrito; monje culto y poeta, que para honrar y enriquecer a Cardeña escribiría.[30] Esta tesis asombró a los críticos de la época, y dio lugar inmediatamente a réplicas y a contrarréplicas. Ducamin se dedicó a rebatirla en 1899.[31] Apuntó lo que de inconveniente tiene el exagerar por doscientos versos el papel de Cardeña en el poema; papel que, por otra parte, la misma historia atribuye a San Pedro, y que el autor, fuera monje o no lo fuera, no podía negar al monasterio. Afirmó que un clérigo de Cardeña no hubiera dedicado ciento veinticinco versos al engaño de Raquel y Vidas, y que se debe pensar, por ello, en un autor juglar antisemita, el cual "haïssant les Juifs, comme homme du moyen âge, et comme Espagnol, se soit complut à raconter ce bon tour que leur joua le Campeador, et je suis même étonné qu'il lui cherche des excuses dans les necessités de la situation".[32] Indicó el error, incomprensible en uno de los monjes de Cardeña, de aludir a un abad inexistente (don Sancho); y concluyó con ironía, refiriéndose al enterramiento de Bavieca, que "Beer pourrait aussi bien expliquer le role de Bavieca par le fait que ses os réposaient dans la porte du cloître de San Pedro, et il en résulterait que, sans le moine de Cardeña, nous aurions un Campeador sans épée et sans cheval".[33]

No es nueva la tesis que ve en el ardid de las arcas de arena la manifestación de un sentimiento antisemita. Andrés Bello fue el primero en interpretar así el episodio: "Esta historieta de las arcas fue inventada sin duda para ridiculizar a los judíos, clase entonces muy rica, poderosa i odiada...."[34] Esta misma tesis mantienen, entre otros, Pedro Corominas (1900) y Giulio Bertoni (1912).[35]

Menéndez y Pelayo (1903), Menéndez Pidal (1913), Karl Vossler (1944) Américo Castro (1935, 1954) y Dámaso Alonso (1944), no ven en el episodio ningún propósito antijudío. El primero afirma que el ardid debió de ser una "treta chistosísima" para los oyentes

---

[30] Beer, "Zur Ueberlieferung...," 1-41.
[31] J. Ducamin, Reseña sobre "Zur Ueberlieferung... de Rudolph Beer," *RLR*, 1899, 372-8.
[32] *Ibid.*, 377.
[33] *Ibid.*
[34] *Obras*..., II, 210-11.
[35] Corominas, "Las ideas jurídicas...," (1900) en *El sentimiento*..., pp. 24, 33; Bertoni, *Il Cantare*...

del poema.[36] Menéndez Pidal se dedica a combatir la tesis expuesta por Andrés Bello, sosteniendo que ese engaño no revela ningún desprecio por los judíos Raquel y Vidas. Se apoya en el verso 1436 del *Cantar* ("Por lo que avedes fecho buen cosiment y avrá") que indica, según él, que el Cid pensaba recompensar a Raquel y Vidas; y cree, por último, que el no haberse verificado la promesa de pago expresamente en el poema se debe a olvido del juglar.[37] Karl Vossler apoya la tesis de don Ramón: "Los moros, lo mismo que los judíos burgaleses Raquel y Vidas, engañados por la treta del Cid, desempeñan un papel puramente pasivo. Son tratados, tanto por el poeta como por el protagonista, sin ninguna clase de odio, e incluso con cierta benevolencia...."[38] Américo Castro y Dámaso Alonso, por su parte, destacan el aspecto cómico del incidente y ponen de relieve la técnica casi picaresca del autor.[39]

Hacia 1946, sin embargo, Georges Cirot, aunque no se opone a la tesis pidaliana, cree que el episodio no deja de revelarnos una cierta atmósfera antisemita.[40] Leo Spitzer, en 1948, rechaza la tesis de Menéndez Pidal, y niega los presupuestos (promesa de pago y descuido del juglar) en que don Ramón se apoyaba. Se fija en lo que Alvar Fáñez dice a los judíos cuando éstos reclaman la deuda ("Yo lo veré con el Cid, si Dios me lieva allá," 1435), palabras que no apoyan, a su parecer, la anterior tesis. Sostiene, además, que el episodio de las arcas constituye el nadir del antiguo poema, e, insistiendo en el antisemitismo del incidente, declara: "No hagamos confusiones: la moralidad medieval no es la nuestra. Para un aristócrata del siglo XI contaba la obligación de pagar mil misas prometidas al abad de San Pedro: no tanto la de pagar 600 marcos a judíos."[41]

En su respuesta a Spitzer, Menéndez Pidal afirma que el "Cid poético no puede obrar movido por un vulgar antisemitismo";

---

[36] Menéndez y Pelayo, *Antología...*, XI, p. 300; en *Obras...*, XXII, pp. 261-2.
[37] *Poema...*, pp. 35-6.
[38] *Algunos caracteres...*, p. 14.
[39] Castro, "Poesía y realidad...," 7-20, y *La realidad...*, pp. 277-81; Alonso, "Estilo y creación...," *Ensayos...*, pp. 97-8.
[40] Cirot, "L'affaire des malles...," 174.
[41] Spitzer, "Sobre el carácter histórico...," 108-9.

y, reforzando su postura de 1913, añade otro argumento a su favor: el poeta no creyó necesario que se verificara expresamente el pago en el *Cantar*, como no lo creyó tampoco en otras situaciones. [42]

Para Seymour Resnick los burgaleses Raquel y Vidas pertenecen a la clase de judíos que la mente medieval consideraba enemigos de la verdadera religión; el crítico se pregunta, además, si el juglar del poema quiso aludir a la traición a Cristo en el verso en que los judíos regalan treinta marcos a Martínez Antolínez ("Dámosvos en don a vos treinta marcos," 200). [43] Tres años más tarde Joaquín Casalduero rechaza la tesis antisemita, aunque se separa de los argumentos de Menéndez Pidal. Subraya lo terco que es el espíritu de disentimiento de los críticos contemporáneos (algunos de ellos exageran hasta lo inverosímil el antisemitismo medieval) cuando se trata de cuestiones raciales o religiosas; sostiene que el Cid no devolvió el dinero a Raquel y Vidas; y defiende su tesis así: "La astuta avidez de los usureros, su deseo de engañar, ciega a Raquel y Vidas. Están prontos a creer todo lo malo del hombre; por eso la astucia del guerrero del Cid sabe cómo ha de acercarse a ellos... Su astucia torcida y de mala fe resalta sobre la astucia de buena calidad del Cid. Por eso nunca serán pagados... No, no hay olvido por parte del poeta; lo que sucede es que ni moral ni estéticamente debían ser pagados." [44]

Francisco Cantera Burgos, alarmado por un artículo de Emilio García Gómez, [45] adelanta la posibilidad de que Raquel era la mujer de Vidas, formando los dos una perfecta casa comercial (usurera) pintada tan brillantemente por el autor del *Cantar*. [46] Gárate Córdoba (1955, 1967), Thomas Montgomery (1962), Edmund de Chasca (1955), Gerardo H. Pagés (1959) y Carmelo Gariano (1964), niegan también el antisemitismo del episodio. [47] No obstan-

---

[42] "Poesía e historia...," 120-1.
[43] "The Jews...," 54.
[44] Casalduero, "El Cid echado de tierra," *Estudios*..., pp. 43-4.
[45] "Esos dos judíos...," 224-7.
[46] "Breves palabras...," 26-7, y "Raquel e Vidas," 99-108.
[47] Gárate Córdoba, *Las huellas*..., p. 77, y *Espíritu y milicia*..., pp. 324-40; Montgomery, "The Cid...," 1-11; Edmund de Chasca, *Estructura y forma*..., p. 107; Pagés, "Las arcas...," 27-49; Gariano, "Lo religioso...," 69.

te, Colin Smith (1965) defiende la tesis de Spitzer, aunque (¡cosa curiosa!) la apoya en los argumentos de Casalduero. [48]

Últimamente han escrito sobre la cuestión Moshe Attias (1967), Edmund de Chasca (1967), Rodríguez Puértolas (1967) y Cesáreo Bandera Gómez (1969). El primero vuelve a la tesis antisemita. [49] De Chasca y Rodríguez Puértolas escriben en defensa de Menéndez Pidal. [50] Sostiene De Chasca que el episodio discutido constituye sólo una desvaloración cómica de los judíos; que es al plano estético al que éstos pertenecen, no al plano del prejuicio racial; y que si el Cid no devuelve el dinero a Raquel y Vidas es porque el juglar, por falta de tiempo de decirlo todo, acude a la "elipsis narrativa, recurso que permite el sobreentenderse de la conclusión cuyo desenlace se da por supuesto". [51] Y Bandera Gómez, por su parte, parece aceptar la tesis antisemita, pues, aunque no atribuye al autor o a los autores del *Poema* un sentimiento antijudío, concluye que "es indudable que el episodio de Raquel y Vidas es una muestra del antisemitismo de una época". [52]

La mencionada tesis de Beer, sin embargo, brindaba a los críticos de la llamada escuela individualista ventajas sin cuento. Habían defendido Bédier y sus discípulos el origen clerical y monástico de la épica francesa, y, al intentar lo mismo con la castellana, fueron refutados por Menéndez Pidal y su escuela. De ahí la importancia que la nueva tesis de Beer adquirió entonces; de ahí también que lo que en el siglo XIX había sido conjeturas referentes a la profesión del autor del *Cantar,* fuera en el XX campo de batalla en el que habían de encontrarse los partidarios del origen clerical de las canciones de gesta y los que defendían su origen juglaresco. [53]

---

[48] C. Colin Smith, "Did the Cid...," 520-38.
[49] Moshe Attias, *El Cid...*, Ed. Moshe Attias, pp. 13-18.
[50] Rodríguez Puértolas, "Un aspecto olvidado...," 172.
[51] De Chasca, *El arte juglaresco...*, pp. 127-34.
[52] Bandera Gómez, *El "Poema de Mío Cid"*..., p. 127.
[53] Los individualistas proclaman que los cantares de gesta tienen un origen tardío, erudito y monástico; que nacen en torno de los monasterios y abadías, relacionándose con las peregrinaciones medievales. La tesis del origen tardío y clerical de la épica románica quedó expuesta, sobre todo, en *Les légendes épiques...* de Joseph Bédier. Sus seguidores (Cejador, Zingarelli, Siciliano, Viscardi, McMillan, Delbouille...) han ido desarrollando y modificando las doctrinas del maestro francés, y han insistido en la función creadora del poeta medieval, del clérigo docto. Dos lemas caracterizan a la

Ya a comienzos del xx los críticos toman posición. Alfred Coester escribe en 1906 en defensa de Beer, y, para sustentar la tesis, supone que el *Cantar* fue escrito por un monje de Cardeña para perpetuar la fama del monasterio y del héroe mediante las reliquias allí conservadas (la espada del Cid, los restos de Babieca, una de las arcas de arena, el escaño del Cid...).[54]

postura individualista: "Au commencement était la route" (en los santuarios de la ruta peregrinada los clérigos creaban la leyenda referente a la tumba o a la reliquia de algún personaje que interesaba a la iglesia) (ver Bédier, *Les légendes épiques*..., IV, 360); y "Au commencement était le poète", es decir, el poeta intelectual, el clérigo (Antonio Viscardi, "In principio...," 31-56).

Los tradicionalistas, por el contrario, defienden que hubo una poesía latente y tradicional anterior a los textos conservados; que los cantares de gesta nacen con la lengua misma; que no surgen en torno de los monasterios y abadías; y que son esencialmente la obra de juglares legos que poco se interesaban por las cosas de la iglesia. A los lemas del individualismo se oponen las dos fórmulas tradicionalistas: "En principio era la historia" y "la historia era canción de un poeta lego", historia viva para todos cuantos, ignorando el latín y el alfabeto, no podían conocer la otra historia prosaica, seca y muerta en los libros latinos de los clérigos" (Menéndez Pidal, *La "Chanson de Roland"*..., pp. 429-30).

Tanto el moderno tradicionalismo pidaliano como el individualismo de ahora hacen concesiones al bando opuesto. El primero acepta la intervención de poetas individuales y anónimos en la elaboración de la epopeya tradicional y colectiva. El segundo admite la primitiva colaboración anónima de la poesía tradicional. Pierre Le Gentil ha propuesto en varios de sus escritos la fórmula que debería conciliar las dos escuelas, tomando una postura intermedia (ecléctica) entre los moderados y los ultras: "De même donc que l'individualisme doit reconnaître l'importance des efforts anonymes dont profit le talent ou le génie, de même le traditionalisme devrait admettre, dans les continuités qu'il décrit, l'accident hereux qu'est l'apparition d'un poète ou la naissance d'un chef-d'œuvre" ("Réflexions...," 133). Le Gentil es el campeón de la tesis que funda sobre las diferencias el acuerdo necesario entre la hipótesis y la historia, entre tradición latente (y por consiguiente imprescindible) y el hecho individual que es el poema (ver Italo Siciliano, *Les Chansons de Geste et l'épopée*..., p. 23).

Dentro del grupo ecléctico se sitúan también Martín de Riquer e Italo Siciliano. Rita Lejeune, partidaria del neotradicionalismo, asegura que la nueva tendencia ecléctica es la más en boga y la más triunfante del siglo xx (Cfr. Siciliano, *Les Chansons de Geste et l'épopée*..., p. 23). El mismo Menéndez Pidal reconocía en 1959 que los tradicionalistas y los individualistas están de acuerdo en el campo de la estética y que sólo difieren en "el problema histórico-literario". De ahí que Siciliano (*Ibid.*, p. 57) haya podido afirmar que el tradicionalismo colectivo se convierte en tradicionalismo "plura-individualista", al reconocer una poesía creada por la inspiración de varios individuos allí donde algunos individualistas quieren ver la obra de uno solo.

[54] Alfred Coester, "Compression...," 199-200.

Contra Beer y Coester, se levanta en 1908 Menéndez Pidal. Éste, apoyándose en Ducamin y utilizando, a la vez, nuevas argumentaciones, rebate primero la tesis de sus oponentes (el autor no muestra un especial cariño por Cardeña; el hecho de que el abad don Sancho se encomiende a la generosidad del Cid no implica la profesión clerical del poeta; el autor no muestra predilección ninguna por San Pedro, titular del monasterio, ya que el santo de la devoción del Cid no es San Pedro, sino Santa María; si el autor fuera monje, no mencionaría a un abad fabuloso, don Sancho, olvidando al abad histórico San Sisebuto). [55] Desarrolla luego la teoría única (autor juglar) que el xix había defendido, y la sustenta con poderosos argumentos: la geografía del *Cantar*, absolutamente exacta, [56] muestra en sus menudos pormenores topográficos, acumulados sólo alrededor de Medinaceli y San Esteban, que el autor era un juglar que vivía en Medinaceli o en sus inmediaciones, y que allí ideó la obra; el examen de los itinerarios descritos con detalle por el autor lo mismo que el marcado localismo con que está concebida la obra toda, indican que el poema fue compuesto por un juglar de la frontera de Castilla; juglar mozárabe que reparte su cariño y sus recuerdos entre Medinaceli y San Esteban de Gormaz. [57]

---

[55] Menéndez Pidal, *Cantar*..., I, 1908, 36-73.
[56] Ver, además, José Alonso y Martín, "La geografía...," 211-27; Ángel de los Ríos y Ríos, "Exactitud histórica...," *RE*, LXXI (1879), 517-38; LXXII (1880), 60-73; Criado de Val, "Geografía...," 83-107. El estudio de la geografía y de la toponimia del *Cantar* han llevado a Criado de Val (1970) a conclusiones opuestas a las de Menéndez Pidal: "Quizá una de las principales consecuencias que se deducen del estudio de la geografía en el *Cantar de Mío Cid* y de la toponimia unida a ella, es la posibilidad de aclarar diversos problemas en relación con la época y el autor del Poema." Criado de Val sostiene que el *Cantar* conservado no es una copia tardía, sino un verdadero original obra "de un buen conocedor de los contornos geográficos" (Per Abat): "Aun cuando San Esteban de Gormaz sea referencia protagonista los principales episodios, Castejón de Henares, Alcocer y Robledo de Corpes están situados más al Sur y al Noreste. No deducimos de este hecho la presencia de juglares de cada una de estas regiones sino más bien el que era en ellas donde el público del *Cantar* era más habitual. La atribución de Menéndez Pidal a un juglar de Gormaz queda desvirtuada por el hecho de que Gormaz no aparece en el *Poema*. En cambio sí se advierte una predilección y una atención afectiva hacia San Esteban" (p. 105).
[57] Según Menéndez Pidal, el poeta del *Cantar* que ha llegado hasta nosotros no era castellano, sino mozárabe, criado entre los musulmanes de Medinaceli, comarca recién ganada por los cristianos. Apoyan esta tesis

Ésta es, en suma, la teoría defendida a lo largo de los años por Menéndez Pidal y sus partidarios; teoría que ha sido repetidamente atacada por los seguidores de Beer y los discípulos de Bédier. En efecto, Ernest Mérimée (1909) se opuso a Menéndez Pidal. Fundándose sólo en las observaciones del erudito español sobre la topografía del *Cantar* y olvidando el acentuado carácter local de éste, creyó Mérimée que la obra había sido redactada en Cardeña, y que la equivocación del nombre del abad don Sancho, en vez de San Sisebuto, es imputable a la corrupción del texto primitivo.[58] Menéndez Pidal, en acertada réplica, observó que el error no puede atribuirse a corrupción del texto primitivo, pues dos veces asegura la rima el nombre de don Sancho. Y pudo afirmar, apoyándose en el *Romanz del Infant don García*, en el que, como en el *Poema*, se confunde sólo el nombre de un religioso, que "la inspiración de los cantares [de gesta castellanos] es caballeresca, no eclesiástica; juglaresca, no clerical, contra lo que pretende Bédier para la épica francesa".[59]

Giulio Bertoni, sin embargo, se opuso en 1912 a la teoría. Se funda en el verso 1286 ("e que los quinientos diesse a don Sancho el abbat") y quizá en Bédier, para sostener que en el *Mío Cid* se descubre un carácter clerical más acentuado que en las "chansons de geste"; y concluye, por eso, que la obra fue escrita por un clérigo que se propuso inspirar en los oyentes respeto por el clero y por la religión en general: "Colgo l'occasione per avvertire che in tutto il *Cantare* si nota una gran deferenza per il clero. Il carattere, dirò così, clericale del nostro monumento è veramente notevole. È, in esso, più accentuato anche che nelle chansons de geste. L'autore del *Cantare* fu, parmi, un chierico, com'è del resto naturale, in quale mirò ad instillare negli ascoltatori, oltre che il rispetto per la religione, l'ossequio per il sacerdozio in gene-

---

ciertas rimas del poema "donde vemos que el poeta decía *fuont, puode*, o *font, pode, poble,* en vez de las formas corrientes en Castilla" (*Poesía juglaresca y orígenes...*, pp. 258-9). Han sostenido la tesis muchos críticos posteriores (Bertoni, Américo Castro, Eleazar Huerta, W. J. Entwistle, Pedro Salinas, Díaz-Plaja, Atkinson...). En sus últimos trabajos sobre el *Poema* don Ramón ha desarrollado y modificado en parte su posición (*En torno...*, pp. 140-4).

[58] Mérimée, Reseña al *Cantar...*, I, de Menéndez Pidal, en *BH*, XI (1909), 120-2.

[59] Menéndez Pidal, *Cantar...*, III, 1171, y *Poema...*, p. 29.

rale."[60] Un año más tarde replicó Menéndez Pidal, insistiendo en que el poema, por su factura y su metro, se revela "como obra de un juglar lego".[61]

En 1914, la tesis de don Ramón, aunque sufrió nuevas acometidas, recibió también nuevas adhesiones. Lang llamó al manuscrito conservado refundición escrita por un monje de Cardeña entre 1157 y 1170;[62] pero Fitzmaurice-Kelly, por su parte, lo atribuyó a un juglar de la frontera de Castilla.[63]

Después de seis años de silencio los críticos volvieron a la lucha. Julio Cejador en 1920, S. G. Morley en 1925, Viñas Mey en 1927, Manuel Alonso en 1943 y Guerrieri Crocetti en 1944 se levantaron contra Menéndez Pidal y sus seguidores.[64] Recogiendo ideas apuntadas por autores precedentes (por Beer, por Mérimée y por Bertoni) y apoyándose en las doctrinas que Bédier aplicó a la épica de Francia, atribuyeron al monasterio de Cardeña el nacimiento, incluso, del *Cantar*. De ahí que pudieran definirlo como obra de un clérigo que escribía con fines propagandísticos,[65] o para "tener desti nel cuore di tutti l'entusiasmo, la passione e la fede che sorreggevano la Spagna nella dura lotta per la Riconquista".[66]

Sin embargo, Karl Vossler en 1924, Américo Castro en 1935, Charles Aubrun y Pedro Salinas en 1947, Huerta en 1948 y Menén-

---

[60] Bertoni, *Il Cantare*..., p. 160. Ya a finales del siglo XIX (en 1879), J. Ormsby, *The Poem*..., p. 12, había interpretado la religiosidad del Cid en función del estado del autor del poema, a quien consideró ser clérigo por la insistencia con que el héroe aprueba "acts of piety and liberality to the Church".

[61] *Poema*..., p. 29, n. 1.

[62] Lang, "Notes...," *RR*, V (1914), 28-29, 301.

[63] Fitzmaurice-Kelly, *Literatura*..., pp. 19-20.

[64] Cejador, "El *Cantar de Mio Cid*...," 21, rechaza la teoría tradicionalista e invoca así las doctrinas de Bédier: "El mismo Bédier asegura que 'Les chansons de geste sont nées au XIIᵉ siècle seulement'. No sería mucho que, si las nuevas doctrinas de Bédier se aceptan en Francia, modificara las suyas respecto a España Menéndez Pidal y nos dijera que la epopeya castellana nació en el siglo XII, que nada tenía que ver con los cantos de los godos y que se formó en torno a las abadías y monasterios. Y no hay más que recordar San Pedro de Cardeña para el ciclo del Cid...." Véase también Morley, "Spanish Ballad Problems," 218-219; E. C. Hills, "The Unity...," 116; y Manuel Alonso, *Diego García de Campos*..., p. 98.

[65] Viñas Mey, "Sobre el origen...," *RABM*, XLVIII (1927), 70-90.

[66] Guerrieri Crocetti, *L'epica*..., pp. 40, 335-6.

dez Pidal desde 1924 a 1954, defendieron el origen juglaresco de la épica castellana y atribuyeron insistentes el poema a un juglar de la frontera de Castilla.[67]

Las dos tesis, a pesar de todo, continuaron alentando y continúan todavía. José Martínez Ruiz [Azorín] en 1950, Fray Jesús Álvarez y Maurice Bowra en 1952 apoyaron la tesis clerical. Azorín vio en el autor del *Cantar* un poeta intelectual, un monje;[68] Fray Jesús Álvarez, por su parte, señaló el sentido religioso del poema, y, observando que hay en éste abundantes motivos piadosos, pensó en un monje del *Scriptorium* del Convento; clérigo que, por otra parte, bien pudiera ser de Medinaceli;[69] y Bowra, sosteniendo la inspiración libresca del *Poema,* afirmó que sólo un clérigo podía escribirlo.[70] Francisco Serrano Castilla, en 1954, propuso la posibilidad de que un monje benedictino lo escribiera; apoyándose, para ello, en ciertas semejanzas que podrían establecerse entre los monjes de la *Regla* de San Benito y la acogida que al Cid dispensa el abad don Sancho en los versos 242-247 del *Poema.*[71]

---

[67] Vossler, *Algunos caracteres*..., p. 15; Castro, Poesía y realidad...," 7-20; Aubrun, "La métrique...," 337; Salinas, "La vuelta al esposo...," 79-88; Huerta, *Poética*..., pp. 9, 50; Menéndez Pidal, *Poesía juglaresca y juglares*..., pp. 329-39; y muchos otros críticos del xx.

[68] *La cabeza de Castilla,* pp. 64-66.

[69] *El Cid y Cardeña* (Burgos, 1952).

[70] *Heroic Poetry,* p. 516. Desde el punto de vista tradicionalista, es muy difícil pensar en la inspiración libresca y erudita del autor del *Cantar.* Según Menéndez Pidal y su escuela, los cantares épicos medievales se inspiran en leyendas y tradiciones orales anteriores. En contra de la tesis de Bowra, ver Menéndez Pidal, *Poesía juglaresca y orígenes*..., pp. 348-75, y, del mismo, La *"Chanson de Roland"*...; Jules Horrent, "Tradition poétique...," 451-77; Salvatore Battaglia, "La trasmissione giullaresca," 70-71. Dice Battaglia: "Non c'è dubbio che la struttura di poemi come la *Chanson de Roland* e il *Poema de mio Cid* discenda da un'educazione di forme, di stile, di contenuti e di versificazione, che gli abiti e gli schemi della letteratura dotta (classica e mediolatina) non sono sufficienti a spiegare. Nella loro parabola si avverte un'ascendenza che non pare consueta, e si colgono movenze spirituali che non è possibile riportare a centri ufficialmente noti o ad espliciti precedenti libreschi."

[71] Serrano Castilla, "El *Poema del Cid*...," 67-71, enumera varios indicios que, según él, apuntan hacia el origen benedictino del cantar: los benedictinos ven a Jesucristo en el visitante (de ahí su tradicional hospitalidad) y el poeta del siglo xii descubre un alma benedictina al referirnos la recepción que el abad don Sancho da al Cid desterrado de Castilla, al que nadie había podido dar asilo en Burgos: el "gran gozo" (v. 245) con que el héroe es recibido en Cardeña y la exclamación del abad "gradéscolo a

Un año más tarde, Vicente Núñez Marqués atribuyó el poema a "algún monje benito de los monasterios de San Esteban, o del Burgo, que eran propios del monasterio de San Pedro de Arlanza".[72] Y Fray Justo Pérez de Urbel, también en 1955,[73] afirmó que el *Cantar* fue escrito por un clérigo compañero de Alvar Fáñez; monje que era, al mismo tiempo, poeta erudito, juglar y guerrero. Señalemos, además, que algunos críticos (Eugène Kohler en 1955, Peter Russell y Francisco Palacios Madrid en 1958, Fradejas Lebrero en 1962, Thomas Hart en 1964, Gárate Córdoba en 1955 y en 1967, Alan David Deyermond en 1968 y en 1971, Bandera Gómez en 1969, Peter Dunn en 1970, Colin Smith y Riaño Rodríguez en 1971 y Charles Aubrun en 1972) han hecho resaltar, a su vez, el carácter culto y clerical (religioso) del autor

---

Dios, mio Cid, pues aquí vos veo, prended de mí ospedado" indican que "en el Campeador veían los monjes al mismo Cristo en persona"; la *Regla* de San Benito y el *Poema* coinciden no sólo en lo esencial, sino también en los detalles; los benedictinos son los más puros conservadores de la liturgia; y ésta preside la despedida del Cid de su familia. También Ángel de los Ríos y Ríos ("Exactitud histórica...," 63-70), Pérez de Urbel ("Tres notas...," 634-41), Carmelo Gariano ("Lo religioso...," 69-74), Bandera Gómez (*El "Poema de Mío Cid"*..., pp. 82-189), y Riaño Rodríguez ("Del autor...," 467-500) han sostenido que el autor del poema conservado conocía muy bien la liturgia y la *Regla*. Es de señalar, por último, que Serrano Castilla y Bandera Gómez concuerdan en un hecho muy importante para fundamentar la tesis principal del libro de éste. Decía aquél que los benedictinos veían en el Campeador al mismo Cristo en persona; Bandera Gómez defiende que el poeta del *Cantar* conocido (quizá un clérigo) lo que hace en su obra es presentar, a través de la figura histórico-mítica de Rodrigo Díaz de Vivar, "el modelo cristiano medieval, la imagen del Mesías, de un Cristo guerrero, soldado y mayestático, sobre un fondo de humano sufrimiento".

[72] "Itinerario del Cid...," 734-41.

[73] "Tres notas...," 634-41. Se opone Pérez de Urbel a la tesis de Menéndez Pidal. Admite que el autor "sabe mucho de guerra, de indumentaria militar, de vida cortesana, de costumbres feudales, pero no es menos lo que sabe de liturgia, de vida eclesiástica y de ambiente monacal". Las escenas de Cardeña revelan al buen conocedor del rezo y de la *Regla* benedictina; la oración de Jimena está llena de ciencia eclesiástica y hace pensar a la escuela catedralicia o monacal; es el clérigo erudito que se nos revela en muchos pasajes de la obra. Concluye que en el retrato del obispo don Jerónimo podría verse la condición social del poeta cidiano, el cual, como aquél, debía ser "ideal perfecto de monje y soldado", y que se escribiría el poema para rehabilitar la memoria de Álvar Fáñez. Jules Horrent ("Le *Poema de Mío Cid*...," 447, y "Localisation du *Cantar*...," 609-15), y Louis Chalon ("La bataille du Quarte...," 436n) han rechazado la tesis de Pérez de Urbel.

del *Mío Cid* conservado, insistiendo, unos, en el papel que el monasterio de Cardeña, el de Burgos, y el de San Pedro de Gumiel de Hizán, juegan en la génesis de la obra, subrayando, otros, su significado moral, su carácter de propaganda religiosa, y apoyándose, otros, en el conocimiento que el autor del cantar tiene de la liturgia (asuntos piadosos) y de documentos legales y cancillerescos.[74]

---

[74] Kohler, *Poema de mío Cid*..., pp. XI-XVIII, cree con Menéndez Pidal que el poeta era de Medinaceli o de sus inmediaciones, pero se separa del maestro español cuando aplica al *Cantar* las teorías que Joseph Bédier había imaginado para explicar el origen de las "chansons de geste" francesas. Realza la importancia de San Pedro en la génesis del poema. Allí, dice, se ha conservado el recuerdo del Cid; en Cardeña han nacido la leyenda y el cantar cidianos; y en este monasterio se recitó frecuentemente la obra. William Atkinson, en su reseña a la obra de Kohler, *RPh*, X (1956-7), 49-51, y Jules Horrent, "Le *Poema de Mío Cid*...," 447, han combatido esa tesis bedierista. El autor belga, aunque admite que Cardeña pudo, si no crear, al menos canalizar el culto cidiano existente y proporcionar al juglar materiales poéticos, concluye que un monje de Cardeña no hubiera olvidado que el héroe había sido enterrado en su monasterio.

Había sostenido Peter Russell en 1952 (Some Problems of Diplomatic...," 34-49) que el interés especial que se manifiesta en el poema por asuntos legales y cancillerescos hacía pensar en un autor culto (un clérigo). En 1958 ("San Pedro de Cardeña...," 57-79) examina Russell las referencias que existen en el cantar a Cardeña. Si bien no llega a ninguna conclusión positiva sobre el origen clerical de la obra, prueba, con todo, que en torno de la tumba del Cid apareció un ciclo de leyendas heroicas cuyos reflejos habría que buscar en las *Crónicas* y en los documentos cidianos de la época. Palacios Madrid, por su parte, sostiene que el monasterio de San Pedro de Gumiel de Hizán era lugar propicio para inspirar al poeta un *Cantar* épico-religioso, ante la tumba de los heroicos caballeros que murieron para ensanchar Castilla (sobre todo Pero Bermúdez). Allí escribiría el poema un clérigo exomense ("¿Se escribió en Gumiel de Hizán...?," 134-43).

Fradejas Lebrero (*Estudios épicos*..., pp. 56-8) vio en el poema un panfleto religioso, político y propagandístico. Thomas Hart ("Hierarchical Patterns...," 161-73), Paul Olson ("Symbolic Hierarchy...," 499-511) y Bandera Gómez (*El "Poema de Mío Cid"*...) han puesto de relieve el carácter moral-cristiano de la obra, y han subrayado también su significado religioso y su simbolismo. Gárate Córdoba (quien en 1955 había sostenido la tesis de Azorín y de Pérez de Urbel) acepta en 1967 (*Espíritu y milicia*..., pp. 122-31) la tesis pidaliana de los dos poetas en el *Cantar*, pero hace al primer poeta soldado y al segundo monje. Poco después Deyermond (*Epic Poetry*..., pp. 51-80, 155-207, y *A Literary History*..., I, pp. 44-49) sostuvo que tanto el *Poema* como el *Rodrigo* presentan varios indicios y elementos de obras cultas y clericales. Sin embargo, Edmund de Chasca ("Composición escrita y oral...," 93) defiende que, dado el carácter oral del *Mío Cid* y dada la incompatibilidad de la palabra escrita con la técnica oral, un "clérigo acostumbrado a la composición solitaria en su *scriptorium*

También Menéndez Pidal y sus seguidores han vuelto sobre la cuestión durante los últimos años; ellos también han reafirmado su postura, y han sostenido que la épica de Castilla (el *Mío Cid* en particular), a diferencia de la francesa, se caracteriza por su acentuado espíritu juglaresco, y que no es posible aplicar a los cantares de Castilla las teorías con las que Bédier había explicado la génesis de las "chansons de geste".[75]

Aunque aún sigue la batalla, puede decirse que la teoría tradicionalista (la de Menéndez Pidal y la de su escuela) es la que generalmente se acepta.

Conviene recordar, por último, que ciertos autores han intentado conciliar las dos posturas (la individualista y la tradicionalista).[76] Blasi, por ejemplo, sostuvo en 1938 que el autor del

---

sería incapaz de expresarse con la soltura de un juglar que maneja las fórmulas instantáneamente y que responde en condiciones de tensión poética al estímulo de un público vivo y de otros poetas del pasado y del presente. Acaso se pueda pensar en un clérigo ajuglarado...". Últimamente han vuelto a defender la tesis de Russell Peter Dunn ("Levels of Meaning...," 110-12) y Colin Smith ("The Personages of the *Poema*...," 581-98). Riaño Rodríguez ("Del autor y fecha...," 467-500) atribuye el poema a Per Abat, clérigo de Fresno de Caracena. Y Charles Aubrun sostiene que el autor del *Mío Cid* es un soldado clérigo o un clérigo soldado: "c'est un clerc soldat ou un soldat clerc" ("Le *Poema de Mío Cid*...," 12).

[75] Ver Menéndez Pidal, *Castilla*..., pp. 77-93, y *Poesía juglaresca y orígenes*..., pp. 348-75; Jules Horrent, "Le *Poema de Mío Cid*...," 443-52, y "Tradition poétique...," 451-77; Martín de Riquer, "L'épopée vivante...," 121-36; Aguirre Bellver, *El juglar del Cid*; E. Orozco Díaz, "Sobre el sentimiento...," 1-6; Iván Barrientos, "Notas sobre lo visual...," 127-38; S. Battaglia, "La trasmissione giullaresca," 63-89; De Chasca, *El arte juglaresco*..., pp. 20-40, 308-316, y muchos otros.

[76] Pérez de Urbel llamó en 1955 al autor del cantar clérigo erudito y juglar prodigioso; Kohler, aunque situaba al poeta en Medinaceli, hacía nacer la obra en Cardeña. También Le Gentil adopta una posición conciliadora. Refiriéndose a los autores épicos medievales afirma que los cantares de gesta son obra de autores medio juglares del pueblo, medio clérigos doctos ("Il convient, semble-t-il, de les situer à mi-chemin entre la *clergie* et la *jonglerie*, sans qu'on puisse préciser si, par leurs origines, ils appartenaient plutôt à celle-ci qu'à celle-là"); ("A propos de l'origine...," 117). Estos autores están muy ligados a una tradición oral anterior, y permanecen anónimos porque no aspiran a destacar su personalidad (114-15). Sus obras no logran un texto estable, sino sujeto a continuas refundiciones. Estas refundiciones de tosca tradición oral y latente convierten la canción épica en una obra escrita, en una obra maestra, en un poema sin defectos; poco importa si es obra de uno solo (individualismo) o de varios autores (tradicionalismo), los cuales, anónimos y sin pretender una creación total, sino una brillante continuación, hacen que la obra refundida tome un día de repente un valor

Cantar podía haber nacido en Medinaceli y ser a la vez monje en Cardeña;[77] y Carmelo Gariano, aunque cree, con Menéndez Pidal, al autor mozárabe oriundo de San Esteban o de Medinaceli, adelanta, en 1964, la posibilidad de que fuera también clérigo: clérigo mozárabe y casado que "no tenía reparos en transformar en triunfo de la justicia poética un matrimonio que aparecía ser violación del legalismo canónico".[78] Laza Palacio, también en 1964, sostiene algo parecido: sería el autor clérigo mozárabe y juglar, natural de Extremadura, y llamado Domingo Gonzalo-Gundisalvo.[79]

c) *Patria del autor*

Había observado Tomás Antonio Sánchez (1779) el hecho sorprendente de que rimaran en el *Mío Cid* vocablos al parecer incompatibles: *muerte, fuerte, buen, fuent*, con *amor* y con *Carrión; padre, partes, sangre*, con *mar* y con *voluntad*. Opinó entonces que el poeta suprimiría a veces la última vocal, que otras pronunciaría como *o* el diptongo *ue*. Concluyó, apoyándose en sus hallazgos, que el *Cantar* se caracterizaba por "una pronunciación francesa o lemosina".[80]

---

poético incomparable: "Entre elles [las primeras etapas de un cantar de gesta] et les ultimes remaniements qui rompent la charme, arrêtons-nous au moment privilégié où le poème a conquis, grâce à un seul ou à plusieurs peu importe, la dignité et la grandeur qui font de lui un chef-d'œuvre.... Ceci revient à dire que les poètes épiques du moyen âge, les premiers déjà et même les mieux inspirés, ne revendiquaient pas le mérite d'une véritable et totale création. Ils travaillaient sur des matériaux de type folklorique ou traditionnel, sur des thèmes narratifs promus peu à peu à la dignité de thèmes littéraires. Les plus artistes d'entre eux n'ont prétendu être que de brillants continuateurs. Mais c'est à leur génie que telle version, repensée, récrite, élaguée ou augmentée plusieurs fois peut-être voire complètement transformé, doit d'avoir pris un jour, tout à coup, un valeur poétique incomparable..." (119-20). Menéndez Pidal acepta con entusiasmo las opiniones (más tradicionalistas que individualistas) de Le Gentil, pero rechaza la "hipótesis del cambio repentino de valor artístico que, como muchos otros críticos suponen, da nacimiento a un género literario, el de las *chansons de geste*, antes inexistentes. No hay hecho ninguno que dé fundamento a tal hipótesis" (*La "Chanson de Roland"*..., p. 43.

[77] Blasi, *Epopea*..., pp. 92-3.
[78] Gariano, "Lo religioso...," 76-7.
[79] Laza Palacio, *La España del poeta del Mío Cid*..., citado por Eduardo Martínez de Pisón, "Bien e tan mesurado," *Ins*, XX (1965), 22.
[80] Sánchez, *Colección*..., I, 224.

Fue Agustín Durán, sin embargo, entre 1828 y 1832, el primero que formuló, basándose en el lenguaje, una teoría sobre la patria del autor: una región fronteriza con Asturias, por ser el del *Cantar*, según él, "un dialecto intermedio entre el rústico asturiano y el castellano".[81] Teoría que, después de ser ligeramente modificada por Mariano Cubí y Soler ("los hombres de talento comenzaron a escribir en el dialecto leonés, como el autor del *Poema del Cid*..."),[82] reapareció en 1893 resucitada por Jules Cornu,[83] y que, sin embargo, se abandonó en adelante.

El siglo XIX defendió, en realidad, una tesis diferente; tesis que, al influjo de las observaciones que Sánchez había adelantado, situaba en una región limítrofe con el lemosín el nacimiento del poeta. El artículo anónimo artibuido a Robert Southey (1814), George Ticknor (1849), Hüber (1853) acercan la patria a Cataluña;[84] Damas Hinard (1858) la aproxima a Valencia: "Notre *Poëme* a été écrit dans la Vieille-Castille, sur la frontière orientale de cette province, vers le point plus rapproché du comté de Barcelone et du royaume de Valence."[85] Ahí también la sitúa F. Wolf en 1859: "También en las formas del lenguaje se aproxima a menudo el *Poema* tanto al catalán que Damas Hinard, no sin fundamento, pone el país en que fue escrito en la parte de Castilla la Vieja que limita con el condado de Barcelona o con el reino de Valencia".[86] Ángel de los Ríos y Ríos acepta la teoría entre 1879 y 1880, pero observando que el *Cantar* pronunciaba *gerom*, y aventurando que pronunciaría también *sang, Jacque, songe*, la modifica en parte, acercando el lenguaje del poema más al francés que al lemosín o al catalán. Atribuye el crítico la obra a un

---

[81] Durán, *Romancero general*..., en *BAE*, X, p. LII.
[82] Mariano Cubí y Soler, "Introducción" a los *Ensayos poéticos*..., p. 11.
[83] Jules Cornu, "Verbesserungsvorschläge...," 19.
[84] "Chalmers English Poets," *QR*, XII (1814-1815), 64: "But the language of the peninsula was at that time crude and unformed, and the author [del *Cantar*] seems to have lived too near Catalunia. He built with rubbish and unhewn stones; Dante and Petrarca with marble". Ticknor, *History*..., I, p 127; V. A. Huber, *Crónica*..., p. 33.
[85] Damas Hinard, *Poëme*..., p. XVI.
[86] Wolf, *Historia de las literaturas*..., I, pp. 54-59. También García Gutiérrez se fundó en las supuestas formas lemosinantes de algunos vocablos, y concluyó que "el *Poema del Cid* no fue escrito en el corazón de Castilla, sino en alguna población donde se hablaba promiscuamente la lengua castellana y la lemosina" (*DRAE*, 1862, p. 30).

juglar francés venido a Castilla con Raimundo de Borgoña: "Evidentemente fue compuesto por un francés, aunque naturalizado en Castilla y probablemente de los que vinieron en la comitiva o a la sombra de D. Raimundo de Borgoña." [87]

Amador de los Ríos, en 1863, refuta las dos tesis anteriores, y apoyándose en argumentos que rebasan la pronunciación y el vocabulario, coloca en la región de San Esteban de Gormaz el nacimiento del poeta. Advierte el crítico la insistencia con que el juglar glorifica a los moradores de la región señalada ("Juzgamos digna de alguna atención la manera cómo habla el poeta de los moradores de San Esteban (Santesteban), apellidándoles "*varones muy prós*, mesurados e conoscedores"), insiste en la precisión con que el poeta alude a su topografía ("Observamos en la narración de todos estos pasajes del *Poema* cierto conocimiento no sólo geográfico, sino también topográfico, lo cual no puede suponerse en quien, viviendo en el interior de Castilla, no conociera prácticamente los lugares y sitios descritos, pues ni se enseñaba a la sazón científicamente la geografía, ni, a enseñarse, hubiera sido posible descender a esos pormenores, insignificantes siempre para la ciencia.") [88] Con estos argumentos, y con razones históricas favorables a San Esteban, defiende su teoría: "Teniendo por otra parte muy en cuenta que las tradiciones relativas a Mio Cid debían desarrollarse y conservarse, en cuanto tenían de locales, con más vigor en las fronteras de las comarcas que fueron teatro de sus hazañas, venimos a deducir que no sería del todo aventurado el sospechar que el poeta, cuando daba a los moradores de Santisteban esos títulos de excelencia, cedía a alguna razón de paisanaje." [89]

---

[87] Según Ángel de los Ríos y Ríos ("Exactitud histórica...," 63-70), el poeta del cantar (contemporáneo y compañero de las armas del Cid) "iba cantando [como un Ercilla], imitando y habiéndose adestrado en otros cantos anteriores".

[88] Amador de los Ríos, *Historia crítica*..., III, 157-8, n. 1.

[89] *Ibid*. Milá y Fontanals se opuso en 1874 a la tesis de Amador de los Ríos. Afirmó que "del autor sólo puede asegurarse con fundamento que fue castellano" y que "el que hable con particular encomio de los varones de Santisteban no parece dato bastante seguro para pensar que él lo era". Lo que Milá y Fontanals sostiene es que el especial conocimiento que el poeta muestra del sudeste y la ausencia de formas leonesas en su lenguaje prueban que él vivió en tierras más apartadas de Galicia que Berceo y Segura de Astorga (*De la poesía*..., pp. 249-50, n. 3). Antonio Restori,

Las afirmaciones de Amador de los Ríos terminaron en realidad con las tesis precedentes, y, a la vez, su método de trabajo sirvió de guía a muchos de los críticos posteriores. Con él pudo Rudolph Beer en 1898 formular una teoría diferente, la cual, como indicamos, situaba en el monasterio de Cardeña el nacimiento del *Cantar*. Tesis muy útil a la escuela individualista, y a la que no habían de faltar, por lo tanto, defensores: Coester (1906), Mérimée (1909), Cejador (1920), Viñas Mey (1927), Hills (1929), Guerrieri Crocetti (1944-1957). Todos ellos partidarios de Beer o discípulos de Bédier, y todos ellos deseosos de aplicar a la épica castellana las doctrinas del crítico francés.

Contra Beer, Bédier y sus seguidores, se levantan, actualizando la tesis de Amador de los Ríos, Menéndez Pidal y sus discípulos; de ahí que, después de 1900, se reduzcan a dos las teorías precedentes: la que sitúa al clérigo en Cardeña (o en algún otro monasterio) y la que coloca al juglar en la región de San Esteban-Medinaceli. Antes que Menéndez Pidal presentara la tesis, la formula, en contacto con él, Fitzmaurice-Kelly, en 1898. Se opone éste a las sugerencias rezagadas de Cornu y a las nuevas proposiciones de Beer; acepta las afirmaciones de Amador de los Ríos, pero precisa la región discutida: el valle de Arbujuelo entre Medinaceli y San Esteban:

> The poet's name is irrecoverable, but the internal evidence points strongly to the conclusion that he came from the neighbourhood of Medinaceli. To surmise that he was an Asturian rests solely upon the absence of the

---

en 1890, tampoco encuentra formas leonesas en el poema, pero cree que se compuso en la frontera aragonesa con Castilla (*La Gesta*..., pp. 6-7). Ahí también lo coloca Ubieto Arteta en 1963 (*Introducción*..., p. 118).

Ettore Li Gotti opina que "si nos atenemos a las alusiones contenidas en el poema, el centro geográfico de éste debiera ser S. Esteban, pero Menéndez Pidal, como luego veremos, tiene sus buenas razones para acercarlo a la frontera y optar por Medina". "Bastaría dar crédito a Camón Aznar, que imagina al Cid un personaje mozárabe (cfr. *Revista de Estudios Políticos*, XVII, 1947, 109-141) para creer, aragonés, al anónimo poeta... Pero véanse las razonables objeciones que opone Menéndez Pidal a esa tesis (*Revista de Estudios Políticos*, XIX, 1948, pp. 1-16)." (Ver Li Gotti, "El *Cantar de Mio Cid*...," 530-31, 542.) Para Li Gotti, el cantar se escribió para un público cercano a Cataluña (el aragonés). Von Richthofen, por el contrario, sostiene que el autor del poema "no es catalán" (*Nuevos estudios*..., p. 79).

diphthong *ue* from his lines, an inference on the face of it unwarrantable. Against this is the topographical minuteness with which the poet reports the sallies of the Cid in the districts of Castejon and Alcocer; his ignorance of the country round Zaragoza and Valencia, his detailed descriptions of the central episodes — the outrage upon the Cid's daughters in the wood of Corpes, near Berlanga — ; and the important fact that the four chief itineraries in the *Poem* are charged with *minutiae* from Molina to San Esteban de Gormaz, while they grow vague and more confused as they extend toward Burgos and Valencia. The most probable conjecture, then, is that the unknown maker of this primitive masterpiece came from the Valle de Arbujuelo; and it is worth adding that this opinion is supported by the authority of Sr. Menéndez Pidal. [90]

Menéndez Pidal desarrolla la tesis en 1908, y la defiende con argumentos ya utilizados y con otros nuevos: la exactitud geográfica se reduce a la región de Medinaceli y a la de San Esteban de Gormaz; sólo se precisan, a pesar de los muchos viajes, los itinerarios entre Medinaceli y Luzón; la acción converge en torno a Medinaceli; se sitúa en Molina el episodio de Abengalvón, desconocido de los historiadores; la afrenta de Corpes, también desconocida, pertenece a la tradición local de San Esteban. [91]

Ésta es la teoría que ha prevalecido en adelante; la mantienen, entre otros, J. D. M. Ford (1911), Ortega y Gasset (1911), Bertoni (1912), Julián Ribera y Tarragó (1915), Américo Castro (1935-1954), Charles Aubrun (1947, 1972), Entwistle (1947-8), Leo Spitzer (1948), Huerta (1948), Atkinson (1956-7), Gilman (1961), Alfonso Reyes (1963), Carmelo Gariano (1964), Rafael Lapesa (1962-1967), De Chasca (1967), Bandera Gómez (1969)... [92]

---

[90] Fitzmaurice-Kelly, *A History*..., p. 51.
[91] Menéndez Pidal, *Cantar*..., I, 37-73.
[92] Ford, *Old Spanish Readings*, pp. 114-16; Ortega y Gasset, "Tierras de Castilla...," *El Espectador*, I, 52; Bertoni, *Il Cantare*..., p. 17; Ribera y Tarragó, "Épica romanceada...," *Disertaciones*..., I, 143; Castro, "Poesía y realidad...," 7-20, y *La realidad*..., pp. 263-81; Aubrun, "La métrique...," 337, y "Le *Poema de Mío Cid*...," 17; Entwistle, "Remarks...," 113-23; Spitzer, "Sobre el carácter histórico...," 105-10; Huerta, *Poética*..., pp. 9-12; Atkinson, en su reseña a la obra de Kohler, RPh, X (1956-7), 49-51; Gilman, *Tiempo y formas*..., p. 80; A. Reyes, *Poema del Cid*..., introducción; Gariano, "Lo religioso...," 76-78; Lapesa, *Historia*...,

No han faltado, con todo, detractores, aunque es mucho más reducido su número.[93] Algunos de ellos, como el italiano Guerrieri Crocetti (1944-1957) y Eugène Kohler (1955), intentaron conciliar las dos posiciones haciendo al autor natural o vecino de Medinaceli, pero fijando en Cardeña el nacimiento del *Cantar*.[94] Russell, sin embargo, rechaza por completo la tesis de don Ramón; tras dudar entre Burgos y Cardeña en 1952,[95] se inclina por el origen burgalés del poeta en 1958.[96]

Es interesante notar que la afirmación de Menéndez Pidal, en 1961, de que dos poetas juglares intervinieron en el poema, no rompió en realidad la tesis mantenida; por el contrario, justificó la doble vertiente que en la obra se señalaba al hacer a un juglar oriundo de San Esteban de Gormaz, y al otro de Medinaceli.[97]

No había terminado la disputa, sin embargo. Horrent, entre 1959 ("La patrie de l'auteur serait pour M. Kohler les environs de Medinaceli. Cette localisation est le résultat des recherches topographiques de M. Pidal. L'argumentation nous fait l'effet d'être moins décisive qu'il ne paraît et nous nous demandons si on ne devrait pas resonger à S. Esteban de Gormaz, lieu qu'avait suggéré jadis Amador de los Ríos")[98] y 1966,[99] vuelve, después

---

pp. 160-2, y *De la Edad Media*..., pp. 11-35; De Chasca, *El arte juglaresco*..., pp. 171-89, y muchos otros.

[93] Como indicamos, Manuel Alonso opinaba que el autor del poema (Diego García de Campos) se había criado en Caleruega, no muy distante de San Esteban. Núñez Marqués situaba al poeta cidiano en uno de los monasterios siguientes: San Esteban, Burgo. Palacios Madrid creía que era exomense, probablemente de Gumiel de Hizán. Sanz y Díaz pensaba que era molinense; y Laza Palacio veía en el autor un oriundo de Extremadura.

[94] Guerrieri Crocetti, *Il Cid*..., pp. 233-4; Kohler, *Poema de mío Cid*..., p. XVI.

[95] "Some Problems of Diplomatic...," 340-49.

[96] Russell, "San Pedro de Cardeña...," 57-79. Antes que Russell escribiera, Domingo Hergueta ("*Poema de Mio Cid*," 65-71, 104-109, 151-158) había sostenido que el autor, por su conocimiento provincial, y la íntima relación del Cid y su familia con Cardeña, hubo de ser burgalés. En 1962 Rita Hamilton ("Epic Epithets...," 161-73) escribió sobre los epítetos que caracterizan a Martínez Antolínez. Entre éstos señaló "burgalés de pró", "el burgalés leal" y "el burgalés natural" con el fin de apoyar la tesis de Russell.

[97] "Dos poetas...," 145-200. Ver también Sanz y Díaz, "Dos poetas...," 97-116; y Menéndez Pidal, "Los cantores épicos yugoeslavos...," 195-225.

[98] "Le *Poema de Mío Cid*...," 446.

[99] Horrent, "Localisation...," *MRC*, I, 609-15.

de cien años de desarrollo, a la tesis de Amador, y suministra en su apoyo nuevas argumentaciones. Cambiando el orden de los nombres de lugar, Horrent hace suya la frase con la cual Menéndez Pidal comenzaba, en 1958, su nota sobre la mitología del *Cantar* ("El poeta del *Mío Cid* es indudable que vivía en Medinaceli y estaba familiarizado con las tierras de San Esteban") [100] y afirma que el poeta cidiano "a vécu à San Esteban et connaissait entre autres Medinaceli". [101] Pero queda siempre la posibilidad, continúa el erudito belga, de que el poeta fuera un "forestier", un juglar "qui s'est pris d'intérèt et d'affection pour un pays et notamment pour celui où il vit". [102] Rechaza luego las proposiciones del Padre Manuel Alonso y las de Francisco Palacios Madrid; y, para no eliminar la posibilidad de un poeta "forestier", "a laquelle l'étude linguïstique du texte pourrait donner quelque poids", concluye que "s'il n'était pas fills de San Esteban, le poète du Cid s'est considéré comme tel". [103] Colin Smith (1971) y Alan David Deyermond (1971) vuelven a apoyar la tesis de Peter Russell, sosteniendo que el poeta del *Cantar* conservado era un poeta culto (un abogado, quizá), y probablemente de Burgos (a cuyo auditorio estaba destinado el poema). [104]

---

[100] "Mitología...," *En torno*..., p. 181.
[101] "Localisation...," 614.
[102] *Ibid.*, 614-15.
[103] *Ibid.*, 615.
[104] Colin Smith, "The Personages of the *Poema*...," 592-8 ("the poeta de Medinaceli (better, de Burgos) wrote much later than 1140, and possibly without the benefit of an earlier version..."; "I think it likely that the author of the surviving *PMC* was a lawyer or a man who had strong links with the world of law..."; "If we suppose — that the *PMC* is Burgos-oriented and is the work of a relatively cultured person resident in Burgos, not of some wandering minstrel(s) of San Esteban and Medinaceli frontier areas, there is no problem in postulating his access to the documents and records in question..."). Y Deyermond (*A Literary History*..., I, 45) afirma: "*CMC* was composed... by a single author, a learned poet who may well have been a cleric and who had certainly had a legal and notarial training. He lived in the Burgos area, though he had not necessarily been born there, and he addressed his poem primarily to a Burgos audience...". En 1970 Criado de Val ("Geografía...," 105) sostiene que San Esteban (no San Esteban de Gormaz, como dice Menéndez Pidal) es el lugar donde el público del *Poema* era más habitual. Por otra parte, Riaño Rodríguez ("Del autor y fecha...," 467-500) cree que el *Cantar* conocido fue escrito por un clérigo (Per Abat) de Fresno de Caracena en 1207.

d) *¿Un autor o dos autores?*

Durante los primeros cien años de la crítica cidiana se aceptó como indiscutible que el *Cantar* se debía a un autor determinado, conocido o desconocido según las diferentes posturas de los teóricos. De ahí que no apareciera la cuestión entonces, sino que, al aludir a la unidad artística de la obra, se respondiera a la pregunta antes de haber sido planteada. Dice Wolf en 1859: "¿Acaso este poema no es algo más que una historia rimada, ni su autor más que un simple rimador? ¿Se le pueden negar, efectivamente, una circunspecta elección de los sucesos, una efectiva ordenación de las mismas, tacto del poeta, en una palabra, rastro de propia inventiva? ... ¿No está acaso en el *Poema* [el asunto] desde un punto de vista especial y reducido a unidad poética?" [105]

En 1863, sin embargo, expresó Amador de los Ríos la primera de las dudas, y sugirió, sin comprometerse, que dos autores distintos pudieron trabajar en el poema, dos escuderos del Cid que escribirían unos cincuenta años después de la muerte del héroe. [106] Muy pronto, por eso, empiezan las dos tesis a dibujarse. Milá y Fontanals, entre 1865 y 1874, basándose en la unidad de la obra, establecida por los críticos anteriores, formula claramente la tesis de un solo autor: la "unidad y concierto de la composición", afirma, "descubre a las claras la unidad de autor". [107]

Frente a Milá y Fontanals, en 1887, presenta el italiano Restori la segunda teoría, y niega, para sustentarla, el presupuesto (unidad de la obra) en el que sus oponentes se apoyaban. Utilizando como testimonio la distinta frecuencia de los asonantes en -o (115 en los mil quinientos versos primeros, y 1061 en los mil quinientos últimos), afirma que son dos las técnicas de la obra, e insinúa así la posibilidad de autores diversos. [108]

Los partidarios de Milá y Fontanals, con todo, consiguieron acallar durante cuarenta años a sus competidores; se apoyan para ello en infinitas y poderosas argumentaciones. Fitzmaurice-Kelly, en 1898, insiste en la unidad de concepción y de lenguaje: "There

---

[105] *Historia de las literaturas* ..., I, pp. 48-9.
[106] Amador de los Ríos, *Historia crítica* ..., III, pp. 132-3, 217-18, n. 1.
[107] *De la poesía* ..., pp. XII-XIII, 240-42, 406-7.
[108] Restori, "Osservazioni ...," *Prop*, XX (1887), I, 97-158.

is a unity of conception and language which forbids our accepting the *Poema* as a work of several hands." [109] Y, en 1903, insiste Menéndez y Pelayo en la unidad de estilo y de composición: el *Poema* "no sólo muestra unidad de estilo y de autor, sino hábil y meditada composición en las tres partes de que al presente consta". [110] Menéndez Pidal vuelve sobre la cuestión, con objetividad y a menudo, a lo largo de los años; no niega por eso las diferencias métricas evidentes, sino que, aceptándolas, las explica como el resultado de la lógica evolución del autor: "Estas diferencias bastante grandes que notamos entre el Cantar primero y tercero, no son de las que pueden argüir un autor o época distinta: todas ofrecen un término medio en el segundo Cantar, que nos hace achacarlas a la evolución del autor en la elaboración de su propia obra. El deseo de variedad de rima desplegado en la primera parte, se aminora en la segunda, y se olvida en la tercera, como si absorbido el autor por su asunto, abandonase todo esfuerzo técnico...; la versificación, pues, no desmiente la unidad absoluta de composición que en las tres partes revelan el asunto, los personajes, la geografía." [111] En 1911 Jeremiah Ford se hace eco de la teoría: "There is a unity of composition in the work which implies a single poet for the form represented by our Ms."; [112] y con argumentos semejantes a los de los críticos anteriores la defiende Karl Vossler en 1924. [113]

La segunda teoría, por cuarenta años olvidada, reaparece en 1929. Hills se opone a la tesis de la evolución del autor que Menéndez Pidal había mantenido, y enumera, para defenderse, nuevas diferencias entre los 1878 versos primeros y los restantes: estilo sobrio y difuso, historicidad y ficción, frecuencia del asonante en -o, uso de formas verbales, de sinónimos y de vocabulario, confusión de los posesivos *so* y *su*, manera de nombrar al Cid y a Alfonso, divergencias con la *Primera crónica general*. Testimonios que justifican, al menos, Hills concluye, las dudas que sobre

---

[109] Fitzmaurice-Kelly, *A History*..., p. 51.
[110] Menéndez y Pelayo, *Tratado*..., I; en la *Antología*..., XI, pp. 40 y 317 de la primera edición. Ver también *Obras*..., XXII, pp. 271-80 (Ed. Nacional).
[111] Menéndez Pidal, *Cantar*..., I, 123-4.
[112] Ford, *Old Spanish Readings*, p. 112.
[113] Vossler, *Algunos caracteres*..., p. 12.

la existencia de un solo autor se venían presentando: "These comments prove nothing, but they do indicate, I believe, that the unity of authorship has not been proved... But, in any case, I have come to doubt that all of our version of the *Poem of the Cid* was written by one and the same person." [114]

En defensa de Menéndez Pidal escriben Hermenegildo Corbató (1941), Northup (1942), Erich von Richthofen (1944-1954) y Eleazar Huerta (1948). Corbató busca con sus argumentos quitar importancia a las afirmaciones de Hills, explicando como menores y no determinantes las diferencias que éste había establecido; [115] Northup destaca la unidad artística, temática y estructural del *Poema;* [116] Erich von Richthofen afirma, por su parte, refiriéndose a la *Chanson de Roland* y al *Mío Cid*, que "las grandes epopeyas de la literatura occidental son creación personal de un poeta", el "producto de un genio que plasma en alta expresión artística la tradición viva de su pueblo", y que esos dos cantares de gesta "fueron creados por un solo poeta y de una sola pieza". [117] Para Huerta, el *Cantar* es obra "de un juglar único...". [118]

Tres años más tarde Mack Singleton defiende de nuevo la doble técnica del *Mío Cid*, y, aunque procura no entrar en la polémica, acentúa la posibilidad de la doble autoría: "At the outset mention was made of Hills' article about a double authorship. I will not enter into discussion of that because it is beyond my competence. It is fair to say only on the basis of an examination of technique that the poem breaks into two differently constructed parts. No conclusions about authorship may be drawn." [119]

---

[114] "The Unity...," 113-18.
[115] Corbató, "La sinonimia...," 327-47.
[116] Northup, "The *Poem of the Cid*...," 17-22.
[117] Von Richthofen, *Estudios*..., pp. 13-17.
[118] Huerta, *Poética*..., p. 9.
[119] Singleton, "The Two Techniques...," 222-7. Jules Horrent, en 1964, combate la opinión de Singleton de que el Cid no sería el centro de la narración en la segunda parte del poema; y se basa para ello en la unidad narrativa, temática, estructural y moral de la obra. Rechaza además la tesis de Franco Meregalli (*Questioni*..., p. 29) y la de Ubieto Arteta ("Observaciones...," 166-70), según la cual la refundición conservada difiere por completo del texto primitivo (original), asegurando que aquélla (la refundición) no difiere en mucho del original perdido: "Cette version dont la substance épique ne devait pas, semble-t-il, différer fondamentalement de celle du poème des années 1120, est le chef-d'œuvre qui est parvenue jusqu'à

La mayor parte de los críticos posteriores, a pesar de todo, continuaron aceptando la tesis de Menéndez Pidal: Gustavo Correa (1952), Casalduero (1954), Kohler (1955), De Chasca (1955), Gicovate (1956), Dámaso Alonso (1958), Martín de Riquer (1959), Thomas Thomov (1960), López Estrada (1962), David Foster (1970-1971), Stephen Gilman (1972)....[120] Todos ellos reafirman la unidad temática, artística y moral del *Poema,* y ven en él la obra de un solo autor, único y verdadero.

Los años 1955-1961 son, en relación con la vieja disputa, de capital importancia. Von Richthofen, que hasta 1954 había defendido la tesis de un solo autor, adelanta, en 1955, la hipótesis de dos poetas distintos en el *Cantar;* [121] y Menéndez Pidal, representante de la tesis antigua, reconsidera ciudadosamente su postura. [122] Defiende ahora don Ramón la doble autoría del poema, y basa sus argumentos en una extraordinaria cantidad de noticias. Afirma el erudito que hacia el año 1105 un juglar de San Esteban de Gormaz compondría el *Cantar,* y que treinta años más tarde (hacia 1140) otro segundo (de Medinaceli) haría la refundición que ha llegado hasta nosotros. Puede explicar así las desconcertantes diferencias (de versificación, de asonancia ...); [123] y continuar con-

---

nous grace à la copie, moins altérée qu'on ne le dit d'habitude, de Per Abat, scribe du XIVe siècle, qui transcrivait un modèle de 1207" ("Tradition poétique ...," 451-60, 477).

[120] Correa, "El tema de la honra...," 185-99; Casalduero, *Estudios*..., pp. 25-28; Kohler, *Poema de mio Cid*..., pp. XVI-XVIII; Gicovate, "La fecha de composición...," 419; De Chasca, *Estructura y forma*...; Dámaso Alonso, *De los siglos oscuros*..., p. 69, n. 29, dice que "lo mismo el *Poema del Cid* que la *Chanson de Roland* son obras de un poeta único y genial"; Martín de Riquer, "L'épopée vivante...," 128; Horrent, "Le *Poema de Mío Cid*...," 447; Thomov, "La *Chanson de Roland*...," 95-98; López Estrada, *Introducción*..., p. 163; David W. Foster, "Nota sobre 'la Afrenta de Corpes' y la unidad expresiva del *Poema de Mio Cid*," 219-24; Gilman, "The Poetry of the *Poema*...," 4, y muchos otros.

[121] Von Richthofen, "Interpretaciones...," 184, n. 15. En 1964 reafirma el crítico su posición, apoyándose en las nuevas conclusiones de Menéndez Pidal: "Rappelons que nous aussi étions de l'avis qu'il dévait y avoir eu deux auteurs du Cid" ("Considérations...," *MMD*, II, p. 592, n. 3). Sugiere además que el nuevo método de estudio empleado por Menéndez Pidal respecto al *Cantar* incitará a la crítica a hacer lo mismo con la *Chanson de Roland* (p. 593).

[122] Menéndez Pidal, *Poesía juglaresca y orígenes*..., p. 353; y "Dos poetas...," 145-200.

[123] Don Ramón venía defendiendo desde comienzos del XX que esas diferencias de versificación y de asonancia entre el cantar primero y el

cibiendo la obra, sin embargo, como un todo, como una unidad poética; unidad posible por la maravillosa concordancia de los dos juglares en el campo de la creación artística y colectiva:

> En nuestro *Mio Cid*, observamos, por último, cómo los dos autores tan distintos, tan inconciliables en lo tocante al verismo épico, se hermanan muy concordes en el terreno de la creación literaria. El genio poético del autor de San Esteban de Gormaz atrae hacia sí e impulsa al genial refundidor de Medinacelli. Esta continuidad de inspiración, a través de los tiempos, en el arte colectivo, es una gran verdad, un gran fenómeno estético, que la moderna crítica tradicionalista observa, afirma y propone al estudio; continuidad de numen, fundada en comunidad de gustos, de propósito y de ambiente cultural. [124]

---

tercero no implicaban diversidad de autores. E. Staaff, en 1925, notó la irregular distribución de las asonancias en el poema, pero aceptó la tesis de Menéndez Pidal ("Quelques Rémarques...," *HMPidal*, II, 417-29). Sin embargo, esas diferencias notadas por varios críticos, las dudas de otros investigadores y nuevos descubrimientos han llevado a don Ramón a rectificar su postura antigua, y concluir que son dos los juglares que sucesivamente (hacia 1105 el de San Esteban; hacia 1140 el refundidor de Medinaceli) han intervenido en la creación del poema conservado; que son dos las técnicas del cantar; y que hay en éste dos tipos de versificación y de asonancia (ver Menéndez Pidal, *En torno...*, pp. 140-44, y "Los cantores épicos yugoeslavos...," 217-19). Jules Horrent, a pesar de todo, no cree imposible atribuir esas diferencias de técnica, de versificación y de asonancia a un solo y único autor ("Tradition poétique...," 452-72). Fundado en un examen de los tiempos y asonantes utilizados en el *Cantar*, Oliver Myers aduce otras pruebas de la diversidad de autores ("Assonance and Tense...," 494).

[124] *En torno...*, p. 161. Entre 1967 y 1970 Erich von Richthofen retoma la cuestión de la autoría del *Mio Cid* y de su problema estructural. Afirma que "una crítica objetiva deberá, pues, considerar la siguiente teoría: 1) En el origen de la evolución de la epopeya cidiana estaba el diario de guerra; 2) Después de los sucesos significativos y particularmente a consecuencia de los hechos heroicos y gloriosos se resumían textos escogidos del diario de guerra a fin de publicarlos en forma de noticiero; 3) Un poeta (o varios poetas épicos) se servía(n) de la misma fuente para transformarla en "gesta" o crónica rimada, conservando sus detalles más característicos pero introduciendo algunas ligeras modificaciones, sin dejar de observar al mismo tiempo la técnica cíclica de los noticieros; 4) Finalmente llegaron los refundidores a los que debemos los elementos legendarios añadidos, las amplificaciones o continuaciones inventadas y la historiografía confundida. Este último rasgo es uno de los que el *Cid*, en las grandes líneas de su evolución estructural (dejando de lado semejanzas métricas y estilísticas), tiene en común con el *Rolando*...". Aparte de la teoría de los dos poetas de Menéndez Pidal que el crítico llama "horizontal" (referente a la refun-

Esta nueva tesis ha sido aceptada por la mayor parte de los críticos posteriores.[125] Objeciones a las nuevas conclusiones de don Ramón han sido presentadas, a pesar de todo, por algunos autores, los cuales defienden, insistentes, la unidad de autor, apoyándose en la unidad temática, poética, moral... de la obra.[126]

---

dición de la obra entera por un segundo poeta), von Richthofen propone una "hipótesis de trabajo "vertical" (formación sucesiva del cantar II, I y III) que supone un poema de base que corresponda a los versos 1085-2060, y 2276-77 del cantar segundo, que más tarde el mismo u otro autor habría completado con el cantar primero. Según esta hipótesis, un último autor habría interpolado las Bodas del segundo cantar, el episodio de las arcas de arena y acaso también el de la huelga del conde de Barcelona, y agregado la Afrenta de Corpes íntegra que exige la existencia igualmente ficticia de las Bodas" ("El problema estructural...," publicado en parte en *Lengua, literatura, folklore. ERO*, 1967, 425-35, y ampliado en "Problemas rolandinos...," 437-44; y en *Nuevos estudios*..., pp. 123-46. Para la cita ver p. 142, 145-6 del libro).

En 1961 Joaquín de Entrambasaguas ("El *Cantar del Cid* hoy," 45-58) llegó a distinguir, cuando menos, tres autores, que el posterior refundidor del *Cantar* utilizaría al componer su obra. Nos comunica el Prof. Francisco Rico, de la Universidad de Barcelona, que un estudiante suyo está escribiendo una tesis doctoral en la que intenta rastrear la presencia en el *Poema* de diversas manos; y que el Prof. Miguel Barceló está preparando para el *Anuario de Estudios Medievales* una "mise au point" de los diversos aspectos del *Mío Cid*.

[125] La aceptan, aunque con algunas reservas, muchos de los críticos del XX: Adalbert *Dessau*, "Rélations épiques...," 83-90; José Sanz y Díaz, "Dos poetas...," 97-116; von Richthofen, "Considérations complémentaires...," *MMD*, II, 591-96; y, del mismo, *Nuevos estudios*..., pp. 136-46; Edmund de Chasca, *El arte juglaresco*..., pp. 308-10, dice: "Confieso que, dada la innegable unidad orgánica del *Cid*, me sería estéticamente repugnante la tesis de dos poetas con sendos estilos, si para defenderla fuera necesario suponer una dicotomía estructural y falta de conformidad expresiva. Huelga decir que Menéndez Pidal no supone tal cosa. Concluimos, pues, que, en cuanto a la vida de un cantar de gesta, es inevitable pensar en más de un autor. Pero conviene pensar en uno solo en lo que se refiere a una refundición particular..."; Rafael Lapesa, *De la Edad Media*..., pp. 30-32; Gárate Córdoba, *Espíritu y milicia*..., pp. 122-27; Bandera Gómez, *El "Poema de Mío Cid"*..., pp. 15, n. 2, 67-68, 171-83 (dice en la nota de la página 15: "La posibilidad de que fueran dos poetas los que sucesivamente intervinieron en la composición del *Cantar*... no afecta, en este caso, a su unidad temática e intencional. Es decir, esa unidad existe, como reconoce el mismo Menéndez Pidal. A los efectos de este ensayo sólo me referiré *al poeta* o *al juglar*, sin que esto prejuzgue en forma alguna las conclusiones del maestro").

[126] Paul Olson, "Symbolic Hierarchy...," 506, n. 14; Jules Horrent, "Tradition poétique...," 451-77; Thomas Montgomery, "Narrative Tense...," 253-74; en su reseña sobre *El arte juglaresco*... de Edmund de Chasca y *El "Poema de Mío Cid"*... de Bandera Gómez, *RPh*, XXIV

e) *¿Creador o refundidor?*

No es nueva la tesis que explica la copia de Per Abat como refundición (re-elaboración o recreación) de un texto desaparecido; ya Andrés Bello, entre 1834 y 1841, afirmó la existencia de otros poemas referentes al Cid, anteriores y de carácter histórico más acentuado que el de la versión conservada:

> No se puede afirmar con seguridad si el *Poema de Almería* alude al *Poema del Cid* hoy conocido. Pero tengo por muy verosímil que, por los años de 1150, se cantaba una jesta o relación de los hechos del Cid en los versos i estilo sencillo i cortado, cuyo tipo se conserva en el poema, a pesar de sus incorrecciones; relación aunque destinada a cantarse, escrita con pretensiones de historia, recibida como tal, i depositaria de tradiciones que, por su cercanía a los tiempos del héroe, no distan mucho de la verdad. [Estas afirmaciones de Bello parecen anunciar ya el moderno tradicionalismo pidaliano.] Esta relación, con el pasar de los años, i según el proceder ordinario de las creencias i cantos del vulgo, fue recibiendo continuas modificaciones e interpolaciones, en que se exageraron los hechos del campeador castellano i se injirieron fábulas que no tardaron en pasar a las crónicas i a las que entonces se reputaba historia. Cada generación de juglares

---

(1970), 215. Montgomery afirma, contra la teoría de los dos poetas en el *Cantar*, que "the criterion of historical accuracy [empleado por Menéndez Pidal], is inadequate; one cannot assume that the first poet was incapable of repeating falsehoods, in which case there could have been nothing resembling the third *Cantar* in the earlier version, because Menéndez Pidal, without ever admitting it, demonstrated that this *Cantar* is essentially fictional. Menéndez Pidal goes through the poem ascribing specific lines to each poet; does this mean that the second poet deliberately took out true lines to replace them with false ones? Haw can this procedure be reconciled with the theory of the traditional development of the poem, involving gradual change and presupposing the work of many hands? Certainly, the article's conclusions ["Dos poetas..."] need to be refined. There is good evidence for the unity of the poem, but if fictional parts — including those bearing on the marriage and its consequences — are all additions or substitutes, this evidence must be reinterpreted"; Eugene Dorfman, *The Narreme...*, p. 11, n. 11; C. Colin Smith, "The Personages of the *Poema*...," 581-98, y Alan David Deyermond, *A Literary History*..., I, 1971, pp. 44-45: "Recent research makes it clear that both the original and the revised versions of Menéndez Pidal's theories are, notwithstanding their virtually unanimous acceptance by historians of literature, mistaken... *CMC* was composed... by a single author...".

tuvo su edición peculiar en la que el lenguaje i la leyenda tradicional aparecían bajo formas nuevas [en esta última afirmación podríamos ver un claro anticipo del libro de Lord: *The Singer of Tales.*] El presente *Poema del Cid* es una de las fases sucesivas de aquella antiquísima jesta. [127]

A finales del siglo XIX corroboró Joaquín Costa la tesis de Bello, afirmando que el *Cantar* conocido es una refundición tardía, hecha al parecer por el Per Abat de la corte de Fernando III. [128] Durante lo que va del siglo XX los críticos partidarios de la refundición han añadido varios detalles a la teoría. Sostuvo Lang en 1914 que el poema original fue escrito hacia 1140 y que después de su primera redacción fue refundido, entre 1150 y 1175, acaso por un clérigo de Cardeña. [129] Veinticuatro años más tarde el italiano Ferruccio Blasi afirmó que el texto del poema del que Per Abat copió la versión conservada remonta, a su vez, a otras fuentes poéticas anteriores, esto es, a otros cantares de gesta que sin duda se compusieron poco después de muerto el Cid. [130] Dijo Mateu y Llopis en 1947 que el texto antiguo debió de escribirse hacia 1130, a juzgar por las monedas que se mencionan en el *Poema;* [131] Franco Meregalli, en 1949, propuso explicar, por su parte, las divergencias del *Cantar* con los relatos cronísticos cidianos mediante "l'esistenza d'una redazione diversa da quella da noi posseduta, mediante l'esistenza d'un diverso cantare o di un rifacimento"; [132] Erich von Richthofen creyó en 1954 que "en el siglo XII se conocía en grandilocuente prosa poética" la versión primitiva del *Cantar;* [133] aseguró, tres años después, Ubieto Arteta

---

[127] Bello, *Obras*..., VI, pp. 307-8. Algo parecido escribe en 1968 Aguirre, al aplicar al poema las teorías de la composición oral. Ve en el cantar copiado por Per Abat "una historia cantada por varios juglares, cada uno a su modo, añadiendo y quitando escenas, interpolando o suprimiendo detalles, aunque siempre conservando la sustancia de la historia, y siempre, desde luego, narrándola con palabras distintas, si bien utilizando las fórmulas de la técnica oral...". El poema conocido sería entonces un "texto" particular, una representación de la historia del Cid ("Épica oral...," 18-19).

[128] *Poesía popular*..., p. 76.
[129] "Notes...," *RR*, V (1914), 28-29, 301.
[130] *Epopea*..., p. 93.
[131] "La moneda en el *Poema del Cid*...," 43-56.
[132] *Questioni*..., p. 29.
[133] Von Richthofen, *Estudios*..., pp. 346-7.

que dataría la primera redacción de hacia 1120, y la segunda (del refundidor Per Abat) de 1207;[134] y Martín de Riquer apoyó en 1959 la tesis de que el *Poema* conocido es sólo una refundición de un texto anterior desaparecido:

> Le *Cantar de mio Cid* s'est transmis en versions réfondues et variables, comme il est courant dans l'épopée traditionnelle. Sous sa forme de poème, c'est-à-dire copié avec la pleine conscience de transmettre une chanson versifiée, la chanson est conservée dans un manuscrit d'une écriture du XIVe siècle, signé par un escribe appelé Per Abat. Les chroniques générales ont mis en prose divèrs états de ceux qui ont été revetûs par la chanson lorsqu'elle a été réfondue par la tradition des jongleurs, ce qui révèle sa grande vitalité jusqu'au XIVe siècle. C'est une tâche difficile et hasardeuse de dater un état variable et mouvant. Il est possible que le manuscrit copié par Per Abat soit une refonte d'un texte antérieur du poème. On admet communément que le texte lu aujourd'hui a été redigé vers 1140, bien qu'il ait probablement existé un *Cantar del Cid* antérieur à 1128.[135]

Menéndez Pidal, siguiendo a Fernando Wolf, a Milá y Fontanals y a Menéndez y Pelayo,[136] venía defendiendo desde comienzos del XX que no es una refundición el manuscrito conservado sino copia auténtica de la versión antigua. Con todo, en 1957, modificó su postura y aceptó la tesis que antes había combatido ("Creo como más probable que el juglar de Medinaceli fuese un espléndido refundidor; que el primer eslabón de la cadena fuese un poema anterior más breve, obra de un juglar quizá de menos vuelos, que no dejó rastro alguno de su obra");[137] tesis que defendió más tarde (1961-1965) con más convincentes argumentacio-

---

[134] "Observaciones...," 166-70.
[135] "L'épopée vivante...," 129.
[136] Afirma Menéndez Pelayo que el poema es "ruda copia hecha por un Per Abat" en 1307; que, en medio de sus incorrecciones, "conserva un sello de arcaísmo tan notable, que no puede dudarse que se deriva del poema original"; que no se debe a la tradición oral de los juglares; y que sus defectos no pueden atribuirse a una "refundición poética" (*Obras*..., XVII, 1944, 136).
[137] *Poesía juglaresca y orígenes*..., p. 353.

nes."[138] Conserva el documento la refunción del poeta de Medinaceli,[139] afirma Menéndez Pidal ahora; y puede decirse que ésta es la tesis que en adelante ha prevalecido.

Prescindiendo de las diferentes posturas que los críticos han tomado respecto al origen, a la formación, tradición y composición de los cantares de gesta medievales, reconocen la existencia de varios autores-juglares (creadores, re-creadores o refundidores) no sólo los tradicionalistas, sino también los individualistas, los conciliadores (eclécticos) y los partidarios de la escuela oralista de Parry-Lord. Los investigadores de la epopeya románica, y en

---

[138] "Dos poetas...," 145-200, y "Los cantores épicos yugoeslavos...," 195-225.

[139] En 1964 Jules Horrent ("Tradition poétique...," 451-77) da nuevo vigor a la teoría de la refundición, pero no cree que el texto conservado sea la primera, sino la segunda refundición de un poema primitivo compuesto hacia 1120. Esta tesis ha sido apoyada últimamente (1972) por Charles Aubrun, "Le *Poema de Mio Cid*...," 12-22.

Mateu y Llopis ("La moneda en el *Poema del Cid*...," 56), Ubieto Arteta ("Observaciones...," 168-70), Martín de Riquer ("L'épopée vivante...," 129) y Jules Horrent ("Tradition poétique...," 477) colocan el *Poema* primitivo entre 1120 y 1130.

Por otra parte, Menéndez Pidal (*En torno...*, pp. 145-47) y Erich von Richthofen (*Nuevos estudios...*, pp. 129-35, y "Tradicionalismo...," 398-435) colocan la obra del juglar de San Esteban de Gormaz hacia 1105. Don Ramón, influido quizá por las observaciones de Horrent ("La version la plus ancienne qui soit accessible sérait née un vingtaine d'années après la mort du héros...; cette version aurait été l'objet d'un remaniement sans doute quelque vingt ans plus tard...; nouveau remaniement après 1160...") y por las ideas de los modernos estudiosos de la epopeya oral contemporánea, se inclina a creer, en 1965, que el juglar de San Esteban de Gormaz (que poetizaba poco después de la muerte del Cid) era ya un refundidor de cantos noticieros anteriores sobre el héroe ("Los cantores épicos yugoeslavos...," 220-22). De ahí se ha podido decir también que el origen oral del *Mío Cid* remonte a finales del siglo XI (Gárate Córdoba, *Espíritu y milicia...*, p. 21). En relación con este punto, es interesante comparar la tesis "horizontal" de don Ramón con la "vertical" de von Richthofen y con la "sucesiva" de Jules Horrent (Menéndez Pidal, *En torno...*, pp. 109-61; von Richthofen, *Nuevos estudios...*, pp. 136-46, y Horrent "Tradition poétique...," 451-77).

En 1971 Riaño Rodríguez ("Del autor y fecha...," 467-500) vuelve a sostener la tesis de Ubieto Arteta, atribuyendo la refundición conservada a Per Abat de Fresno de Caracena: "Asimismo, no parece aventurado atribuir estos versos 3717-3725 a la colaboración de dos poetas distintos. Es una muestra más del *Poema* que nos indica la posible existencia de algún cantar anterior, más rudimentario y realista, que pudo ser aprovechado por Per Abat para reelaborar o refundir el suyo de 1207, con estructura artística diferente" (p. 471).

particular del *Mío Cid,* difieren, pues, en el método de acercarse a la canción de gesta medieval, de juzgar la obra de arte creadora (original) y de valorar la refundidora. Muchos críticos contemporáneos afirman que el *Cantar* conservado y el *Roland* de Oxford son dos casos de excelente y genial refundición juglaresca. Pierre Le Gentil (el campeón de la tesis ecléctica), integrando en la continuidad tradicional la eficacia artística de la creación individual, logra una cierta conciliación entre tradicionalismo e individualismo, suponiendo, tanto para el *Cantar* castellano como para la *Chanson* francesa, un refundidor insigne, definitivo, que merece el nombre de autor.[140] Animado por la tesis de Le Gentil, Menéndez Pidal afirma en 1965 que "el poeta de Medinaceli engrandeció la acción del poema y puede considerársele autor definitivo"; pero no deja de señalar don Ramón que "más de la mitad del poema y de su grandeza pertenece al poeta de San Esteban de Gormaz"; y concluye que "un gran autor anónimo, cuando refunde una gran obra, se siente inmerso en el espíritu de la colectividad y respeta, cuanto más puede, el genio y el texto de la creación poética de su predecesor".[141]

Jules Horrent, sin embargo, cree que la fórmula ecléctica propuesta por Le Gentil (y apoyada últimamente por Deyermond en su libro *Epic Poetry*..., págs. 205-207) no convence ni a los tradicionalistas dogmáticos "qui lui reprocheront de perdre de

---

[140] La Gentil, "Réflexions...," 129-33.
[141] Menéndez Pidal, "Los cantores épicos yugoeslavos....," 223-25. Ver también Edmund de Chasca, *El arte juglaresco*..., pp. 308-12; Enrique Moreno Báez, "El estilo románico...," *ASCIH* (Holanda, 1967), 437-8, y Criado de Val, "Geografía...," 105-106. Afirma este último: "Esta atribución a Per Abbat de una autoría a la que llamaremos juglaresca no corresponde a nuestro concepto actual del autor sino al que "escrive" o realiza la composición del *Poema* en un cierto y final momento de su redacción, función que sin duda sobrepasa la mera de un copista. El Códice único del *Cantar*, a pesar de su fecha tardía e insegura, de su irregularidad métrica y de su personalísima actitud frente a la historia del protagonista, no es el resultado de una mecánica y torpe labor de un copista sino la obra de un juglar, consciente de su arte y buen conocedor del contorno geográfico y de las finalidades juglarescas. Sus aparentes erratas acaban por tener explicación, ya sea en función de unas variantes locales que para nada necesitan del respaldo de las Crónicas o del propio mundo poético y popular de los juglares precedentes y sucesivos, entre los que se desarrolla un intenso proceso de creación".

vue que la beauté propre à la tradition épique naît de la colaboration de tous ceux qui y participent", ni a los individualistas doctrinarios "qui regretteront qu'il ne fasse pas la part assez belle à la création original qui a fait naître le poème". [142] Indica luego que Le Gentil no tiene muy en cuenta la distinción entre fase preliteraria y fase literaria de una canción de gesta (creación), y que, por consiguiente, no pone en justo lugar el fenómeno de la creación literaria medieval. Apunta luego el peligro que hay en juzgar un poema conservado y analizable, acudiendo a una obra, real sin duda, pero impalpable porque perdida. En cuanto a la expresión "refundidor genial" aplicada por Pierre Le Gentil y por Menéndez Pidal al autor de la versión oxoniana del *Roland* y al refundidor del *Cantar* de Medinaceli, Jules Horrent dice: "Personnellement je ne vois du reste rien de génial dans *Roland* ni dans *Mío Cid*. Ce sont des œuvres remarquables, incomparables au regard des autres gestes romanes, mais ceux qui les ont composées, poète originale ou remanieur, n'ont pas l'étincelle du génie qui illumine Dante, Shakespeare, Cervantes, Goethe." [143]

Podemos decir, en relación con los cinco problemas estudiados, que en el xviii, por lo general, no aparecen las teorías (excepción, a); se adopta una postura sin pensar en otras posibilidades (d, e), o se recoge el material que luego aprovechará el siglo xix (b, c).

El siglo xix, por su parte, se caracteriza por una acentuada uniformidad. Al comienzo se formula la teoría que el xviii había preparado (b, c), y se mantiene en adelante por la crítica; si alguna otra teoría se introduce ocupa un lugar secundario aunque de vez en cuando reaparezca (c, d, e). Cuando el xviii había formulado ya dos teorías opuestas (a), se toma una de ellas (autor anónimo), la cual es la que en adelante prevalece.

Este período se caracteriza también por la diferencia en el método crítico empleado en cada una de las dos partes de la centuria (mucho más científico el de la segunda).

El siglo xx (que en relación con la crítica cidiana comienza en las últimas décadas del xix) principia con dos hechos de suma

---

[142] Horrent, "Chansons de geste...," 192.
[143] *Ibid.*, 194, n. 1.

importancia. Aumenta, por una parte, el rigor científico y metodológico que la generación anterior había iniciado; rigor que progresivamente se acentúa. Tiene lugar, por otra parte, la polémica entre la escuela individualista, capitaneada por Bédier, y la tradicionalista, dirigida por Menéndez Pidal; polémica que determinará el rumbo crítico en relación con casi todos los problemas discutidos.

El rigor científico con que comienza el período supone un replanteamiento de la cuestión. En relación con el problema b) ¿Clérigo o juglar? y con el c) Patria del autor, la situación se complica por la aparición de una nueva tesis (la de Beer), la cual, al favorecer la postura individualista, es la que en realidad hace surgir la polémica. En los dos casos (b, c), Menéndez Pidal, y la mayor parte de los críticos posteriores, se oponen a la tesis de Beer-Bédier. Respecto al problema b), mantiene Menéndez Pidal la postura única que el xix había defendido (autor juglar); en relación con el c), se aparta don Ramón de las dos posturas del xix (la predominante: autor frontero al lemosín, y la secundaria: autor asturiano), y adopta la que a finales del período había mantenido (sin seguidores) Amador de los Ríos, precisándola y sosteniéndola con nuevos argumentos (autor oriundo de una región entre San Esteban de Gormaz y Medinaceli). En los dos casos, aunque todavía dura la batalla, puede decirse que triunfan Menéndez Pidal y sus partidarios.

En relación con los otros tres problemas (a, d, e), que se ven determinados, en parte, por la polémica referida, y, en parte por la aplicación de las nuevas teorías de Parry-Lord sobre la composición oral de la épica yugoslava a los cantares de Castilla, adoptan Menéndez Pidal y sus seguidores las tesis que el xix había preferido: autor anónimo, único y creador. En el caso a), se acepta la tesis (autor anónimo) unánimemente, pues la teoría opuesta, ya en el xix, había dejado de defenderse (sólo unos cuantos autores: Zingarelli, Ubieto Arteta, Riaño Rodríguez, Manuel Alonso, Laza Palacio han atribuido el *Poema* conservado a un autor conocido: Per Abat, Gonzalvo-Gundisalvo, Diego García de Campos). En los dos casos restantes (d-e) persisten todavía, frente a don Ramón, las tesis que antes habían sido secundarias (dos autores, autor refundidor); éstas, sin embargo, defendidas sólo por una minoría en el xix, no amenazaron en realidad a las tesis predominantes.

A mediados del siglo xx, a pesar de todo, cobran las dos disputas un rumbo inesperado: Menéndez Pidal rectifica su posición, y adopta, en los dos casos, las tesis que había combatido (dos autores, autor refundidor).

Capítulo III

EL PROBLEMA DE LOS ORÍGENES

La crítica contemporánea señala que la epopeya castellana es un descubrimiento reciente de la ciencia y de la filología.[1] En realidad, hasta 1865 se vino creyendo que España no tenía épica nacional y que las dos obras entonces conocidas, el *Cantar* y el *Rodrigo*, no eran más que desafortunadas imitaciones de modelos extranjeros.[2] Como consecuencia de ello, se consideró por largo tiempo a la épica castellana hija de la francesa.

En 1874, sin embargo, Milá y Fontanals probó que España tenía su epopeya popular, la castellana, y defendió además su originalidad e independencia respecto a la francesa.[3]

Muchos críticos se han planteado el problema de los orígenes épicos de Castilla, y han querido establecer si esa poesía nació espontáneamente en Castilla o si procedió de otras epopeyas. Algunos de ellos, al estudiar la cuestión, han intentado establecer también la procedencia originaria del *Cantar*. Tres teorías fundamentales han sido propuestas: la francesa (de los siglos XIX y XX), la germánico-gótica (de los siglos XIX y XX) y la arábigo-andaluza (del siglo XX).

Andrés Bello, entre 1827 y 1841, fue el primero en acercarse al problema, y el primero en atribuir un origen francés a la épica castellana. Utilizando como argumentos las semejanzas métricas

---

[1] Menéndez Pidal, *La epopeya castellana*..., p. 15. Blasi, *Epopea*..., p. 5.
[2] R. Dozy, *Recherches*..., I, 1849, p. 649; Wolf, *Studien*..., p. 405; Gaston Paris, *Histoire poétique*..., p. 203.
[3] Milá y Fontanals, *De la poesía*..., pp. 463-471.

entre las "chansons de geste" y el *Cantar*,[4] y, sobre todo, el hecho de que la épica se cultivó en Francia mucho antes que en España, aseguró que la castellana es una consecuencia de la francesa que, a su vez, procede de la germánica:

> Después de prolijas investigaciones nos hemos convencido de que la epopeya caballeresca de las jestas o romances de la edad media, debió poco a los griegos i romanos, i menos a los árabes; que las naciones jermánicas trajeron su primer jermen al mediodía de Europa; que las tribus célticas de la Gran Bretaña la cultivaron por su parte con gran suceso, le dieron algunas de sus facciones características; que los troveres la aplicaron a un gran número de asuntos nacionales; i más adelante la enriquecieron adoptando la mitología peculiar de los celtas; que esos mismos troveres, o versificadores franceses del otro lado de la Loira, sirvieron de modelo a los más antiguos poetas castellanos i singularmente al autor de la *Jesta del Cid;* i que esta última composición, lejos de ser, como han pretendido varios literatos, el poema más antiguo de la Europa moderna, pertenece a una clase de composiciones que eran muy comunes en la lengua francesa desde el siglo XI, i con los cuales tiene un aire de familia que no puede desconocerse.[5]

La tesis de Bello, admitida por varios críticos posteriores, fue aceptada, desarrollada y divulgada por Gaston Paris. Éste, apoyándose en las observaciones de Dozy (1849) y de Wolf (1859), pudo decir en 1865 que España no tenía epopeya, e insinuó, además, que la denominación "cantares de gesta" no pudo llegar a los españoles más que de Francia, por ser término derivado de las "chansons de geste" francesas:

> L'Espagne n'a pas eu d'épopée. D'habiles critiques [Dozy y Wolf] ont demontré ce fait et ont donné les raisons; nous n'avons pas à y revenir ici. ... De très bonne heure en revanche nos traditions et nos poèmes passèrent les Pyrénées. La preuve de la connaissance qu'on en avait dès le deuzième siècle en Espagne se trouve dans un poème latin composé à la louange du roi Alfonse VII,

---

[4] Bello, *Obras completas*, VI, pp. 227-238, 247.
[5] *Ibid.*, pp. 279-280.

peu de temps après la mort de ce prince (1157)... Les monuments nous font défaut jusqu'au treizième siècle, où nous voyons apparaitre dans la *Crónica general* d'Alfonse X le Savant pleusieurs légendes relatives au cycle carolingien... Constatons d'abord que les poèmes français, à cette époque, étaient connus et populaires en Espagne. Une preuve irrécusable s'en trouve dans l'expression souvent employée par Alfonse de *cantares de gesta chansons de geste*. Ce mot ne peut être venu aus Espagnoles que de France.... L'épopée carolingienne avait donc trouvé en Espagne comme une seconde patrie, et les critiques sont unanimes à voir les jongleurs (juglares), si souvent mentionnés dans la *Crónica general* comme auteurs de ces chansons de geste, des élèves et des imitateurs des jongleurs français.[6]

Contra la tesis precedente, se levantó en 1874 Manuel Milá y Fontanals, y, estudiando más de cerca la cuestión, convenció a los críticos de su tiempo de cuán equivocada era la negación de la epopeya española, probando que España había tenido, como otros países, su poesía heroica popular. Ésta no se reducía a cantos breves y aislados, sino que se componía de extensos poemas narrativos: el *Cantar del Cid*, el *Rodrigo*, y otros cantares de gesta citados por la *Primera crónica general* y referentes a Bernaldo del Carpio, a los Infantes de Lara, a Fernán González. Concluyó Milá que la épica castellana no es una importación francesa; al contrario, es una epopeya nacional, castiza y autóctona.[7] Veintidós años más tarde Menéndez Pidal continuaba las investigaciones de Milá, y reconstruía la historia del género en su famoso libro: *La leyenda de los Infantes de Lara* (Madrid, 1896).

Debido a la demostración de Milá y Fontanals y a la obra de Menéndez Pidal, Gaston Paris reconsideró su posición en 1898 y rectificó en parte su postura. Reconoció la existencia de una epopeya española; apreció, además, su carácter singular y su mérito absolutamente original, pero continuó defendiendo su tesis primitiva: "L'épopée espagnole, dont Milá y Fontanals et M. Menéndez Pidal ont demontré l'existence et réconstitué l'histoire,

---

[6] Gaston Paris, *Histoire poétique*..., pp. 203-204.
[7] Milá y Fontanals, *De la poesía*..., pp. 395-403, 470-471.

est d'origine française. Cela me paraît incontestable, bien que le premier, au moins, de ces savants ne soit pas porté à l'admettre." [8] El crítico sustentó su tesis en dos argumentaciones: la métrica de los cantares de gesta franceses y españoles es muy semejante, idéntica casi, "et il n'est pas probable que cette forme soit née spontanéamment au sud et au nor des Pyrénées"; la producción épica no comenzó en España sino en el momento de mayor esplendor de la epopeya francesa, y no hay noticia de ningún hecho histórico cantado por los juglares españoles antes de la introducción de las canciones de gesta francesas. Concluyó que "ce n'est d'ailleurs pour déprecier l'épopée espagnole que je constate sa dépendence originelle de la nôtre. La nôtre, à son tour, a bien probablement ses racines dans l'épopée germanique, ce qui ne l'empêche pas d'avoire sa valeur propre et d'être pleinment nationale". [9]

Ésta es, en suma, la tesis de Gaston Paris; tesis que coincide (no sólo en los argumentos que la sostienen, sino también en la conclusión) con la expuesta sesenta años antes por Andrés Bello. El erudito francés no hizo más que actualizar y desarrollar las afirmaciones del crítico venezolano.

Heinrich Morf (1900) y A. Pidal y Mon (1904) se opusieron, con todo, y negaron el origen francés de la épica de Castilla. El alemán, apoyándose en las conclusiones alcanzadas por Menéndez Pidal en 1896, rechazó la tesis de Gaston Paris, indicando que en España existió una poesía heroica anterior a la penetración de las gestas francesas, y que esa poesía, como demuestra el *Cantar de los Infantes de Lara* (siglo x), se mantuvo libre de toda influencia francesa; ésta, concluye Morf, sirvió de modelo para el desarrollo posterior de la epopeya castellana. [10] A. Pidal y Mon, inspirado por su patriotismo, refutó la tesis del origen francés, y defendió la originalidad e independencia de la épica de Castilla. [11]

Las afirmaciones de Morf y de A. Pidal y Mon, sin embargo, no dieron lugar a una nueva teoría ni impidieron el triunfo de la tesis de Gaston Paris; tesis que, sin oposición, continuó hasta 1910.

---

[8] Paris, "*La leyenda de los Infantes de Lara* de R. Menéndez Pidal," *JS* (juin, 1898), 321.
[9] *Ibid.*, 322.
[10] "Die sieben Infanten...," 377-92.
[11] "Relaciones...," *DRAE* (Madrid, 1904), pp. 68-69.

La defendieron, aunque sin el apoyo de nuevas argumentaciones, J. Saroïhandy (1904),[12] Eduardo de Hinojosa (1904),[13] Alfred Coester (1906),[14] y Edmond Faral (1910).[15]

Contra Gaston Paris y sus partidarios, actualiza Menéndez Pidal en 1910 la hipótesis que había expuesto en 1898,[16] defendiendo que la epopeya castellana procede de la épica germánica de origen gótico.[17] Ramón Menéndez Pidal se opone a la tesis de Gaston Paris, rechazando uno por uno sus argumentos: "El examen de la métrica española nos revela que no nació con la perfección o semejanza que pudiera esperarse en una imitación de una métrica ya perfeccionada, sino que fue evolucionando lentamente por sí misma, siempre aparte de la evolución seguida por el metro francés, y que además ofrece desde sus comienzos un procedimiento fundamental, la -e paragógica, desconocida de las *chansons de geste*";[18] la epopeya castellana no nació en el siglo XII, sino que surgió mucho antes de la introducción de las

---

[12] "Origine française...," *MFB* (Paris, 1904), p. 29.
[13] "Relaciones...," *DRAE* (Madrid, 1904), p. 29.
[14] "Compression...," 130, 198.
[15] *Les jongleurs...;* citado por Georges Cirot, "*Cantares*...," BH, XLVII (1945-6), 7: "Si les Espagnoles eurent sur la fin du XIIIe siècle, une épopée nationale, ils la dûrent à l'example de l'épopée française, que le jongleurs français avaient popularisée chex eux".
[16] En el *Heraldo de Madrid* (18 de octubre de 1898).
[17] *L'Épopée castillane*..., pp. 2-80. Citamos por la ed. esp. *La epopeya castellana*..., pp. 11-45.
[18] *Ibid.*, p. 18. Siglos antes que Menéndez Pidal escribiera, hubo algunas vagas ideas sobre los orígenes góticos de la poesía heroica de Castilla. En el año 1575 decía Argote de Molina, refiriéndose a los romances, que esta "manera de cantar las historias políticas y memorias de los siglos pasados pudiera decir que la heredamos de los godos, de los cuales fue costumbre, como dice Ablario y Juan Upsalense, celebrar sus hazañas en cantares, si no entendiera que ésta fue costumbre de todas gentes" (Cf. Milá y Fontanals, *De la poesía*..., p. 8). Un año más tarde Juan de la Cueva, al hablar en su *Ejemplario poético* de los antiguos romances castellanos, dijo que "cantar en ellos fue costumbre usada / De los godos los hechos gloriosos / Y de ellos fue en nosotros trasladada..." (Ver *De la poesía*..., p. 11). Tres siglos más tarde Menéndez y Pelayo (1891) alude al origen germánico de la épica castellana cuando, al hablar del *Mío Cid*, dice: "Limitémonos a decir que la epopeya francesa y la castellana parecen dos ramas del mismo tronco [el germánico] de desigual fuerza y lozanía; que en ambas se respira el mismo ambiente de grandeza heroica o semibárbara, como engendradas en un medio histórico, si no idéntico, semejante" (*Antología*..., II, pp. XX-XXI de la primera edición).

"chansons de geste", allá por los siglos x y xi, cuando se escribieron cantos heroicos relativos a Fernán González, a los Infantes de Lara, y al Infant don García, "que por su fecha no podemos suponer inspirados en la épica extranjera".[19]

Menéndez Pidal defiende con Heinrich Morf que el influjo de la épica francesa en la castellana tiene lugar durante el posterior desarrollo de ésta. Niega este influjo, sin embargo, en relación con sus orígenes. Insiste, por otra parte, con poderosos argumentos, en el principio germánico-gótico de la poesía de Castilla, principio paralelo de este modo al de la épica francesa: "Conviene suponer para la épica castellana esos mismos orígenes germánicos que con verosimilitud se han supuesto para la épica francesa".[20]

Podemos resumir así la teoría de Menéndez Pidal: a) Los germanos tenían desde antiguo cantares heroicos cuya existencia está confirmada por Tácito y Jordanes. b) Después de establecidos en las provincias del Imperio, continuaron sus cantos épicos. c) Numerosos elementos germánicos existen arraigados en varios aspectos de la cultura medieval española. d) En la época de la Reconquista domina el espíritu gótico y en ella éste se vigoriza. e) Muchos temas característicos de la épica germánico-gótica han pasado a la castellana enlazando a las dos de manera evidente.[21] f) La

---

[19] *Ibid.*, p. 19.
[20] *Ibid.*, p. 20.
[21] Entre los temas de origen germánico-gótico destaca el de Walter de España o de Aquitania, personaje que vivió en el siglo v, y que ha sobrevivido en la Península a través de la época gótica y de toda la Edad Media, sin dejar rastro de vida hasta ser recogido en el romance de Gaiferos y Escriveta. En éste se combinan dos temas: el rescate de la esposa cautiva entre los moros y el tema de Walter (combate con los perseguidores y retorno triunfal a su patria). El primer tema pertenece al ciclo carolingio, y no pudo reaparecer en España a través de la literatura francesa, como había sostenido Federico Hanssen en su libro *Sobre poesía épica de los visigodos* (Santiago de Chile, 1892), pues, según Menéndez Pidal, "difícil es suponer que el tema de Walter se hubiese conservado en Francia y que no quedase de él muestra alguna siendo tan copiosos los textos conservados" (*La epopeya castellana...*, p. 26, n. 1).

Por otra parte, Pedro Corominas (1900) afirma, refiriéndose al *Cantar* y a la influencia francesa: "En mi tesis doctoral ["Las ideas jurídicas en el *Poema del Cid*"] se contenían otras opiniones que no considero necesario reproducir. Como se ve, la oposición se presentaba entre una hipótesis que consideraba el *Poema* como fruto de un arte genuinamente nacional y aún como protesta contra las novedades traídas por los nobles francos y los monjes de Cluny, y otra hipótesis que yo reducía al hecho de la influencia

sociedad, las costumbres e instituciones, el ambiente y los paisajes de la épica de Castilla, se distinguen por su fuerte carácter germánico.

Las afirmaciones de don Ramón, defendidas por la mayor parte de los críticos posteriores, dieron lugar a la terminación de la tesis precedente (la que Gaston Paris había proclamado, apoyándose en Andrés Bello).[22] Sólo Manuel de Montolíu (1949) y Eugène Kohler (1955) la defendieron más tarde, y sin poder aportar entonces nuevas pruebas que la vivificaran.[23]

Cuando Joseph Bédier negó, en 1913, el origen germánico de la epopeya francesa, negó también, aunque indirectamente, el origen germánico de la épica castellana.[24] Sus afirmaciones no

---

germánica por mediación de los francos. Menéndez Pidal ha querido conciliar la opinión favorable a los orígenes germánicos y la que tiende a afirmar el hecho predominante de la epopeya francesa, obteniendo resultados muy parecidos a los míos, aunque llegando a ellos por distintos caminos. Los *Cantares de Mio Cid* pertenecen a la epopeya de origen germánico, probablemente introducida en Castilla por medio de las canciones francesas; pero no sólo su inspiración es genuinamente nacional, sino que por la consideración de la mujer, por su ingenuo realismo, y ahora añadiré que por el sentimiento de la riqueza que en ellos se manifiesta, así como por su expresión de las ideas religiosas, es obra que sólo pudo nacer en Castilla, donde, por otra parte, demostró el arte popular una preferencia largamente sostenida por la poesía heroica" (*El sentimiento de la riqueza...*, pp. 30-31 n. 1).

[22] Como prueba de que la epopeya de Castilla no nació como hija de la francesa, basta recordar lo que dicen Adalbert Hämel, Giulio Bertoni, Erich von Richthofen y Jules Horrent sobre la cuestión. Hämel estudia las relaciones entre las dos epopeyas; y llega a conclusiones completamente opuestas a las de Gaston Paris: la primitiva épica castellana anterior al *Cantar de Mío Cid* sirvió de modelo a los juglares francesces. Apoya su tesis en dos argumentaciones: si la epopeya española es muy antigua y la francesa es, según Bédier, de origen tardío, entonces se reduce al absurdo la teoría de Gaston Paris y se impone la contraria: los franceses conocieron en España las formas rudimentarias de la poesía épica, "que transplantaron después a su patria y variaron sus propias leyendas de esta forma, desarrollándolas y convirtiéndolas en poemas de mayor volumen y de formas regulares" (Hämel, "Französische...," 37-48). Bertoni, aunque exagera demasiado la influencia de la épica francesa en el *Cantar del Cid,* afirma que la epopeya de Castilla "è autonoma alle sue origini" y que su nacimiento se mantuvo libre de influjos transpirenaicos ("Il *Cid*...," 131-2). A conclusiones parecidas llegan Erich von Richthofen (*Estudios*..., p. 345) y Horrent ("Le *Poema de Mío Cid*...," 449-50).

[23] Montolíu, "La poesía heroico-popular...," *Historia*..., I, pp. 304-305; Kohler, *Poema de mio Cid*..., pp. XX-XXVI.

[24] Bédier, *Les légendes épiques*..., IV, 339-44, 473-77.

amenazaron, con todo, la tesis que don Ramón defendía y que Fitzmaurice-Kelly aceptaba entonces.[25]

En 1915, sin embargo, apareció una nueva teoría. Julián Ribera y Tarragó, frente a Gaston Paris y a Menéndez Pidal, sostuvo que entre los musulmanes andaluces había existido una poesía romanceada en los siglos IX y X; épica que dejó huellas evidentes en las crónicas musulmanas; y que, mediante éstas, influyó en los orígenes de las epopeyas castellana y francesa, que son posteriores.[26]

Antes que el arabista español escribiera, se había exagerado, por lo general, el influjo de la poesía árabe en el nacimiento de la castellana, incluso en la épica.[27] Esta opinión encontró bastantes partidarios hasta que Dozy la combatió con argumentos de gran peso: "La littérature arabe n'a point d'épopée; elle n'a même pas de poésie narrative; exclusivement lirique et descriptive, cette poésie n'a jamais exprimé autre chose que la côté poétique de la réalité".[28]

Julián Ribera y Tarragó, a pesar de todo, buscó en las crónicas árabes restos de leyendas heroicas, y encontró que algunas de éstas habían sido compuestas por musulmanes españoles nacionalistas que casi puede decirse "correrían en romance". Pero la leyenda que él presentó como punto fuerte de su teoría y que consideró "un cuadrito de la poesía caballeresca, una joya de la primitiva épica andaluza", es la que cuenta el historiador Abenalcotía referente a las relaciones entre el rey de Zaragoza, Muza ben Muza, y el señor de Guadalajara, Izrac ben Mont (o Montell).[29] Observa Ribera que en este relato hay huellas de poetización popular, lo cual indica que existió una épica popular

---

[25] Fitzmaurice-Kelly, *Literatura*..., pp. 11-14.

[26] Ribera y Tarragó, "Huellas que aparecen en los primitivos historiadores musulmanes de la Península de una poesía romanceada que debió florecer en Andalucía en los siglos IX y X," *DRAH* (Madrid, 1915); estudio reimpreso con el título de "Épica andaluza romanceada," en sus *Disertaciones y opúsculos*, I, 1928, pp. 100-150; citamos por esta obra.

[27] Ya en 1697 Antonio Huet, en su *Traité de l'origine*..., p. 107, afirmaba: "España, que recibió el yugo de los árabes, recibió también sus costumbres y tomó de ellos el uso de cantar versos de amor y de celebrar las acciones de los grandes hombres, a la manera de los Bardos entre los Galos."

[28] Dozy, *Histoire*..., I, p. 13.

[29] Ribera y Tarragó, *Disertaciones*..., I, pp. 112-29.

andaluza hoy del todo perdida. Compara luego la leyenda heroica de Izrac con las epopeyas castellana y francesa, y apoyándose en los muchos elementos que aquélla tiene en común con éstas, concluye que en el centro de Andalucía se encuentran los antecedentes de las dos épicas románicas (la castellana y la francesa). Las coincidencias con la castellana muestran, por otra parte, la continuidad de la tradición heroica genuinamente española. [30]

Ésta es, en suma, la conclusión de la tesis de Ribera y Tarragó; la cual no duró mucho por carecer de una base científica y positiva. La rechazaron, por ello, los críticos posteriores. [31] Igual que la tesis de Gaston Paris, la de Ribera, aunque apoyada por Viñas Mey en 1924, [32] por Ángel González Palencia en 1928, [33] por

---

[30] *Ibid.*, pp. 139-43. Éstas son las semejanzas que Ribera señala entre la épica andaluza y las epopeyas castellana y francesa: "La épica española primitiva [la andaluza] no aparece como fría imitación de literatura extraña. Es narración de sucesos cuya memoria está fresca, puesto que de la realización de los sucesos a su inclusión en una crónica apenas pasa un siglo, durante el cual hubo de forjarse la leyenda aprovechada por la crónica. En esto coincide con la castellana y en particular con la francesa de los siglos XII y XIII.

Se forma al hervor de la lucha en tiempos y lugares en que era muy viva. Coincide en esto con la castellana.

Los personajes son históricos. Lo mismo ocurre en la castellana y en la francesa.

Los hechos principales son caballerescos; duelos entre campeones. Semejante a la épica castellana y la francesa.

Si interviene la mujer es para excitar la emulación y el pundonor caballeresco; pero reléganse a segundo término los lazos de familia y de amor. Éste aparece sin refinamientos cortesanos ni románticos. Coincide en esto peculiarmente con la castellana y tiene sus semejanzas con la francesa más antigua.

La acción suele ser un episodio guerrero, a cuyo relato se va directamente, sin preámbulos, con naturalidad, ingenuidad y hasta con algún tinte local; se exponen las embajadas en forma directa, como en los trozos dialogados. Coincide en esto con la castellana y en parte con la francesa.

En resumen, es la andaluza una épica humana, en que no se apela para dar interés artístico a la narración, a entes sobrenaturales, diablos, ni abstracciones, ni erudiciones. Se elige un acontecimiento de trascendencia y se le da un desarrollo natural y humano. En esto coincide con la castellana y la antigua francesa" (pp. 142-3).

[31] Blasi, *Epopea*..., p. 9; Valbuena Prat, *Historia*..., I, p. 29; Montolíu, *Historia*..., I, p. 304; Castro, *La realidad*..., p. 275; Guerrieri Crocetti, *Il Cid*..., p. XXXIX. Sin embargo, Jules Horrent, "Le *Poema de Mío Cid*...," 448, cree que el descubrimiento de la antigua lírica mozárabe andaluza podría dar nuevo vigor a la tesis de Julián Ribera y Tarragó.

[32] "Sobre el origen...," *RABM*, XLV (1924), 132-40.

[33] *Historia*..., pp. 327-29.

Ahmed Abd Al-Badi en 1954,[34] y a pesar de que ha sido resucitada últimamente por Álvaro Galmés de Fuentes (1970) y por Marcos Marín (1970-1971),[35] ha perdido terreno frente a las argumentaciones mucho más convincentes con que Menéndez Pidal y sus seguidores han defendido la suya (la germánico-gótica). Es ésta, en realidad, la que, a pesar de sus detractores,[36] triunfa en el siglo XX. La sostienen, entre otros, Wagner (1921), Steiger (1926), Voretzsch (1930), Leonard (1931), Bell (1938), Theodor Frings (1939), Wm. Reinhart (1950), Américo Castro (1954), Atkinson (1956), René Louis (1956), Jules Horrent (1956-1959), Dámaso Alonso (1958-1971), Martín de Riquer (1959), Mettmann (1961), Criado de Val (1962), Robert Hall (1965).... [37] Todos ellos han

---

[34] "La poesía épica en la España musulmana y su influencia en la épica española," tesis doctoral escrita en 1954 en la Universidad de Madrid.

[35] Álvaro Galmés de Fuentes, "Épica árabe y épica castellana (problema crítico de sus posibles relaciones)," *AAL*, 139 (1970), 195-259; Francisco Marcos Marín, *Estudios épicos: los árabes y la poesía épica* (Montreal, 1970) y *Poesía narrativa árabe y épica hispánica: elementos árabes en los orígenes de la épica hispánica* (Madrid, 1971).

[36] Julio Cejador, "El *Cantar de Mio Cid*...,", 21, y Guerrieri Crocetti, *Il Cid*..., pp. XL-LXX, rechazaron la teoría de don Ramón, y se inclinaron a defender el origen autóctono de la épica de Castilla. Ernst Robert Curtius se apoya en Mérimée y Morley (*A History*..., p. 28, n. 3) y se opone a Menéndez Pidal diciendo que éste "ha querido deducir de las crónicas una épica perdida de los siglos X y XI, relacionada con los visigodos. Pero esta tesis es prácticamente insostenible" (*Literatura europea*..., II, 554, n. 22). Erich von Richthofen, por su parte, si bien cree en el origen germánico de algunas leyendas heroicas castellanas, declara contra don Ramón que la teoría de los germanistas es completamente muda para él (*Estudios*..., pp. 337-48). Pero es Alfonso García Gallo quien, rechazando por completo la teoría pidaliana, ha intentado probar que la épica de Castilla no es de abolengo godo ("El germanismo...," 6-90). También Francis James Carmody ("Franco-Italian Sources...," *PIFS* (1934), p. 8), Bowra (*Heroic Poetry*, p. 378), Kohler (*Poema de mio Cid*..., pp. XXI-XXV), Viscardi ("Credo...," 342-70), Aguirre ("Épica oral...," 33, y Alan David Deyermond (*A Literary History*..., I, 32) han presentado objeciones a la teoría del origen germánico-gótico.

[37] Wagner, "Ramón Menéndez Pidal...," 565-74; Steiger, "Vom Ursprung...," 271-81; Hämel, "Französische...," 37-48; Voretzsch, "Spanische...," 397-409; Leonard, "The Recovery...," 300-306; Bell, *Castilian Literature*, pp. 21-4; Frings, "Europäische...," 7-27; Reinhart, "La tradición visigoda...," *EMP*, I, 535-54; Castro, *La realidad*..., p. 275; Atkinson, en su reseña al *Poema de mio Cid* de Kohler, *RPh*, X, 49-51; Louis, "L'épopée française...," 336 n., 449-54, y "Ramón Menéndez Pidal...," 35-89; Horrent, "Le *Poema de Mío Cid*...," 443-52 y "L'œuvre monumentale...," 4-34; Alonso, "La epopeya castellana...," en *De los siglos oscu-*

aceptado la teoría de Menéndez Pidal, y han creído en el antecedente germánico-gótico de la epopeya de Castilla. El mismo don Ramón ha vuelto a menudo sobre el problema durante los últimos años, y ha encontrado nuevos testimonios que confirman su teoría.[38]

Es de señalar, por último, la posición conciliadora de Ángel Valbuena Prat: "Creo que no son incompatibles los tres puntos de vista sino que se complementan y apoyan. Pudo haber un origen gótico que explicase remotamente la génesis de nuestra epopeya, y a la vez un influjo directo de formas, de detalles, de nombres —aparte de la existencia de una épica andaluza, no demostrada, aunque verosímil—, y un desarrollo netamente español, castellano, que al llegar a los comienzos del siglo XII recoge, en métrica, en minucias y aun en asuntos, los elementos abundantes y magníficos del apogeo de las *chansons de geste* francesas".[39]

Podemos decir, por lo tanto, que varios factores y diversas circunstancias (pérdida de los cantares épicos, retraso en el estudio de la epopeya, descubrimiento tardío de la poesía heroico-popular castellana) impidieron que hasta bien entrado el siglo XIX la cuestión se plantease. Andrés Bello formuló la teoría (la del origen francés) que, a causa del prejuicio de autores extranjeros, se mantuvo a lo largo de la centuria; y se mantuvo a pesar de que Milá y Fontanals demostró en 1874 la existencia de una epopeya castellana, y a pesar de la oposición de Morf y de A. Pidal y Mon a las doctrinas que Gaston Paris había divulgado.

El siglo XX, por su parte, se abre con varios hechos de importancia. Aumenta, por un lado, el rigor de los investigadores; aparecen, por otro, dos nuevas teorías (la germánico-gótica, y la ará-

---

ros..., pp. 51-69, y "La tradición épica castellana...," 15-49; Riquer, "L'épopée vivante...," 121-36; Mettmann, "Altspanische Epik...," 129-53; Criado de Val, *Teoría*..., p. 12; Robert Hall, "Old Spanish...," 227-34; y muchos otros.

[38] Menéndez Pidal, "Los godos y el origen de la epopeya española," en *Los godos*..., pp. 11-57.

[39] *Historia*..., I, pp. 29-30. Valbuena Prat reafirma su postura conciliadora en *Literatura española*..., p. 62: "De las tres teorías: origen árabe (Ribera), origen francés (sobre todo, por los especialistas de allende el Pirineo) y el origen autóctono o gótico, centrándonos con salvedades en el último, no excluimos parte de verdad de los otros teorizadores."

bigo-andaluza); y tiene lugar al mismo tiempo la polémica entre Menéndez Pidal y Gaston Paris, que determina el camino de la crítica en adelante. Por último, Joseph Bédier se opone a los que defienden el origen germánico de las epopeyas francesa y española.

El rigor científico con que comienza el período y las nuevas teorías sobre el origen de la épica de Castilla suponen una revalorización del problema. Al principio de la centuria don Ramón Menéndez Pidal se dedica a combatir, con argumentos de peso, la tesis del origen francés (que el siglo XIX había preferido); y demuestra, apoyándose en una extraordinaria cantidad de noticias y testimonios, que la épica de Castilla nace con anterioridad a la penetración de las "chansons de geste"; que la poesía heroica castellana se mantiene en sus orígenes libre de influjos franceses, y que es una supervivencia de la germánica (visigótica).

Esta nueva teoría comienza a desarrollarse cuando Bédier lanza por una parte su ataque contra la tesis de los germanistas (ataque que, como dijimos, no presentó una seria amenaza para don Ramón), y cuando Julián Ribera y Tarragó, por otra parte, sostiene que la epopeya castellana y la francesa tienen sus antecedentes en la antigua épica romanceada andaluza.

Por una parte, Menéndez Pidal y la mayoría de los críticos de nuestra centuria, defienden la antigüedad, originalidad e independencia de la primitiva épica castellana y propugnan su origen germánico-gótico. Por otra parte, Galmés de Fuentes y Marcos Marín dan nuevo vigor a la teoría de Julián Ribera.

CAPÍTULO IV

LAS INFLUENCIAS EN EL CANTAR

Trataremos ahora de las corrientes críticas, en relación con las tres influencias que en el *Poema del Cid* se han planteado:

a) Influencia francesa.

b) Influencia germánico-gótica.

c) Influencia musulmana.

a) *Influencia francesa*

Las observaciones de Sánchez de que el *Cantar* se caracterizaba por su pronunciación francesa o lemosina y que su estilo y versificación tenían semejanzas con los de las canciones épicas francesas, es lo único que se dijo en el XVIII en relación con posibles influjos extranjeros.[1]

Es en el XIX cuando aparece una teoría: un grupo de críticos capitaneado por Andrés Bello (Fernando Wolf y Conrado Hoffmann, Damas Hinard, García Gutiérrez, Puymaigre) exageran la influencia de las canciones de gesta francesas, en particular de la *Chanson de Roland*, en el *Mío Cid*, al afirmar que éste es un traslado o imitación servil de aquéllas;[2] que el poema castellano

---

[1] Sánchez, *Colección...*, I, 1779, pp. 50-55, 222-224.

[2] Andrés Bello fue el primero en exponer la tesis del origen francés de la épica castellana, y el primero en exagerar el influjo de las "chansons de geste" sobre el *Cantar*. En su ensayo "Uso antiguo de la rima asonante en la poesía latina i en la francesa; i observaciones sobre su uso moderno," publicado en el *Repertorio Americano* (Santiago de Chile, enero de 1827) y reim-

no es más que un imposible intento por aclimatar en España un género poético extranjero;[3] que el autor del *Cantar* escribe en una jerga medio provenzal y medio francesa;[4] y que en cada verso, en cada frase, en cada episodio, en cada pormenor del *Mío Cid* se siente latir el espíritu de la épica francesa: "En el viejo *poema del Cid*... se echa de ver, a cada paso, que su autor, quien quiera que fuese, conoció la poesía de los troveres i fue en parte inspirado por ellos.... En sus formas externas, en su manera, hasta en sus locuciones i jiros hay una afinidad evidente con los Cantares de jesta, con los poemas caballerescos, que tanta boga tuvieron en Francia desde el siglo undécimo".[5]

Los seguidores de Bello, como se ha visto, acentúan la importancia de la influencia, pues, apoyándose en las analogías,[6]

---

preso en *Obras completas*, VI, 1883, p. 230, dice: "En una palabra, el artificio rítmico de aquellas obras [las gestas francesas] es el mismo que el del antiguo poema castellano del Cid, obra que, en cuanto al plan, carácter i aún lenguaje, es en realidad un fidelísimo traslado de las jestas francesas". Afirmaciones como éstas se hallan a lo largo de todo el tomo VI de sus *Obras completas*. Afirma en la página 260: "Tanto es cierto para nosotros que el autor, cualquiera que sea, del *Poema del Cid*, imitó las jestas o historias de los troveres, como que Moratín, Quintana, Cienfuegos i Martínez de la Rosa han adoptado en sus composiciones dramáticas las reglas, el gusto i el estilo del teatro francés moderno. I aún nos atrevemos a decir, después de un atento examen, que es mayor todavía i más visible esta influencia en la antigua epopeya española."

[3] F. Wolf y C. Hoffmann, *Primavera*..., en la *Antología*..., de Menéndez y Pelayo, VIII-IX de la primera edición, pp. XIII-XVIII, LXXV del tomo VIII; Wolf, *Studien*..., p. 405.

[4] Ángel de los Ríos y Ríos, "Exactitud histórica...," 63-70.

[5] Bello, *Obras*..., VI, 298. Damas Hinard, en su introducción al *Poème*... y en sus notas literarias e históricas que acompañan la edición del poema (1858), ve la influencia francesa en cada detalle del lenguaje y de métrica; en cada episodio del *Cantar* cree descubrir huellas de la *Chanson de Roland*; ve también influencia en las costumbres, en los trajes, en las armas, y en la organización político-social que el juglar castellano retrata en la obra.

A todo ello Wolf (*Historia de las literaturas*..., I, pp. 51-54) añade que no sólo en las formas métricas del poema, "sino en las costumbres y en la característica, lleva el poema la traza de la influencia extraña francesa, y hasta el nombre mismo, *Cantar de gesta*, nos indica sus modelos, las *Chansons de geste*". Para Juan Valera (*Disertaciones*..., I, pp. 34-35) poco importa "que el metro y la estructura del *Poema del Cid* están imitados de las canciones de gesta". Y Puymaigre (*Les vieux auteurs*..., I, pp. 3, 155-82, continúa las exageraciones de Damas Hinard.

[6] Para la multitud de analogías que se podrían señalar entre el *Cantar* y la *Chanson* (entre dos epopeyas hermanas), ver: Bello, *Obras*..., VI;

aseguran (sin lógicas justificaciones) que el *Mío Cid* está escrito a imitación de la *Chanson de Roland*. Según aquellos críticos, la influencia se refleja no sólo en el lenguaje, sino también en el metro y las asonancias; en la forma y estructura; en el estilo y la técnica; en las costumbres descritas en el *Cantar;* en sus personajes.... Ésta es la tesis que triunfa durante la primera mitad del siglo XIX; y hasta 1863 aparece sin competidores.

Contra Bello y sus partidarios, entre 1863 y 1871, tres críticos españoles (Amador de los Ríos, Francisco de Canalejas y Fernández Espino) sostienen una tesis distinta; no admiten el influjo francés en el *Cantar,* y sustentan su posición, defendiendo el carácter netamente nacional y la originalidad artística del *Poema*. Amador de los Ríos adelanta la nueva tesis en 1863, dedicándose a rebatir las afirmaciones de Damas Hinard y de Puymaigre. Frente a los dos eruditos, afirma Amador de los Ríos que el poema castellano no debe nada a la *Chanson de Roland;* que las instituciones, costumbres y sentimientos descritos en la obra no revelan su influencia; que el lenguaje y el metro del *Mío Cid* no vienen de Francia, y que el estilo y los medios artísticos empleados pertenecen a la tradición española por entero. [7] Canalejas (1869) escribe en defensa de la misma tesis, y, para sustentarla, se basa en la comparación del poema con la *Chanson*. El héroe de ésta es una creación de la fantasía; el Cid una representación artística de la

---

Francis Genin, La "Chanson"..., pp. CXI-CXX; Eugène Baret, *Du poème du Cid*..., 38 págs.; Damas Hinard, *Poëme*..., pp. XXX-LXXV; Puymaigre, *Les vieux auteurs*..., I, cap. III; Fernández Espino, *Curso histórico crítico*..., pp. 50-59; Milá y Fontanals, *De la poesía*..., pp. 469-71; L. de Monge, "Roland...," 508-21; Menéndez y Pelayo, *Antología*..., XI pp. 70-83 de la primera edición; Bertoni, *Il Cantare*..., pp. 15-19, 20-25, y, del mismo, "Il Cid...," 131-2; Menéndez Pidal, *Poema*..., pp. 39-49; Blasi, *Epopea*..., pp. 20-24; Silvio Pellegrini, "Epica Francese...," 231-7; Guerrieri Crocetti, "Motivi dominanti...," en *Italia*..., 53-83, y, del mismo, *Il Cid*..., XXXIX-XLI, 231-241; S. Battaglia, *Poema*..., pp. 14-32; Petriconi, "Das Rolandlied...," 215-37; Curtius, "Antike Rhetorik...," 27-31; Kohler, *Poema de mio Cid*..., pp. XV-XXV; Li Gotti, "El Cantar de Mio Cid...," 521-43; Castro, *La realidad*..., pp. 263-76; Cortés y Vázquez, "Ritmo, color y paisaje...," 111-68; María Elena Pérez Olagaray, "Roland y Mio Cid...," tesis escrita en la Univ. de México (1954); Jules Horrent, "El Cantar de Mío Cid...," 189-209, y "Le Poema de Mio Cid...," 442-53; Thomas Thomov, "La Chanson de Roland...," 95-98; von Richthofen, *Nuevos estudios*..., pp. 9-146, y muchos otros que mencionaremos en adelante.

[7] *Historia crítica*..., III, pp. 124-218.

historia. Las dos obras, incluso en la versificación, son diferentes; y no prueban nada las coincidencias y analogías.[8] Esta misma posición defiende en 1871 Fernández Espino, aunque reconoce ciertas semejanzas entre el poema castellano y la canción francesa. Apoya su conclusión en la irregularidad de la métrica del *Cantar* que contrasta con la regularidad del metro de la *Chanson*, cuyo autor, a diferencia del juglar cidiano, conoce muy bien el artificio y el mecanismo de la versificación.[9]

En 1874, sin embargo, Milá y Fontanals presenta una nueva tesis, situándose entre los dos bandos anteriores y adoptando una postura conciliadora. Reconoce que la influencia francesa es innegable, pero también considera inadmisible todo punto de vista extremo. Lo que el crítico se propone es establecer, sin parcialidades y sin los prejuicios de la crítica anterior, lo que realmente el autor castellano debe a influjos transpirenaicos, ver cuáles son y a qué se reducen las analogías entre las dos obras; y señalar los casos en que el poeta castellano imita a los de Francia. De ahí que admita el influjo francés en unos casos; y en otros lo rechace. Combate luego las afirmaciones (exageraciones) de Damas Hinard, y, apoyándose en las diferencias evidentes, concluye que no puede admitirse "que nuestras narraciones poéticas fuesen originarias de las francesas."[10]

Desde 1874 hasta los primeros años del siglo XX los críticos aceptan y mantienen las tres posiciones anteriores. Es la de Bello, sin embargo, la que triunfa de nuevo; la propugnan y defienden

---

[8] *La poesía épica...*, pp. 153-59. También Saint-Albine (*La légende...*, I, 223) intenta hallar pruebas de que el poema está escrito a imitación de la *Chanson*, pero no encuentra ninguna.

[9] *Curso histórico crítico...*, pp. 50-59.

[10] Milá y Fontanals, *De la poesía...*, pp. 469-71. Frente a Damas Hinard, sostiene que no hay indicios de imitación francesa en el verso o lenguaje del poema. Las semejanzas de instituciones y costumbres en las epopeyas francesa y castellana no indican que la primera influyó en la segunda, sino que muestran la fraternidad de los dos países, el común origen de las dos civilizaciones, lenguas y literaturas. La analogía métrica entre el *Cantar* y las gestas francesas no implica la imitación, puesto que la versificación cidiana es extremadamente irregular, mientras que la de la épica francesa es casi siempre regular. El crítico termina admitiendo el influjo extranjero en las descripciones de batalla del *Mío Cid* y en la oración narrativa de doña Jimena, que "mediata o inmediatamente provenían de la epopeya francesa".

Antonio Restori, Frank Körbs y Leon de Monge.[11] Dice este último: "Nous dirons ici, pour n'y pas plus revenir, que dans la partie purement poétique, pour certains épisodes, et surtout pour ce qui concerne don Hiéronyme, calqué sur l'archeveque Turpin, pour l'assonance, la disposition des strophes, le style et même les formes du langage, le *Cid* est une imitation du *Roland*."[12]

Menéndez y Pelayo (1891-1903) y William Comfort (1903) escriben en defensa de Milá y Fontanals. Rechazan las exageraciones de los partidarios de Bello; se acercan a la cuestión con objetividad; y reducen el problema a sus proporciones: el influjo de la épica francesa en el *Mío Cid* no puede negarse; pero se deja sentir más en los detalles de forma y minucias exteriores que en el fondo y la esencia misma de la inspiración poética, más en los pormenores que en el espíritu del poema.[13]

La tesis de Amador de los Ríos, olvidada por cuarenta años, reaparece en 1904 resucitada por A. Pidal y Mon;[14] y reaparece otros cuarenta años más tarde con Silvio Pellegrini (1943),[15] para abandonarse luego. De ahí que después de 1900 las tesis se reduzcan a dos: la de Bello y la de Milá y Fontanals, la que exagera la influencia de las "chansons de geste" y la que la reduce a sus debidas proporciones.

En 1910 Menéndez Pidal, contra los partidarios de Bello, actualizó la tesis de Milá y Fontanals. Mediante el análisis y la comparación del poema con las "chansons de geste", Menéndez Pidal descubrió las grandes diferencias que separan el arte épico del juglar castellano del empleado por los poetas franceses; concluyó, por eso, que el influjo transpirenaico existe sólo en algunos aspectos formales (estilísticos, retóricos) del poema; que las señales de imitación son pocas; y que éstas no son de las que afectan al espíritu y fondo mismos de la obra:

---

[11] Restori, "Il Cid Campeador," *Prop*, XV (1881), 15-25; y *La Gesta*..., pp. 6-7; Körbs, "Untersuchung...," 67, afirma que "das P. C. ist, eine von einer spanischen juglar verfasste Nachmung einer a. fr. chanson de geste."

[12] L. de Monge, "Roland...," 508-9.

[13] Menéndez y Pelayo, *Antologia*..., I; en *Obras*..., XVII, 125-35; XXII, 70-83; Comfort, "Notes...," *MPh*, I, 309-315.

[14] Pidal y Mon, "Relaciones...," *DRAE* (Madrid, 1904), 69.

[15] Pellegrini, "Epica Francese...," 231-38.

Tocante a la forma, el poema de *Mio Cid,* con pertenecer a una época de muy íntima compenetración entre las culturas francesa y española, ofrece pocas señales de imitación, pues se pueden reducir a una plegaria, algunas descripciones enumeratorias, y unas asonancias gemelas, aunque tales asonancias difieren bastante de los llamados *couplets similaires* que creemos modelos de ellas; por lo demás, la versificación, la manera de concebir el asunto, los episodios, el modo de conducir el relato, la sobriedad en la poetización, todo difiere en tal manera del estilo francés, que no es comprensible cómo se ha repetido tanto la afirmación de haberse escrito el *Mio Cid* a imitación de las chansons francesas. [16]

Las afirmaciones de don Ramón, aunque silenciaron a algunos, no consiguieron acallar por completo a los seguidores de Bello. Frente a Menéndez Pidal, sostuvo Bertoni, desde 1912 a 1941, que la epopeya francesa ha tenido "un influsso potente e profondo sul *Cantare del Cid*"; que lo "spirito delle canzoni di geste aleggia in tutta l'opera, da cima a fondo..."; y que "ogni dettaglio, starei per dire ogni verso respira l'alito delle canzoni francesi". [17] Insistió, además, en que el verso del *Poema* "mantos e pielles e buenos çendales d'Andria" (1971) constituye la prueba evidente del influjo francés en el *Cantar*, la "spia", de la imitación, pues el poeta castellano toma de los textos franceses hasta la expresión "çendales d'Andria". [18]

Menéndez Pidal volvió sobre la cuestión en 1913. Rechazó las exageraciones de la crítica partidaria de la imitación, y, reforzando su posición de 1910 con otras pruebas, estableció precisa y definitivamente los casos en que el juglar del *Poema* imita a los franceses. [19] Afirmó que si no en la escena del león, [20] la imitación de la epopeya francesa es evidente en otros casos: las enumeraciones descriptivas, comenzadas por "veríedes", y en el francés

---

[16] *La epopeya castellana...*, pp. 35-36.
[17] *Il Cantare...*, pp. 15-16.
[18] *Ibid.*, p. 167, nota al verso 1971 del poema. Vincenzo Crescini, sin embargo, refutó la tesis de Bertoni, documentando que "la forma Andria s'offriva spontanea al cantore del Cid fuori dall'influsso dei testi francesi, posteriori, d'altra parte, alla composizione dell'antico poema spagnuolo" ("Postille," *NSM*, I (1923-24), 155).
[19] *Poema...*, pp. 39-49.
[20] Ver Pio Rajna, *Origini...*, p. 463, n. 2.

por "là veïssiez"; en la oración de doña Jimena, pidiendo al cielo protección para el marido desterrado de Castilla; y en la fórmula épica "llorar de los ojos" en la que el dolor se manifiesta por medio de lágrimas. [21] El juglar del *Mío Cid,* afirma don Ramón, no podía ignorar la *Chanson de Roland* y otras gestas francesas anteriores referentes a las guerras de Carlomagno en España; su obra, sin embargo, no es una imitación de modelos extranjeros, ya que los "pormenores, el argumento y el espíritu en general del *Poema* son completamente otros que los de las *chansons"*. [22] Fitzmaurice-Kelly (1914) [23] y Jeremiah Ford (1919) [24] aceptaron la posición y la mantuvieron.

Julio Cejador, a pesar de todo, volvió a magnificar en 1920 el influjo francés en el poema. Llamó al autor cidiano "poeta afrancesado", y enumeró, para sustentar su afirmación, los muchos galicismos que, según él, se hallan a lo largo de la obra. [25] Cuatro años más tarde Karl Vossler escribió en defensa de Menéndez Pidal, recordando a los críticos deseosos de ver en el poema el fruto exclusivo de la imitación extranjera que *"El Cantar de Mío Cid,* en el que el historiador de la literatura pretende ver tantas características francesas, tiene en realidad, una fisonomía muy original, muy castellana y muy humana" y que "no hay en él huella alguna de parentesco espiritual, literario o lírico con la *Chanson de Roland.* La influencia francesa, así como todo su exterior romántico, pierde sustancialidad cuando se llega a comprender su verdadera esencia". [26] Carmelo Viñas Mey, en 1927, se opuso a los partidarios de don Ramón, sosteniendo que el poeta del *Cantar* recoge la tradición popular cidiana y la elabora bajo el molde literario de las gestas francesas, pues "lo mismo su fondo que su estructura literaria son indicio de ello". [27]

---

[21] Ver Beszard, "Les larmes...," *ZRPh,* XXIII (1903), 531-51, 666-68. El crítico no habla de imitación francesa; cree que la frase "llorar de los ojos" es meridional. Miguel de Unamuno (*En torno*..., pp. 135-41) piensa que la expresión indicada procede de la epopeya francesa.
[22] Menéndez Pidal, *Poema*..., pp. 48-49.
[23] *Literatura*..., p. 18.
[24] *Main Currents*..., p. 30.
[25] "El *Cantar de Mio Cid*...," 276-80.
[26] *Algunos caracteres*..., pp. 10-11, 15-16.
[27] "Sobre el origen...," *RABM,* XLVIII (1927), 10-16.

La vieja tesis de Bello, sin embargo, se olvida en los años posteriores; sólo Bertoni y Kohler en 1941 y en 1955, respectivamente, la repiten. El italiano exagera una vez más el influjo francés. En el *Cantar*, dice, hay "personaggi e scene che sentono l'influsso di Francia". El autor castellano estaba familiarizado hasta con la lengua francesa, y "potè ricalcarne locuzioni e frasi e imitarne persino non pochi atteggiamenti e modi stilistici". Concluye que "questi calchi e queste imitazioni, che si potrebbero facilmente moltiplicare, non si possono negare".[28] Kohler lleva

---

[28] "Il *Cid*...," 131-2. Camillo Guerrieri Crocetti y Silvio Pellegrini refutaron la tesis de Bertoni, y defendieron la originalidad e independencia del poema respecto de la épica francesa. (Ver Guerrieri Crocetti, "Motivi dominanti...," en *Italia*..., 53-83; y Pellegrini, "Epica Francese...," 332-38). Este último rechaza por completo la tesis del influjo e imitación; incluso en los tres casos en que Menéndez Pidal veía una clara imitación del estilo épico transpirenaico, dice Pellegrini, el juglar cidiano se mantuvo libre de todo influjo de las "chansons de geste". Por la misma época escriben sobre la cuestión Darío Fernández Flores (1943), Manuel Alonso (1942-43), Mateu y Llopis (1947), Martín de Riquer (1953) y Pérez de Urbel (1955). El primero, aunque se fija en la diferente concepción heroica de los dos cantares de gesta (el *Poema* y la *Chanson*) y pone de manifiesto el "realismo del *Poema* y la desorbitada fantasía de las gestas francesas", afirma "que el cantar apenas raya el tema de las armas, y cuando lo raya, el contagio con su antecedente cronológico francés es evidente y claro" (*Breviario*..., p. 66). Pérez de Urbel, sin embargo, cree que "lo evidente es todo lo contrario: que cuando el juglar habla de la espada del Cid, no se acordaba para nada de la espada de Roldán"; y que Tizón y Colada no están fabricadas por el poeta, imitando la Durandaine y otras espadas de los héroes de las gestas francesas, sino que están sacadas de la vida real española de aquel tiempo, "lo cual viene a confirmar el carácter realista e historicista, que es uno de los rasgos fundamentales de nuestras gestas" ("Tres notas...," 636). Manuel Alonso acepta la tesis de don Ramón Menéndez Pidal, pero estima que "la imitación resulta de un modo inconsciente. Son reminiscencias que se confunden con lo que parece ocurrencia propia" ("El Canciller Diego García de Campos...," 491-2). En su estudio numismático del *Cantar*, Mateu y Llopis sostiene que "el numerario castellano — de Alfonso VI y sucesores — de vellón, anterior al *maravedí*, no necesitó inspirarse, tipológicamente, en el extranjero"; y que "toda la moneda castellana se desarrolla sobre el solar propio, la península, sin necesidad de esperar influencias ultrapirenaicas..." ("La moneda en el *Poema*...," 45-6).

Martín de Riquer establece varias semejanzas entre el poema castellano y las canciones de gesta francesa. Para él, el *Cantar del Cid* (su autor) "conocía la epopeya francesa"; varios versos del *Poema* están sacados de las gestas francesas; el nombre del caballo del Cid, Babieca, está inspirado en el del caballo Bauçan de la *Chançun de Guillelme*. Concluye Riquer que "el autor del *Cantar del Cid* tenía ante los ojos una versión de la *Chanson de Roland* que en este punto se hallaba más próxima a la tradición

hasta lo hiperbólico las exageraciones de Bertoni. Impresionado por las semejanzas formales que unen la épica francesa y la española ("Elles sont nombreuses, tellement nombreuses qu'on remplirait des pages à vouloir les énumérer toutes, et pas seulement d'ordre métrique: certaines formules épiques ("pleurer des yeux", "le chevalier à la barbe fleurie"), certaines descriptions de combats se retrouvent identiques dans l'épopée française et espagnole"), afirma que "l'assonance est certainement empruntée à l'épopée française"; que la versificación amétrica castellana es una imperfección de la primitiva épica española "en regard de la chanson de geste de la même époque". El poeta castellano habría imitado imperfectamente el metro regular francés. En el parecer de Kohler, el autor del *Cantar* conocía la *Chanson de Roland*, y, sin ésta, dice, "le *Cid* n'existerait pas, ou il serait très différent de ce qu'il est". Concluye que el *Poema* es histórico y español por el fondo; y es esencialmente de imitación francesa por la forma.[29]

La crítica en general rechaza tales afirmaciones; no niega las semejanzas entre la épica francesa y la castellana; no niega tampoco el influjo francés en el *Cantar;* lo que sí niega es que las analogías sean indicio de imitación extranjera. Escribe Jules

---

manuscrita de Venecia IV y de París que de la de Oxford" y "conocía bien la epopeya francesa. En su biblioteca particular, o en la del monasterio o de la corte a que estaba adscrito, figuraban, sin duda alguna, varios manuscritos de chansons de geste que podía leer en su lengua original" (Riquer, "Babieca, caballo del Cid Campeador...," 127-44).

[29] Kohler, *Poema de mio Cid*..., pp. XV-XXV. A semejante conclusión parece haber llegado también Thomas Thomov en 1960: "Si bien el fondo (tema) del *Mío Cid* es profundamente español y nacional, su forma exterior y su expresión poética (estilística) acusan una acentuada imitación de la *Chanson de Roland*" ("La *Chanson de Roland*...," 95-98). Y esto está bastante lejos de la afirmación pidaliana: "La cuestión puede quedar en terreno firme, reconociéndose en el *Cantar* un fondo de tradición poética indígena y una forma algo renovada por la influencia francesa" (*En torno*..., p. 30).

Además de Jules Horrent ("El *Cantar de Mío Cid*...," 189-209, y "Le *Poema de Mío Cid*...," 443-52), han rechazado la tesis de un modelo francés para el poema castellano William Atkinson (en su reseña al *Poema de mio Cid*..., de Kohler, *RPh*, X (1956-7, 49-51); Oldřich Bělič ("La conception du héros...," 3-11) y Juan Loveluck (*Poema de Mío Cid*, Ed. Loveluck, pp. 34-38 de la introducción. Todos ellos han demostrado, desde diferentes puntos de vista, cuán lejos está de imitar la épica francesa el autor del *Cantar*.

Horrent en 1959: "Nul ne pourrait nier ces similitudes, mais nous hésitons à en voir des signes indubitables d'emprunt. Elles ne sont jamais des identités parfaites, il y a toujours entre la formule ou la technique castillanes et la formule ou la technique françaises une différence qui les separe et qui est un indice d'originalité...". La irregularidad métrica del *Cantar* "paraît bien congénitale à la poésie narrative espagnole des debuts. Nous ne pensons donc pas que la geste espagnole soit un dérivé de la geste française. L'action française les a marqués [a los cantares de Castilla], elle ne les a pas modelé".[30] El erudito belga sostiene, contra la tesis de Kohler, que "sans le *Roland* le *Cid* serait ce qu'il est dans sa structure comme dans son esprit, et même dans son expression. Le poète du *Cid* n'a pas trouvé sa source d'inspiration et ses normes de développement dans *Roland*. Il ne l'a pas ignoré toutefois, mais en a pris le contrapied et a composé une scène de procès en toute point différente de celle qui achève le poème français";[31] "indépendence artistique, donc, et non regimbement patriotique, comme le laisserait entendre la phrase de M. Kohler...".[32]

Ya en 1956 Horrent había defendido firmemente la originalidad e independencia artísticas del juglar del *Mío Cid* respecto de la *Chanson*: "Sin la *Chanson de Roland* no sería el *Cantar de Mío Cid* muy diferente de lo que es en sus rasgos esenciales. Iguales serían su estructura general, su genio vitalizador. Las dos gestas cuentan a lo heroico una excepcional hazaña política y militar, con fundamento histórico. Pero, excepto esta semejanza general, que basta para dar a las dos obras su carácter épico, el espíritu

---

[30] Horrent, "Le *Poema de Mío Cid*...," 448-50.

[31] *Ibid.*, 448-52. El poeta castellano estaba familiarizado con las canciones francesas; y, a pesar de conocer el *Roland,* no lo imitó porque éste estaba disconforme con el ideal poético del autor castellano: "El estro poético del juglar de *Mío Cid* no ha de buscarse en la *Chanson de Roland*. El poeta español obró fuera del ambiente rolandiano, en mi parecer, menos por desconocerlo que por rechazarlo como disconforme con su ideal épico." ("El *Cantar de Mío Cid*...," 207). Von Richthofen ve en el pleito de los Infantes de Carrión (escena final: epílogo) reminiscencias de la *Chanson de Roland*, del pleito de Ganelón (*Estudios*..., p. 280 y "La justice...," 76-78, y recientemente en *Nuevos estudios*..., pp. 80-83). Lo mismo piensa Thomas Thomov ("La *Chanson de Roland*...," 95-98). El crítico belga, por el contrario, no ve "ni una reminiscencia de *Roland* en el pleito de los Infantes de Carrión" ("El *Cantar de Mío Cid*...," 205-206).

[32] "Le *Poema de Mío Cid*...," 451.

creador del poeta español difiere en mucho del de su 'colega' francés. Un ideal diferente preside a la creación de los dos poemas. "Nuestra conclusión general, pues, es la de que ideológicamente el *Cantar de Mío Cid* es independiente de la tradición de *Roland*, tanto en su expresión asonantada como consonantada".[33] A estas mismas conclusiones han llegado Luis Cortés y Vázquez (1954) y Oldřich Bělič (1959). El primero admite que el autor del *Cantar* debe a la épica francesa una serie de fórmulas y calcos, "cuya proveniencia directa son las fuentes de allende el Pirineo". A pesar de esto, dice Cortés y Vázquez, si "por un momento queremos desentendernos de lo necesariamente superficial que puede ser el que — pongamos por caso — Castilla la gentil sea eco de la Douce France, veremos que la entraña y meollo del poema español y francés están muy lejos de tener el mínimo parentesco ideológico y formal incluso". En efecto, él se dedica (mediante un análisis estilístico del "Ritmo, color y paisaje en la *Chanson de Roland* y en el *Poema del Cid*")[34] a poner de manifiesto dos modos de

---

[33] "El *Cantar de Mío Cid* ...," 194, 198, 207-209. Enrique Moreno Báez ("El estilo románico...," 433-5) señala otras diferencias entre el *Poema* y la *Chanson* (el poeta castellano emplea constantemente cifras que por su modestia contrastan con las hiperbólicas de la canción francesa; tiene el *Poema* preferencias por episodios cómicos de sano humor, por esas irónicas insinuaciones que nunca rozan con lo caricaturesco ni lo chocarrero del *Roland;* en éste se destaca la desmesura de Roland; en el poema castellano destaca la mesura del Cid). Pone de manifiesto también la "originalidad" de la épica castellana y lo limitado de su deuda con la francesa; y cree, por último, que "la idea del héroe mesurado" procede de un verso del *Roland* ("Mielz valt mesure que ne fait estultie," 1725). La afirmación final de Moreno Báez ("nuestro juglar no conocía la *Chanson* por haberla oído y seguido su argumento con ayuda de la mímica, sino por haberla estudiado hasta el punto de recordar versos y hemistiquios"), la cual está muy cerca de la opinión emitida en 1953 por Martín de Riquer ("Babieca, caballo del Cid Campeador...," 144): "el autor del *Cantar del Cid* tenía ante los ojos una versión de la *Chanson de Roland*...", sin embargo, contradice todo lo que se ha asentado en los últimos años del siglo xx sobre la tradición y composición oral de las canciones de gesta medievales. Es más que improbable que el juglar cidiano utilizase alguno de los manuscritos del *Roland* en una época en que éstos eran muy escasos y el pergamino costaba "los ojos de la cara". Además, los juglares medievales, en general, no eran literatos, sino analfabetos; y es difícil pensar que se dedicasen a la lectura de manuscritos en bibliotecas y monasterios, a no ser que se demuestre (como han intentado hacerlo varios críticos contemporáneos: Russell, Colin Smith, Deyermond, Riaño Rodríguez) el origen erudito o clerical del *Poema*.

[34] *BBMP*, XXX (1954), 111-170.

"concebir y crear el arte diferentes, pero, eso sí, igualmente grandes y magníficos en sus realizaciones", y mostrar "el carácter íntimo de cada realización que como toda obra de arte lleva la marca y sello inconfundible del pueblo que la creara". Las dos obras, según él, reflejan (en cuanto a su tratamiento del ritmo narrativo, color y paisaje) dos concepciones del arte diferentes, "aunque igualmente hermosas" y llegan, aunque "por medios diametralmente opuestos", al mismo fin: "el de crear dos obras de arte de maravillosa belleza e igualmente admirables".[35] Éstas son las conclusiones de Cortés y Vázquez: hay una neta diferenciación de ambos poemas de espíritu tan dispar; ambas obras son igualmente geniales, aunque tan diversas; aunque "no tengan contacto alguno en su concepción y desarrollo y aunque caminen por vías separadas dentro del arte medieval", la valoración artística es muy subida en ambos poemas. Termina explicando el por qué de tanta diversidad entre el *Cantar* y la *Chanson:*

> Sería cosa de preguntarse por qué tanta diversidad entre ambas gestas. Hay que tener en cuenta en primer lugar que la *Chanson* se escribe a 300 años de distancia de los acontecimientos que narra... El poeta que es muy artista dispone de material y además piensa profundamente su obra. Y la obra está en efecto fuertemente pensada y construida. Hemos visto estudiando ritmo, color y paisaje, cuán sumamente ha estudiado y construido su poema el autor...
> Por el contrario el *Poema del Cid* es más caliente, toca más la realidad y por otra parte se escribe a los cuarenta

---

[35] *Ibid.*, 111-12. El efecto que produce la lectura del *Roland* es el de que asistimos a un maravilloso "ballet" inspirado lejanamente en la historia. Se trata en él de decorados maravillosos, de vidrieras góticas. La lectura del *Poema*, en cambio, produce el efecto de un "documentario cinematográfico, en blanco y negro, sin colores" (pp. 113-14). El ritmo de la canción francesa es lento y monótono; el del *Cantar* es un ritmo de continuidad apresurada; el movimiento domina en todo el *Poema* castellano (pp. 118-20). Frente a la sinfonía cromática de la *Chanson* resalta la pobreza colorística del cantar (p. 136-42). En la *Chanson* el paisaje es sólo un elemento decorativo, un telón de fondo; en el *Mío Cid*, en cambio, se presenta un paisaje real; un paisaje que el lector vive, siente, oye e intuye a través de las magistrales pinceladas del juglar (pp. 148-57). Estas diferencias entre las dos gestas han sido advertidas por otros críticos: Horrent, "El *Cantar de Mío Cid*...," 194-209; Orozco Díaz, "Sobre el sentimiento...," 1-6; Ildefonso Manuel Gil, "Paisaje y escenario...," 246-58.

años de la muerte del héroe, haciendo esto posible el que su desconocido autor hubiera visto al Cid personalmente, siquiera de niño, o al menos que hubiera hablado con contemporáneos que le vieran y trataran.

Pero en el fondo lo que hace tan diferentes a ambos poemas no es todo lo que hemos expuesto hasta ahora. La clave está en que sus autores son hombres que pertenecen a distinto medio y país. Refinado y francés el autor del Roldán, y además hombre del norte y de tierra de pocos colores y por ende preocupado por ellos. Primitivo y un si no es rudo y castellano el autor ignorado del Cid, hombre de un país donde la luz diáfana y la atmósfera limpia anulan los colores fundiéndolo todo en radiante luminosidad.

¿Es mejor una obra que otra? ¿Es más bello el proceder francés que el español? La pregunta me parece ociosa e inútil. Son esencialmente dos procederes y dos temperamentos distintos, dos modos de ver y de vivir la vida diferentes...

Se trata de dos actitudes distintas nacidas también de circunstancias diversas. A la *Chanson* la hacen maravillosa sus versos estudiados, su concepción cuidada, su colorido y brillantez, su francesidad. Al *Poema del Cid*, su primitivismo fuerte e ingenuo, su verismo impresionante, su diafanidad y llaneza como la tierra de Castilla. Así es nuestro modo de ver y no ponemos a ningún poema sobre el otro. Son incomparables por la sencilla razón de que no hay puntos de contacto entre ellos, pues nacen de una concepción y medios distintos. Mientras más se hurgue en ello más llegaremos a la conclusión de que las dos épicas son igualmente grandiosas pero independientes. [36]

Y Oldřich Bělič (1959) ha llegado a las mismas conclusiones de Cortés y Vázquez: lo esencial de ambas obras, el ideal que preside toda creación artística, es irreconciliable entre el *Poema* y la *Chanson:* "Si donc Roland — héros épique — a la forme d'un ideal ou symbole, le Cid — héros épique — est presenté sous la forme d'un homme concret et vivant." En cuanto a la concepción heroica de ambos poemas, afirma Bělič que "le Cid et Roland constituent donc deux antipodes." [37]

---

[36] *Ibid.*, 158-60.
[37] Bělič, "La conception du héros...," 6-11.

Como se ha visto, ha sido muy natural la comparación del *Cantar* con la *Chanson* y con otras gestas medievales para encontrar en un primer momento en el *Mío Cid* características comunes a toda la epopeya románica occidental (tópicos, fórmulas épicas, procedimientos estilísticos, motivos y temas retóricos, etc.), para luego "advertir en cada poema el timbre inconfundible de su particularísima voz".[38]

Sin embargo, Leo Spitzer, en 1948, cree que hay que abandonar este tipo de trabajo comparativo, incapaz, según él, de delinear los rasgos fundamentales de las obras comparadas, por ser éstas (el *Poema* y la *Chanson*) "fenómenos inconmensurables".[39]

Los dos poemas, dice, no se pueden comparar porque no pertenecen al mismo género épico; el *Cantar* no es una epopeya propiamente dicha, sino una "biografía novelada o, por decirlo así, epopeyizada", mientras la *Chanson* es una "epopeya mítica cristiana que encuentra sus asuntos en el pasado legendario y realiza ideas que trascienden la persona humana".[40]

Nadie (ya lo hemos visto) niega las esenciales diferencias que separan el arte cidiano del rolandiano; nadie niega tampoco las semejanzas entre las dos gestas; pero, no por ello, la crítica debería (como dice Spitzer) abandonar el estudio comparativo. Los dos poemas son diversos, muy diversos, eso sí; pero heterogéneos e inconmensurables, no.[41] Menéndez Pidal, en su contestación a Leo Spitzer, defiende que el *Poema del Cid* y la *Chanson*, a pesar de los rasgos capitales que los diferencian, no son dos obras épicas heterogéneas que no admitan la comparación. Al contrario, "son comparables para ver en dos obras maestras el diferente carácter de dos literaturas...".[42]

En realidad, la tesis defendida desde comienzos del siglo XX por Menéndez Pidal (la adelantada por Milá y Fontanals en 1874 y desarrollada por Menéndez y Pelayo en 1903) es la que triunfa y prevalece en nuestro tiempo, la que casi todos los críticos,

---

[38] Li Gotti, "El *Cantar de Mío Cid*...," 552.
[39] Spitzer, "Sobre el carácter histórico...," 114-15.
[40] *Ibid.*, 115-16.
[41] Ver Horrent, "El *Cantar de Mío Cid*...," 190-2; Cortés y Vázquez, "Ritmo, color y paisaje...," 157-60.
[42] Menéndez Pidal, "Poesía e historia...," 127-8.

aunque con ligeras modificaciones y reservas, sostienen: Américo Castro (1935, 1954), Ferruccio Blasi (1938), Valbuena Prat (1938, 1965), Manuel Alonso (1942), Guerrieri Crocetti (1941-1957), Meregalli (1949), Ernst Robert Curtius (1948-49), Cortés y Vázquez (1954), Martín de Riquer (1953-59), Dámaso Alonso (1944-1969), Jules Horrent (1956-1959), Erich von Richthofen (1954-1970), Thomas Thomov (1960), Deyermond (1969), etc. [43] Todos ellos afirman que la influencia francesa en el *Mío Cid* es evidente e innegable, y que este influjo (que no afecta a lo medular y esencial del *Poema*) se manifiesta sólo en tres o cuatro casos en los que el juglar o los juglares cidiano(s) imita(n) procedimientos estilísticos de las "chansons de geste": en las descripciones enumerativas, [44] en la frase "llorar de los ojos", [45] y en la oración narrativa puesta en boca de doña Jimena. [46]

Las dos literaturas épicas medievales (la francesa y la castellana) tienen, pues, rasgos comunes y semejanzas, pero los parecidos no significan mimesis por parte de la juglaría épica cidiana

---

[43] Castro, "Poesía y realidad...," 7-20, y *La realidad*..., pp. 263-76; Blasi, *Epopea*..., pp. 20-22; Valbuena Prat, *Historia*..., I, 28-30; Manuel Alonso, "El Canciller Diego García de Campos...," 491-3; Guerrieri Crocetti, "Motivi dominanti...," *Italia*..., 53-83, y, del mismo, *Il Cid*..., pp. 231-48; Mergalli, *Questioni*..., pp. 86-90; Curtius, "Antike Rhetorik...," 27-31; Cortés y Vázquez, "Ritmo, color y paisaje...," 112-42; Martín de Riquer, "Bavieca, caballo del Cid Campeador...," 127-44, y "L'épopée vivante...," 121-36; Dámaso Alonso, "Estilo y creación...," *Ensayos*..., 69-111, y "El anuncio del estilo directo...," MRL, I, 379-93; Horrent "El *Cantar de Mío Cid*...," 189-209, y "Le *Poema de Mío Cid*...," 442-53; von Richthofen, *Estudios*..., pp. 275-94, y *Nuevos estudios*..., pp. 77-135; Thomov, "La *Chanson de Roland*...," 95-8; Deyermond, *Epic Poetry*..., pp. 155-83; Eugene Dorfman, *The Narreme*..., pp. 6-223, y otros.

[44] Son partidarios del origen francés del giro Milá y Fontanals, *De la poesía*..., p. 470; Menéndez Pidal, *Poema*..., pp. 33-36; Bertoni "Il *Cid*...," 132; Kohler, *Poema de mio Cid*..., p. XXII; Cortés y Vázquez, "Ritmo, color y paisaje...," 138; Martín de Riquer, "Bavieca, caballo del Cid Campeador...," 141; von Richthofen, *Estudios*..., pp. 277-8, y *Nuevos estudios*..., pp. 36-37, 77, 123-26; y muchos otros. Jules Horrent, "El *Cantar de Mío Cid*...," 202, y Silvio Pellegrini, "Epica Francese...," 233-48, en cambio, no ven ninguna razón para enlazar las descripciones enumerativas cidianas con las rolandianas.

[45] Defienden el origen francés de la fórmula "llorar de los ojos" Menéndez Pidal, *Poema*..., p. 37; Blasi, *Epopea*..., pp. 22-23; Bertoni, "Il *Cid*...," 132; Manuel Alonso, "El Canciller Diego García de Campos...," 490; Meregalli, *Questioni*..., p. 86; Kohler, *Poema de mio Cid*..., p. XXII; von Richthofen, *Estudios*..., p. 275, y *Nuevos estudios*..., pp. 112-14; y

ni quieren decir que la *Chanson* sea una obra sin la cual no se habría escrito el *Cantar* conservado. Podemos concluir entonces, con Menéndez Pidal [y con muchos otros comentaristas del poema: Ezra Pound (1911), Karl Vossler (1924), Dámaso Alonso (1944, 1969), Ettore Li Gotti (1952), Américo Castro (1935, 1954), Cortés y Vázquez (1954), Jules Horrent (1956-1959), Oldřich Bělič (1959), Salvatore Battaglia (1943, 1965), Guerrieri Crocetti (1957), Ildefonso Manuel Gil (1962), Stephen Gilman (1961, 1972), Eugene Dorfman (1969), Enrique Moreno Báez (1967), Fenwick Jones (1965), Bandera Gómez (1969), Erich von Richthofen (1954, 1970...] que, por una parte, las semejanzas (coincidencias formales y estilísticas) que se han señalado entre el *Cantar* y la *Chanson* testifican el influjo de las "chansons de geste" en los cantares de Castilla, el contacto de dos epopeyas hermanas;[47]

---

muchos otros. En cambio, Pellegrini, "Epica Francese...," 236-38; Jules Horrent, "El *Cantar de Mío Cid*...," 200, y Colin Smith y J. Morris, "On Physical Phrases...," *PLPLS-LHS*, XII (1967), 153-57, rechazan firmemente la hipótesis de un modelo francés.

[46] Se han tomado posiciones contradictorias respecto a la aparición de la plegaria narrativa en el *Mío Cid* y su relación con las plegarias de la épica francesa:

1) Para unos, la oración de doña Jimena aparece en el poema castellano por influjo e imitación de las "chansons de geste" (Damas Hinard, *Poëme*..., p. XXXI; Menéndez Pidal, *Poema*..., pp. 36-42; D. Scheludko, "Uber das altfranzösische...," 67-86, 171-199; Blasi, *Epopea*..., p. 20; Valbuena Prat, *Historia*..., I, 28; Montolíu, *Historia*..., I, 334; Curtius, "Antike Rhetorik...," 27-31; Meregalli, *Questioni*..., p. 87; Kohler, *Poema de mio Cid*..., pp. XX-XXII; von Richthofen, *Estudios*..., pp. 33, 275, y *Nuevos estudios*..., pp. 36-37, 122-26, etc.

2) Para otros, la plegaria narrativa del *Cantar* no tiene nada que ver con la influencia de las canciones épicas de Francia (Amador de los Ríos, *Historia crítica*..., III, 647, n. 1; Milá y Fontanals, *De la poesía*..., p. 467; Pellegrini, "Epica Francese...," 236, y Horrent, "El *Cantar de Mío Cid*...," 202).

3) Y para otros, la oración narrativa pudo entrar en la literatura castellana por la influencia de la épica francesa, pero parece más probable que naciese en España lo mismo que en Francia por influjo y contacto de lo popular (Leo Spitzer, "Zur den Gebeten...," 196-209, y *Sobre antigua poesía*..., p. 16; Joaquín Gimeno Casalduero, "Sobre la oración narrativa...," 5-17, y Robert Ricard, "Sur l'invocation initiale du *Libro de Buen Amor*," BH, LXXI (1969), 463-73).

[47] Ver, entre otros, Menéndez Pidal, *La epopeya*..., p. 35; "Poesía e historia...," 113-26; *En torno*..., pp. 44-49, 77-87, 97-105, 220, y *Poesía juglaresca y orígenes*..., pp. 261-63; Crocetti, "Motivi dominanti...," *Italia*..., pp. 53-83; Bertoni, "Il Cid...," 131-32; Kohler, *Poema de mio*

y que, por otra parte, las diferencias que existen entre las dos
obras (en cuanto a su espíritu creador, a su plan y estructura, a
su ideal artístico, a su concepción heroica del protagonista y de
otros personajes, a su tratamiento del tiempo, del paisaje, del
ritmo y del color, a su tono narrativo, a su atmósfera dramática
y teatral, a su tratamiento de lo histórico y de lo fantástico, a
su concepción mítica del héroe, a su poética juglaresca, etc.)
son tan grandes (las diferencias) que ponen entre el *Poema* castellano y la *Chanson* francesa un abismo profundísimo que los
separa y los distingue. [48]

Cid . . . , pp. XVI-XXVI; Horrent, "El *Cantar de Mío Cid* . . . ," 189-209;
Martín de Riquer, "Babieca, caballo del Cid Campeador . . . ," 140-44;
Thomov, "La *Chanson de Roland* . . . ," 95-98; Moreno Báez, "El estilo
románico . . . ," 420-38; Erich von Richthofen, *Nuevos estudios* . . . , pp. 30-
37, 79-88, 110-128, 129-46; etc.

[48] Ver Menéndez Pidal, *La epopeya castellana* . . . , p. 35, y *Castilla* . . . ,
pp. 144-67; Ezra Pound, *The Spirit* . . . , pp. 64-77; Vossler, *Algunos caracteres* . . . , pp. 10-16; S. Battaglia, *Poema* . . . , pp. 9-25, y "Poesía e realtà . . . ," 151-69; Spitzer "Sobre el carácter histórico . . . ," 105-117; Dámaso
Alonso, "Estilo y creación . . . ," *Ensayos* . . . , p. 73, dice: "Falta allí [en la
Chanson de Roland] rarísimas veces el verbo introductor, mientras que en
nuestro *Poema* el procedimiento estilístico de la dramatización es constante
y se produce en un cincuenta por ciento de los casos en que ocurre lenguaje
directo. Esta divergencia abre una sima entre una y otra canción de gesta
e inutiliza las teorías que quisieran explicar nuestro *Mío Cid* como consecuencia del *Roland*"; y, refiriéndose al humor en el poema y en la *Chanson*,
concluye que "ambas obras caminan por vías muy separadas, dentro del
arte medieval" (pp. 92-93). Ver, también de Dámaso Alonso, "El anuncio
del estilo directo . . . ," *MRL*, I, 379-93, y Caldera, "L'oratoria nel *Poema
de Mío Cid*," *MSI*, 10 (Pisa, 1965), 5-29; a conclusiones semejantes a las
de Dámaso Alonso y de Ermanno Caldera llegan otros comentaristas cuando
analizan las esenciales características de ambas canciones: Américo Castro,
La realidad . . . , pp. 263-81; Li Gotti, "El *Cantar de Mio Cid* . . . ," 521-32;
Cortés y Vázquez, "Ritmo, color y paisaje . . . ," 111-60; Horrent, "El *Cantar
de Mío Cid* . . . ," 189-209; Bělič, "La conception du héros . . . ," 1-9; Crocetti, *Il Cid* . . . , pp. 232-48; Gilman, *Tiempo y formas* . . . ; Ildefonso Manuel
Gil, "Paisaje y escenario . . . ," 250-58; Juan Loveluck, Introducción al *Poema
de Mío Cid* . . . , pp. 32-37; Fenwick Jones, "El papel del beso . . . ," 105-18;
Moreno Báez, "El estilo románico . . . ," 430-38; Bandera Gómez, *El "Poema
de Mío Cid"* . . . , pp. 137-70; etc. Von Richthofen en 1970 (*Nuevos estudios* . . . , pp. 121-2), afirma: "En la *Canción de Rolando* y en el *Poema
de Mío Cid* se presentaron recursos estilísticos básicamente análogos en un
nivel artístico de fácil distinción, teniendo ambos poemas sus tonos y valores
interiores propios que impiden que el uno sobrepase al otro."

b) *Influencia germánico-gótica*

Friedrich Diez fue el primero en advertir en 1821 analogías entre el verso del *Cantar* y el antiguo germánico;[49] siete años más tarde Julius afirmó que el antiguo *Poema del Cid* tiene su pareja, hasta en el metro, en el poema de los *Nibelungos*;[50] y hacia mediados del siglo XIX Delius, apoyándose en que el autor del poema castellano se basaba en el viejo principio métrico de los tres tiempos fuertes para cada hemistiquio (tres acentos para cada una de las dos partes del verso), concluyó que el verso cidiano se acercaba casi enteramente al tipo de versificación acentual germánica.[51]

Milá y Fontanals (1874), sin embargo, se opuso a la comparación establecida por Delius, pues "si es natural que muchos hemistiquios de regular número de sílabas tengan además de su última o penúltima otro acento bien determinado, los hay en cambio que tienen dos y los hay que ninguno".[52] Tres años más tarde el italiano Restori consideró inaceptable la tesis de Delius, advirtiendo que si bien los versos del *Poema* tienden a un equilibrio de los dos hemistiquios, hay muchos en los que esta correspondencia de acentos o tonos fuertes en las dos partes del verso falta por completo.[53] El mismo Menéndez Pidal apoyó en 1908 las argumentaciones de Milá y Fontanals y de Restori.[54]

Ernst Gamillscheg (1921) continuó, con todo, la tesis de Delius;[55] y pocos años más tarde E. C. Hills afirmaba que "it would be an intersting experiment if some one who has studied thoroughly the old Teutonic metres in narrative verses would make a more careful study of the verse of the *Cid*, and attempt to find a system of their recurrence".[56] William Ellery Leonard se dedicó

---

[49] Citado por Restori, "Osservazioni...," *Prop*, XX (1887), I, 121. En 1846, sin embargo, Diez sostuvo que el verso cidiano es una imitación del alejandrino francés (*Altromanische...*, p. 107).
[50] Prólogo al *Romancero del Cid*, recopilado por Escobar (Frankfurt, 1828), p. IX.
[51] En su reseña del libro *Das Gedicht vom Cid*, ASNSL, VIII (1851), 434.
[52] Milá y Fontanals, *De la poesía...*, p. 398, n. 1.
[53] Antonio Restori, "Osservazioni...," *Prop*, XX (1887), I, 121.
[54] *Cantar...*, I, 78.
[55] "Zur Kritik...," 57-61.
[56] Hills, "Notes and Queries...," *Estudios eruditos...*, I, 1927, 479, n. 1. Ver también R. Grossmann, "Zum metrischen Problem...," 8-15; G. J.

entre 1928 y 1931 a esta difícil tarea, y, mediante un estudio exhaustivo de la cuestión métrica cidiana, llegó a concluir que el verso del *Poema* tiene origen germánico así como son de abolengo gótico las instituciones y costumbres de la sociedad heroica retratada en la obra.[57] El interesante trabajo de Leonard, a pesar de su erudición, no encontró mucho apoyo entre la crítica de su tiempo, y debido en parte a las reservas y objeciones de Morley (1933) ("The alleged Germanic (Visigothic) source appears to me inherently improbable. However tempting it is to seek in a far distant hypothetical Visigothic epic the source of an accentual line as complex as that envisaged by Professor Leonard, nothing approaching a scientific demostration of such connection has yet been made"),[58] se olvidó pronto.

En tiempos más recientes, la cuestión de si la influencia germánica ha existido en la antigua métrica de la epopeya castellana y perdurado hasta la época de la composición del *Cantar de Mío Cid*, ha sido objeto de interesantes observaciones por parte del germanista Theodor Frings. Afirma el erudito citado: "Aber man sollte nicht den freieren Gang des altspanischen Verses übersehen, bei dem man oft wie *Beowulf* und im *Heliand* zu sein meint. Hat die germanische Langzeile beim Übergang vom germanischen zum romanischen Heldenlied fortgelebt, um schliesslich, in Frankreich wie in Deutschland, aber nicht in Spanien, von Kirche und Latein gebändigt zu werden?"[59]

A la pregunta de Frings (de si el verso largo germánico ha sobrevivido al pasar de la epopeya germánica a la románica sólo en España, por ser sofrenado por el verso eclesiástico y latino) responden negativamente Erich von Richthofen (1954) y Jules Horrent (1959). El primero sostiene que, si es germánico el espíritu de la épica románica, no puede decirse lo mismo de su versificación, puesto que no hay ningún dato probatorio de la super-

---

Geers, "Algo sobre versificación...," 178-83, y "Het vier-heffingsvers...," 325-70; J. van Praag, en su reseña al artículo de Geers "Het vier-heffingsvers...," *Neoph*, XL (1956), 153-59.

[57] "La métrica del *Cid*," *RABM*, XXXII (1928), 334-52; XXXIV (1930), 16-40; XXXV (1931), 195-210, 302-28, 401-21, y "The Recovery...," 289-306.

[58] "Recent Theories...," 979.

[59] "Europäische Heldendichtung," 20.

vivencia de la antigua métrica en la épica castellana.[60] Jules Horrent, por su parte, defiende que las relaciones que se han establecido entre el período gótico y la épica española son siempre de orden temático, nunca de tipo métrico: "On ne connaît pas un vers des chants épiques attribués aux Visigoths. Il importerait cependant de savoir exactement quelle en était la forme. Allitérante sans doute.... Les particularités métriques de l'épopée castillane ne paraissent guère être tributaires de la métrique inconnue des chants gothiques, le *Cantar de Mío Cid* ne renfermant, d'auter part, aucun thème d'ascendance présumée gothique et traitant dès le XIIe siècle des aventures historiques d'un personnage de la seconde moitié du XIe s., on ne voit guère quel autre esprit germanique aurait pu animer le poète que celui qui animait ses contemporains. Au surplus, il n'a pas dû avoir conscience de son éventuel caractère gothique, lui qui n'emploie pas une fois le mot *godo*." [61]

Sin embargo, en 1965, Robert Hall vuelve a la teoría de Leonard, sosteniendo que el *Cantar del Cid* y otros poemas castellanos tienen una versificación acentual, "a stress-timed verse", que remonta a un origen germánico-gótico ("To put it in more imaginative terms, it is not unlikely that if, by some magic, we could hear the speech, not only of Pelayo, but also of Rodrigo Díaz de Vivar and of the poet of the *Cantar de Mío Cid*, they would turn out to be talking with a 'Visigothic stress-timed Old Spanish' "). [62] Concluye Hall que "the assumption of stress-timed rhythm in the OSp 'anisosyllabic' meter, ascribable to a Gothic superstratum, seems to me to afford the best solution for this much debated problem and to confirm Leonard's unjustly neglected analysis." [63]

Últimamente (1969-1970) Mary J. Strausser se ha apoyado en la aliteración métrica presente en los versos del *Poema* para defender una evidente relación entre la antigua épica germánica y la

---

[60] *Estudios*..., pp. 212-14.
[61] "Le *Poema de Mío Cid*...," 451.
[62] "Old Spanish Stress-Timed Verse...," 227-34.
[63] *Ibid.*, 234. Para F. Maldonado de Guevara ("Knittelvers «verso nudoso»," *RFE*, XLVIII (1965), 31-59), el autor del *Poema del Cid* no contaba las sílabas, sino los acentos de cada verso, así como hacían los autores primitivos de "Knittelvers" de la literatura germánica anterior a los grandes poemas épicos medievales.

epopeya castellana: "Perhaps the most important clue to the relationship between metrical alliteration in the *Cid* and early Germanic epics is to be found in the *Saint Eulalia*. Purczinsky's recent study has shown that the stress-timed rhythm and the metrical alliteration so prevalent in the *Eulalia* are definitely the result of Germanic influence (271-275). It is noteworthy that many of the alliterative lines of the *Cid* resemble quite closely those of the French poem. This meter, an the alliteration built on it, which appear elsewhere in Spanish only, in the *Fragmento de Roncesvalles,* and which are uncharacteristic of Latin poetry, must be considered, as they were in the *Eulalia,* archaic features of Germanic origin that survive in Spanish in these two works alone. Hence the presence of metrical alliteration in the *Cid* has provided further evidence for the establishment of a definite link between Germanic and Spanish epic poetry." [64]

El germanismo y goticismo en otros aspectos del *Cantar*

Si no en la versificación del poema, los críticos han afirmado que el influjo germánico-gótico es bastante claro en otros aspectos de la obra.

Ya a comienzos del XIX Andrés Bello atribuyó a los germanos algunas características y costumbres que luego sobrevivieron, según él, como rasgos distintivos de la sociedad heroica retratada en la épica románica: el pundonor, el duelo, el feudalismo. [65] Poco después, en 1838, Saint-Hilaire señalaba que el genio germánico había influido sobre el fondo de la antigua poesía española con mayor fuerza que sobre su forma; [66] y Damas Hinard, en 1858, a pesar de sus exageraciones respecto a la influencia francesa en el *Cantar,* vio una costumbre germánica reflejada en los versos cidianos que prohíben a los moradores de Burgos dar asilo o ayuda al Cid desterrado ("E aquel que gela diesse sopiesse vera palabra / que perderíe los averes e mas los ojos de la cara", 26-27.) [67] Frente a Damas Hinard que atribuía las semejanzas de costumbres e instituciones sociales entre el *Poema* y la *Chanson*

---
[64] "Alliteration...," 439-43.
[65] *Obras...*, II, pp. 241-2.
[66] *Étude sur l'histoire...*, art. II.
[67] *Poëme...*, pp. 261-3.

al influjo y predominio de su país sobre España, Milá y Fontanals sostuvo, en 1874, que, si muchas instituciones y creencias político-sociales son análogas en el *Mío Cid* y en las gestas francesas, es porque los franceses las heredaron de los francos, y los españoles de los godos.[68]

Es en el siglo XX, con todo, cuando sobre las afirmaciones anteriores surge consistente una teoría: se consideran como originarios de los germanos, y de los visigodos en particular, no sólo los caracteres de la sociedad descrita en el *Poema*, sino también las costumbres y las instituciones político-sociales que en él se retratan, el espíritu y el alma que lo informan. Por una parte, los historiadores del derecho medieval (Hinojosa, Pidal y Mon, Pedro Corominas...) sostienen que el estado jurídico y social en la epopeya castellana, en particular en el *Mío Cid*, muestra señales de procedencia (influencia) germánica:

> La impresión de verdad que deja el *Poema*... se comprueba plenamente comparando el *Poema* con los monumentos jurídicos contemporáneos. ¡Con cuánta verdad y con cuánta vida da a conocer las gradaciones de la jerarquía nobiliaria, la composición y forma de la celebración de las Cortes constituidas en tribunal de justicia para decidir de las contiendas entre nobles, la organización de las cabalgadas o expediciones militares en territorio enemigo, la fuerza de cohesión de la familia y las formalidades del duelo judicial!
> Las solemnidades que acompañan al matrimonio de las hijas del Cid y el contrato con los judíos Rachel y Vidas, el carácter de la lucha y formalismo del procedimiento, el duelo judicial, son manifestación elocuente de la influencia germánica en el derecho de León y Castilla...

---

[68] *De la poesía*..., pp. 466-7. Así piensa también M. Menéndez y Pelayo, *Obras*..., XXII, 70-73. L. de Monge, a finales del XIX, consideró costumbre visigótica la tolerancia con la que el Cid trata a los moros vencidos, pues el Concilio toledano (57) dice que "no hay que forzar a los heréticos vencidos a la conversión". Según el crítico, los concilios toledanos eran todos de carácter político-religioso, lo cual explica, dice, hasta qué punto España había conservado la impronta de la civilización gótica en sus leyes, costumbres y espíritu público. Ello explica también el carácter profundamente humano y religioso del *Poema* ("*Roland*...," 518).

El estudio del estado social y jurídico reflejado en los poemas épicos puede proporcionar valiosos elementos para juzgar, así del origen y carácter de la obra, como del desenvolvimiento interno de la materia legendaria utilizada por el poeta.[69]

Por otra parte, Menéndez Pidal, apoyado en los historiadores del derecho medieval y en su propia teoría del origen germánico de la poesía heroica castellana, defiende que los caracteres de la sociedad heroica retratada por el autor del *Mío Cid* coinciden con los que Tácito atribuía a los antiguos germanos. Los visigodos trajeron a España no sólo instituciones político-sociales, sino también el espíritu que informa toda la epopeya de Castilla, y el *Poema* especialmente.[70] Ésta es la tesis que defienden los críticos partidarios del origen germánico-gótico de la épica castellana.[71]

Al explicar la presencia de lo antiheroico junto a la heroicidad del Cid (éste engaña "como un estafador profesional a dos judíos que confían en su palabra honrada"), se expresa así Américo Castro:

> La ejemplaridad del héroe épico era un entretenimiento de virtudes y de pecados, de religión y mundanidad. Mudarra, el vengador de los Infantes de Lara, fue concebido por su cristiano padre, Gonzalo Gustioz, en una morilla enviada por el rey moro para que dulcificara su cautividad. La venganza ejecutada luego en los culpables de la muerte de los Siete Infantes nada tiene de cristiana. Parece, a veces, como si un soplo de paganismo germánico estremeciera la estructura cristiano-románica de los cantares de gesta.[72]

Conviene recordar que, según Menéndez Pidal, es muy probable que la leyenda local y mitológica a la que alude el autor del *Poema* conservado ("Por los Montes Claros aguijan a espo-

---

[69] Eduardo de Hinojosa, "Relaciones...," *DRAE* (Madrid, 1904), 33-37; ver también A. Pidal y Mon, "Relaciones...," 42-69; Joaquín Costa, *Estudios jurídicos*..., pp. 86-95. Sobre las instituciones medievales y la organización social (la cultura) en la época del *Cantar*, ver: Eduardo de Hinojosa, "El derecho...," *HMPelayo*, I, 1899, 551-81; Pedro Corominas, *El sentimiento*..., pp. 11-94; Wilhelm Giese, "Cuadros de la cultura...," 195-209; Ricardo Román Blanco, "Historia e lenda...," 320-25.

[70] Menéndez Pidal, *La epopeya castellana*..., pp. 19-30.

[71] Ver Cap. III, n. 37.

[72] Castro, *La realidad*..., pp. 258-59.

lón, / a sinistro dexan a Griza que Alamos pobló, / allí son caños do a Elpha encerró; / a diestro dexan a Sant Estevan, más cade aluón," 2690-93) sea de origen germánico, pues el nombre Elfa (ninfa o sílfide de los bosques, seductora y terrible en sus venganzas) no se encuentra en la onomástica española de la época, mientras que fue usado (el nombre de Elfa) como propio de mujer en los países germánicos. [73]

Por último, Erich von Richthofen, refiriéndose a la plegaria que doña Jimena dirige al Señor y a San Pedro, el santo local de San Pedro de Cardeña, "donde el Cid se despide de ella y donde ella permanece hasta el término de su expedición", afirma que "esto parece reflejar una costumbre visigótica...". [74]

c) *Influencia musulmana*

Si la influencia francesa y la germánico-gótica son innegables, ¿puede decirse lo mismo respecto al influjo musulmán en el *Poema*? ¿Hay en éste elementos o rasgos que se consideran originarios y característicos de los árabes? A estas preguntas contestaron varios críticos del xix, tomando dos posiciones contradictorias: unos negaron todo influjo oriental en el *Mío Cid;* otros exageraron la presencia de las ideas y del gusto árabe en la obra.

Friedrich Schlegel fue el primero en afirmar en 1811 que en el *Cantar* no había podido encontrar ningún indicio del gusto oriental. [75]

No obstante, en 1813 Simonde de Sismondi se opuso a Schlegel, sosteniendo la tesis opuesta: el poema se redactó originariamente en lengua árabe. La manera en que el autor menciona a la divinidad y los epítetos épicos que da a ésta, son los argumentos en los que Simonde de Sismondi apoya su tesis: "Le poème, quoique très-chrétien, porte encore quelques traces de son origine arabe." [76] Ideas semejantes a las de Simonde de Sismondi defendieron Martínez de la Rosa (1827) y Louis Viardot (1828). Los dos afirmaron que el poema, en cuanto a la versificación, muestra señales de influencia árabe. [77]

---

[73] Menéndez Pidal, *En torno...*, pp. 181-86.
[74] Von Richthofen, *Nuevos estilos...*, pp. 124-25.
[75] *Sämmtliche Werke,* I (Wien, 1822), p. 318.
[76] *De la littérature...*, III, 149.
[77] Ver Damas Hinard, *Poëme...*, p. XXXIII, n. 3.

Los partidarios de Schlegel combatieron la tesis anterior. Bello rechazó las argumentaciones de Simonde de Sismondi, declarando que "los árabes no infestaron nunca la literatura española"; y que, en cuanto a los matices arábigos en el *Cantar,* no había encontrado el menor rastro; [78] y mientras que Fernando Wolf y R. Rozy alejaban del *Poema* el espectro del pseudo-orientalismo, [79] Damas Hinard concluía que la supuesta influencia musulmana en la forma y en el fondo del *Mío Cid* es una ilusión, una quimera. La única costumbre que el francés considera de origen arábigo es la de tener una "cincubine autorisée qui, parfois, tenait lieu de l'épouse legitime". [80]

Milá y Fontanals (1874) fue el único crítico del xix que no negó ni exageró la influencia musulmana. Sostuvo, en efecto, que el íntimo contacto entre españoles y musulmanes tuvo que producir ciertas características que diferencian al pueblo castellano del francés aun en los cuadros que de la vida heroica se han conservado en la epopeya; y señaló algunas de las costumbres que del mundo musulmán han pasado a la épica de Castilla y que se reflejan de modo especial en el *Mío Cid:* la sumisión del Cid al soberano (Alfonso VI), la reserva del quinto del botín para el caudillo, el uso de la barraganía. [81]

El siglo xix, a pesar de todo, termina con el descrédito de la tesis de Simonde de Sismondi y sus seguidores. Joaquín Costa afirmó en 1881 que en la épica castellana no hay notables indicios de influjo árabe. [82]

La actitud de la crítica respecto a la influencia de lo musulmán en el *Poema* se ha modificado considerablemente en los años que van de esta centuria. Un primer grupo capitaneado por Menéndez Pidal reconoce que en el *Cantar* hay señales de influencia musulmana, pero ésta se reduce a algunos elementos puramente accesorios, referentes a costumbres, usos y palabras de procedencia arábiga. [83] Por otra parte, Julián Ribera y Tarragó (1915), Gonzá-

---

[78] Bello, *Obras*..., VI, pp. 272-78.
[79] Ver Dozy, *Recherches*..., I, 1849, p. 609.
[80] Damas Hinard, *Poëme*..., pp. XXIX-XXX.
[81] *De la poesía*..., p. 467.
[82] *Poesía popular*..., pp. 127-8.
[83] Menéndez Pidal, *La epopeya castellana*..., p. 30; Blasi, *Epopea*..., pp. 5-15; Montolíu, *Historia*..., I, 304; Valbuena Prat, *Historia*..., I, 29, y otros.

lez Palencia (1928), Ahmed Abd-Al-Badi (1954), Américo Castro (1954), Guerrieri Crocetti (1957), Galmés de Fuentes (1970) y Marcos Marín (1970-71) sostienen que en la epopeya castellana, especialmente en el *Mío Cid,* se deja sentir una notable influencia árabe. Ribera y Tarragó, como indicamos, creía en la existencia de una épica romanceada andaluza, la cual habría influido en los cantares de gesta castellanos. [84] González Palencia, fundándose en los hallazgos de Ribera, afirma, frente a Menéndez Pidal, que, si es cierto que los caracteres de la sociedad heroica descrita en el *Poema* y en otros cantares de gesta coinciden con los de los antiguos germanos, es igualmente cierto que muchos de esos caracteres se consideran también como originarios de los árabes. [85] Abd Al-Badi continúa en 1954 la tesis de Ribera y Tarragó; [86] Américo Castro, aunque rechaza la teoría del origen arábigoandaluz de la epopeya castellana y acepta como germánicas muchas costumbres reflejadas en ésta, defiende que el espíritu, el carácter esencial de esa epopeya, como puede verse en el *Cantar,* son profundamente musulmanes; [87] Guerrieri Crocetti apoya la posición de Américo Castro; [88] Galmés de Fuentes y Marcos Marín vuelven a propugnar la teoría de Ribera y Tarragó. [89]

Puede decirse, en resumen, respecto a las tres cuestiones estudiadas, que, por las mismas razones y circunstancias señaladas anteriormente (cap. III), las teorías no aparecen hasta el siglo XIX. Al principio se formulan las tesis (a, c); se defienden opiniones

---

[84] *Disertaciones*..., I, 104-150.
[85] *Historia*..., pp. 128-9. El crítico se apoya, además, en el carácter fronterizo del *Poema* y en la convivencia del Cid con los moros. Discrepa, pues, de la opinión de Menéndez Pidal, y sostiene que los mismos ejemplos que don Ramón da de la influencia germánica pueden señalarse de la influencia árabe: la reparación del ejército — clientela árabe —, la hospitalidad solemne, la reparación del homicidio mediante indemnización. González Palencia estima imposible que estando en contacto castellanos y musulmanes desde el siglo IX, no se sintiera en aquéllos el influjo hasta el siglo XIV, fecha de los romances fronterizos y moriscos. Criado de Val (*Teoría*..., pp. 140-41, n. 13, 252), por su parte, cree que el carácter fronterizo-mozárabe del texto del poema y el propio mozarabismo del personaje pueden muy bien explicar determinados rasgos estilísticos del *Cantar.*
[86] Abd Al-Badi, "La poesía épica...," tesis doctoral (1954).
[87] Castro, *La realidad*..., pp. 281-87.
[88] Guerrieri Crocetti, *Il Cid*..., pp. XXXVII-XL.
[89] Galmés de Fuentes, "Épica árabe y épica castellana...," AAL, 139 (1970), 195-259; Francisco Marcos Marín, *Estudios épicos*... (1970), y *Poesía narrativa árabe y épica hispánica*... (1971).

distintas (b), y se desarrollan en adelante por la crítica. Si algunas otras tesis se introducen (a), ocupan un lugar secundario. Cuando el XIX ha adoptado ya varias posiciones opuestas (a, c), se toma una de ellas, la cual es la que prevalece en adelante.

Esta centuria, al contrario de lo que hemos visto en relación con los problemas discutidos en los capítulos anteriores (I-III), no se distingue por la diferencia en el método de trabajo empleado en cada una de las dos partes del período; en efecto, la crítica en general (excepciones: Milá y Fontanals, Menéndez y Pelayo) utiliza un criterio subjetivo, no científico; este subjetivismo, que se debe en gran parte al sentimiento, orgullo y prejuicio nacionales y patrióticos implicados especialmente en la discusión de los casos a) y b), da lugar a que se adopten posturas extremadas.

El siglo XX, a diferencia del anterior, principia con el rigor metodológico y objetivismo científico con los que Milá y Fontanals había llevado a cabo sus investigaciones en 1874; rigor metodológico y objetivismo que acarrean una total revalorización de las cuestiones que se formularon en el XIX.

En relación con el caso a), Menéndez Pidal y la mayoría de los críticos posteriores se apartan de las posturas extremadas del XIX (la predominante: profunda influencia e imitación servil de las "chansons de geste" y la secundaria: el poema no revela ninguna señal de influjos transpirenaicos), y adoptan la tesis conciliadora que en 1874 había mantenido Milá y Fontanals y apoyado Menéndez y Pelayo en 1891, desarrollándola, precisándola y sustentándola con nuevos y más convincentes argumentos: la influencia francesa en el *Cantar* es evidente e innegable, pero se reduce a unos casos en que el juglar imita el estilo épico de las canciones extranjeras, y está más en los detalles (fórmulas épicas que, por otra parte, son comunes a todas las epopeyas de una época) que en el fondo y esencia misma de la obra. Aunque las tesis contrarias y extremas (la de Bello y la de Amador de los Ríos) reaparezcan de vez en cuando con Giulio Bertoni (1912-1941), con Eugène Kohler (1955) y con Pellegrini (1943), puede afirmarse que triunfan Menéndez Pidal y sus seguidores.

En relación con el caso b), la situación se complica porque las distintas opiniones del siglo XIX se convierten en el XX en tesis distintas. Por una parte, Menéndez Pidal, los historiadores del derecho medieval y la mayoría de los defensores del origen germánico de la épica de Castilla, se oponen a los que ven en el verso del *Cantar* una semejanza o derivación del antiguo metro (acentual) germánico, pero sostienen, con cantidad de argumentos, la tesis de que no sólo en las costumbres e instituciones de la sociedad heroica descrita en el *Mío Cid*, sino también en su fondo y espíritu deja sentirse una profunda influencia germánico-gótica. Por otra parte, Gamillscheg (1921), Leonard (1928-1931), Robert Hall (1965), Maldonado de Guevara (1965) y Mary J. Strausser (1969-70) defienden que el metro cidiano remonta a un origen germánico.

Respecto a la cuestión c), el siglo XX mantiene, aunque desarrollándolas y modificándolas considerablemente, las dos posturas del XIX. Por un lado, Menéndez Pidal y sus partidarios admiten la influencia musulmana en el poema, pero la reducen a algunos detalles de costumbres y unas palabras de procedencia árabe. Por otro lado, Julián Ribera y Tarragó, González Palencia, Abd Al-Badi, Américo Castro y Guerrieri Crocetti defienden que la influencia musulmana se deja sentir también en el alma y esencia misma del *Cantar*. Dos tesis que perduran todavía, ya que la cuestión está aún sujeta a discusiones (Galmés de Fuentes y Marcos Marín), y por no haber podido llegar la crítica a establecer definitivamente lo que el juglar o juglares cidiano(s) debe(n) a influjos musulmanes.

Capítulo V

RELACIONES ENTRE EL CANTAR Y LAS CRÓNICAS

Otro de los puntos claves que ha examinado la crítica es el de la relación entre el *Mío Cid* y las crónicas castellanas. Se ha pretendido fijar el texto del *Cantar* rellenando lagunas y corrigiendo equivocaciones; se ha intentado también resolver algunos de los problemas que en la obra podían encontrarse. Nosotros vamos a organizar sobre cuatro núcleos el capítulo; y estudiaremos en cada uno de ellos las discusiones planteadas en torno a la relación entre el poema y una o varias crónicas de Castilla:

a) El poema y la *Primera crónica general*.
b) El poema, la *Crónica de Castilla* y la *Particular del Cid*.
c) El *Mío Cid* y la *Crónica de veinte reyes*.
d) *Cantar*, *Crónica de 1344*, *Tercera crónica general* y *Crónica toledana*.

a) *El poema y la "Primera crónica general"*.

La *Primera crónica general* que mandó componer Alfonso X, el Sabio, y que se continuaba bajo Sancho IV, es sin duda la más utilizada por los críticos.[1] Es ella la primera gran recopilación histórica en romance castellano; es ella, además, la primera con la que empieza a intervenir la poesía épica cidiana en la historiografía romance. Para llevarla a cabo, la escuela alfonsí utilizó

---

[1] Sobre la importancia de esta crónica en la historiografía épica castellana, ver Ramón Menéndez Pidal, "La *Crónica General*...," *DRAH* (1916), reim-

toda clase de libros, fuentes históricas y épicas.[2] En la parte relativa al reinado de Alfonso VI, la crónica alfonsí prosifica, entre otras fuentes, un cantar de gesta sobre el Cid. De ahí que la crítica cidiana la haya estudiado frecuentemente en relación con el *Cantar*.

En el siglo XVIII Tomás Antonio Sánchez (1779-1780) y Rafael Floranes (hacia 1780), aunque refiriéndose a la *Tercera crónica general* impresa por Ocampo, pudieron ya decir que la crónica del rey Sabio era posterior al *Mío Cid*.[3]

Fue Amador de los Ríos, sin embargo, el primero que formuló, en 1863, una tesis sobre la relación de las dos obras; advirtió que el relato prosificado en la crónica coincide grandemente con el del *Cantar*; concluyó, por eso, que la *Primera crónica general* sigue "tan al pie de la letra al mencionado *Poema*, que pueden fácilmente restablecerse los versos".[4] Once años más tarde Milá y Fontanals, aunque no veía tan clara la concordancia entre el relato épico y el cronístico, sostuvo que la "*General* comprende, si no todo, casi todo el contenido de este poema" y que "a pesar de adiciones y variantes se reconoce que la *General* no apartaba la vista del poema, en una redacción sin duda ampliada, y aún a veces transcribe fielmente el texto".[5] Tesis ésta que duró, sin que otra se le opusiera, hasta finales de la centuria.

En 1898, sin embargo, una nueva teoría se desarrolla. En efecto, Menéndez Pidal, apoyándose también en otros textos hasta entonces desconocidos, afirmó que el poema prosificado por la

---

preso en *Estudios literarios*, pp. 137-95; *Primera Crónica General de España*, publicada por Menéndez Pidal (Madrid, 1955); L. F. Lindley Cintra, *Crónica Geral de Espanha de 1344*, 3 vols. (Lisboa, 1951-61); E. S. Procter, *Alfonso X of Castile. Patron of Literature and Learning* (Oxford, 1961), y Diego Catalán, "El taller historiográfico alfonsí...," 354-75; "Poesía y Novela...," *MRL*, I, 1969, 423-41, y *Crónica general de España de 1344*, ed. Diego Catalán, I (Madrid, 1970).

[2] El prólogo de la *Primera crónica general* dice: "E por ende Nos don Alfonsso, por la gracia de Dios rey de Castilla, de Toledo..., mandamos ayuntar quantos libros pudimos auer de istorias en que alguna cosa contassen de los fechos dEspanna..., et compusiemos este libro de todos los fechos que fallar se pudieron della [de España], desdel tiempo de Noe fasta este nuestro..." (*Primera Crónica General*..., I, p. 4).

[3] "Dos opúsculos inéditos...," 416.
[4] *Historia crítica*..., III, 584-87.
[5] *De la poesía*..., p. 265.

Primera crónica general difería en mucho de la versión conservada en el manuscrito de Per Abat:

> La *Crónica* coincide en todo con el antiguo *Cantar* hasta el verso 1094, salvo muy ligeras variantes; los versos que siguen hasta el 1220 faltan en la *Crónica*, pues se les sustituye por una narración de origen árabe; en fin, hasta el verso 1251 no empieza la divergencia bien perceptible de ambos textos. La primera señal que la *Crónica* da de este alejamiento, es el asociar el nombre de Pero Bermúdez al de Minaya en el pasaje que corresponde a dicho verso 1251... Estos dos mandaderos del Cid no hallan al rey en Carrión, como dice el *Cantar*, sino en Palencia, donde no aparecen los Infantes de Carrión y sus parientes, como aseguran los versos 1345 y 1372... Las divergencias de ambos textos, que aquí no son considerables, van cada vez en aumento y son ya continuas a partir del episodio del león.[6]

Fundándose en estas divergencias pudo afirmar don Ramón que la *Crónica* alfonsí no utilizó la versión que conocemos, sino otra que no ha llegado hasta nosotros, "la cual diferÍa poco del texto viejo en el cantar del Destierro, pero ya se apartaba bastante en el de las Bodas y extremaba las diferencias en el de Corpes, costumbre de otras refundiciones épicas que alteraban menos el comienzo que la conclusión de las Gestas primitivas".[7]

---

[6] "El *Poema del Cid* y las *Crónicas*...," 435-69; en *Cantar*..., I, 124-36; para .la cita, ver p. 126 del *Cantar*... Es de señalar que estas diferencias notables entre el primer cantar y los restantes y las que hay entre el relato poético del *Mío Cid* y el relato de las diversas crónicas castellanas han dado lugar a diferentes tesis sobre la autoría y composición de la obra (ver lo que dijimos al respecto en el Cap. II).

[7] *Cantar*..., I, 130. Por otra parte, varios críticos se han opuesto a Menéndez Pidal, rechazando la tesis de que la crónica alfonsí utilizó una refundición tardía del *Poema* y explicando de una manera distinta las diferencias entre los dos textos.

En 1898 Rudolph Beer intentó explicar la falta de concordancia entre los dos relatos, diciendo que la crónica alfonsí pudo muy bien cambiar la narración del poema sirviéndose, para ello, de la tradición oral (Zur Ueberlieferung...," 24). Esta opinión de Beer fue rechazada como inconcluyente primero por Ducamin (en su reseña al estudio de Beer, *RLR*, 1899, 372-77) y luego por Menéndez Pidal (*Cantar*..., I, 128, n. 1).

En el siglo XX, Hills aceptó la teoría de Menéndez Pidal en cuanto sostuvo que el *Poema* conocido y el prosificado por la crónica alfonsí son dos relatos distintos; pero trató de explicar las discrepancias de la manera siguiente:

Menéndez y Pelayo, en 1903, aceptó la posición de su discípulo y la mantuvo.[8]

Coester (1906), Cejador y Frauca (1920) y Nicola Zingarelli (1925) se opusieron a la teoría; y enunció cada uno de ellos una nueva tesis. Coester cree que la crónica alfonsí prosificó un cantar primitivo más extenso que el conservado, y que éste (el conservado) no es más que una abreviación de aquél.[9] Esta tesis, que fue combatida por Menéndez Pidal,[10] se abandonó relativamente pronto. Cejador y Frauca, en 1920, defiende que la *Primera crónica general* no utilizó una refundición del *Cantar*, sino que tanto el *Poema* como la *Crónica* proceden de romances primitivos; lo cual explica sus semejanzas y sus diferencias. Las diferencias se atribuyen a que el autor del *Poema* (clérigo, erudito y afrancesado) se aparta de la tradición popular que venía caracterizando a los romances del Cid.[11] La tesis de Cejador no encontró eco y se abandonó en seguida. En 1925 el italiano Zingarelli llega aún a más extremadas conclusiones: no sólo asegura, como Cejador,

---

los redactores de la crónica alfonsí, para poner por escrito la segunda parte de la historia del Cid que corresponde a los versos 1500-3800 del poema, utilizaron uno o varios manuscritos de todo el *Cantar*, los cuales diferían radicalmente del conservado en la copia de Per Abat; también pudo haber en esa época dos manuscritos del poema, que eran idénticos en el comienzo, pero que diferían mucho en el final; o pudo haber un manuscrito que contenía los primeros 1500 versos y dos otros que daban las versiones del cantar de las Bodas y del de Corpes ("The Unity...," 118).

En época más reciente, Gicovate ha refutado la teoría de don Ramón sosteniendo que las divergencias entre los dos textos pueden explicarse por el hecho de que los colaboradores de Alfonso X, es decir, los historiadores de Sancho IV (pues la *Crónica* se continuaba bajo este rey), tenían a su alcance datos más auténticos que el juglar del *Mío Cid* y, por eso, preferían esos datos a los trozos ficticios del poema. Los redactores de la crónica alfonsí utilizaron, pues, el cantar actual, pero muy conscientes de que su autor necesitaba rectificaciones ("La fecha de composición...," 488-9).

Últimamente Diego Catalán ha sostenido que las discrepancias entre el relato poético y el cronístico no son tan grandes ni de las que puedan sugerir que el equipo alfonsí utilizase una refundición tardía y decadente del viejo *Cantar;* las diferencias entre los dos relatos se deben, afirma Catalán, a que los historiadores emplearon un estilo diverso del utilizado por el autor del *Poema* ("Crónicas Generales...," 293-301).

[8] *Obras completas...*, XXII, 1944, 279-80.
[9] "Compression...," 98-211.
[10] *Cantar...*, III, 1911, 1175-6, y III, 1956, 1185-87.
[11] Cejador, "El *Cantar de Mío Cid*...," 1-310. Contra la tesis de Cejador, ver la reseña anónima en la *RFE*, VIII (1921), 65-76.

que la *Crónica* no maneja una refundición del *Cantar*, sino que afirma incluso que el poema nace de la *Crónica*, que de ella procede. [12]

La tesis de Coester, de Cejador y de Zingarelli dio lugar a una serie de contrarréplicas. Así en 1926 Giulio Bertoni se opone a Zingarelli afirmando que el lenguaje del poema y las instituciones que en él se presentan, dan a éste una antigüedad que sobrepasa la fecha de la *Crónica*. [13] Menéndez Pidal utiliza el argumento de Bertoni para atacar a Coester y a Zingarelli; insiste, por otro lado, en que el *Poema* alude a 29 personajes que existieron en tiempos de Rodrigo, y que la *Crónica* presenta junto a ellos otros enteramente fabulosos: "Zingarelli, sin darse cuenta de ello, ha dotado al juglar [del *Poema*] de su invención, rimador de la *Crónica* en el siglo XIV, con una prodigiosa facultad adivinatoria, gracias a la cual, en su tarea abreviadora de la narración cronística, acertó a excluir los veintitantos personajes fabulosos para meter en el verso tan sólo los personajes que habían vivido en el siglo XII. En este absurdo cae también la teoría de la 'compresión' inventada por A. Coester." [14] Advierte además don Ramón que aunque la *Crónica* utiliza fuentes históricas (entre otras la *Historia Roderici* y la traducción del árabe Ben Alcama), ninguna de ellas influye en el poema. [15] Testimonio evidente de su independencia al menos.

No es de extrañar, por lo tanto, que las afirmaciones de Menéndez Pidal triunfaran, y que sean éstas las que generalmente repiten los críticos en adelante: Hills en 1929, Theodore Babbitt en 1934, Blasi, Cirot, Bertoni y Valbuena Prat en 1938, Montolíu en 1949, Cintra en 1951.... [16]

---

[12] Zingarelli, *Scritti*..., 153-73. Si es verdad que Zingarelli aceptó la fecha de hacia 1140 asignada al *Cantar* por Menéndez Pidal (así dice Vossler en *Algunos caracteres*..., p. 52, n.), entonces también la tesis de Zingarelli sobre la relación entre el poema y la crónica alfonsí queda anulada, pues, si aquél se compuso hacia 1140, ciertamente no pudo proceder de la *Crónica* que, hacia 1289, todavía no se había completado.

[13] Bertoni, "Intorno alla cronologia...," *ARAST*, LII (1926), 455-62.

[14] Menéndez Pidal, *Reliquias*..., pp. LVIII-LIX, y en *Cantar*..., III, 1956, 1187-90.

[15] *Ibid.*

[16] Hills, "The Unity...," 117-18; Babbitt, "Observations...," 207; Blasi, *Epopea*..., pp. 25-30, 97-92; Cirot, "La Chronique Générale...,"

El año 1963 es, en relación con la vieja disputa, de gran importancia. La primera tesis (la mantenida en el siglo XIX por Amador de los Ríos y por Milá y Fontanals), después de un siglo de olvido, reaparece resucitada por Diego Catalán. Se opone éste a Menéndez Pidal; y renovando la antigua teoría, sostiene con cantidad de argumentos que la *Primera crónica* prosificó una versión idéntica o muy semejante a la actualmente conocida.[17] Opina Catalán que la *Crónica* de Alfonso X quedó interrumpida cuando la "Cuarta Parte" (relativa a Alfonso VI y al Cid) se hallaba aún a medio hacer; que en los capítulos 851-896 de la *Primera crónica general*, el *Mío Cid* prosificado en nada difiere del conservado en la copia de Per Abat; que la identidad de las dos versiones es indisputable: "El *Mío Cid* de Alfonso X, en su cantar del Destierro, era en la inmensa mayoría de sus versos, idéntico al poema conservado";[18] y cree también que las divergencias entre el relato poemático y el histórico anterior al capítulo 896 no se deben a una refundición tardía, como aseguraba Menéndez Pidal, sino al distinto estilo empleado por los historiadores, los cuales a veces glosan, y arreglan la narración poemática (poética).[19] Cree, además, que la *Crónica* dejó de seguir el *Poema* a partir de la sublevación de Valencia, y que vuelve al hilo narrativo del poema en el capítulo 920, aunque siguiendo entonces una versión anovelada que, según Catalán, no formaría parte del *Mío Cid* utilizado en los capítulos anteriores. Concluye así la argumentación:

> En fin, cuando Alfonso X, con un concepto renovador de la Historia, decidió dar entrada en la historia de España a una relato pormenorizado de los hechos del último héroe castellano, del hidalgo de Bivar, acudió, ni más

---

6; Valbuena Prat, *Historia*..., I, p. 34; Montolíu, *Historia*..., I, p. 334; Cintra, *Crónica Geral*..., I, Introduçao; Paul Lloyd, "More on the Date...," 488; etc.

[17] "Crónicas Generales...," 195-215, 291-306.
[18] *Ibid.*, 294-5.
[19] Catalán, "Crónicas Generales...," 295-301. El crítico señala (en apoyo de su tesis) las diferencias entre el estilo poético-dramático del *Cantar* y el estilo raciocinante de la crónica alfonsí. Ya en 1944 Dámaso Alonso había advertido esta diferencia entre las dos obras: "Estilo y creación...," *Ensayos*..., 69-111. Con el proceso de adaptación de la sintaxis suelta del *Poema* contrasta, además, la sintaxis trabada de la crónica (ver Antonio Badía Margarit, "Dos tipos de lengua...," *HDA*, I, 115-39).

ni menos, a los mismos tres relatos básicos que en el s. XX utilizaría un Menéndez Pidal en su reconstrucción de la España del Cid: la *Historia Roderici*, Ben Alcama y el *Mío Cid* en su venerable redacción del s. XII. No fue un oscuro refundidor de la *Crónica General* del s. XIV [se refiere al anónimo autor de la *Crónica de veinte reyes*], quien por primera vez supo apreciar el alto valor histórico de la arcaica gesta, sino el diestro equipo de compiladores alfonsíes, o, quizá, el propio Alfonso.[20]

Ésta es, en suma, la tesis de Catalán; tesis que, por sus convincentes argumentaciones, ha encontrado bastante eco entre los críticos posteriores y ha llegado así a competir con la teoría de Menéndez Pidal.[21]

b) *El poema, la "Crónica de Castilla" y la "Particular del Cid".*

La *Crónica de Castilla* se compuso a comienzos del XIV y ha sido llamada así por ser una refundición de la parte que comienza con la creación del reino de Castilla en la *Primera general* y que llega hasta el reinado de Fernando III.[22] Así la llamaba en el siglo XIV Fernán Pérez de Guzmán, al hablar de la reina doña Urraca: "Acuérdome haber leído en aquella *Crónica de Castilla*, que habla de los hechos del Cid, que la Reyna Dª Vrraca...".[23] La *Crónica* fue muy leída hasta el siglo XVI;[24] después, durante los siglos XVI y XVII, fue mencionada muy poco, y nada se dijo acerca de su relación con el *Cantar*.

---

[20] *Ibid.*, 305.

[21] Apoyan, entre otros, la teoría de Menéndez Pidal, Colin Smith, "Did the Cid...," 520-38, y Edmund De Chasca, *El arte juglaresco*..., p. 128. Defienden la posición de Catalán, Miguel Barceló, "Sobre dos textos cidianos," 15-25, y Morón Arroyo, "La teoría crítica...," 38. Según estos dos últimos críticos, la teoría de Catalán pone seriamente en entredicho la tesis de Menéndez Pidal de que diversas refundiciones del *Poema* fueron prosificadas en diferentes crónicas castellanas.

[22] Cintra, *Crónica Geral*..., Introduçao; Menéndez Pidal, *Reliquias*..., pp. LXIV-LXV; Catalán, "Crónicas Generales...," 199, n. 10. Ver también, para la fecha de la crónica, Rafael Floranes, en "Dos opúsculos inéditos...," 364-78.

[23] Pérez de Guzmán, *Generaciones y Semblanzas*, en la Ed. de R. B. Tate (London, 1965), cap. IX.

[24] Ver Menéndez Pidal, *Catálogo de la Real Biblioteca*, I. *Manuscritos*..., pp. 135-37.

En el siglo XVIII, Rafael Floranes y Tomás Antonio Sánchez, aunque confundían la *Crónica de Castilla* con la del Cid y otras crónicas generales, consideraron el *Poema* anterior a la *Crónica de Castilla*.[25]

Amador de los Ríos hizo el primer estudio detenido de la crónica. Afirmó, en 1864, que no merecía el título de obra original, pues no era más que una mera reproducción de los diez últimos reinados de la *Estoria de España* del rey Sabio; probó, además, que la *Crónica de Castilla* había dado origen a la que conocemos con el nombre de *Crónica particular del Cid*.[26]

Sólo a finales del XIX la crítica empezó a fijarse en la importancia de la *Crónica de Castilla* en el estudio del *Poema* conservado; y fue Menéndez Pidal quien primero se ocupó en 1898 de su relación con el *Cantar*. Afirmó entonces que la crónica había prosificado una de las últimas refundiciones del viejo poema.[27] Después, en 1951, siguiendo la nueva cronología establecida por Cintra, don Ramón concluyó que la *Crónica de Castilla* había manejado el *Mío Cid*, pero no en su versión del siglo XII, sino en una segunda refundición del antiguo poema, distinta de la conocida por los redactores de la *Primera general*, "siendo su principal nota distintiva la introducción de un fabuloso Martín Peláez el Asturiano, compañero nuevo del Cid Campeador".[28] La *Crónica* es útil en la corrección del poema conocido porque contiene restos de versificación que no se encuentran en la crónica alfonsí; y la comparación de estos restos poéticos con los correspondientes versos del *Cantar* puede, además, ayudarnos a ver qué clase de versificación emplea el juglar del *Poema*.[29]

Ésta es la tesis de Menéndez Pidal, la cual ha continuado, sin oposición, hasta nuestros días.

La *Particular del Cid*, como demostró Amador de los Ríos en 1864, es una derivación de la *Crónica de Castilla;* y se caracteriza también por conservar restos de versificación y de asonancias. Por esto nos ocupamos aquí de su relación con el *Poema*. La *Particular* ha sido utilizada por varios críticos del *Cantar*, los

---

[25] "Dos opúsculos inéditos...," 262-416.
[26] Amador de los Ríos, *Historia crítica*..., IV, 1864, 386-406.
[27] Menéndez Pidal, *Cantar*..., I, 132-3.
[28] *Reliquias*..., p. LXV.
[29] Menéndez Pidal, *Cantar*..., I, 1954, 131-2; III, 1956, 1025.

cuales notaron desde antiguo esos restos de versificación y se apoyaron en ellos para establecer si el *Poema* es anterior o posterior a la crónica; proponer correcciones al texto conservado; y conjeturar sobre la parte que le falta al comienzo al manuscrito de Per Abat.

Ya en el siglo XVIII los restos poéticos de la crónica llamaron la atención de Tomás Antonio Sánchez, editor del *Cantar*. Éste, cotejando las dos obras, sostuvo que la crónica "es posterior al poema" y que "el autor de la *Crónica* tuvo presente el *Poema*, siguiéndole puntualmente en mucha parte de los hechos, y aun copiando las mismas expresiones y frases, y muchas veces guardando los mismos asonantes". [30]

Frente a Sánchez, Simonde de Sismondi presentó en 1813 la tesis opuesta: la *Particular* es anterior al *Poema;* se compuso poco después de la muerte del Cid; y tanto el *Cantar* como los romances del Cid proceden de ella. [31] Agustín Durán, poco después, creyó que los versos conservados en la *Particular* pertenecían a romances primitivos sobre el Cid. [32]

La tesis de Simonde de Sismondi se abandonó en seguida. La de Sánchez, en cambio, encontró partidarios hasta finales del XIX. En efecto, Janer, Ángel de los Ríos y Ríos, Puymaigre, aunque sin añadir nada nuevo en su favor, la aceptaron; [33] y Bello y Cornu la desarrollaron, sosteniendo que el *Poema* prosificado en la *Particular* estaba menos alterado que el copiado por Per Abat. [34] De ahí que estos dos eruditos acudieran a la crónica cidiana para proponer enmiendas al texto del *Cantar* conservado.

En 1898, sin embargo, refutó Menéndez Pidal las tesis anteriores; y, cotejando más detenidamente las dos obras, estableció

---

[30] Sánchez, *Colección*..., I, 226. Ver también "Dos opúsculos inéditos...", 362-416.
[31] Simonde de Sismondi, *De la littérature*..., II, 93.
[32] Durán, *Romancero general*, en BAE, X, p. XLI, n.
[33] *Poema del Cid*, ed. F. Janer, en BAE, LVII, pp. XVIII-XIX, notas; Ángel de los Ríos y Ríos, "Exactitud histórica...,"RE, LXXI (1879), 523-25; Puymaigre, *Les vieux auteurs*..., I, 153-166. El Marqués de Pidal en 1840 sostuvo que la *Crónica del Cid* es anterior a la *Tercera general*, pero posterior al *Poema del Cid*, de cuyos versos conserva la *Particular del Cid* trozos considerables ("De la poesía castellana...," en la Introducción al *Cancionero de Baena* (Madrid, 1851), pp. XV-XVII, notas.
[34] Bello, *Poema del Cid* (ed.), en *Obras*..., II, 80-83; Cornu, "Études...," *Études romanes dediées à Gaston Paris*, p. 442.

que el autor de la *Particular* (compuesta hacia 1372) no conocía el antiguo poema de hacia 1140 ni la versión prosificada por la crónica alfonsí, sino la misma versión del cantar conocida y prosificada por la *Crónica de Castilla*.[35]

Las afirmaciones de don Ramón terminaron con las tesis precedentes; y es su teoría la que ha prevalecido.[36] Gracias a sus investigaciones sabemos hoy que en el manuscrito del *Poema* que ha llegado hasta nosotros faltan unos cincuenta versos, y no más;[37] Menéndez Pidal ha podido reconstruirlos, y ha podido corregir muchos otros pasajes, y fijar el texto conservado definitivamente.

c) *El "Mío Cid" y la "Crónica de veinte reyes"*

Aunque los manuscritos la denominan *Crónica de once reyes*,[38] Menéndez Pidal ha llamado *Crónica de veinte reyes* a la que va

---

[35] Menéndez Pidal, *Cantar*..., I, 130-32; III, 1024-25.

[36] Edmund de Chasca, *El arte juglaresco*..., p. 129.

[37] Menéndez Pidal, *Cantar*..., III, 1956, 1019-21. Así pensaba también Rudolph Beer en 1898 ("Zur Ueberlieferung...," 20). Baist, "Die spanische Literatur," *Gr. r. Ph*, II, parte 2, 397, calculaba unos cuarenta versos que contarían, según él, la salida del Cid de Bivar. Sánchez, en cambio, opinaba en 1779 que el poema era "defectuoso al principio, en que habría alguna invocación, y tal vez el nombre del poeta" (*Colección*..., I, 226-27). Floranes ("Dos opúsculos inéditos...," 354), Bello (*Obras*..., II, 27-30) y Janer (*Poema del Cid, BAE*, LVII, p. XIX, n. 2) creyeron, por su parte, que al manuscrito de Per Abat le faltaba mucho. Floranes pensaba en un primer tomo del *Poema;* Bello y Janer creían que el poema abarcaba toda la vida del Cid desde su juventud.

Fue Milá y Fontanals (*De la poesía*..., p. 242, n.), sin embargo, el primero en atribuir los restos poéticos conservados en la *Particular del Cid* a cantares de gesta perdidos, y el primero en juzgar acertadamente sobre el contenido de los versos que faltan al comienzo del *Cantar*.

Como comienzo de la parte perdida del *Poema*, Rafael Lapesa pone dos versos ("Mio Cid movió de Bivar para Burgos adeliñado / assí dexa sus palacios yermos e desheredados"), basándose en la *Crónica de Castilla* y en la *Particular del Cid*, que prosifican refundiciones del *Mío Cid* en el siglo XIV. Ver *Crestomatía del Español Medieval*, I (Madrid, 1965), p. 32; esta obra fue empezada por Menéndez Pidal y acabada por Rafael Lapesa y María Soledad de Andrés. Eleazar Huerta ("La primera hoja...," *CSAC* (Oxford-England, 1965, 1965), 259-65) versifica la primera hoja (unos cincuenta versos) que según Menéndez Pidal faltaba al comienzo del poema manuscrito por Per Abat en 1307.

[38] Cinco de los nueve manuscritos de la *Crónica de veinte reyes* contienen la palabra "once" en el título; un sexto manuscrito dice el equivalente de "once reyes"; dos manuscritos carecen de la primera página y de título;

desde el reinado de Fruela II hasta la muerte de Fernando III.[39] Se compuso, según la nueva cronología fijada por Cintra y aceptada últimamente por don Ramón, a comienzos del siglo XIV, y antecede, no sigue, a la *Crónica general de 1344*.[40]

Después de la crónica alfonsí, es la *Crónica de veinte reyes* la obra más citada y utilizada por la crítica cidiana. Hasta finales del XIX, fue muy poco leída; casi nada se dijo de su relación con el *Cantar*.

Amador de los Ríos fue el primero en relacionar el *Poema* con la *Crónica de veinte reyes;* y, aunque la confundía con la de Alfonso X, la consideró como la más fiel representación del texto de la *Primera crónica general*, pues, en la parte relativa al Cid, encontraba el relato de aquélla muy semejante al del *Cantar*.[41]

Es en 1898, con todo cuando, partiendo de las afirmaciones de Amador de los Ríos y apoyándose en esta mayor concordancia, Menéndez Pidal sostiene la teoría de que el anónimo autor de la *Crónica de veinte reyes* acudió también a los cantares de gesta; hizo una nueva codificación de éstos; y prosificó una versión del *Cantar* más antigua que las utilizadas en las otras crónicas del XIII y del XIV, pero idéntica a la versión actual del poema. Concluye don Ramón que la *Crónica de veinte reyes* es la "única obra histórica en la que se prosifica bastante fielmente el primitivo *Cantar* en su redacción de hacia 1140".[42]

El autor de la *Crónica de los veinte reyes*, sea porque los juglares del XIV resucitasen a título de novedad los poemas arcaicos,[43]

---

el último dice simplemente "los Reyes que ovo en castilla e León". Menéndez Pidal describe los primeros ocho en *La leyenda*..., pp. 406-408, y el último en *Cantar*..., II, 1911, 504, n. 1.

[39] Menéndez Pidal, *Catálogo de la Real Biblioteca*..., p. 107. A esta denominación objetaron Julio Cejador ("El *Cantar de Mio Cid*...," 285-86) y Theodore Babbitt ("Observations..., 202-16).

[40] Cintra, *Crónica Geral*..., I, 1951, pp. CCXCII-CCCIII; Menéndez Pidal, *Reliquias*..., pp. LXV-LXIX.

[41] Amador de los Ríos, *Historia crítica*..., III, 587-88, n. 1, p. 590 n.

[42] Menéndez Pidal, *Catálogo de la Real Biblioteca*..., pp. 108-109, y *Cantar*..., I, 1908, 134-36.

[43] Menéndez Pidal, *Poesía juglaresca y juglares*..., pp. 401-402; *Reliquias*..., p. LXVII, y *Poesía juglaresca y orígenes*..., pp. 302-303. Cejador ("El *Cantar de Mio Cid*...," 286-89) opone reparos a don Ramón; defiende que la *Crónica de veinte reyes* conviene con el poema en los rasgos en que éste se separa de la crónica alfonsí; concordancia que se debe a que ambos textos (el poema y la crónica) se separan de la verdadera tradición popular

o simplemente a causa de su fino paladar crítico,[44] al refundir la *Primera crónica general* prefirió sustituir las noticias fabulosas del *Poema* por una prosificación del *Cantar* primitivo. La comparación entre la *Crónica* (compuesta muy a comienzos del xiv) y la copia del *Cantar* (ejecutada por Per Abat en 1307) permiten a don Ramón concluir que la forma primitiva del *Mío Cid* era popular y se propagaba por los juglares del xiv, al lado y en competencia con sus versiones más innovadoras.[45]

Theodore Babbitt, entre 1934 y 1936, y Diego Catalán, entre 1963 y 1971, se oponen a esta afirmación. Los dos, si bien creen con don Ramón que la *Crónica de veinte reyes* prosifica una versión del *Cantar* del siglo xii, se apartan de su teoría cuando niegan la popularidad del *Poema* de hacia 1140 en el siglo xiv. El primero (continuador de la tesis de Lang) sostiene que la *Crónica de veinte reyes*, en la parte relativa al reinado de Alfonso VI y al Cid, se llamaba originariamente *Crónica de once reyes*

(de los romances) seguida por la *Primera crónica general*. Y Zingarelli (*Scritti*..., p. 156) cree que "la maggiore fedeltà della *Cronica de veinte reyes* potrebbe anche risolversi in una più fedele derivazione del testo originario di essa".

[44] Cintra atribuye la utilización del viejo *Cantar* por la *Crónica de veinte reyes* al criterio historiográfico que caracteriza a esta obra y que la distingue de las demás recopilaciones históricas: el autor de la *Crónica* era hostil a las mentiras e invenciones de los juglares tardíos. Estudia el crítico la constitución interna de la *Crónica* y explica así su preferencia por la versión arcaica del *Mío Cid*: "Nada ha que estranhar em que um espírito verdadeiramente original como o do autor da *Crónica de Vinte Reis*, conhecendo, a par da refundiçao do *Poema* prosificada na *Primeira Crónica*, a versao mais simple, menos novelesca, que se nos conservou na copia de Per Abat, tivesse optado pela segunda e refundido, em vista dela, o texto da *Primeira Crónica Geral*..." (*Crónica Geral*..., I, pp. CCLXXIII-LXXIV, y CXCV, CCV-VI).

[45] Menéndez Pidal, *Poesía juglaresca y juglares*..., pp. 401-402. En 1926 objeta Henry R. Lang a la teoría de don Ramón y a su método de trabajo. Para ello se apoya en la prosificación del *Cantar* contenida en la *Crónica de veinte reyes*. Al advertir el caso único de que el autor de ésta prefería la versión arcaica del *Poema* a la refundición tardía que circulaba en su tiempo (la prosificada por la *Primera crónica general*), rechaza Lang los argumentos que Menéndez Pidal había aducido para fechar la *Crónica* hacia 1360, y supone para ésta (la de *veinte reyes*, o mejor dicho, la parte relativa a Alfonso VI y al Cid) una fecha de redacción muy próxima a la del *Cantar* (Lang, "Contributions...," 1-509). Esta tesis la retoma luego Theodore Babbitt, pues éste, como Lang, considera el *Cantar* y la primera parte de la *Crónica de veinte reyes* (*Crónica de once reyes*) anteriores a la crónica alfonsí.

y que ésta se redactó en el siglo XIII, quizá anteriormente a la composición de la crónica alfonsí. De ahí concluye Babbitt que el poema del siglo XII no pudo ser popular en el XIV, ya que la parte relativa al Cid contenida en la *Crónica de veinte reyes* fue escrita en el XIII.[46] Catalán, además de poner en duda la "supuesta popularidad" del antiguo *Poema del Cid* en el siglo XIV, intenta conciliar las diversas posiciones críticas:

> Con Menéndez Pidal (*Poes. Jugl.*,[6] *Cantar*[2]) y Cintra (*Crón. 1344*) reafirmo la prioridad de la *Primera Crónica General* respecto a la *Crónica de Veinte Reyes* en la parte anterior al cap. 896 de *PCG*; con Babbitt (*Once Reyes*, pp. 207-208; *Twelfth-Century Epic Forms*, pp. 128-136) creo en la gran antigüedad de la composición conservada en la *Crónica de Veinte Reyes* y, por lo tanto, pongo en duda (como innecesaria, aunque no como increíble) la supuesta popularidad del *Mío Cid* del s. XII en el s. XIV.[47]

¿Cuál es la utilidad de esta crónica en relación con el estudio del texto del *Cantar* conservado en la copia de Per Abat? Para Menéndez Pidal es grandísima, pues sirve de modelo, no sólo para restaurar lo que falta, sino también para corregir otros muchos de sus pasajes: "Nos da la *Crónica de Veinte Reyes* un trasunto y una prosificación bastante completos que nos permiten hacer correcciones utilísimas a la copia actualmente conservada, añadirle algunos versos y colmar sus vacíos y omisiones."[48] No obstante

---

[46] Babbitt, "Observations...," 202-16; "Twelfth-Century Epic Forms...," 128-36, y *La Crónica de Veinte Reyes*... (1936).

[47] Diego Catalán, "Crónicas Generales...," 305, n. 117. Ver también de Catalán, "El taller historiográfico alfonsí...," 354-75, y "Poesía y Novela...," *MRL*, I, 1969, 423-41.

[48] Menéndez Pidal, *Cantar*..., I, 1954, 135-36. Catalán, sin embargo, cree que la utilidad de la *Crónica* en la reconstrucción crítica del texto actual del *Poema* no es tan grande como dice Menéndez Pidal. Dado que para Catalán la *Crónica* del XIV nos da una versión resumida del mismo cantar conocido por el equipo alfonsí, la importancia de la *Crónica de veinte reyes* reside en que alguna vez pueda conservar en la memoria de un verso del *Mío Cid* cuyo contenido no se refleja en la de Alfonso X. Pero esto, afirma el crítico, no indica que el anónimo autor de la *Crónica de veinte reyes* utilizase una versión distinta de la que empleó la escuela alfonsí. Las discrepancias entre las dos obras (las dos crónicas) se deben al diferente estilo empleado por las dos escuelas compilatorias ("Crónicas Generales...," 302-303).

Es de apuntar (como mera hipótesis) la posibilidad de que los cronistas castellanos (tanto los de la escuela alfonsí como los posteriores), para prosi-

las objeciones de Babbitt y Catalán, de Henry R. Lang y otros estudiosos del *Cantar*, es la teoría de Menéndez Pidal la que en adelante ha prevalecido, la que generalmente se acepta por los críticos posteriores.[49]

d) *Cantar, Crónica de 1344, Tercera general y Crónica toledana*

Antes que escribieran Cintra y Diego Catalán,[50] Menéndez Pidal había apreciado grandemente la *Crónica de 1344* (llamada también *Segunda crónica general*), pues había creído que era la primera obra refundidora de la crónica alfonsí, la recopilación historiográfica más notable y más extensa de todas las demás recopilaciones hermanas.[51] Desde 1898 hasta 1950 había venido afirmando don Ramón que la *Crónica de 1344*, en la parte

---

ficar la epopeya del Cid, no hayan utilizado ni libros ni manuscritos, sino más bien el dictado. Es decir, es probable y posible que los diversos equipos compilatorios hayan empleado el mismo método utilizado para poner por escrito el antiguo cantar oral: el dictado. Si se acepta la teoría de la creación (composición) oral del *Poema* y se acepta que la versión manuscrita por Per Abat en 1307 procede de una obra de ejecución oral, entonces podríamos aceptar también la hipótesis de que los historiadores castellanos, al poner en prosa el relato poético del *Mío Cid*, se sirviesen del dictado y encargasen a los juglares cidianos dictar a los escribas la versión del poema que conocían en su tiempo. Ello explicaría no sólo las notables diferencias entre el relato del *Cantar* y el de las crónicas, sino también las discrepancias que hay entre una crónica y otra respecto a la historia épica del Cid. La diversa cultura y formación de los juglares del poema, el mismo hecho de dictar la obra a escribas sin acompañamiento musical y la pericia de estos últimos explicarían, además, muchas de esas divergencias. Esta hipótesis, sin embargo, parece contradecir la afirmación de la *Primera crónica general*: "...mandamos ayuntar quantos libros pudimos auer de istorias en que alguna cosa contassen de los fechos dEspanna..." (Prólogo a la *Primera Crónica General*..., publicada por Menéndez Pidal, I, 1955, p. 4).

[49] Menéndez y Pelayo, *Obras*..., XXII, 1944, 292; Hills, "The Unity...," 118; Bertoni, *Il Cantare*..., (1938), p. 6; Blasi, *Epopea*..., pp. 91-92; Montolíu, *Historia*..., I, 318; Cintra, *Crónica Geral*..., I, 1951, CCLXIV-LXXIV; Russell, "San Pedro de Cardeña...," 75; Horrent, "Notes...," 275-82, y muchos otros.

[50] Cintra estableció en 1951 el lugar que ocupa la *Crónica de 1344* en la historiografía medieval de Castilla, demostrando que lejos de ser el punto de arranque de las grandes refundiciones que sufrió la crónica alfonsí, representa el más distante esfuerzo historiográfico, respecto a la obra de Alfonso X, dentro del género de las crónicas generales. Ver Cintra *Crónica Geral*..., 3 vols. (1951-61), y Diego Catalán, *Crónica General*..., I (Madrid, 1970).

[51] Menéndez Pidal, *Catálogo de la Real Biblioteca*..., p. 45.

referente a la historia del Cid, tampoco conocía el viejo *Cantar*, y que había prosificado una refundición más ampliada y más modificada que la que utilizaron los redactores de la crónica alfonsí, pues su autor llegó a modificar incluso el comienzo del *Mío Cid* que en la *Primera general* era idéntico al conservado.[52] También Menéndez y Pelayo afirmaba en 1903 que la *Crónica de 1344* se apartaba mucho más que la alfonsí del texto del poema actual, pero no creyó que fuese a causa de una nueva refundición del antiguo cantar del siglo XII.[53]

Debido a los estudios de Cintra, Menéndez Pidal modificó en 1951 la tesis mantenida; colocó la *Crónica de 1344* después de la de Castilla y de la *Crónica de veinte reyes* (en realidad, como derivación de esta última), y aseguró que su autor, siguiendo a éstas, codificó las fuentes épicas, prosificó el conjunto de los cantares cidianos, y nos dio, no la segunda versión del antiguo poema, sino la última, y en una forma más amplia que la conocida por la *Crónica de Castilla* y por la *Particular del Cid*.[54] Esta tesis, sin oposición, ha llegado hasta nosotros.

Antes de los hallazgos del siglo XIX y de los principios del XX, los críticos que intentaron corregir el texto del *Poema* conservado tuvieron que apoyarse necesariamente en la *Crónica del Cid* y en la *Tercera crónica general*. Esta última, de la segunda mitad del siglo XIV, presenta las mismas características que las de las crónicas que se consideran hermanas: conoce la versión del *Cantar* prosificada por la *Crónica de Castilla*, aunque omite elementos que aparecían en ésta y en la *Crónica de 1344*.[55]

Puede verse en la *Tercera crónica general*, y esto es importante, cómo principia a declinar, al compás que disminuye el interés de los cronistas por las antiguas gestas, la vida de las refundiciones cidianas.

Esta falta de interés épico en los historiadores medievales de la segunda mitad del siglo XIV, se hace más acentuada en el XV, cuando el gusto del público comienza a dirigirse hacia el campo de la poesía épico-lírica de los nacientes romances. Con la *Crónica toledana* (h. 1460) se llega a la completa decadencia de la épica

---

[52] *Cantar*..., I, 130-131.
[53] Menéndez y Pelayo, *Obras*..., XXII, 280.
[54] *Reliquias*..., pp. LVII-LXXI; *Poesía juglaresca y juglares*..., p. 304.
[55] *Ibid.*

en las crónicas, pues su autor conoce el *Poema del Cid*, pero en una redacción más próxima a los romances que a las refundiciones del *Cantar* prosificadas en las crónicas del siglo XIII y del XIV (la alfonsí, la de *Castilla*, la *Particular del Cid*, la *Crónica de veinte reyes*, la *Crónica de 1344* y la *Tercera crónica general*). La *Crónica toledana* presenta rasgos sueltos del *Mío Cid* y otros cantares de gesta; y esto significa que la vida tradicional y popular del arcaico *Poema*, tan notable en las recopilaciones históricas del siglo XIII y del XIV, se extingue en el siglo XV, cuando el espíritu histórico muere en la épica para transmigrar a los romances.[56] En éstos los cronistas posteriores, siguiendo el gusto popular, volvieron la atención que antes ponían en los cantares de *Mío Cid*, de los *Infantes de Lara*....[57] En este sentido la *Crónica toledana* es un documento histórico importante, pues nos ayuda a ver cómo se realiza el paso de la épica al romancero y a comprender mejor las relaciones entre el *Poema* y los romances.

Podemos decir, por lo tanto, que los cronistas de los siglos XIII y XIV acudieron a los cantares de gesta (entre ellos al *Mío Cid* del siglo XII y a sus refundiciones sucesivas), como a fuentes de información histórica. Y podemos decir, en relación con las cuestiones estudiadas, que en el XVIII, debido al retraso de los estudios cronísticos y épicos, no aparecen, por lo general, las teorías (excepción b): la *Crónica del Cid* y el poema); se adopta únicamente una posición (b), sin poder pensar en otras posibilidades (a, c, d).

En el siglo XIX se despierta un mayor interés por las crónicas, y se estudian sus semejanzas con el *Cantar*, y sus diferencias. Se enuncian entonces las teorías (a, b, c, d) que en adelante se desarrollan y mantienen. El siglo XX empieza con un hecho de considerable importancia: Menéndez Pidal, con rigor característico, emprende la comparación del *Cantar* con las infinitas variedades de crónicas. El resultado de su investigación determina el rumbo de la crítica posterior en todos los aspectos estudiados.

En relación con el primero a), rechaza Menéndez Pidal la postura mantenida por el XIX (la *Primera crónica general* prosificó

---

[56] *Ibid.*, pp. LXXV-LXXVI. Ver también Diego Catalán, "Crónicas Generales...," 292, notas.
[57] Menéndez Pidal, *Poesía juglaresca y orígenes*..., pp. 314-22.

el poema conservado), y formula, con varios argumentos, una nueva tesis: el cantar prosificado en la crónica alfonsí difiere mucho del *Cantar* del siglo XII, por ser sólo una refundición tardía. A pesar de los detractores (Coester, Cejador, Zingarelli), que con extravagantes teorías se le oponen entre 1906 y 1925, la posición de Menéndez Pidal se acepta y prevalece hasta 1963. A partir de este año compite con la teoría de don Ramón la tesis adelantada en el siglo XIX por Amador de los Ríos y Milá y Fontanals. Diego Catalán la resucita y desarrolla entre 1963 y 1971, sosteniendo que el *Poema* prosificado por el equipo alfonsí es idéntico o muy semejante al conservado en el manuscrito de Per Abat. Aceptan y mantienen una postura semejante a la de Catalán, L. P. Harvey (1963), Barceló (1968) y Morón Arroyo (1970); postura que, como indicamos, pone seriamente en entredicho la teoría pidaliana de las varias refundiciones del *Cantar* en diferentes *Crónicas Generales* de España.

Respecto al caso b), don Ramón se aparta de las posturas del siglo XIX (la principal: la *Particular del Cid* prosificó el poema actual en una versión menos alterada que la copiada por Per Abat, y la secundaria: el *Poema* es una derivación del relato de la *Particular*), y expone una tesis diferente: la *Particular* prosifica una segunda refundición del *Cantar,* distinta de la conocida por la escuela alfonsí, pero idéntica a la conservada en la *Crónica de Castilla,* de la cual la *Particular* es una derivación. Menéndez Pidal reafirma con los críticos anteriores (especialmente Sánchez, Bello, Cornu) la importancia y utilidad de ambas crónicas, la de Castilla y la del Cid, en la restauración y corrección del texto conservado; y es entonces su tesis la que triunfa, sin competidores.

En relación con el caso c), don Ramón acepta y desarrolla con otros argumentos la tesis de Amador de los Ríos (1863); establece que la *Crónica de veinte reyes* es la única obra que prosifica fielmente una versión del antiguo *Cantar*, idéntica a la conservada; y destaca la utilidad de esta "preciosa crónica" en el estudio del texto conocido. Se acepta unánimemente la teoría de don Ramón, aunque Rabbitt y Diego Catalán niegan la popularidad del *Poema* del siglo XII en el XIV, y a pesar de que Catalán (1963), Harvey (1963), Barceló (1968) y Morón Arroyo (1970) oponen reparos a la doctrina menéndezpidaliana de las varias refundiciones del *Cantar* prosificado en distintas crónicas castellanas.

En cuanto al caso d), puede afirmarse que, salvo las reservas de Cintra (1951-1961) y de Catalán (1963-1970), predominan las tesis de don Ramón. Conviene señalar, con todo, que, por una parte, el estudio de Cintra y el de Catalán sobre la *Crónica de 1344* apoyan los resultados de Menéndez Pidal; y que, por otra parte, estos estudios contribuyen a establecer una nueva cronología de las *Crónicas Generales:* "La nueva ordenación de las crónicas hace innecesarias muchas versiones intermedias hipotéticas que Menéndez Pidal había postulado en 1916" (Morón Arroyo, "La teoría crítica...," 38).

Capítulo VI

RELACIONES ENTRE EL CANTAR Y LOS ROMANCES

Se ha pretendido averiguar si es más antigua la poesía épica que los romances, si deriva aquélla del romancero, o si sucede lo contrario. Las teorías formuladas, aunque tratan en general de los dos géneros, incluyen, en relación con el *Cantar*, una serie de puntos importantes.

La cuestión se plantea a comienzos del siglo XIX, aplicando a la epopeya española la tesis "wolfiana", según la cual los poemas homéricos se compusieron con cantos rapsódicos anteriores. Se inicia así la "teoría romántica" que afirma que en España, como en Alemania y en Francia, los largos poemas narrativos se desarrollaron a partir de cantos breves más antiguos: los romances. Durante esta época de gran entusiasmo por lo popular, anónimo y tradicional, la mayor parte de los críticos defienden la fabulosa antigüedad de romances precursores del *Cantar*.[1] Algunos de ellos (Tapia, Huber, Durán, Wolf) creen además que el autor del *Mío Cid* se fundó en romances preexistentes para escribir su obra. Tapia, por ejemplo, utilizando el argumento de que en todos los países la poesía popular es siempre la más antigua y

---

[1] Puede considerarse a Fray Martín Sarmiento como precursor de las opiniones románticas, pues ya en 1745 hablaba de romances cidianos más antiguos que los conservados y escritos por poetas anónimos en el siglo XII (*Memorias*..., números 547-550)). Véase, además, Johann Gottfried von Herder, *Der Cid, nach spanischen Romanzen* (Berlín, 1805), ed. 1863; Jacob Grimm, *Silva de Romances viejos* (Viena, 1815), cuyo prólogo está fechado 1812; Leandro Fernández de Moratín, *Orígenes del teatro*..., en *BAE*, X, pp. XL-XLII; Tapia, *Historia de la Civilización*..., I, 1840, pp. 268-271; V. A. Huber, *De primitiva cantilenarum epicarum* (Berlin, 1844), y, del mismo, *Chrónica*..., introducción; Ticknor, *History*..., I, 1849, pp. 104-108.

se distingue por su sencillez de estilo y de versificación, asegura que en el siglo XII, antes de la composición del *Poema,* se cantaba en romances la historia del Cid, "y tal vez el poema se compuso en gran parte de ellos". Para esta última afirmación el crítico se apoya en que el *Cantar* tiene "muchos versos de 8 sílabas" tomados, según él, de las canciones populares. [2]

En esta misma época hay, sin embargo, algunos eruditos que niegan la antigüedad de los romances del Cid. En 1808 Robert Southey afirma que "muchos de estos romances son evidentemente más antiguos que los libros que los contienen; muy pocos creo que sean antiguos y la mayor parte de ellos no tienen valor alguno". [3] Veintidós años más tarde, el francés Villemain se opone a la teoría romántica, defendiendo que el *Poema* se redactó en el siglo XIII, y que los romances cidianos son más modernos, acaso restos de un gran poema perdido. [4] Pero es el venezolano Andrés Bello el primero en combatir la tesis precedente, y el primero en enunciar una teoría opuesta: muchos de los romances que llamamos primitivos son fragmentos de viejos cantares de gesta. En un breve artículo, "Origen de la epopeya romancesca," publicado en el *Crepúsculo* de Santiago de Chile (1843), dice Bello refiriéndose al significado de la palabra "romance": "Después llamaron así los fragmentos de estos poemas [cantares de gesta] que solían cantar separadamente los juglares i de que se formaron varias colecciones, como el *Cancionero de Amberes*." [5]

La tesis de Bello fue compartida por algunos autores de la época. Damas Hinard, en 1844, sostiene que los primeros monumentos de la poesía tradicional española son los largos poemas épicos y que de éstos se han desprendido los romances: "Les premiers monuments de la poésie traditionnelle en Espagne furent

---

[2] Tapia, *Historia...*, I, 1840, 268-71.
[3] Southey, *Chronicle...*, prólogo.
[4] F. Villemain, *Tableau...*, pp. 61-62.
[5] Bello, *Obras...*, VI, 211-12. En el tomo VII, 1885, p. VII, el crítico expone con más detalles la teoría del fragmentarismo de la épica en romances: "Los romances viejos narrativos deben mirarse como fragmentos de composiciones largas, de jesta o poemas históricos i caballerescos, cuya mayor parte ha perecido en la general ruína de nuestras riquezas poéticas.... Éstos, pues, que ahora se llaman romances distintos, eran parte de un solo romance o jesta, i de aquí toman el nombre. Por eso, cuanto más antiguos, tanto más se asemeja su versificación a la del *Cid,* ya en lo regular del ritmo, ya en las leyes de la asonancia."

sans doute des compositions considérables, des poèmes gigantesques, dont les fragments qui nous restent de l'œuvre si curieusement appellée le *Poème du Cid,* donnent assez bien l'idée. Plus tard, comme ces poésies se transmettaient par la parole, et que la mémoire n'était pas assez énergique pour retenir ces œuvres inmenses, on les brisa, on les morcela...." [6] También Milá y Fontanals en 1853 afirma que "los primeros romances dimanaron de los cantares de gesta", pero se inclina aún a la "teoría romántica" cuando reconoce, al mismo tiempo, que si, según "parece más natural, los largos cantares de gesta se fundaron sobre poesías más cortas, éstas quedaron absorbidas por los mismos". [7]

La crítica extranjera a mediados del XIX continúa, con todo, defendiendo la tesis romántica. Así F. Wolf y Conrad Hoffmann, apoyándose en las viejas argumentaciones de Tapia y de Huber, sostienen, entre 1846 y 1859, que el *Mío Cid* se inspiró en romances cidianos preexistentes. Como "en todas partes y en todos los tiempos la poesía popular se desarrolla antes que la artística, se puede, si no probar con documentos, sí, al menos, afirmar con la certidumbre que nos dan las leyes de la analogía, que hubo romances primitivos entre los siglos X y XII". [8] Wolf insiste, además, en que Castilla no tuvo ni pudo tener poesía épica popular y que tanto el *Cantar* como el *Rodrigo* (rudas imitaciones de las gestas francesas) se inspiraron en romances primordiales, por ser éstos la primera manifestación de la poesía tradicional española. [9] Gaston Paris, en 1865, se apoya en la autoridad de Wolf para reafirmar que "L'Espagne n'a pas eu d'épopée" y que "l'opinion qui en fait des fragments de grands poèmes perdues est abandonnée aujourd'hui par les savants les mieux autorisés, et ne resiste pas à l'examen." [10]

---

[6] Damas Hinard, *Romancero espagnol...*, I, 1844, V-VI.

[7] Milá y Fontanals, *Observaciones...*, pp. 11, 55-56. De las mismas vacilaciones participa Amador de los Ríos, *Historia crítica...*, III, 1863, pp. 100, 106-107, 83. Por otra parte, Ludwig Clarus (*Darstellung...*, I, 1846, cap. II) rechaza la tesis de los que consideran el *Poema* formado de materiales poéticos preexistentes.

[8] F. Wolf y Conrad Hoffmann, *Primavera...*, I, 1856, prólogo, pp. XIII-XXIX.

[9] Wolf, "Über die Romanzen...," *WJL*, tomos 114 y 117, 1846-47, reimpreso en su *Historia de las literaturas...*, II, 1-291.

[10] Paris, *Histoire poétique...*, p. 203.

Sin embargo, Milá y Fontanals se opone en 1874 a los críticos precedentes, afirmando que Castilla tuvo una poesía heroico-popular propia, no reducida como en otros países a cantos breves y aislados, sino compuesta de extensos poemas narrativos: el *Cantar*, la gesta sobre los *Infantes de Lara* y otros cantares de la misma índole citados por la *Primera crónica general*. El auge de esta poesía ocurre a finales del siglo XI y durante el XII, pero termina en el XIII a causa de la historia escrita. Desarrolla luego la tesis de Bello, sosteniendo que, después de una interrupción aparente, que se prolonga por más de dos centurias, surge inesperadamente una nueva poesía popular narrativa, los romances; aquellos que tratan de asunto histórico-nacional derivan de los cantares de gesta prosificados en la crónica alfonsí; los romancistas de los siglos XV y XVI se inspiraron en los poemas épicos, ya conociéndolos manuscritos u oralmente, ya leyendo sus prosificaciones en la *Primera general*. Concluye que no hay prueba alguna de romances ni de cantos épicos breves (cantilenas o cancioncillas) precursores de los cantares de gesta, ya que de éstos "derivan segura o hipotéticamente los romances de asunto común con ellos".[11] Pio Rajna (1884), Puymaigre (1888), Menéndez y Pelayo (1891) aceptan la posición y la mantienen.[12]

A pesar de la obra de Milá y Fontanals, la vieja tesis romántica adquiere nuevo vigor a finales del XIX. Joaquín Costa, en 1881, habla de "romances escritos en vida del Cid" y de formación rapsódica del poema actual.[13] Seis años más tarde el italiano Restori, si bien admite que los romances señalados por Milá y Fontanals derivan de los cantares de gesta, vuelve a la tesis de Tapia, Huber, Wolf, afirmando que el *Poema del Cid* se compuso con materiales poéticos preexistentes;[14] y Carolina Michaëlis de Vasconcellos expone, en 1892, una hipótesis contraria a la tesis de Milá y Fontanals. La autora sostiene que el más viejo y popular romance cidiano "Helo, helo por do viene, el moro por la calzada" no deriva

---

[11] Milá y Fontanals, *De la poesía*..., pp. 292-300, 395-407.
[12] Rajna, *Origini*..., p. 478; Puymaigre, *Les vieux auteurs*..., I, p. 213-228; Menéndez y Pelayo, *Antología*..., II, p. XXX, de la primera edición.
[13] Costa, *Poesía popular*..., p. 76; véase, del mismo autor, "Programa político del Cid," BILE, IX (1885), 241-261. También Juan Menéndez Pidal intentó probar que en el *Cantar* había vestigios de romances preexistentes (*Poesía popular: Romancero asturiano* (Madrid, 1885), pp. 53-63).
[14] Restori, "Osservazioni...," *Prop*, XX (1887), II, 132-134.

de los cantares de gesta ni de sus prosificaciones en las crónicas castellanas, sino que fue compuesto en el siglo xv por un cantor popular que combinó tres fragmentos orales preexistentes: dos históricos nacidos en el siglo xi, y otro novelesco relativo, no al Cid, sino a doña Urraca.[15]

Milá y Fontanals fecha el "Helo, helo..." en la segunda mitad del xv, pero cree que acaso conserva algún recuerdo de los versos del *Cantar,* y asegura, además, que el autor del romance había conocido la *Primera crónica general* y acaso la *Particular del Cid.*[16] El estudio de doña Carolina subraya, pues, la falta de precisión en la teoría del "fragmentarismo" desarrollada por Milá, ya que éste no expone ideas claras acerca de la tradición épica oral y la escrita, ni admite una continuada tradicionalidad de los cantares de gesta que corra paralela a la de las crónicas de Castilla, ni explica cómo los versos del *Cantar* del siglo xii llegaron a los romancistas del xv, cuando éstos no podían oír cantar los viejos poemas ni leerlos en manuscritos, ya que de tales poemas no existe el menor recuerdo, "y de sus manuscritos hoy, después de codiciosas búsquedas, sólo se ha logrado descubrir tres, todos incompletos".[17] Pero tampoco doña Carolina da una explicación satisfactoria a la génesis de los romances: cree en la existencia de breves cantos del pueblo que se inspiran directamente en los sucesos del siglo xi; cree además en la vida tradicional de los romances, pero no la relaciona con la tradicionalidad de los cantares de gesta y de las crónicas de Castilla.

En parte para llenar los vacíos existentes en la teoría defendida por Milá y Fontanals, para rectificar sus puntos dudosos y para replantear la cuestión, Menéndez Pidal publica en 1896 *La leyenda de los Infantes de Lara.* El crítico rechaza en esta obra la tesis romántica, y adopta la del fragmentarismo, precisándola y sustentándola con varios argumentos: en las antiguas crónicas de Castilla se encuentran prosificaciones y largas tiradas de versos de diferentes redacciones sufridas por la gesta de los *Infantes de Lara* hasta el siglo xv; estas prosificaciones descubren

---

[15] Carolina Michaëlis de Vasconcellos, "Romanzenstudien," *ZRPh,* XVI (1892), 40-89.

[16] Milá y Fontanals, *De la poesía...,* p. 295.

[17] Menéndez Pidal, *Romancero Hispánico...,* I, 1953, p. 177.

la existencia de una prolongada tradición juglaresca, la cual no se extingue en el XIII, como decía Milá, sino que llega hasta el XV, cuando la vieja poesía heroica comienza su proceso de desintegración (fragmentación); los antiguos cantares de gesta (*La leyenda de los Infantes de Lara, el Mío Cid, el Rodrigo*) se refunden en época posterior a la supuesta por Milá y Fontanals; y son estas refundiciones, afirma don Ramón, las que dan origen a los romances.[18]

El erudito citado establece una relación directa entre varios romances primitivos sobre *La leyenda de los Infantes de Lara* y los cantares de gesta, no con los más antiguos, sino con los del siglo XIV y del XV. Menéndez Pidal da con su obra un sólido fundamento científico a la teoría del fragmentarismo, y refuta seriamente, por vez primera, la tesis opuesta.

Gracias a Menéndez Pidal se impone desde comienzos del siglo XX la teoría que considera a los romances fragmentos de antiguos cantares de gesta.[19] Sus afirmaciones mueven a Gaston Paris, a doña Carolina y a Salverda de Grave a modificar radicalmente su postura y a aceptar la tesis que antes habían combatido.[20]

La teoría romántica, en cambio, se abandona durante esta centuria. Sólo Henry R. Lang (1926), Pio Rajna (1915), Cejador (1920), Fradejas Lebrero (1962) y Aguirre (1968) la repiten, afirmando, aunque sin aportar pruebas convincentes, la existencia de romances o breves poemas épico-líricos anteriores al *Cantar*.[21]

---

[18] Menéndez Pidal, *La leyenda*..., 2.ª ed., 1934.
[19] La aceptan, entre otros, Morel-Fatio, reseña sobre *La leyenda*... de Menéndez Pidal, *Ro*, XXVI (1897), 313; Fitzmaurice-Kelly, *A History*..., p. 24; Heinrich Morf, "Die sieben Infanten...," *DR*, 1900, 393-94; J. Saroïhandy, "Origine française...," *MFB*, 319-21.
[20] Gaston Paris, "*La leyenda*...," *JS*, 1898, 330-34; Carolina Michaëlis de Vasconcellos, "Romances velhos...," *CE*, 1907, tirada aparte, Madrid, 1907-1909, 15-19, 334; Salverda de Grave, "La Chanson de Geste...," *MATh*, Paris, 1927, 389-94.
[21] En 1914 Lang, "Notes...," *RR*, V (1914), 295-349, sostiene que anteriormente al *Cantar* existieron cantos épicos cidianos y que las crónicas de Castilla se inspiraron en ellos. El crítico retoma esta tesis en 1926, añadiendo que, para comprender el *Poema*, hay que admitir una tradición poética preexistente (romances); ver Lang, "Contributions...," 26-27. Pio Rajna, "Osservazioni...," 1-41, defiende la antigüedad de los romances cidianos y pone en duda la tesis del "fragmentarismo". Ver, en contra de

En realidad, la teoría sustentada sabiamente por Menéndez Pidal y aceptada con entusiasmo por Menéndez y Pelayo es la que en adelante prevalece.[22] Desde 1896 hasta nuestros días, don Ramón, con su prodigioso conocimiento de las crónicas de Castilla y de la tradición épica oral, ha llegado a establecer una relación directa entre varios cantares de gesta prosificados en las crónicas y los romances histórico-nacionales que con ellos se relacionan. En varias obras suyas ha quedado establecido el origen épico de muchos romances primitivos.[23] Son éstos en realidad, como observaba Bello en 1843, fragmentos desgajados de antiguos cantares de gesta.[24] Varios de los romances del Cid, según la teoría de

---

los críticos anteriores, Menéndez Pidal, "Poesía popular...," *RFE*, III (1916), 241-51.

Julio Cejador, oponiéndose a la escuela partidaria del fragmentarismo de la épica (Bello, Hinard, Milá y Fontanals, Menéndez y Pelayo, Menéndez Pidal), vuelve en 1920 a las opiniones de tipo romántico, afirmando la existencia de romances cidianos precursores del poema ("El *Cantar de Mio Cid*...," 249-66).

Fradejas Lebrero, en 1962, acepta la existencia de hipotéticas "cantilenas" escritas "al calor de los acontecimientos cidianos", de las cuales el anónimo autor del *Mío Cid* pudo haber derivado (tomado) sus numerosos elementos históricos (*Estudios épicos*..., pp. 59-66). Y Aguirre (quien ha aplicado en 1968 al romancero y a la épica castellanos la teoría de Parry-Lord sobre la composición oral y formulaica de la epopeya) se apoya en las afirmaciones de James Notopoulos referentes a la poesía homérica ("Perhaps shorter hymns, such as survive in the corpus of Homeric Hymns, led to the *gross* hymn in the same way as shorter epics of which we have surviving parallels in the Cyclic epic, led to the *gross* epos of Homer") para defender que "es muy probable que, en los orígenes, estos poemas cortos [romances] fueran los que dieran lugar a la creación del poema extenso y no viceversa" ("Épica oral...," 24-33).

[22] Menéndez y Pelayo complementa y robustece con abundantes argumentos la tesis del fragmentarismo en su *Tratado*..., reimpreso en *Antología*..., XI-XII de la primera edición: "Nuestros romances descienden de las antiguas gestas, ya por línea recta, ya por la línea transversal de las crónicas."

[23] Menéndez Pidal, *La epopeya*..., cap. V; *El romancero español* (New York, 1910); "Poesía popular...," *RFE*, I (1914), 355-377; II (1915), 1-20, 105-136, 229-238; III (1916), 233-289; *El romancero; teorías e investigaciones* (Madrid, 1928); *Flor nueva de romances viejos* (Madrid: Espasa-Calpe, 1938); *Romancero Hispánico*..., I-II (Madrid, 1953); etc.

[24] Foulché-Delbosc, *Essai sur les origines du romancero* (Paris, 1912), se opone al origen épico y fragmentario de los romances, defendiendo que éstos fueron compuestos en el siglo XVI por poetas que, familiarizados con las leyendas heroicas prosificadas en las crónicas de Castilla, los escribieron en forma poética y popular. Esta hipótesis, sin embargo, combatida con argumentos de peso por Menéndez Pidal (*RLi*, II (1914), 3-14) y por

la fragmentación, no son nada más que fragmentos de poemas heroicos que todavía en el xiv, y tal vez en el xv, se cantaban. Don Ramón explica así la génesis de los primeros romances castellanos:

> Los oyentes de una larga recitación épica [como el *Cantar* o sus refundiciones] se encariñaban con algún episodio más feliz, haciéndolo repetir a fuerza de aplausos, y luego que el juglar acababa su largo canto, se dispersaban llevando en su memoria aquellos versos repetidos, que luego ellos propagaban por todas partes. Pues bien, esos breves fragmentos, desgajados de un antiguo cantar de gesta y hechos así famosos y populares, son, ni más ni menos, los romances más viejos que existieron.[25]

Ésta es la teoría del siglo xx, la que numerosos críticos mantienen: Fitzmaurice-Kelly (1908), Menéndez y Pelayo (1911-13), Georges Cirot (1919), Antonio Solalinde (1919), Henríquez Ureña (1920), Arnold Steiger (1926), Aurelio M. Espinosa (1929), Bowra (1952), Erich von Richthofen (1954), Tomás Navarro (1956), Dámaso Alonso (1958), René Louis (1959), Martín de Riquer (1959), Jules Horrent (1959), Delbouille (1965-66), Deyermond (1968), Bandera Gómez (1969)....[26]

Griswold Morley ("Spanish Ballad Problems," *UCPMP*, XIII (1925), 217, n. 17), se abandona en seguida.

[25] Menéndez Pidal, *El romancero español*, pp. 10-11. Así se explica el origen de muchos romances que, conservados en la tradición oral, sufrieron modificaciones y variantes hasta el siglo xvi cuando la imprenta los salvó del olvido. Una vez establecido el género, se escriben muchos otros romances y de diversos tipos en los siglos xv y xvi que no proceden directamente de los cantares de gesta. Sin embargo, todos los que se consideran populares o tradicionales, no importa cual sea su origen, han pasado por un período breve o largo de elaboración colectiva en la tradición oral. Por eso se dice que son anónimos. Esto constituye la base de la concepción tradicionalista de Menéndez Pidal y de su escuela.

[26] Fitzmaurice-Kelly, *Chapters*..., cap. IV; Menéndez y Pelayo, *Historia*..., I, 154-55; Cirot, "Le mouvement quaternaire...," 104-13, 142; Solalinde, *Cien romances*...; Henríquez Ureña, *La versificación irregular*..., p. 15, n. 2; Steiger, "Vom Ursprung...," 271; Espinosa, "El romancero," 16-21; Bowra, *Heroic Poetry*, pp. 39, 551-53; von Richthofen, *Estudios*..., p. 15; Tomás Navarro, *Métrica*..., pp. 43-55; Dámaso Alonso, *De los siglos oscuros*..., pp. 46-47; Louis, "Ramón Menéndez Pidal...," 35-89; "L'épopée vivante...," 121-36; Horrent, "L'œuvre monumentale...," 5-34; Le Gentil, "Les chansons de geste...," *MMB*, 490-97, y, del mismo,

No han faltado, con todo, críticos que se han opuesto a la teoría de Menéndez Pidal y de su escuela. Algunos de ellos, como Gerardo Geers, en 1919, no consideró resuelto el problema, y partiendo de las dudas de Pio Rajna y de la posición escéptica de Morley trató de conciliar las dos teorías incompatibles (la romántica y la del fragmentarismo), proponiendo una tercera posibilidad: la contemporaneidad de los cantares de gesta y de los romances castellanos. En cuanto al *Mío Cid,* dice Geers: "Además, ¿por qué hemos de negar que los juglares se habían servido de romances más breves, que ya eran tradicionales en su tiempo cuando vemos que el autor del *Mío Cid* utilizó para el episodio de la Afrenta de Corpes una tradición local de San Esteban de Gormaz, según el Sr. Menéndez Pidal, de un cuento o romance novelesco y cosmopolita, según mi opinión?" [27]

"À propos de l'origine...," 114-15; Colin Smith y John Morris, "On Physical Phrases...," 181; Deyermond, *Epic Poetry*...; Bandera Gómez, El *"Poema de Mío Cid"*...; Delbouille, "Le chant heroïque serbo-croate...," 83-98; y muchos otros.

[27] Geers, "El problema...," 193-99; para la cita véase p. 199. También Ruth House Webber, en 1951, toma una posición conciliadora a la vez que opone reparos a la teoría de la fragmentación de las gestas. Apoyándose en Juan Menéndez Pidal y en Lang, Webber cree posible la existencia de una tradición poética [romances] anterior al *Mío Cid.* También cree que el estilo formulaico ("Formulistic Diction...," 175-278) de los romances populares es el resultado de la transmisión (y creación) oral y que sus formas tradicionales de dicción poética son las mismas que encontramos en los cantares de gesta (el *Poema,* el *Rodrigo*); y esto, dice la autora, sugiere que ambos géneros, la épica y el romancero, aunque se manifiestan en diferentes períodos y bajo distintas condiciones, son productos de la misma vieja tradición poética oral: "The explanation just proposed to the effect that epic and ballads are the products of the same poetic tradition would reconcile the chief points of this controversy" ("Formulistic Diction...," 245-47). Después de Ruth House Webber, varios autores han acudido a la metodología de Milman Parry y de Albert Lord (para éste lo más importante "is not the oral performance, but rather the composition during oral performance") (The Singer..., p. 5) con el fin de encontrar una tradición de composición oral, no sólo en el *Romancero,* sino también en la epopeya de Castilla. En efecto, durante los últimos diez años del xx se han escrito varios trabajos sobre la composición oral y formulística de la épica y del romancero castellanos: Ramón Menéndez Pidal, "Sobre las variantes...," 97-104, y "Los cantores épicos yugoeslavos...," 195-225; Bruce Beatie, "Oral Traditional Composition...," 92-113; Aguirre, "Épica oral...," 13-43; De Chasca, *El arte juglaresco*... (1967); "Composición escrita y oral...," 77-94, y *Registro de fórmulas*... (1968); Deyermond, *Epic Poetry*... (1968), y *A Literary History*..., I, 1971, 40-56; Ochrymowicz, "Aspects of Oral Style..." (1968); etc. Algunos de esos estudiosos

Karl Vossler, en 1924, y Leo Spitzer entre 1945 y 1955, rechazan por completo la teoría del fragmentarismo. El primero se opone a Menéndez Pidal, sosteniendo que no es necesario ver una "relación literaria entre los antiguos cantares de gesta del estilo del poema del *Cid* (1140) y los romances de los siglos XV y XVI". Vossler aduce varias argumentaciones en contra de la fragmentación de la épica en romances: esta tesis es insostenible, pues "no sé si es necesario tener que aceptar el hecho de que una serie de cantares de gesta, de los que sólo poseemos uno, se hayan fragmentado para poder tener así un nuevo género literario: los romances"; es muy raro que "de una desintegración

---

(De Chasca, Aguirre, Webber, Ochrymowycz, Beatie) creen en la creación (composición) oral del *Mío Cid* y del *Romancero*.

Otros autores, en cambio, creen que la teoría perrilordiana de la composición oral durante el proceso de la recitación no es aplicable a los cantares de gesta castellanos, ya que el *Cantar*, por ejemplo, no contiene un número (porcentaje) de fórmulas y de lenguaje formulaico propios de las obras orales; es decir, el *Poema del Cid* no resiste a las tres pruebas de Albert Lord: fórmulas, temática y encabalgamiento. Colin Smith, por ejemplo, afirma que, para valorar y comprender el propósito artístico del *Poema*, hay que olvidarse de lo que Parry y Lord nos han enseñado en relación con la creación (composición) y transmisión oral de la épica ("The Personages of the Poema...," 593). Deyermond había afirmado en 1968 que el *Poema del Cid*, después de ser escrito, fue transmitido oralmente por los juglares durante algún tiempo; y luego un juglar cidiano lo dictó al escriba; lo cual es semejante, pero no igual, a lo que pasa en Yugoslavia cuando un autor cantor intenta dictar versiones de sus cantos a los coleccionistas (*Epic Poetry*..., pp. 54-7, 165-203); y en 1971 Deyermond se opone a la aplicación de la teoría de la composición oral al *Cantar de Mío Cid*, pues este poema no tiene, no utiliza fórmulas épicas "frequent enough to indicate oral composition; the use of motifs in *CMC* supports this conclusion" (*A Literary History*..., I, 1971, p. 49). También Stephen Gilman presenta otros argumentos (la versificación irregular, uso irregular de las fórmulas) en contra de la tesis de la creación oral del *Poema* ("The Poetry of the Poema...," *PQ*, LI (1972), 1-11). Keith Winnon (en una conferencia dada en 1970 con ocasión del congreso de Hispanistas ingleses), negó la existencia de cantares de gesta perdidos que prosificarían luego las crónicas de Castilla (ver la reseña de Gibbon-Monypenny sobre *Epic Poetry*... de Deyermond, en *BHS*, XLVIII (1971), 61). En la misma ocasión, Margaret Chaplin (sobre cuyos estudios recientes se basaba Deyermond para sus afirmaciones) informó a la Asociación de Hispanistas ingleses que sus investigaciones recientes (sobre las teorías de Lord y su aplicación a la epopeya románica medieval) "failed to support the idea that any extant Spanish texts are oral-formulaic in the sense defined by Lord — though she suggested that the formulaic elements which are to be found are survivals from an earlier, now vanished, stage of formulaic poetry" (ver reseña de Gibbon-Monypenny al libro de Deyermond en *BHS*, XLVIII (1971), 61).

puedan surgir nuevas bellezas"; el estilo de los romances constituye algo "nuevo" frente al *Cantar de Mío Cid;* este nuevo estilo es más breve y conciso; más conmovedor, más nervioso y movido; se cuenta en los romances con los efectos de la ilusión; lo incoherente y discontinuo "no procede de que sean fracciones de unidades épicas, sino de un decidido propósito de ser así y de producir el efecto de tales"; el encanto de los mejores romances reside en la ilusión de lo inmediato; todo esto, concluye Vossler, caracteriza al nuevo estilo de los romances, los cuales "constituyen un momento determinado y real, en que lo pasado, lo nacional y épico se convierten en algo presente, personal y lírico".[28]

Spitzer, por su parte, cree con Vossler en el "nuevo estilo" del *Romancero* castellano. Siguiendo al crítico alemán, por un lado, y apoyándose en Américo Castro, por otro, Spitzer intenta formular una teoría contrapuesta a la de Menéndez Pidal, y la defiende con abundantes argumentos: el romancero no es un género derivado del épico; los cantares de gesta no se desintegran por sí mismos; "lo que ocurre es que se desplaza el polo de la sensibilidad poética y humana" (Castro); hay grandes diferencias entre el poema épico y el romance; en los romances se ve surgir un nuevo estilo que se presenta con un nuevo enfoque; la novedad de los romances no reside sólo en el estilo inmediato ilusionista (Vossler), sino también en su nueva concepción del tiempo, en la "combinación del imperfecto y del presente, de lo pictórico y de lo dramático, de la dramática inmediatez y la pictórica mediatez", en la tensión continuada, en el martilleo monótono, en el tiempo.[29] Y contrastando su teoría a la de Menéndez Pidal, Spitzer se expresa así:

> En mi análisis del *Romance de Abenámar* intenté formular una teoría de la génesis de los romances opuesta a la de la fragmentación mecánica de los cantares, que es la de Menéndez Pidal; me parecía ya entonces que una intención artística más positiva debió de haber inspirado el surgir de semejante género; es decir, un nuevo concepto del tiempo, de acuerdo con el cual el destino del ser humano, en contra de los hábitos cronísticos de

---

[28] Karl Vossler, "Carta española...," *Algunos caracteres*..., pp. 9-50.
[29] Spitzer, "El romance de *Abenámar*," *Asomante* (Puerto Rico), I (1945), 7-29; reimpreso en *Sobre antigua poesía*..., pp. 61-84.

los cantares, se apretuja en un momento crucial dramático, y se resuelve en un diálogo, en último término, el diálogo entre el hombre y el destino....[30]

También Griswold Morley, en 1925; Entwistle, en 1939, y Camillo Guerrieri Crocetti, en 1957, creen que la teoría de Menéndez Pidal se apoya en hipótesis más bien que en hechos concretos.[31] Pero hablando de datos concretos y de demostraciones científicas, conviene recordar, por último, lo que Dámaso Alonso escribe sobre la cuestión:

> Llegados los cantares a este estado [de decadencia a finales del siglo XIV y en el XV] el pueblo repite los fragmentos más emocionantes y olvida los demás, o algún poeta resume largos pasajes en unos pocos versos. Estamos ya, pues, en la vertiente del romance. Esos fragmentos, esos resúmenes, figuran entre nuestros romances más viejos... Y esto, que magistralmente ha expuesto Menéndez Pidal, no lo podemos ya (creo yo) llamar "teoría"; son hechos que están ante nuestros ojos.[32]

Es la teoría de Menéndez Pidal la que goza hoy de una mayor vigencia, a pesar de las dudas de Morley, Entwistle y Guerrieri Crocetti, a pesar de la posición conciliadora de Gerardo Geers y de Ruth House Webber, a pesar del nuevo estilo ilusionista que defendió Karl Vossler, y del "nuevo concepto del tiempo" que sostuvo Spitzer; y no obstante la nueva metodología que han propuesto al estudio de los romances Ruth House Webber y los seguidores de Parry y Lord.

La existencia de los cantares de gesta fue, pues, desconocida hasta mediados del siglo XIX; no pudieron, por eso, preguntarse

---

[30] "Romance del Conde Arnaldo," *Sobre antigua poesía* ..., p. 100, n. 9.
[31] S. G. Morley, "Spanish Ballad Problems," 215-16, 227; William James Entwistle, *European Balladry*, pp. 63-9, 92-6, 168-73; Camillo Guerrieri Crocetti, *Il Cid* ..., pp. LXIII-XCIV.
[32] Dámaso Alonso, *De los siglos oscuros* ..., pp. 48-9. Sobre las limitaciones de enfoque y método tradicionalistas e historicistas aplicados por Menéndez Pidal al estudio del *Romancero* tradicional castellano, ver: Paul Bénichou, *Creación poética en el "Romancero" tradicional* (Madrid: Gredos, 1968); Di Stefano, *Sincronia e diacronia nel Romanzero* (Pisa, 1967); y Diego Catalán, "Memoria e invención en el *Romancero* de tradición oral (I)," *RPh*, XXIV (1970), 1-25; (II), XXIV (1971), 441-63.

los autores del XVIII sobre la relación entre poesía épica y *Romancero*. Sólo Sarmiento, hacia 1750, adoptó una postura que puede ser precursora hasta cierto punto de las opiniones románticas.

El siglo XIX comenzó con varios hechos importantes: planteó problemas relativos a la épica y al romancero (origen, formación, cronología...), aplicó la tesis de Wolf a la literatura de Castilla, y se manifestó con el romanticismo un profundo interés por la poesía popular y anónima. Determinadas por todo ello aparecen entre 1800 y 1850 dos teorías principales: la romántica representada, entre otros, por Agustín Durán, Eugenio de Tapia, Huber, Fernando Wolf, y la antirromántica o de la fragmentación de las gestas representada por Andrés Bello, Damas Hinard, las cuales, oponiéndose siempre, se desarrollan y mantienen a lo largo de la centuria, siendo la primera la que predomina hasta 1880.

Este período se caracteriza por el diferente método crítico empleado en cada una de las dos etapas de la centuria. Durante la primera etapa (1800-1850) la mayoría de los críticos, apoyándose en motivos puramente líricos, sostienen que los romances existentes (compuestos en los siglos XV y XVI) derivan de otros antiquísimos que dieron lugar (origen) al *Mío Cid* y a otros cantares de gesta. El *Poema*, según ellos, no es más que la combinación de una serie de romances preexistentes. Esta tesis es el resultado inevitable de haber intentado los románticos explicar la épica de Castilla a la luz de las teorías contemporáneas sobre la formación rapsódica de los poemas homéricos; y se basa, por lo tanto, en hipótesis literarias, sin fundamento científico.

La segunda etapa (1850-1900) se distingue por su rigor metodológico. La crítica se convierte, en la época del realismo y del naturalismo, en objetiva y científica; y reaccionando contra la tesis y los críticos románticos, desarrolla la segunda teoría (la iniciada en 1843 por Andrés Bello: el *Cantar* y los demás poemas narrativos se compusieron primero; los romances, escritos en época posterior, derivan de antiguos cantares de gesta perdidos, siendo los más primitivos meros fragmentos épicos). Esta teoría llega a prevalecer en las últimas décadas del XIX cuando Milá y Fontanals, Menéndez y Pelayo y Menéndez Pidal la defienden con gran entusiasmo y con abundantes argumentos.

En el siglo XX aumenta el rigor científico iniciado por la generación precedente; continúa, además, la lucha entre las dos teorías;

y surgen, por último, nuevas tesis que complican la situación considerablemente. Desde principios de la centuria hasta época reciente, Menéndez Pidal, máximo defensor de la teoría de la fragmentación de las gestas en romances, lleva a cabo una serie de investigaciones, las cuales representan el mentís definitivo a la tesis romántica representada ahora por Lang, Rajna, Cejador y Frauca, Fradejas Lebrero. Don Ramón, apoyándose en su conocimiento de las crónicas y de la tradición oral, establece la fundamental teoría de Bello; teoría que ya en 1896 había adoptado. La consistencia y vigor de sus teorías y demostraciones sobre los orígenes y la formación de la épica y del *Romancero* de Castilla, razonadas y sustentadas con medios científicos y datos incuestionables, llevan a derroteros seguros. Gaston Paris, Carolina Michaëlis de Vasconcellos y Salverda de Grave, que antes habían sido partidarios de la tesis romántica, aceptan la posición de Menéndez Pidal; posición apoyada, además, por la mayor parte de los eruditos posteriores.

A pesar de que aparecen opiniones y tesis contrarias (la tesis de Gerardo Geers, la de Karl Vossler, la de Spitzer), y no obstante el hecho de que algunos críticos (Ruth House Webber, Di Stefano, Bénichou, Diego Catalán...) han reaccionado contra el enfoque y los métodos tradicionalistas aplicados por don Ramón al estudio de la poesía heroica y del *Romancero* de Castilla, puede decirse que triunfaron Menéndez Pidal y su escuela.

Capítulo VII

EL PROBLEMA DE LA VERSIFICACIÓN

No hay cuestión más discutida que la del metro del *Cantar*. No obstante las dificultades que el problema ofrece, una gran multitud de críticos, atraídos quizá por sus peculiares características, se han empeñado en explicarlo.

Conviene señalar, ante todo, que para Antonio Restori (1887) y Menéndez Pidal (1908) la "importancia del *Poema*, como documento métrico, supera a su importancia como poema nacional, como monumento histórico y como obra de arte".[1] La afirmación, por exagerada que nos parezca, se justifica si tenemos en cuenta que para el estudio de la epopeya castellana en general hay otros textos anteriores y posteriores al *Poema*, mientras que para el estudio de la forma épica (versificación), el *Cantar* constituye por sí solo la época más antigua que se conoce de la poesía heroica de Castilla. Por otra parte, sería absurdo comprender y apreciar el arte del juglar cidiano sin conocer primero la forma con la cual él se expresa.

El *Cantar,* tal como se conserva en su único manuscrito, presenta unas características de versificación tan complicadas que ha sido muy difícil a la crítica establecer con seguridad el metro utilizado por el autor. De ahí que se hayan formulado toda clase de teorías para explicar las peculiaridades métricas del poema.

Fray Prudencio de Sandoval escribió en 1601 la *Primera parte de las fundaciones de los monasterios del glorioso padre San Benito,*

---

[1] Restori, "Osservazioni...," *Prop.* XX (1887), I, 106; Menéndez Pidal, *Cantar...*, I, 1908, p. 76.

aludió en ella al *Cantar* y consideró "bárbaros y notables" los pocos versos que de él conocía.[2] Un siglo y medio más tarde Fray Martín Sarmiento, advirtiendo que el metro del *Mío Cid* es distinto del empleado en las obras clericales ("El poema de Alejandro y los poemas de Berceo todos riman de cuatro en cuatro versos"), afirmó que "el *Poema del Cid* no tiene número fijo de versos para rimar".[3] Es Tomás Antonio Sánchez (1779), sin embargo, el primero en estudiar más de cerca la cuestión y el primero en establecer (aunque repite los de Sarmiento) con unos argumentos más concretos y mucho más convincentes que el poema "no guarda número fijo y determinado de sílabas, ni regla de asonantes o consonantes";[4] y, basándose en sus hallazgos, intenta explicar sus peculiaridades métricas, diciendo que el poeta del *Cantar* pretendía tener como modelo el hexámetro y pentámetro latinos. Vargas Ponce (1793) acepta la posición y la mantiene.[5]

Es en el siglo XIX, con todo, cuando, sobre las afirmaciones anteriores (las de Sánchez en particular) empiezan a dibujarse dos tesis diferentes. Por una parte, José Quintana (1808), Simonde de Sismondi (1813), Hallam (1818), Martínez de la Rosa (1828), Leandro Fernández de Moratín (1830) y Eugenio de Tapia (1840), basándose en las afirmaciones de Sarmiento a la vez que en los hallazgos de Sánchez, sostienen que el metro del *Poema del Cid* es bárbaro e irregular y que su asonancia es deforme, pues los versos oscilan entre 10 y 16 o entre 8 y 24 sílabas.[6] Por otra parte, Agustín Durán (1828-32)[7] y Amador de los Ríos (1826-63),[8] si

---

[2] Obra publicada en Madrid, 1601, p. 41.
[3] Ver Chacón y Calvo, "El P. Sarmiento...," *RFE*, XXI (1934), 152.
[4] *Colección de poesías...*, I, 1779, pp. 122-124.
[5] *Declamación contra los abusos introducidos en el castellano, presentada y no premiada en la Academia Española el año 1791* (Madrid, 1793); citado por Menéndez Pidal en su *Cantar...*, I, p. 77, n. 1.
[6] Quintana, *Poesías selectas...*, pp. 2-3; Simonde de Sismondi, *De la littérature...*, ed. 1823, cap. XXIII; Hallam, *View of the State...*, III, p. 554; Martínez de la Rosa, *Arte Poética*, BAE, II, p. 165; Tapia, *Historia de la Civilización...*, I, 1840, pp. 268-69.
[7] *Colección de Romances*, IV (Madrid, 1832), p. XIII; véase también *Romancero general*, BAE, X, p. LII.
[8] *Historia crítica...*, II, 1862, pp. 433-39, 527-28; III, 1863, pp. 211-13. Apoyándose en Nebrija, Amador de los Ríos examina la versificación y rima de los primitivos monumentos escritos en romance castellano y sostiene que "sus metros [del *Cantar*, de *Los Reyes Magos*, de *La Vida de Santa María*

bien admiten que los versos del *Cantar* no tienen un número fijo de sílabas, creen, como decía Sánchez, que el juglar imitaba, aunque infelizmente, metros latinos. Esta teoría reapareció en 1893, en 1898 y en 1909, para después abandonarse.[9]

Frente a los críticos anteriores presenta Andrés Bello, entre 1827 y 1841, una nueva teoría (la tercera).[10] Sostiene Bello que el autor del *Mío Cid* emplea con bastante imperfección y rudeza los metros de las "chansons de geste" francesas, la misma versificación que dos siglos antes habían utilizado los poetas de Francia, pues el sistema asonántico y el artificio rítmico del *Poema* y de los cantares de gesta franceses son los mismos, aunque la obra castellana resulte inferior a las transpirenaicas por no someterse su autor a un ritmo regular y a leyes métricas más determinadas.[11] También Friedrich Diez defiende, en 1846, que el poeta del *Cantar* procuraba imitar el alejandrino francés.[12]

Puibusque (1843), Dozy (1849) y Ticknor (1849) continúan con todo defendiendo la irregularidad del metro del poema.[13] Dozy, por ejemplo, se apoya en sus irregularidades rítmicas para sostener que no está escrito a imitación de las gestas francesas.

Egipcíaca] son derivación palmaria de los hexámetros y pentámetros latinos, así como también de los tetrámetros yámbicos u octonarios" (p. 433). Refiriéndose, más adelante (p. 439), al *Poema del Cid*, dice Amador de los Ríos que éste, "si bien abunda en pies de trece, quince, diez y seis, diez y siete y aún diez y ocho sílabas, reconoce por más constante modelo de su versificación el pentámetro latino"; y con frecuencia "se acomodan sus versos también a la estructura de los hexámetros" (p. 527).

[9] Ver Cipriano Muñoz y Manzano [Conde de la Viñaza], *Biblioteca Histórica de la Filología Castellana* (Madrid, 1893), número 29. Fitzmaurice-Kelly, en 1898, cree que en el *Poema* abundan las irregularidades métricas, que algunas de ellas se deben a la negligencia de los copistas; pero su metro dominante es el alejandrino (7+7 sílabas) "probably adopted in conscious imitation of that Latin chronicle on the conquest of Almería" (*A History...*, p. 47). Federico Hanssen, en 1909, atribuye la irregularidad del metro cidiano al resultado de la contaminación de los metros franceses y de la prosa latina rimada; y cree, incluso, que "si la versificación del *Poema* es tal cual la presenta el manuscrito, no merece otro nombre que el de prosa rimada" (Reseña al *Cantar...* de Menéndez Pidal (I), *RDR*, I (1909), 455-457).

[10] Bello, *Obras...*, VI.
[11] *Ibid.*, VI, 227-32, 247-49.
[12] *Altromanische Sprachdenkmale*, p. 107.
[13] A. De Puibusque, *Histoire comparée...*, I, 1843, p. 30; Dozy, *Recherches...*, I, 1849, 614-16; II, 1881, 19-99; Ticknor, *History...*, I, 1849, p. 17.

En 1851, sin embargo, una nueva tesis (la cuarta) se desarrolla: se considera regular la versificación del *Poema*. En efecto, el Marqués de Pidal, si bien reconoce con la mayor parte de los críticos anteriores que los versos de los juglares épicos "no tenían por la mayor parte medida fija ni número de sílabas determinado", ve en el poema los comienzos del metro octosilábico, del verso popular español de 8+8 sílabas. Los juglares de la poesía narrativa, dice el Marqués, adoptaron el verso fácil y sencillo de ocho sílabas, asonantado, que se llamó luego verso de romance; y aunque este tipo de metro no se encuentra casi nunca escrito antes del siglo XVI, "no se crea, sin embargo, que no se conocía desde muy antiguo: todo induce a creer, por el contrario, que el romance octosílabo fue la primera forma métrica castellana, aunque tal vez se escribía siempre en líneas o versos de diez y seis sílabas, con el asonante o consonante al final. Así encontramos ya este metro en el *Poema del Cid*, en la *Crónica rimada* ...". El Marqués de Pidal termina defendiendo así su teoría: "En el *Poema del Cid*, aunque con las imperfecciones de los primeros ensayos, se descubre muchas veces la versificación que prevaleció más adelante en esta clase de composiciones; y muchos trozos de él están en el verso asonantado de los romances".[14]

Andrés Bello, en su edición del *Poema del Cid* (preparada entre 1827 y 1862), vuelve sobre la cuestión. Somete el metro del *Cantar* a un nuevo y severo análisis; modifica en parte la postura mantenida; y establece que el *Poema* está escrito en tres clases de versos cuyo modelo se halla en Francia.[15] Huber (1853),[16] Fernando Wolf y Conrado Hoffmann (1856),[17] Damas Hinard (1858) y Wolf (1859) insisten en que en el poema se descubre la ruda e imperfecta imitación francesa; a veces, añade Wolf, al lado del verso extranjero se ve la inconsciente penetración del verso octosílabo indígena.[18] Damas Hinard se opone a Sánchez

---

[14] "De la poesía castellana...," Introducción al *Cancionero de Baena* (Madrid, 1851), pp. XXII-XXVII, n. 27.
[15] Prólogo a su edición del *Poema*, en *Obras*..., II, 22. Descubre la misma mezcla de metros en la *Crónica rimada* y los considera todos imitados de la poesía francesa (pp. 23-26).
[16] *Chrónica*..., pp. XXIV-XXV, XXX, XXXVI.
[17] *Primavera*..., I, pp. XVIII-XIX.
[18] *Historia de las literaturas*..., I, 54.

que veía en el verso cidiano una imitación de modelos latinos; se opone también a los que consideran el metro del cantar bárbaro e irregular. Cree que la versificación del poema es de origen francés, y apoya sus afirmaciones en el hecho de que, salvo unos doscientos o trescientos versos que son irregulares por la voluntad del poeta o por negligencia del copista, los demás son todos alejandrinos y dodecasílabos mezclados. Predominan los versos de catorce sílabas, iguales en sus reglas y licencias a los franceses de la misma clase: "ainsi, la versification du *Poëme du Cid*, qu'on a jusqu'ici regardée comme barbare, n'est en réalité, dans ses regles ou dans ses licences, que notre vieille versification française". [19]

La tesis anterior, rechazada por García Gutiérrez (1862), Amador de los Ríos (1863), Canalejas (1869) y Fernández Espino (1871), [20] pierde la mayor parte de su importancia inicial en 1874, cuando Milá y Fontanals descubre la existencia y riqueza de la poesía heroica de Castilla. Milá refuta las tesis anteriores, y apoyándose en poderosas argumentaciones, establece definitivamente la teoría de la irregularidad métrica del *Mío Cid* y de otros cantares de gesta. Afirma que los versos del poema, lo mismo que los del *Rodrigo*, son de desigual número de sílabas, en general largos e intercisos, es decir, divisibles en dos hemistiquios. Aunque es difícil contar las sílabas, pues "ignoramos los casos en que se quiso o no cometer sinalefa o contracción de vocales, debiendo sólo guiarnos, algo arbitrariamente, por el oído", reconoce que en el *Cantar* abundan los hemistiquios de 5, 9 y, en especial, de 7 y 8 sílabas; que hay algunos, como el primero, semejantes al decasílabo épico francés; que se hallan muchos versos a la manera de los alejandrinos franceses; y que son menos los 8+8 sílabas, advirtiendo que los hemistiquios de 8 sílabas abundan más en la segunda parte del verso épico. Nota, además, que en el *Rodrigo* hay muchos más hemistiquios octosilábicos que en el *Cantar*. Opone, por último, las irregularidades del *Poema* castellano (la ametría o el anisosilabismo) a la regularidad (el isosilabismo) que

---

[19] Damas Hinard, *Poëme*..., pp. XXXV-XXXVI, XLVI-XLVII.
[20] García Gutiérrez, *Discursos leídos*..., p. 27; Amador de los Ríos, *Historia crítica*..., III, 211-12, notas; Canalejas, *La poesía épica*..., pp. 153-59; Fernández Espino, *Curso histórico crítico*..., pp. 50-51.

se observa por lo general en las "chansons de geste" francesas, y, frente a Damas Hinard, afirma que los versos del *Mío Cid* son irregulares.[21] Joaquín Costa acepta la teoría de Milá en 1881.[22]

Antonio Restori (1887), sin embargo, se opone a Milá y a los que consideran irregulares y no medidos los versos del poema, lo que implica la teoría del verso rítmico y no métrico, y afirma que en su estado actual sólo puede decirse que están mal medidos.[23] El italiano defiende la libertad y originalidad del poeta cidiano; su metro es alejandrino, pero no imitado de la poesía épica francesa, sino indígena; y los hemistiquios no son uniformes de 7+7 sílabas, sino diversamente combinados: 7+7, 8+7, 7+8, 6+8, 6+7. Al lado del alejandrino que es el metro dominante del *Cantar*, Restori encuentra 302 versos que, en cuanto a su estructura (5+7, 4+7), recuerdan el antiguo decasílabo francés, y 263 versos que parecen anunciar el sistema octonario o del romance: 9+8, 8+9, 8+8. Esta variedad de versos (once clases) se reduce, según Restori, a dos o tres tipos fundamentales (el alejandrino, el decasílabo francés y el octonario), ya que la acción niveladora del canto colmaba o allanaba las irregularidades métricas del *Mío Cid*. También el erudito italiano ve cierta imitación francesa en el empleo del antiguo decasílabo francés (5+7, 4+7), pero lo califica de "imitazione inconsciente":

> Io credo ed è forse l'ipotesi più accettabile, che gli endecasillabi francesi (4+6) e meglio ancora la cadenza che li governava, fossero ben noti e comuni. Da ciò una irriflessa tendenza ad ammettere quel verso e quel canto: l'orecchio assuefatto a quella misura vi si conformava più o meno liberamente sicchè poeti e ascoltatori neppur sospettavano quanto a formare in essi una tale assuefazione avessero contributo i cantori d'oltralpe. Imitazione inconsciente: è la sola formola che parmi possa spiegare, da una parte, le grandi conformità di verso e di serie tra Francia e Spagna, dall'altra tutte le libertà e le irregolarità che i giullari spagnuoli si permettevano.[24]

---

[21] *De la poesía...*, pp. 398, notas, 443-445, 468-469.
[22] Costa, *Poesía popular...*, pp. 27, 78-79.
[23] "Osservazioni...," *Prop*, XX (1887), I, 123-157.
[24] *Ibid.*, 157-158.

La tesis del Marqués de Pidal, después de cuarenta años de olvido, reaparece resucitada por Cornu.[25] Se opone éste a Milá y Fontanals, y sostiene que todo el *Cantar* está escrito en versos de romance (8+8). ¿Cómo es posible, objeta Cornu, que el juglar cidiano, que sabe construir un poema tan hábilmente y que sabe encontrar 4.000 asonantes, no supiese medir las sílabas? El autor del *Mío Cid* era un verdadero poeta, y su obra fue originalmente redactada en un metro regular y uniforme, en verso de romance, siendo el octonario la forma métrica más antigua y más propia del habla castellana. Jules Cornu apoya su tesis en que el poema, además de muchos hemistiquios octosilábicos no reducibles a ninguna otra medida por contener nombres propios, presenta unos trescientos versos regulares de 8+8 sílabas. Concluye que su ideal métrico sería el verso del romance, y que las irregularidades se deben a los copistas. Menéndez Pidal, en 1898,[26] y Federico Hanssen, en 1905,[27] aceptan la posición de Cornu.

Por otra parte, Menéndez y Pelayo (1891, 1903), Baist (1894), Lidforss (1895) y Staaff (1906) escriben en defensa de la teoría de Milá y Fontanals. Menéndez y Pelayo sostiene que en el *Cantar* y en el *Rodrigo* la mayoría de los versos son de 7+7 y 8+8 sílabas; pero hay muchos otros extremadamente irregulares. Muchas de las irregularidades se deben a las pésimas copias, "pero hay otras muchas que nos parecen del todo inexplicables y que están destinadas a cansar eternamente la paciencia de los filólogos"; y no se diga tampoco, afirma el crítico, que los juglares castellanos imitan la versificación de las gestas francesas, pues si ambas epopeyas convienen en el empleo de las series monorrimas y en el uso de la asonancia, "la versificación en los más antiguos poemas franceses es ya correcta y normal, al paso que la del *Mío Cid* y la del *Rodrigo*, con ser tan posteriores, es irregular hasta lo sumo, y con irregularidades

---

[25] "Études sur le *Poème du Cid*", *Études romanes dédiées à Gaston Paris* (Paris, 1891), pp. 419-423, 454-455.
[26] "El *Poema del Cid* y las Crónicas Generales de España," *RH*, V (1898), 439-465. En *La leyenda de los Infantes de Lara*, p. 415, Menéndez Pidal había defendido que el metro del poema era vario e irregular; apoyó la tesis de Cornu en 1898, y en 1908, como veremos más adelante, sostiene y desarrolla la teoría del verso amétrico de Milá y Fontanals.
[27] Hanssen, "De los adverbios...," *AUCh*, CXVI (1905), 113-17.

que no siempre pueden achacarse a lo estragado de las copias, puesto que han podido dar lugar a teorías distintas...". [28] Baist, al examinar en 1894 el metro del *Cantar* y del *Rodrigo*, afirma que para una reconstrucción uniforme del verso del poema, sólo puede pensarse en los de 7+7 sílabas, que parecen ser imitados de Francia, y los de 8+8; concluye, sin embargo, que la versificación del *Mío Cid* no era "a síllavas cuntadas". [29] Lidforss y Staaff se hallan, en cuanto al metro del poema, en perfecta concordancia con Milá y Fontanals cuya teoría exponen respectivamente en 1895 y 1906. [30]

Las afirmaciones de Milá y sus seguidores dieron lugar a la terminación de la amenazadora tesis de la imitación francesa. Sólo Saroïhandy (1904) y Kohler (1955) defendieron que la versificación épica castellana es de origen francés. [31] De ahí que

---

[28] *Antología...*, en *Obras...*, XVII, 133-4; XXII, 73-80.
[29] Baist, "Spanische Literatur," *Gr. r. Ph.* II (1894), parte 2, 389-90.
[30] Lidforss, *Los Cantares...*, pp. 103-4; Staaff, *Étude sur les pronoms...*, p. 40.
[31] J. Saroïhandy, "Origine française...," *MFB* (Paris, 1904), 311-22, defiende que en el *Cantar* se imitó primero al antiguo decasílabo francés de 5+7 sílabas, y luego se introdujo el alejandrino de 7+7, sea espontáneamente, sea por influjo de los poetas franceses que lo utilizaron después del de 5+7, habiendo algunas "chansons de geste" que tienden a mezclar ambos tipos como en el *Mío Cid*. Aplica al poema castellano la regla de la antigua versificación española de "Arte Mayor", llamada "Sílaba perdida", y considera como iguales a los versos de 5+7 los de 6+7, 5+8, 6+8, e iguales a los de 7+7 los de 8+7, 7+8, tipos todos que se encuentran en el cantar. Por otra parte, el crítico reconoce que su tesis sólo explica la presencia en el poema de versos cuyos primeros hemistiquios tienen 5, 6, 7 y 8 sílabas; y cuyos segundos hemistiquios tienen 7 y 8 sílabas; y como hay muchos con un número de sílabas mayor o menor que el indicado, Saroïhandy, para resolver el problema, rechaza todos los versos que no entran en la fórmula establecida por él, achacándolos a la alteración sufrida por el texto del poema conservado.

Kohler, por su parte, afirma que tanto la asonancia como el metro del *Mío Cid* imitan la versificación de las canciones épicas de Francia: "L'assonance est certainement empruntée à l'épopée française"; "l'ametrie de sa versification [de la epopeya española] est une imperfection de la primitive épopée espagnole en regard de la chanson de geste de la même époque" (Kohler, *Le Poème de mon Cid...*, pp. XXII-XXV). Hules Horrent, en 1959, refuta las afirmaciones de Kohler con poderosos argumentos: las dos epopeyas (la francesa y la española) se diferencian, entre otras cosas, en cuanto a la métrica, pues la francesa es isosilábica (dodecasílaba 4+6 ó 6+4; alejandrina; octosilábica) mientras que la castellana es amétrica (anisosilábica); la idea de la imperfección por parte del imitador (el poeta del *Cantar*) podría defenderse si las variaciones métricas fueran mínimas (como, por ejemplo,

después de 1900 las teorías precedentes se reduzcan a dos: la que defiende la irregularidad métrica del *Cantar* y la que considera regular el verso cidiano, la de Milá y la de Cornu. Las dos teorías, oponiéndose siempre, se desarrollan en el xx con nuevos partidarios y con distintos argumentos.

La primera tiene su máximo defensor en Menéndez Pidal.[32] Se aparta don Ramón de la tesis de Cornu que antes había seguido por algunos años; y actualizando la teoría de Milá y Fontanals, sostiene que la versificación del *Cantar* y de los demás poemas épicos conocidos es irregular, amétrica y "ajustada a leyes totalmente desconocidas para nosotros". Combate don Ramón las argumentaciones de sus oponentes ("No hay ninguna prueba" de que el verso cidiano "sea el del romance"; si Cornu reúne muchos hemistiquios octosilábicos seguros por estar llenos con un nombre propio, pueden citarse otros tantos hepta- o hexasílabos; las irregularidades no pueden atribuirse a yerros del copista, pues las crónicas de Castilla conservan restos poéticos que, comparados con los correspondientes en el *Poema*, confirman que el metro cidiano es irregular, y que el poeta habría sin duda utilizado una versificación regular y uniforme si la hubiera conocido).[33] Desarrolla luego con gran cantidad de testimonios y argumentos la teoría del metro irregular y amétrico del *Mío Cid;* y declara que el juglar de éste, lo mismo que los juglares refundidores del siglo xiii, "no fundaban su versificación en el cuento regular de las sílabas en los hemistiquios, sino que seguían un procedimiento amétrico, que sin duda era el popular"; de ahí que la versificación épica castellana, dice don Ramón, poseyera "antes el asonante, y aún la paragoge, que una medida regular".[34] Se apoya el erudito en los antiguos poetas (clericales) del xiii, los cuales confirman la teoría del verso irregular y amétrico del *Cantar*, pues ellos hacen alarde de su nueva maestría "a síllavas cuntadas" y oponen su

---

ocurre en poemas épicos anglo-normandos o franco-italianos que refunden gestas francesas); por otra parte, la misma técnica amétrica reina en una obra de verdadera imitación francesa (el *Roncesvalles*); la épica castellana se acomoda a la irregularidad silábica; y la ametría parece ser congénita (propia) de la poesía narrativa española de los comienzos (Horrent, "Le Poema de Mío Cid...," RLV, XXV (1959), 449-450).

[32] *Cantar...*, I, 1908, 83-103.
[33] *Ibid.*, 83-4.
[34] *Ibid.*, 84-5.

arte ("curso rimado de la cuaderna vía") al "mester" de los juglares épicos.

Buscando demostrar científicamente su teoría, acude al examen del metro del poema, y, basándose en los 987 versos de medida segura, afirma que el *Poema* utiliza diez clases de hemistiquios, combinados en cincuenta y dos clases de versos. Sólo tres clases de hemistiquios (los de 7, 8 y 6 sílabas) aparecen con alguna frecuencia apreciable; y sólo tres tipos de versos (7+7, 6+7, 7+8) figuran en una proporción mayor del 10 por ciento. De todo esto deduce Menéndez Pidal que el *Cantar*, no obstante su desigualdad métrica, tiene (como ya notaron varios críticos anteriores) por núcleo el alejandrino (7+7), pero con una tendencia al verso de romance (8+8); a pesar de esta tendencia, hay, dice Menéndez Pidal, un abismo profundo entre el metro del poema y el del romance.

Por otra parte, hay que explicar por qué en el *Rodrigo* y en el *Cantar de los Infantes de Lara* aparece ya como predominante el octosílabo, el cual viene a ser regular en los romances; y afirma que "quizá siempre fue [el octosílabo] la base de la poesía popular" y que "sólo en una época dada, que es la del *Mío Cid*, por influencia de los metros épicos franceses, de 5+7 y 7+7, vino a imponerse la base heptasilábica, abandonada luego que aflojó esa influencia francesa".[35] Se apoya, por fin, en la comparación del metro del *Poema* con el de los romances (en relación con el canto y la música); y, al intentar descubrir cómo el juglar del *Mío Cid* expondría su obra a los oyentes (¿encajaba los versos irregulares en una melodía y ritmo dados?),[36] se inclina a creer que los juglares épicos, a pesar del nombre de *Cantares,* no cantasen las gestas, sino que las "acompañasen de un simple tonillo de recitado".[37] Sólo el estudio del asonante, concluye Menéndez Pidal, descubre ciertos principios fijos a que se atenía el juglar; y esto prueba

---

[35] Ibid., 101-2.

[36] García Gutiérrez fue el primero en sostener la tesis de que el juglar del *Poema*, a pesar del nombre de "Cantar" que da a su obra en el verso 2276, no la escribió para ser cantada; y apoyándose en los versos 515-19 afirmó que "larguísimos parecen estos versos para cantarse; podrían, sí, recitarlos con cierta declamación cadenciosa, en la cual se marcaran los fines de ellos con cierto dejo músico" ("Orígenes...," *DRAE* (Madrid, 1862), p. 27.

[37] *Cantar*..., I, 102-3.

que, en el desarrollo de la versificación épica castellana, el asonante se regularizó mucho antes que el metro, siendo aquél, desde muy antiguo (desde un comienzo), el elemento artístico esencial de los juglares.[38]

Ésta es la teoría de Menéndez Pidal; y éstos son los argumentos con los que el crítico defiende la tesis de Milá y Fontanals, la hace suya, renovándola y desarrollándola en muchos aspectos; el autor del *Poema* emplea, pues, una versificación irregular, amétrica, que obedece a esta fórmula: principiando la serie con la medida que abunda más (7+7), las otras se siguen, de acuerdo con el orden de frecuencia, alternándose con matemática regularidad: $\frac{15}{14}, \frac{16}{13}, \frac{17}{12}, \frac{18}{11},$

Sin embargo, en 1909 Federico Hanssen y Jeremiah Ford se oponen a Menéndez Pidal. El primero, si bien habla de irregularidades métricas del *Cantar* y acepta la suposición de que las gestas castellanas no se cantaban, sino que se recitaban, cree que "todavía no está perdida definitivamente la causa de los que sostienen que la *Gesta* se compuso en un metro regular"; y se separa de don Ramón cuando busca argumentaciones en favor de la tesis de Cornu: "El *Misterio de los Reyes Magos* cuenta las sílabas, ¿por qué motivo no lo haría el autor de *El Cid*? ... Además, no comprendo por qué motivo rehusarían los juglares [castellanos] imitar la música de las epopeyas francesas."[39] Ford, por su parte, advierte que el *Auto* y el *Cantar* son dos obras de distinto género, pero defiende con Cornu la regularidad del metro cidiano. Apoya sus afirmaciones insistiendo en que el caos métrico que reina

---

[38] Sobre el uso de las asonancias en el *Poema*, su función poética y artística dentro del conjunto de la obra, ver: Restori, "Osservazioni...," *Prop.* XX (1887), I, 103-24; II, 109-64, 408-37; Menéndez Pidal, *Cantar*..., I, 1908, 103-24; "La forma épica...," 52; y *En torno*..., pp. 140-4; E. Staaff, "Quelques Rémarques...," *HMPidal*, II (Madrid, 1925), 417-29; Enrique Macaya Lahmann, "Las asonancias del *Poema del Cid*...," *Hisp*, XVII (1934), 63-74; Eleazar Huerta, *Poética*..., pp. 19-21; Edmund de Chasca, "Rima interna...," *HRM*, I (Madrid, 1966), 133-46, y *El arte juglaresco*..., pp. 217-35; Oliver Myers, "Assonance and Tense...", *PMLA*, LXXXI (1966), 493-8; Stephen Gilman, "The Poetry of the *Poema* and the Music of the *Cantar*," *PQ*, LI (1972), 1-11.

[39] En su reseña al *Cantar*... (I), de Menéndez Pidal, en la *RDR*, I (1909), 453-59. En 1911, sin embargo, Hanssen adopta la teoría de la versificación amétrica, "Notas...," *AUCh*, CXXVIII (1911), 213-47.

en el poema actual se debe a la negligencia de un redactor o copista posterior que se propuso reemplazar el verso octosílabo original por el alejandrino. Se funda, sobre todo, en la vieja argumentación de Cornu: el juglar del *Poema* tiene una gran pericia artística y dotes poéticas que nos impiden pensar que no supiese contar las sílabas. [40] Don Ramón, en su réplica a los anteriores críticos, declara que el autor del *Mío Cid* no tenía necesidad ni razón para imitar a los poetas franceses, pues "una tradición de recitado amétrico se opuso a tal imitación"; y en cuanto al *Auto*, pertenece éste al mester de clerecía, mientras que el *Cantar* es juglaresco, y no está escrito a "síllavas cuntadas". Menéndez Pidal aduce en su apoyo otros textos medievales *(La disputa de Elena y María)* y otras obras que hacen indiscutible, según él, la teoría del verso amétrico (anisosilábico, no cuento de sílabas), no sólo del *Cantar*, sino también de toda la poesía épica castellana. [41] Ortega y Gasset en 1911 acepta la irregularidad métrica del *Poema;* [42] y Puyol Alonso, en el mismo año, adopta la teoría de Milá y Fontanals en su estudio sobre el *Cantar de Sancho II*. [43]

Henry R. Lang, entre 1914 y 1918, defiende, a pesar de todo, la teoría del metro regular y uniforme. [44] Se basa en el argumento de la analogía (un verso amétrico como el que Menéndez Pidal atribuye al *Mío Cid* no ha sido utilizado en ningún otro país, y no puede admitirse para España). Arguye, además, que el verso del romance (8+8) fue siempre popular en España, lo cual indica, según Lang, que el metro original del antiguo poema de hacia 1140 debió ser regular (de dieciséis sílabas) y que sólo en época posterior un refundidor del *Cantar* primitivo (quizá un monje de Cardeña) escribió el poema conservado en el molde de verso alejandrino de 7+7 sílabas, importado de Francia. Insiste, por último, en que el alejandrino es tardío en los cantares de gesta franceses (aperece según él entre 1125 y 1150); y esto, concluye

---

[40] J. D. M. Ford, en su reseña al *Cantar*... (I) de Menéndez Pidal, *MLN*, XXIV (1909), 86; la misma tesis mantiene en *Old Spanish Readings*, pp. 111-13, y en *Main Currents*..., pp. 10-12, 31, 43.
[41] Menéndez Pidal, *Cantar*..., III, 1911, 1174-5.
[42] Ortega y Gasset, "Tierras de Castilla...," *El Espectador*, I, 152-3.
[43] *Cantar de Gesta de don Sancho II de Castilla*, ed. Puyol y Alonso (Madrid, 1911).
[44] Lang, "Notes...," *RR*, V (1914), 1-30, 295-349; VIII (1917), 241-78, 401-33; IX (1918), 48-95.

Lang, indica que el alejandrino no pudo entrar sino en una refundición del antiguo *Poema del Cid*.

El incansable don Ramón se dedica, entre 1914 y 1918, a combatir la tesis de sus oponentes; en 1914 se funda Menéndez Pidal en la *Disputa de Elena y María* para oponer al isosilabismo francés el anisosilabismo de los juglares castellanos;[45] rechaza en 1916 las argumentaciones de Lang ("No se ha podido defender el octosilabismo del poema con ningún argumento positivo, sino con ideas *a priori* y mediante correcciones extremadas... Con las mismas armas y paciencia de Cornu, otro cualquiera podrá reducir el texto del *Cantar* al 7+7, con más facilidad aún, o a otra medida cualquiera. Pero después, no habrá hecho nada si no persigue su tarea con el *Rodrigo*...");[46] aduce en 1917 el más poderoso testimonio a favor de la irregularidad métrica (anisosilabismo) de toda la épica castellana: el fragmento de *Roncesvalles,* el cual también emplea un metro irregular, semejante al del *Mío Cid*. Apoyándose, pues, en el nuevo hallazgo, don Ramón puede afirmar triunfante:

> Desde luego puede decirse en primer término que nos hallamos en presencia de un metro de irregular número de sílabas. ¡Adiós pues las ilusiones de los partidarios de la regularidad métrica del *Mío Cid!* Todos los ingentes esfuerzos que ensayaron algunos eruditos para hacer pasar por la hilera octosilábica los versos del poema del Cid, todo lo que se ha divagado en largos trabajos acerca de la fantástica regularidad, todo estaba reñido con la realidad de las cosas; era absurdo suponer que tres manuscritos de gesta conservados, el del *Mío Cid*, el del *Rodrigo* y el de los *Infantes de Lara,* se equivocaban los tres en presentarnos un metro de desigual número de sílabas; pero siempre podía caber en ánimos tenaces para el prejuicio, la esperanza de un nuevo hallazgo que pudiese venir a confirmar sus enrevesadas hipótesis. El hallazgo viene, y *Roncesvalles,* como era de esperar, confirma el testimonio de los otros tres manuscritos. En adelante me parece que se necesitará muchas ganas de perder

---

[45] "Elena y María," *RFE*, I (1914), 93-6.
[46] Menéndez Pidal, en la reseña al estudio "Notes...," de Lang, en *RFE*, III (1916), 338-44.

el tiempo para volver a defender el metro isosilábico del *Mío Cid* o de cualquiera de las gestas citadas.[47]

Considera, por último, la versificación amétrica de los cantares de gesta castellanos como uno de los caracteres primordiales de la literatura española.[48]

Durante la década siguiente (1920-1930) se resuelve la lucha entre los partidarios de la irregularidad del metro cidiano y los que defienden su regularidad. Pedro Henríquez Ureña (1920), Karl Vossler (1924),[49] Hills (1925-1927), Steiger (1926),[50] escriben en defensa de Menéndez Pidal, dando así nuevo vigor a la teoría. Henríquez Ureña, extendiendo el asunto a otras obras de distintos períodos, demuestra que la versificación irregular (amétrica) que se encuentra en el *Mío Cid* y en el *Roncesvalles* no es insólita ni exclusiva de la epopeya castellana, sino que constituye una manera tradicional practicada permanentemente, al lado de la versificación regular, en todos los períodos de la poesía española medieval. Ésta, declara el crítico, "nunca ofrece absoluta regularidad silábica, absoluta precisión métrica", sino "diversos grados de irregularidad, de fluctuación, que se escalona desde la relativa anarquía del *Cantar de Mío Cid* hasta la uniformidad artificial de Berceo".[51] Según Henríquez Ureña, el verso épico castellano debió de ser amétrico desde su origen y nunca adquirió fijeza silábica. El norteamericano Hills, por su parte, prueba que la irregularidad métrica del *Cantar* no tiene nada de insólito, pues encuentra que también los juglares anglo-normandos, franco-italianos y venecianos practicaban el anisosilabismo.[52]

En 1926, sin embargo, Lang se opone otra vez a Menéndez Pidal y a sus partidarios. Reconoce ahora que el metro octosilá-

---

[47] "*Roncesvalles...*," en *RFE*, IV (1917), 105-204; reproducido en *Tres poetas primitivos* (Buenos Aires: Espasa-Calpe, 1948). Citamos por esta obra (ver p. 53). M. A. Espinosa (*RR*, VIII, 1917, 37-9) y S. G. Morley (*RR*, IX, 1918, 347-50) apoyan decididamente la teoría de Menéndez Pidal.
[48] "Algunos caracteres primordiales...," *BH*, XX (1918), 208-14.
[49] Vossler, *Algunos caracteres...*, pp. 12, 52.
[50] Steiger, "Vom Ursprung...," *Festschrift-Gauchat*, p. 271.
[51] Henríquez Ureña, *La versificación irregular...*, pp. 7-12.
[52] E. C. Hills, "Irregular Epic Metres...," *HMPidal*, I (Madrid, 1925), 759-77; ver además "Notes and Queries...," *Estudios... Adolfo Bonilla y San Martín*, I (Madrid, 1927), 471-83.

bico regular defendido en 1914 no puede hallarse en el *Mío Cid;* modifica, por eso, la posición mantenida, pero sigue insistiendo en que la versificación cidiana es regular.[53] Se funda en la vieja argumentación de que en la antigua poesía española no existe el anisosilabismo. Además, dice Lang, un 68 por ciento de los versos del *Cantar* son de 7+7 y 8+8 sílabas, y esta mezcla del antiguo verso español y del alejandrino francés es testimonio del influjo extranjero sobre el poema castellano. Haciendo, por último, infinitas y extremadas correcciones al texto poético conservado,[54] anda Lang en busca de un octo-heptasilabismo algo regular; y previendo las objeciones que se le podían hacer a esta "regularidad muy irregular" del metro del *Poema,* afirma, para defenderse, que también los poetas del XIII (Berceo, por ejemplo) emplearon versos de 14, 15 y 16 sílabas.

La tesis de Cornu-Ford-Lang, sin embargo, se abandona durante las décadas posteriores; sólo F. Carmody (1934),[55] y Charles Aubrun (1947-1951), defienden de nuevo la regularidad del metro del *Cantar* y del *Roncesvalles.*[56] En realidad puede decirse que

---

[53] Lang, "Contributions...," *RH*, LXVI (1926), 1-509.

[54] Geers, "Algo sobre versificación...," *Neoph*, XV (1930), 179.

[55] F. J. Carmody, "Franco-Italian Sources of the *Roncesvalles*," *PIFS* (Columbia University, 1934), 17-19, sostiene, frente a Menéndez Pidal, que el verso libre es una creación tardía; que el ritmo regular del verso es esencialmente primitivo; y que las irregularidades métricas son imputables a la negligencia de los copistas. Jules Horrent combatió la tesis de Carmody en 1951, sosteniendo, en favor de la teoría de Menéndez Pidal, que la versificación irregular (amétrica) del *Cantar* y del *Roncesvalles* constituye una peculiaridad característica de la forma épica castellana de los comienzos (*Roncesvalles*..., pp. 66-86).

[56] Charles V. Aubrun, "La métrique du *Mio Cid*...," *BH*, XLIX (1947), 322-72, y "De la mésure...," *BH*, LIII (1951), 351-74, sostiene que la métrica del *Cantar* y del *Roncesvalles* es irregular en cuanto al número de sílabas de sus versos, pero es regular en cuanto al ritmo y acento. Es decir que el juglar del *Poema del Cid* somete la versificación a ciertas reglas fijas. Utiliza el poeta tres tipos de versos: el alejandrino, el endecasílabo y el tetradecasílabo; las irregularidades (unos doscientos versos) del poema las atribuye Aubrun al "lapsus calami". La versificación del *Mío Cid*, en suma, es regular, pues el autor obedece a la regla de la "cadenza". Para reducir los versos cidianos a esos tres tipos, Aubrun hace toda clase de correcciones al texto; añade o suprime palabras; elimina a su gusto la *e-* inacentuada; y atribuye un ritmo yámbico a los tres tipos de versos indicados. Tomás Navarro, *Métrica*..., pp. 32-3, refuta la tesis de Aubrun, defendiendo la teoría de Menéndez Pidal.

la teoría de Milá-Menéndez Pidal es la del siglo XX, la que innumerables críticos defienden: Hills (1927), Hämel (1928), William Ellery Leonard (1928-1931), Geers (1930), Morley (1933), Lahmann (1934), Blasi (1938), Bell (1938), Frings (1939), Guerrieri Crocetti (1944, 1957), Cirot (1945), Américo Castro (1948-1954), Huerta (1948), Li Gotti (1951-2), Bowra (1952), Dorothy Clotelle Clarke (1952), Ricardo Román Blanco (1954), Jules Horrent (1951-1959), Salvatore Battaglia (1958), Erich von Richthofen (1954-1970), Tomás Navarro (1956), Dámaso Alonso (1958), Martín de Riquer (1959), Le Gentil (1959), Oldřich Bělič (1959), Stephen Gilman (1961-1972), Jorge Guillén (1962), Joan Corominas (1967), Edmund de Chasca (1967)....[57] Todos ellos han aceptado como indiscutible la irregularidad del metro del *Mío Cid*. Conviene subrayar que algunos de ellos (Américo Castro, Jules Horrent, Dámaso Alonso, Stephen Gilman) reafirman con Menéndez Pidal que las irregularidades de la versificación del *Cantar* constituye una peculiaridad hispánica, una característica congénita de la epopeya de Castilla, la cual, como han demostrado las investigaciones de Menéndez Pidal y sus seguidores, ha sido siempre, y en muchos aspectos, rebelde a las reglas; hasta en la épica, en la versificación, en el uso del tiempo y las formas verbales... Castilla ha mostrado

---

[57] Hills, "Notes and Queries...," *Estudios eruditos*..., I, 471-83; Hämel, "Französische...," *NJWJ*, IV (1928), 37-47; Leonard, "La métrica...," *RABM*, XLIX (1928), 342-52; LII (1931), 302-28, 401-21; Geers, "Algo sobre versificación...," 178-83; Morley, "Recent Theories...," 965-80; Lahmann, "Las asonancias del *Poema del Cid*...," 63-74; Blasi, *Epopea*..., p. 16; Bell, *Castilian Literature*, p. 27; Frings, "Europäische...," 1-27; Guerrieri Crocetti, *L'epica*..., pp. 11-12, 332, y, del mismo, *Il Cid*..., pp. 232-3; Cirot, "Cantares et Romances," 6-25; Américo Castro, *España*..., pp. 247-8, 259, y *La realidad*..., pp. 270-73; Huerta, *Poética*..., pp. 17-30; Li Gotti, "El *Cantar de Mío Cid*...," 534; Bowra, *Heroic Poetry*, pp. 213-14, 280; Dorothy Clotelle Clarke, "A Chronological Sketch...," 283; Ricardo Román Blanco, "Historia e lenda...," 304-308; Horrent, *Roncesvalles*..., pp. 56-86; "Le *Poema de Mio Cid*...," 448-50; Battaglia, "Poesía e realtà...," en *La coscienza letteraria*..., pp. 151-5; von Richthofen, *Estudios*..., pp. 213-14, 280, y *Nuevos estudios*..., pp. 121-35; Tomás Navarro, *Métrica*..., pp. 31-38; Dámaso Alonso, *De los siglos oscuros*..., pp. 66-67; Martín de Riquer, "L'épopée vivante...," 121-36; Le Gentil, "Discussions...," 1-31; Bělič, "La conception du héros épique...," 4-12; Gilman, *Tiempo y formas*..., pp. 36, 140-41, y "The Poetry of the *Poema*...," 1-11; Guillén, *Lenguaje y poesía*, pp. 16-17; Corominas, *Libro de Buen Amor*..., p. 41; Edmund de Chasca, *El arte juglaresco*..., pp. 165-8; y otros.

siempre un acentuado carácter de originalidad y de rebeldía hispánicas.[58] Los estudios de don Ramón y de otros eruditos, en suma, han contribuido a resolver un problema espinoso que por más de dos centurias venía preocupando a la crítica cidiana.

Señalemos, con todo, que algunos investigadores del metro del *Cantar* han intentado explicar el porqué de sus irregularidades. Ya en el siglo XIX Jules Cornu, Antonio Restori, Fitzmaurice-Kelly... reconocían la irregularidad métrica del poema, pero la atribuían a la infiel memoria del copista (Per Abat), a la infiel tradición-transmisión oral del texto conservado.[59] Menéndez Pidal, desde 1908 hasta nuestros días, ha rechazado estas afirmaciones, advirtiendo, por una parte, que la tradición oral nunca deteriora un texto épico ("Desde antiguo se quiso explicar la irregularidad del *Mío Cid* como efecto de la trasmisión oral, pero ya en 1908 argumentábamos en contra, teniendo por imposible que quien conserva en la memoria 4.000 versos los recuerde uniformemente mal. Debemos añadir que nunca la trasmisión oral deteriora tanto un metro regular...") y que, por otra parte, la ametría es propia, es normal en la poesía castellana más antigua ("La irregularidad métrica es normal en la poesía castellana más antigua; en la épica

---

[58] Ver especialmente Menéndez Pidal, "La forma épica...," *RFE*, XX (1933), 345-52, y "Carácter originario de Castilla," en el volumen *Castilla...*, pp. 11-39. Américo Castro, refiriéndose a la versificación del poema, afirma que sus versos "ni son regulares ni irregulares; llamarlos irregulares supone que hubieran podido seguir una regla, cosa impensable. Si el verso es irregular, es porque el *Cantar*, en lo centáurico de su estructura, no responde a una precisa regla, o mejor dicho, se amolda a la necesidad interior de su existir y nada más..." (*La realidad...*, pp. 270-1). Para el uso peculiar del estilo directo en el *Poema*, ver Dámaso Alonso, "Estilo y creación...," *Ensayos...*, pp. 69-111, y "El anuncio del estilo directo...," *MRL*, I, 1969, 379-93. Jules Horrent, *Roncesvalles...*, pp. 56-86; "El *Cantar de Mío Cid...*," 189-209, y "Le *Poema de Mío Cid...*," 449: "Cette irrégularité paraît bien congénitale à la poésie narrative espagnole des débuts". Gilman, en 1961, sostiene que la versificación del *Poema* es "no regular" más bien que irregular; y que lo que Castro dice sobre la irregularidad del metro del *Cantar* "se aplica igualmente a la irregularidad de los tiempos y nos recuerda de modo brillante y vigoroso la peculiaridad hispánica de nuestro problema" (*Tiempo y formas...*, pp. 36, 140-1). En 1972 ("The Poetry of the *Poema*...," vuelve Gilman a defender la irregularidad del *Poema* conservado.

[59] Ver Jules Cornu, "Études...," en *Études romanes...*, pp. 418-58; y Restori, "Osservazioni...," *Prop*, XX (1887), I, 97-158; II, 109-64, 408-37.

se prolonga hasta el siglo xv, y la épica anglonormanda y la franco-italiana son igualmente irregulares").[60]

Eugène Kohler (1955) y Angelo Monteverdi (1964), si bien admiten la irregularidad del verso cidiano, sostienen que se debe esa irregularidad a la imperfecta imitación de la épica francesa por parte del autor del *Mío Cid*.[61] La mayoría de los críticos del siglo xx refutan esta opinión, confirmando la teoría de Menéndez Pidal.[62]

La publicación de los trabajos de Parry y Lord y la aplicación de sus teorías de la composición oral (expuestas en relación con el arte de los cantores épicos serbo-croatas, yugoslavos...) han influido grandemente en la postura de algunos estudiosos del metro del *Poema del Cid*. En efecto, Harvey, en 1963, rechaza los esquemas rítmicos propuestos por Charles Aubrun y por Tomás Navarro; rechaza también la teoría del verso amétrico de Menéndez Pidal; y, apoyándose en el libro de Albert Lord (*The Singer of Tales*, Cambridge, 1960) y en sus afirmaciones ("From the recited texts from Novi Pazar... we can obtain some idea of the singer's difficulties in making normal verses when he is deprived of singing... A mixture of prose and verse, parts of verses interspersed with prose sentences and vice versa are the results... It is not to be wondered at that when a singer is asked to dictate, stopping at the end of each verse, he is uncertain where to stop, and hesitates also as to the number of syllables in a line... As regards the forming of the verses, songs recited for records and songs dictated but taken down by a scribe who does not seek to obtain good rhythmic line are about the same. They look very like the text of the *Old Spanish Cid*..."),[63] propone una nueva hipótesis sobre las irregularidades métricas del *Cantar:* siendo éste una "versión dictada" de un verdadero texto oral, es muy natural (como sugiere Albert Lord en el pasaje citado) que el juglar (cantor), al dictar el *Poema* al escriba sin acompañamiento musical, cayera en frecuentes errores métricos (irregula-

---

[60] Menéndez Pidal, "Los cantores épicos yugoeslavos...," 217-19.
[61] Kohler, *Poema de Mío Cid*..., pp. XXII-XXIII, y Angelo Monteverdi, "Regolarità e irregolarità..., *MMD*, II, 1964, 531-44.
[62] Ver especialmente Jues Horrent, "Le *Poema de Mío Cid*...," 449-50.
[63] Lord, *The Singer*..., p. 127.

ridades). Harvey apunta simplemente que la irregularidad del *Poema* no se debe a la negligencia o a los yerros de los copistas o escribas, sino más bien al mismo hecho de ser la obra dictada, lo cual puede muy bien explicar, según Harvey, algunas de sus irregularidades, al menos.[64] Esta teoría, aunque refutada por Robert Hall (1965) y por Menéndez Pidal (1965),[65] encuentra formidables continuadores en Alan David Deyermond (1965),[66] y en J. M. Aguirre (1968).[67] Este último afirma que, si se acepta para la épica castellana la teoría de la composición oral, y todo lo que ésta lleva consigo, "las diversas elucubraciones para explicarla [la irregularidad métrica del *Poema*] resultan innecesarias, si se tiene en cuenta la sugerencia de Lord de que el mismo [el *Cantar*] presenta todas las características de un texto dictado", y cree incluso que el hecho de dictar el poeta del *Cantar* su historia "no sólo modifica el metro de muchos de los versos del poema, sino también la composición formulaica del mismo".[68] Deyermond y Aguirre están de acuerdo (en lo general) con la teoría de Harvey. Sin embargo, Deyermond, en escritos posteriores,[69] empieza a ver dificultades y distingue, señala, dos tipos de errores métricos. Defiende, además, que el *Cantar* se compuso por escrito y por un solo autor; y que después de ser escrito fue transmitido oralmente por los juglares (mediante lo que Deyermond llama "proceso de difusión oral").[70] El *Poema*, por último,

---

[64] Harvey, "The Metrical Irregularity...," 137-43.
[65] Robert Hall, "Old Spanish Stress-Timed Verse...," 227-34; y Menéndez Pidal, "Los cantores épicos yugoeslavos...," 217-19.
[66] Deyermond, "The Singer of Tales...," 1-8.
[67] Aguirre, "Épica oral...," 28-9.
[68] *Ibid.*, 29.
[69] Deyermond, *Epic Poetry*... (1968), pp. 56-60, 81, 166-70; 171, 199, 203. Ver, también del mismo, *A Literary History*..., I, 45-56, y "Folk-Motifs...," *PQ*, LI (1972), 36-53.
[70] *A Literary History*..., I, 48-9. En la página 49 escribe Deyermond: "the use of fórmulas in the extant Spanish epics is, though too frequent to be the product of mere chance, not frequent enough to indicate oral composition; the use of motifs in *CMC* supports this conclusion". El erudito cree que la irregularidad métrica del *Cantar* y el uso irregular de las fórmulas épicas utilizadas en la obra son testimonio de su difusión-transmisión oral, seguida por el dictado. Termina señalando las diferencias que existen entre los cantores épicos yugoslavos (éstos se dan más a la improvisación) y los juglares épicos castellanos (éstos dependen más de la memoria que de la improvisación).

no tiene un número (porcentaje) de fórmulas, motivos (temas) y encabalgamiento suficiente para ser una obra de creación oral y cumplir con las tres pruebas lordianas.

Últimamente, Stephen Gilman (1972) ha afirmado que, en cuanto al *Mío Cid*, la versificación del *Cantar*, a pesar de que "it seems more and more probable that the Per Abbat manuscript is a scribal copy of an earlier transcription of an oral recitation", es irregular, "an anomaly decisive enough, as we shall see, to render dubious their submission [de los tres cantares del *Poema*] to the doctrines of Parry and Lord".[71] Homero y los cantores épicos yugoslavos, dice Gilman, utilizan un gran porcentaje de fórmulas (epítetos épicos, motivos, descripciones, etc.) y una rígida versificación regular es igualmente importante en la creación oral de una obra; la versificación cidiana, sin embargo, es irregular; y el lenguaje formulaico del poema no resiste a las tres pruebas lordianas. Sugiere entonces Gilman la posibilidad de que el poema castellano pertenezca a un diferente tipo de obras orales:

> Let us suppose for a moment that there was, indeed, a lost song of the Cid, or a thousand and one lost songs, all regular in their versification, one of which was irreparably mutilated by an amateur transcriber. Would no remnants of that regularity be retained, if not in formulaic "phrases," at least in those fixed formulae (epithets, etc.) which are repeated over and over again? There, if any place, we should find in a state of fossilized preservation remnants of the regularity of the original chant.
> Nevertheless, upon close examination, it becomes clear that such formulae are as irregular as the rest of the test... Insofar as the *Poema del Cid* is indeed composed of formulae, it is nonetheless conspicuously irregular... However, the kind of oral composition which produced the *Poema* could not have been (if my syllabic analysis of its formulae signifies what I think it signifies) identical to that described by Parry and Lord. The possibility, insinuated earlier, that there may be different varieties of narrative singing is indeed strongly implied by the work on the "romancero" of Bruce Beatie, one of Lord's disciples...

---

[71] Gilman, "The Poetry of the *Poema*...," 3-4.

He suggests [Lord] (in line with what we have just indicated) that prior to the Homeric tales there must have been "cult songs" in which repeated epithets and formulae were employed "not for the sake of meter nor for the sake of convenience in building a line, but rather for the sake of redoubled prayer in its hope of surer fulfillment. The metrical convenience, or better the metrical necessity, is probably a late phenomenon, indispensable for the growth of epic from what must have been comparatively simple narrative incantations to more complex tales intended more and more for entertainment".... Castile's cult, on the other hand, was that of its own history as a creation of its mortal, manly, and "measured" "varones". And for this worship it found its own unique poetry and music. [72]

En 1952 Frank Pierce defiende, frente a Menéndez Pidal, que la contribución hispánica al desarrollo de la épica románica tomó forma de ruptura con el pasado y que Menéndez Pidal "would probably have been much nearer the truth had he acclaimed Spanish epic verse as showing innovation and progress instead of traditionalism, and this way reversed the roles of France and Spain". [73] Erich von Richthofen, en 1970, se basa en los últimos trabajos referentes a la fecha y autoría del *Poema;* se apoya también en sus propios hallazgos; y, en cuanto a la versificación del *Cantar,* escribe lo siguiente:

> Ahora bien, las diversas analogías histórico-legendarias permiten establecer afinidades entre el *Rolando* y el *Cid,* de igual manera como algunos tópicos estilísticos idénticos y la versificación semejante podrían explicarse por una influencia del poema castellano sobre la canción francesa.
> Queda así por considerar la posibilidad de un desarrollo de la prosa castellana del tipo de "diario de guerra" — en versificación todavía flexible y estrofas irregulares en el *Cid,* que reaparecería en el fragmento *Roncesvalles* conduciendo a la forma de los *Infantes de Lara*... Esta epopeya es una obra de transición entre el género primitivo y el romancero, equilibrando el verso al modo peculiar de este último. Según esta hipótesis, el *Rolando* adopta y

---
[72] *Ibid.,* 4-11.
[73] Pierce, "History and Poetry...," *HR,* XX (1952), 311-12.

regulariza el verso cidiano, abreviándolo y adaptándolo al decasílabo (conocido a través de la poesía latina). La dificultad de imaginar que el autor del *Cid* ("primitivo") se hubiese inspirado en la forma métrica del *Rolando* sin querer reconocer por entero su principio o sin lograr imitarlo hallaría así su solución. Parece más fácil ver en los versos del *Cid* el comienzo y en los de *Rolando* el resultado de una evolución progresiva. *El Cid* todavía no estaba escrito "a sílabas cuntadas" tal como el *Poema de Alexandre* o el *Fernán González*. El verso irregular de la tirada cidiana ¿fue regularizado en la "laisse" rolandia- na mediante una recaída en el metro decasilábico (quizá según el *Alexis* si ya existió)? En cambio, en España el verso de la tirada será regularizado por el *Romancero*.[74]

Conviene recordar, por último, que, a pesar de la indiscutible irregularidad del metro del poema y a pesar de las teorías que la explicaban, varios críticos se han empeñado en descubrir el principio rítmico (acentual) que rige el verso irregular del poema. Sobre este aspecto del *Cantar* los eruditos se hallan muy discordes. Para Delius, como indicamos, el autor del *Mío Cid* sometía el metro a un ritmo acentual ternario (tres acentos para cada uno de los dos hemistiquios del verso) semejante, según él, al del antiguo verso acentual germánico;[75] Restori en 1887 creyó que la "cadenza" era lo que regulaba y allanaba las irregularidades métricas del poema;[76] Gamillscheg desarrolló en 1921 la tesis de Delius;[77] Grossmann en 1926 y K. Sneyders de Vogel en 1928, no pudiendo encontrar las reglas métricas a las que obedecería el autor del *Cantar*, indicaron que quizá habría que buscarlas en el viejo sistema de la poesía acentual germánica;[78] Geers en 1930 sostuvo la tesis de que el metro cidiano es irregular, pero obedece a un principio rítmico binario (dos acentos para cada hemistiquio), y cree, incluso, en su origen germánico-gótico;[79] Leonard defendió, entre 1928 y 1931, que la métrica del *Cantar* es acentual; que es irregular en cuanto al desigual número de

---

[74] *Nuevos estudios...*, pp. 132-4.
[75] En su reseña al libro *Das Gedicht vom Cid*, ASNSL, VIII (1851), 434.
[76] "Osservazioni...," *Prop*, XX (1887), I, 157-8.
[77] "Zur Kritik des Cantar...," ZRPh, XLVI (1921), 57-61.
[78] R. Grossmann, "Zum metrischen Problem...," *Ibérica*, V (1926), 8-15; Sneyders de Vogel *Neoph*, XIII (1928), 57.
[79] Geers, "Algo sobre versificación...," *Neoph*, XV (1930), 178-83.

sílabas de sus versos; que obedece, sin embargo, a un ritmo cuaternario (cuatro acentos para cada hemistiquio); y que esta clase de versificación es de origen germánico-gótico;[80] Aubrey Bell, en 1938, creyó que el poeta del *Cantar* utiliza una versificación irregular, pero ésta tiene un "unfailing rhythm" basado en el del hexámetro latino;[81] Aubrun, apoyándose en la afirmación de Restori de que la "cadenza" constituye la regla a la cual obedece el juglar del *Mío Cid,* volvió entre 1947 y 1951, a la tesis de Delius, y atribuyó al poema un ritmo ternario yámbico;[82] Jules Horrent sostuvo en 1951 que el metro irregular (anisosilabismo) del *Cantar* y del *Roncesvalles* es indiscutible, pero las dos obras tienen ese ritmo ternario que Delius había atribuido en 1851 al *Mío Cid.*[83] Aunque no se ha descubierto todavía la fórmula métrica exacta que el poeta quiso emplear en su *Cantar,* "the basis for the measure of each hemistich — afirma Dorothy Clotelle Clarke — seems to have been time duration (that is, length of time to be consumed in the recitation of one hemistich) and the presence of two main beats, the second falling on the accented syllable of the final word of the hemistich, and the first, a movable beat, placed according to the desire of the poet, generally toward the middle of the hemistich. The final beat of the hemistich is primary beat; the preceding, the secondary".[84] También Tomás Navarro (1956) creyó que el poeta cidiano, al recitar su *Cantar,* sometía la versificación irregular a un esquema rítmico determinado: "Una recitación del *Mío Cid,* no influida por la preocupación del recuento de las sílabas sino guiada sencillamente por el equilibrio de los acentos del verso, debe evocar una imagen rítmica semejante a la que produciría en la fecha en que el poema

---

[80] Leonard, "La métrica del *Cid,*" RABM, XLIX (1928), 334-52; LII (1931), 302-28, 401-21. La tesis de Leonard, como indicamos, ha encontrado un formidable continuador en Robert Hall, "Old Spanish Stress-Timed Verse...," *RPh,* XIX (1965), 227-34.

[81] Bell, *Castilian Literature,* p. 27.

[82] Aubrun, "La métrique...," 339-72, y "De la mesure...," 351-74.

[83] Horrent, *Roncesvalles...,* pp. 83-4. Más tarde, en 1959, el erudito belga afirma, frente a Eugène Kohler, que la versificación del *Cantar* es irregular y amétrica; que el anisosilabismo es propio de la antigua forma de la épica castellana; y que "le rythme accentuel donne sans doute à l'épopée espagnole la régularité que lui réfuse la métrique" ("Le *Poema de Mío Cid...,*" 449).

[84] Clarke, "A Chronological Sketch...," *UCPMP,* XXXIV (1952), 283.

fue compuesto. Sus versos se organizan en cláusulas y períodos rítmicos... La desigualdad de número de sílabas entre unos y otros versos no fue obstáculo para la acompasada marcha de la recitación. Períodos de tres, cuatro o cinco sílabas resultaron con duración equivalente bajo la equilibrada regularidad de los tiempos marcados".[85] Y Maldonado de Guevara escribe en 1965 que el autor del *Poema del Cid* no contaba las sílabas, sino los acentos de cada verso, así como hacían los autores primitivos de "Knittelvers" de la literatura germánica anterior a la época de los grandes poemas heroicos medievales.[86]

Andrés Bello (1827), Dozy (1894), Puymaigre (1861), Menéndez y Pelayo (1903), Huerta (1948), Menéndez Pidal (1924-1956), Bowra (1952), Dámaso Alonso (1958)..., sin embargo, han defendido que a la irregularidad y variedad del verso del *Mío Cid* corresponde un ritmo igualmente vario e irregular.[87] Don Ramón cree que el principio rítmico que "rige la irregularidad del metro cidiano es tan vario e irregular que no es fácil de precisar";[88] y puede decirse que su tesis es la que en adelante ha prevalecido, ya que no se ha podido encontrar ni definir el supuesto ritmo acentual y regular del *Poema*.

Podemos afirmar, por lo tanto, que en el siglo XVIII, si no en el XVII (pues no sabemos exactamente si Prudencio de Sandoval aludía a la irregularidad de los versos del *Cantar* al considerar los pocos que conocía "bárbaros y notables"), comienzan a delinearse, gracias a las afirmaciones de Sarmiento y de Sánchez, dos tesis (la primera: tanto el metro como el asonante del poema son irregulares; y la segunda: la versificación cidiana es un remedo de los metros latinos).

Durante las primeras décadas del XIX se formulan las dos teorías preparadas por el XVIII, y se mantienen en adelante, siendo

---

[85] Tomás Navarro, *Métrica*..., pp. 34-5.
[86] "Knittelvers «verso nudoso»," *RFE*, XLVIII (1965), 31-59.
[87] Bello, *Obras*..., VI, 227-8; VIII, p. VIII; Dozy, *Recherches*..., II p. 97; Puymaigre, *Les vieux auteurs*..., I, 180-81; Menéndez y Pelayo, *Antología*..., en *Obras completas*..., XVII, 1944, 133; Huerta, *Poética*..., pp. 17-21; Menéndez Pidal, *Poesía juglaresca y juglares*..., pp. 342-3, y *Cantar*..., III, 1956, 1175-6; Dámaso Alonso, *De los siglos oscuros*..., p. 66.
[88] Menéndez Pidal, *Cantar*..., III, 1956, 1175-6.

la más aceptada la primera. La acentuada uniformidad con que principia la centuria se rompe cuando, entre 1827 y 1851, se complica la situación por la formulación de otras teorías (la iniciada por Andrés Bello: la versificación cidiana es una imitación imperfecta de los metros de las "chansons de geste" francesas, y la adelantada por el Marqués de Pidal: en el *Mío Cid* se vislumbran los comienzos del metro regular u octosilábico del romance). Durante ese período lanza Delius la tesis que relaciona la versificación irregular del *Poema* con el antiguo metro acentual germánico.

En la segunda mitad del siglo XIX los eruditos se dedican a desarrollar y precisar las posiciones adoptadas, dando lugar al conflicto entre nuevas y viejas teorías. Milá y Fontanals y la mayor parte de los críticos de la época combaten la persistente tesis de la imitación francesa, y defienden con convincentes pruebas la postura que se había venido preparando y manteniendo desde fines del XVIII: el *Cantar* está escrito en versos de desigual número de sílabas; esta irregularidad contrasta grandemente con la regularidad métrica característica de las canciones épicas de Francia; hay muchos versos irregulares a causa de los yerros del copista, pero también hay muchos otros que no pueden atribuirse a la negligencia de los copiantes, ya que el *Rodrigo* presenta, en cuanto al metro, irregularidades semejantes a las del *Cantar;* el poeta no escribe versos "a sílabas cuntadas".

A esta teoría se oponen Restori y Cornu, los cuales, generalizando la hipótesis del Marqués de Pidal, defienden, con otros argumentos, que el metro del *Poema* es indígena, regular y uniforme: sólo en el estado actual el verso cidiano puede ser considerado irregular y no medido; el autor tiene dotes de gran poeta, y esto nos impide pensar, según ellos, en que no supiese contar las sílabas; las irregularidades son incontestables, pero se deben a la impericia y a los yerros de los escribas (a la infiel memoria de Per Abat o a la infiel tradición oral del texto).

Las dos teorías principales (la de Milá y Fontanals y la de Restori-Cornu) prevalecen, a finales del XIX, sobre las demás (la tesis latina, la tesis germánica, y la del origen francés); y desde entonces, contraponiéndose siempre, se desarrollan en adelante, con nuevos partidarios y con distintos argumentos.

Por eso podemos decir que el siglo xx se caracteriza por ser el campo de batalla en que se encuentran los defensores del anisosilabismo y los del isosilabismo del *Cantar,* y en el que se va a resolver definitivamente la vieja disputa. Esta centuria se distingue, además, por un marcado rigor metodológico y científico.

Desde su comienzo Menéndez Pidal combate las tesis que suponían para el *Poema* un metro regular y uniforme o que veían en el verso cidiano una imitación de metros extranjeros, y, apoyándose en un riguroso análisis de la métrica del *Cantar,* adopta la teoría que Milá y Fontanals y sus seguidores habían propugnado en el siglo xix, ampliándola y sistematizándola con varios testimonios: en el *Poema* se emplea una versificación irregular amétrica; el poeta habría utilizado un metro uniforme en el caso de haberlo conocido; no sólo los antiguos poetas castellanos, sino también las crónicas de Castilla y otros textos medievales aseguran que el autor del *Mío Cid,* como los demás poetas épicos medievales, obedecían a un procedimiento amétrico.

Gracias a las investigaciones definitivas de Menéndez Pidal, a hallazgos como el fragmento de *Roncesvalles* que coincide en lo esencial con la versificación del *Poema,* y a estudios modernos como los de Henríquez Ureña, Hills, Américo Castro, Jules Horrent y otros, ha sido posible extender y generalizar la irregularidad métrica a todos los antiguos cantares de gesta castellanos. A pesar de haberse enunciado diversas teorías (la II, la III, la IV, etc.) en que se intentaba explicar la métrica del *Cantar* según los paradigmas regulares de la versificación, y a pesar de las recientes teorías que intentan explicar sus irregularidades como efecto de la transmisión y composición oral o como resultado de la imperpecta imitación de la métrica francesa, puede decirse que la tesis más aceptada por la generalidad de los eruditos es la primera, la que considera la versificación del *Poema* completamente libre, sin sujeción a una pauta determinada en el número de sílabas, siendo, por lo tanto, irregular (o no regular) y adaptada a las necesidades del recitado. Don Ramón y la mayoría de los críticos del siglo xx han visto, además, en las irregularidades métricas del *Mío Cid,* una de las tantas muestras de originalidad y peculiaridad hispánicas; y es su teoría la que actualmente prevalece.

En relación con el ritmo que debería regir la irregularidad de los versos cidianos, podemos decir, por último, que persisten todavía las dos tesis opuestas: la que supone para el poema un ritmo acentual (germánico-gótico) definido y regular, y la que atribuye al cantar un ritmo vago, irregular e indefinido. Este punto queda, por lo tanto, sin solución definitiva, pues, como indicaba Menéndez Pidal, es muy difícil, si no imposible, fijar el ritmo de un metro que carece de regularidad silábica.[89]

---

[89] Ortega y Gasset, mediante una espléndida comparación, capta la esencia misma del verso irregular del *Poema* así: "La catedral de Sigüenza es contemporánea aproximadamente del venerable *Cantar de Mio Cid;* mientras la hermana de piedra se alza sillar a sillar, el poema hermano organizaba sus broncos miembros, verso a verso, compuestos en recios ritmos de paso de andar" (*Obras completas*, I, 188).

Capítulo VIII

EL POEMA COMO OBRA DE ARTE

> Las tierras de Sigüenza y Berlanga del Duero son las que cabalgó el Cid. Las tierras donde se suscitó el primer poeta castellano, el autor del poema llamado *Mío Cid*. Tierra de Guadalajara y Soria, meseta superior de Castilla, ¡pobre tierra! Pero esta tierra que hoy podría comprarse por treinta dineros, como el evangélico azeldama, ha producido un poema — el *Myo Cid* — que allá en el fin de los tiempos, cuando venga la liquidación del planeta, no podrá pagarse con todo el oro del mundo... El Cantor anónimo que como un alcotán gritando desde un risco dio en la altura desolada y agresiva de Medinaceli al aire este cantar, supo llevarnos por el camino más corto al íntimo fondo de una realidad eterna."
>
> (José Ortega y Gasset, 1911)

Durante los primeros setenta años de la crítica cidiana no se estudió el *Poema* como obra de arte, sino más bien como monumento histórico.[1] Se desconoció por lo general su valor artístico;

---

[1] Fray Martín Sarmiento, hacia 1750, vio en el *Poema* la "pieza más antigua en castellano" (*Memorias*..., en *Obras*..., I, números 551-2). Tomás Antonio Sánchez (*Colección*..., I, 228-9) afirmó que el mérito de "este poema histórico" consiste en la "sencillez, naturalidad y aire de verdad" que en él se respira; y merece el título de *Poema* épico por la "calidad del verso, los personajes y hazañas de que se trata". Vargas Ponce sentía "el esquisito sabor de antigüedad" al comparar los epítetos cidianos con los homéricos y leía la obra con "gran conmoción" (*Declamación*... (1793); citado por Ramón Menéndez Pidal, *Poema*..., p. 53).

unos lo consideraron "simple crónica rimada";[2] otros se limitaron a poner de realce escenas y bellezas aisladas de la obra, sin apreciar el conjunto de la composición poética.[3]

Es en la época romántica cuando la crítica comienza a acercarse al *Mío Cid* desde un punto de vista estético-literario; pero no es en España,[4] sino fuera de ella donde el *Poema* encuentra sus primeros admiradores y entusiastas. En 1808 Robert Southey veía en el *Cantar* el más hermoso poema escrito en lengua española;[5] y, en 1814, añadía: "The Spaniards have not yet discovered the high value of their metrical history of the *Cid* as a poem. They will never produce anything great in the higher branches of art till they have cast off the false taste which prevents them from perceiving it."[6] Bien puede decirse, según Southey, que de todos los poemas que se han compuesto después de la *Iliada*, el del Cid es el más homérico en su espíritu. Teniendo en cuenta las ideas de Southey, otro escocés, Henry Hallam, en 1818, afirmaba que el *Poema* aventaja a todo lo que se escribió en Europa antes de la aparición de Dante: "... nor should I perhaps have alluded to the literature of the peninsula, were it not for a remarkable poem which shines out among minor lights of those times. This is a metrical life of the Cid Ruy Díaz, written ... with a truly Homeric warmth and vivacity of delineation".[7] Y algo semejante dijo George Ticknor en 1849: "It is, indeed, a work which, as

---

[2] Antonio Capmany, en 1783, calificó el poema de "simple Historia rimada" y escogió como muestra de ésta dos pasajes "de los menos elegantes y bárbaros" (*Teatro histórico*..., I, pp. 1-2). F. Bouterwek, en 1805, apoyó la opinión de Capmany, diciendo que el *Cantar*, por ser nada más que una "Crónica en verso", no debería principiar "la Historia de la Poesía española" (Bouterwek, *Historia*..., traducida del alemán al español por José Gómez de la Cortina y Nicolás Hugalde y Mollinedo, Madrid, 1829, p. 2).

[3] Quintana, *Colección de poesías*..., I, p. XVI; en *BAE*, XIX, pp. 125-7; Simonde de Sismondi, *De la littérature*..., III, 122-3.

[4] Los españoles, todavía sujetos al gusto francés y a las perspectivas neoclásicas, menospreciaron el poema. Mendívil y Silvela afirmaron que "nada tiene de épico y aún casi pudiera disputársele el título de poema" (*Biblioteca selecta*..., I, XXIX). Martínez de la Rosa vio en el *Cantar* nada más que un "embrión informe" (*Arte*..., *BAE*, CXLIX, p. 251); y Fernández de Moratín, lo consideró "todo deforme: el lenguaje, el estilo, la versificación y la asonancia" (*Orígenes*..., *BAE*, II, p. 165).

[5] Southey, *Chronicle*..., p. IX.

[6] "Chalmer's English Poets," *QR*, XII (1814-15), 64.

[7] Hallam, *View of the State*..., III, 554-5.

we read it, stirs us with the spirit of the times it describes; and as we lay it down and recollect the intellectual condition of Europe when it was written, and for a long period before, it seems certain that, during the thousand years which elapsed from the time of the decay of Greek and Roman culture, down to the appearance of the "Divina Commedia", no poetry was produced so original in its tone, or so full of natural feeling, graphic power, and energy." [8]

También la crítica alemana se adelantó a la española en la apreciación artística del *Cantar*. Ya en 1812 Friedrich Schlegel reconoció su valor. Afirmó que "the literature of Spain possesses a high advantage over that of other nations, in its historical heroic romance of the Cid. This is exactly that species of poetry which exerts the nearest and most powerful influence over the natural feelings and character of the people. A single work, such as the *Cid*, is of more real value to a nation than a whole library of books..."; y señaló, incluso, que el elemento cómico-humorístico que abunda en el *Poema* (cita como ejemplo el episodio de las arcas de arena) no desdice con su tono heroico, sino que lo engrandece. [9] Fue otro alemán, F. Wolf, sin embargo, el primero en dedicar al *Mío Cid* un análisis completo y el primero en estudiarlo como un todo poético. Señaló la clara y precisa composición del *Cantar*; advirtió que el tema central (la idea esencial) que empuja al autor hacia su propósito artístico es la honra del Cid; indicó que la acción principal de la obra descansa sobre las bodas de las hijas del Cid y que el desarrollo temático se divide en dos partes, siendo el primer matrimonio (con los Infantes de Carrión) introducción al segundo (con los Infantes de Navarra y Aragón). Todo esto, afirma Wolf, lo lleva a cabo el poeta mediante un plan de exposición claro, sencillo y reducido a unidad poética. [10]

---

[8] Ticknor, *History*..., I, 21.
[9] Schlegel, *History of Literature*..., trad. del alemán al inglés por John Trast (Philadelphia, 1867), pp. 201-2.
[10] Wolf, *Historia de las literaturas*..., I, 41-50. El crítico hace hincapié en la unidad con que el poeta traba las partes del cantar y las hace concurrir a su intención artística, con el fin de refutar la opinión de aquellos críticos que habían desconocido "el alto valor y profundo significado" del poema. Señala también otras particulares bellezas de la obra: el diálogo contribuye a la dramatización; los personajes están dibujados con pocos, pero enérgicos rasgos; y el arte cidiano es un arte exento de reflexión, arte desnudo, "copia de la Naturaleza".

El venezolano Andrés Bello no dejó tampoco de dedicar al *Poema* ponderados elogios. Según él, la propiedad del diálogo, la pintura animada de las costumbres y de los caracteres, la naturalidad de los afectos, el candor de las expresiones, el decoro que en él reina y la energía de algunos personajes dan al *Cantar* un lugar distinguido entre las primeras producciones de las musas modernas.[11] También Ludwig Clarus, refiriéndose al *Mío Cid*, encarecía la unidad poética realizada por un arte consumado.[12]

Después de la publicación del *Roland* (1837), la mayor parte de los críticos utilizan el método comparado para valorar el arte del *Poema*. Damas Hinard, en 1858, cree que el poeta del *Roland* es más culto que el juglar del *Poema de Mío Cid;* conoce aquél la antigüedad clásica; conduce su obra con buen juicio, y con unidad y simplicidad de composición. Pero le falta al poeta francés la gran cualidad poética: el sentimiento de la vida humana y el poder de expresarlo. La geografía de la *Chanson* es fantástica; sus personajes son a menudo imaginarios o monstruosos; y las acciones de éstos son increíbles. Muy al contrario, el poeta del *Mío Cid* emplea sólo la imaginación para hacer aparecer ante nosotros la realidad; no nos presenta un cuadro de la España del siglo XI, sino que nos transporta a ésta y nos hace asistir a los acontecimientos. Vistos así, frente a frente, los dos poetas, Hinard no puede menos de atribuir la victoria al poeta castellano.[13] Cinco años más tarde Eugène Baret afirma que el juglar del *Poema* comparte la exactitud homérica en cuanto al conocimiento de los lugares; pero, sólo atento a los cantos del pueblo, no procura hacer obra de arte. El poeta de la *Chanson*, en cambio, ha leído a Virgilio y procura crear una geografía fantástica y unos personajes imaginarios.[14] El belga L. de Monge, en 1883, toma un punto de vista opuesto al de Damas Hinard, pero llega a un resultado parecido. Para L. de Monge, el autor del cantar francés es un bárbaro dotado de talento, de genio, lleno de ignorancia estupenda, mientras que el poeta del *Cantar* es un espíritu culto, que persigue, por encima de las realidades de su tiempo, un ideal

---

[11] Bello, *Obras...*, VI, 249.
[12] Clarus, *Darstellung...*, I, cap. II.
[13] Damas Hinard, *Poëme...*, pp. XIX-XXVII.
[14] Baret, *Histoire...*, p. 28.

más elevado, y hace concurrir todo, con discreción rara, al fin que se propone.[15]

Entretanto la crítica española reacciona más lentamente. Eugenio de Tapia (1840) dice: "El plan del *Poema* está descargado de algunos pormenores pueriles y fastidiosos. Pero si consideramos que es el primer ensayo de un poema heroico original no podemos menos de tributar el debido elogio al autor que supo trazar una fábula medianamente ordenada, y concluirla con bastante acierto hasta la conquista de Valencia... No puede negarse que en el todo hay situaciones verdaderamente poéticas."[16]

Es Amador de los Ríos (1863) quien inicia en España el camino de la valoración artística del *Cantar*. Lo considera "una joya de la poesía castellana" por la sobriedad del estilo, los sentimientos religiosos y nacionales que encarna, la unidad de acción, y, sobre todo, la pintura de los personajes mediante primitivos pero brillantes colores que dan vida e individualidad artística a cada uno de ellos;[17] y entre 1865 y 1874 Milá y Fontanals señala por primera vez en la historia de la crítica cidiana el verdadero lugar que el *Cantar* ocupa dentro de una rica poesía heroica castellana. Sus apreciaciones estéticas son sobrias, exactas y penetrantes (más penetrantes las de 1865). Milá y Fontanals ve en el *Poema* una "obra maestra", uno de "los más interesantes modelos de la epopeya caballeresca", no sólo por la "unidad y concierto" de la composición, sino también por otras excelencias artísticas que lo caracterizan:

> Las costumbres representadas y la atmósfera que en él se respira, lo primitivo del estilo y prácticas de expresión de todo punto homéricas, como también la *simplicidad de composición, y aquel proceder por grandes masas*, y muy especialmente la originalidad, vida e individualidad de los caracteres, como son el del Cid, caudillo, padre de familia, y vasallo, los de su mujer e hijas, tiernas, calladas y sumisas, los de los compañeros del Cid, de varias fisonomías, pero iguales en valor y en lealtad, los odiosos o poco apreciables de los enemigos del héroe, y el frío pero respetable del rey Alfonso. Obra

---

[15] L. de Monge, "Roland et le Cid," *Mus*, II (1883), 501-21.
[16] Tapia, *Historia*..., I, 1840, 278-9.
[17] Amador de los Ríos, *Historia crítica*..., III, 122-217.

maestra de nuestras narraciones heroicas, suelo fecundo en que principalmente arraigó la poesía histórica castellana, si un monumento único debiera escogerse como trasunto del espíritu nacional, éste [el *Mío Cid*] sería el elegido. [18]

Nueve años más tarde Milá y Fontanals, en su famoso libro *De la poesía heroico-popular castellana* (Barcelona, 1874), dedica al poema un estudio más detenido; se fija en otras características esenciales de su arte (la variedad de tonos dentro de la sencilla e ingenua narración juglaresca); reafirma la unidad de la obra; y, apoyándose en Wolf, concluye que en esta "obra poética" se descubre un "conjunto de partes, es verdad, no muy proporcionadas, que contiene poco más de lo necesario para dar a conocer las ganancias del Cid y la conquista de Valencia, en cuya descripción se entretiene muy poco: antecedentes indispensables para que los infantes codiciasen las riquezas más bien que las hijas del Cid. De suerte que con gran fundamento se ha dicho que el casamiento es lo principal y todo lo demás accesorio. La primera y triste unión se presenta como el nudo de la acción épica, la segunda y gloriosa como un desenlace". [19]

Wolf, Amador de los Ríos y Milá y Fontanals abren, pues, el camino a los críticos de nuestra centuria; críticos y comentaristas que buscan en el *Cantar* el arte que le caracteriza. Los estudios de crítica estética escritos durante los años que van del siglo xx son innumerables, pues, como dice el gran poeta Pedro Salinas, al *Mío Cid* "acudimos todos, a contemplar cada cual lo que más le llamen los ojos. Quien una gran cosa, quien un detalle menudo". [20]

La crítica estética del siglo xx principia en 1903 con Menéndez y Pelayo. Insiste éste en la composición del *Cantar* ("No sólo muestra unidad de estilo y de autor, sino hábil y meditada composición"); y, acudiendo a Wolf y a Milá y Fontanals, pone de relieve las grandes dotes literarias del juglar cidiano: "el instinto de

---

[18] "Oración inaugural...," en *De la poesía*..., pp. XII-XIII. Lo subrayado es nuestro; y subrayamos con el fin de recordar las palabras de Milá y compararlas con las de su discípulo Menéndez y Pelayo (éste va a repetir literalmente algunas de las observaciones del maestro).
[19] *De la poesía*..., pp. 240-42.
[20] Salinas, "El *Cantar de Mio Cid*...," *Ensayos*..., p. 30.

selección estética", la "variedad de tonos dentro de la unidad del estilo épico y de la precisión gráfica que la caracteriza", la "valentía de las descripciones de batallas", el "cuadro incomparable y grandioso de la asamblea judicial de Toledo", y "los toques variados y expresivos con que están caracterizados los amigos y los émulos del Campeador", y la "enérgica simplicidad de composición que procede arquitectónicamente por grandes masas".[21] El anónimo juglar del *Mío Cid,* según don Marcelino, era un "genio puro y delicado a la par que varonil y austero"; su arte poético se caracteriza por el candor y la sencillez de la narración, por la ausencia de todo artificio y combinación arbitraria de la fantasía. Comparado con los *Nibelungos* y la *Chanson de Roland,* el *Poema* castellano no cede la palma épica a ninguno de ellos.

Entre los grandes méritos artísticos del *Cantar,* Menéndez Pidal, profundo conocedor del poema, tanto desde el punto de vista histórico como estético, encarece "la sobriedad profunda" con que el autor concibe las situaciones; la "sencillez magistral" con que las expone; el "plan total de toda la obra"; y la narración [que] se ciñe a ese plan con justeza y sin digresiones". El arte del *Poema,* dice Menéndez Pidal en 1910, es también notable por la concepción "uniforme de su plan y la visible seguridad con que éste se desarrolla dentro de una fundamental exactitud histórica".[22] El *Poema* es obra de una acentuada originalidad, pues el autor transforma los sentimientos característicos de la epopeya castellana (la antipatía hacia el reino leonés, el espíritu de venganza y rebeldía), selecciona las noticias históricas y las tradiciones fronterizas relativas al Cid, y "planea su obra en torno de un pensamiento, con fuerte unidad, alabada en justicia desde que Wolf la puso de manifiesto: "Toda la acción guerrera y política se agrupa claramente en torno del engrandecimiento progresivo del desterrado; y de ese engrandecimiento se desentrañan, y a él contribuyen finalmente con toda lógica, el matrimonio de las hijas, la desgracia y el castigo de los traidores."[23]

Don Ramón utiliza también el método comparado, no sólo para hacer resaltar las peculiaridades esenciales del arte cidiano,

---

[21] Menéndez y Pelayo, *Antología* . . . , en *Obras* . . . , XXII, 37, 271-8.
[22] Menéndez Pidal, *La epopeya castellana* . . . , pp. 73, 89-93, 93-105.
[23] Menéndez Pidal, *Poema* . . . , pp. 73-4.

sino también para establecer cómo el *Poema* se separa de la épica europea y, en menor grado, de otras gestas castellanas. En cuanto al aspecto estructural del *Cantar,* cree que éste tiene una unidad mucho más cabal que la *Chanson de Roland,* pues el juglar castellano, aunque es inferior al poeta francés en los recursos poéticos y estilísticos, en el adorno exterior y el brillo de la ejecución (nunca el autor del *Mío Cid* se preocupa de los adornos, pero muestra un gusto especial por las gradaciones como las con que se desarrolla la escena de las Cortes de Toledo), atiende más a la construcción de su poesía:

> En conclusión, habremos de rechazar la idea de la escasa personalidad de esas obras primitivas del arte... El *Roland,* por su simplicidad esquemática, por su unidad de acción y de tiempo y por su esmero en la presentación, anuncia la clásica tragedia francesa. El *Mío Cid,* por su carácter más histórico, por buscar una superior verdad artística abarcando las complejidades de la vida entera, y por el abandono de la forma, es precursor de las obras maestras de la comedia española.[24]

Por esa misma época compara Ezra Pound el *Mío Cid* con la *Chanson,* y cree que el poema castellano, como obra de arte, supera al cantar francés, no sólo por su rápida narración, su vigor y la humanidad de sus personajes, sino también por el inconmensurable avance en simplicidad que el *Poema* tiene sobre la gesta francesa.[25] También Ortega y Gasset (1911) se dedica a destacar el valor artístico del *Poema,* y afirma que en él se "expresa el alma castellana del siglo XII, un alma elemental, de gigante mozalbete, entre gótica y celtíbera, exenta de reflexión, compuesta de ímpetus sobrios, pícaros y nobles".[26]

De toda la crítica cidiana de nuestro siglo, puede decirse que sólo Julio Cejador (1920) y Nicola Zingarelli (1925) han visto en el *Cantar* una obra sin arte, sin invención poética y sin unidad; un poema de versos "disgraziatissimi".[27]

---

[24] *Ibid.,* pp. 81-2, 75-80.
[25] Pound, *The Spirit*..., pp. 64-5, 77.
[26] Ortega y Gasset, "Tierras de Castilla...," *El Espectador,* I, 52.
[27] Cejador y Frauca, "El *Cantar de Mio Cid*...," 275-7; Zingarelli, *Scritti*..., pp. 157, 173.

Karl Vossler, en 1924, sigue las ideas de la crítica anterior (Wolf, Milá y Fontanals, Menéndez y Pelayo, Menéndez Pidal), y realza la "unidad artística, la simetría externa y maciza" del *Cantar*.[28] Acudiendo a Wolf, insiste Vossler en que la honra y la gloria constituyen el tema central del poema;[29] pero se separa de los eruditos anteriores cuando afirma que en el *Mío Cid* "no nos encontramos ante una cuestión puramente nacional, religiosa ni ética, como en la *Chanson de Roland*, o en los *Nibelungos*, sino ante algo esencialmente personal que se convierte en asunto del poema, porque del Cid, y nada más que del Cid, de su honra y de su gloria, es de lo que en él se trata".[30]

El *Cantar*, como obra de arte, se caracteriza por la sencillez del estilo y la sobriedad de la expresión poética;[31] esto, sin embargo, no quiere decir que el autor o autores del *Poema* desconoce(n) su "mester" de juglaría y el gusto del público, sino que es (el del poema conservado) un poeta personalísimo que tiene conciencia de sus propósitos artísticos y que emplea numerosos recursos esti-

---

[28] *Algunos caracteres...*, pp. 11-15, 25.

[29] Sobre el tema de la honra, gloria y fama, su importancia y función artística en la estructuración del poema, ver: Edwald Kullmann, "Die Dichterische...," *RF*, XLV (1931), 6-10; Northup, "The *Poem of the Cid*...," 17-22; Salinas, "El *Cantar de Mio Cid*...," *Ensayos*..., 27-44; Cirot, "*Cantares et Romances*," 6-25; Gustavo Correa, "El tema de la honra...," 185-99; María Rosa Lida de Malkiel, *La idea de la Fama*..., pp. 126-31; Edmund de Chasca, *Estructura y forma*..., pp. 25-29, y, del mismo, *El arte juglaresco*..., pp. 52-74; Fradejas Lebrero, *Estudios épicos*..., pp. 15-56; Otis Green, *Spain and the Western Tradition*..., I, 11, etc.

[30] *Algunos caracteres*..., p. 11. Northup, "*The Poem of the Cid*...," 18; Leo Spitzer, "Sobre el carácter histórico...," 112-13; Gerald Brenan, *The Literature*..., pp. 44-5; Carmelo Gariano, "Lo religioso...," 67-8, y Maurice Legendre, *Santiago en la Historia*..., II, 61-64, también creen que en el *Poema* no se expresa el sentimiento político-nacional (reconquista) ni la idea de la cruzada. Para la tesis contraria, ver: Menéndez y Pelayo, *Obras*..., XVII, 1944, 125; Menéndez Pidal, *Poema*..., pp. 111-14, y, del mismo, *La España*..., I, 1947, 64-66, 596-98; Thomas Hart, "Hierarchical Patterns...," 161-73; Edmund de Chasca, *El arte juglaresco*..., pp. 147-62; Gárate Córdoba, *Espíritu y milicia*..., pp. 119-25; Bandera Gómez, *El "Poema de Mio Cid"*..., pp. 49-55.

[31] Ver especialmente Menéndez Pidal, *La epopeya castellana*..., pp. 73-105, y *En torno*..., pp. 189-220; Dámaso Alonso, "Estilo y creación...," *Ensayos*..., 69-111; Cortés y Vázquez, "Ritmo, color y paisaje...," 111-70; Emilio Orozco Díaz, "El sentimiento de la naturaleza...," 1-6; Enrique Moreno Báez, "El estilo románico...," 429-38.

lísticos para modelar poéticamente su intención.[32] Así ha podido decir Américo Castro que el *Mío Cid* es una obra poética "tan compleja y de estructura tan trabada y consecuente que está excluida la hipótesis de que nos hallamos ante un primario balbuceo"; que "es una composición lograda, y su autor sabía lo que aspiraba a crear"; y que todo lo que el anónimo juglar del poema "dice y allega está pensado como elemento de una construcción, son materiales para obtener a la postre un determinado efecto que él sabe cuál va a ser".[33]

El protagonista del *Poema*, Rodrigo Díaz de Vivar, no es un héroe mítico o legendario, sino un personaje histórico (real) de carne y hueso; pero el *Cantar* que celebra a este héroe, a pesar de su impresionante realismo románico y a pesar de su historicidad, posee ciertas características míticas (se asienta en el mito).[34] Gracias principalmente a las investigaciones de Menéndez Pidal hoy sabemos lo que de histórico y lo que de inventado tiene la obra; de la realidad histórica quedan bastantes reflejos en los hechos principales, y, sobre todo, en la geografía, en la toponimia y en los personajes del *Poema*. El juglar del *Mío Cid* no elude, pues, la realidad, sino que se apoya en ella, la transforma poéticamente mediante una ligera idealización.[35] Lo real y lo inventado, lo histórico y lo ficticio (mítico), se funden en el poema para convertirse en poesía.[36] Este basarse en la realidad como materia de la creación artística constituye la base del llamado "realismo español"; realismo poético que en el *Cantar de Mío Cid* es una "compacta y grandiosa realidad, un plus de la vida, que es también, en ocasiones, mítica, sacra y ritual". La historicidad del *Poema* (su verismo épico) cobra mayor significación si se consi-

---

[32] Ver Edmund de Chasca, *El arte juglaresco*...; Bandera Gómez, *El "Poema de Mío Cid"*...; Dámaso Alonso, "El anuncio del estilo directo...," *MRL*, I, 379-93; von Richthofen, *Nuevos estudios*... (1970).
[33] "Poesía y realidad...," 7-8.
[34] Ver Apéndice C) Sobre el carácter mítico del *Mío Cid* (Cap. IX).
[35] Ver Pedro Salinas, *Reality*..., p. 20.
[36] Para la generalidad de los críticos modernos (Dámaso Alonso, Menéndez Pidal, Américo Castro, Cortés y Vázquez, Li Gotti, Horrent, Peter Dunn, Colin Smith, Bandera Gómez, Stephen Gilman...), una de las notas más originales del *Poema* radica en la simbiosis artística de historia, poesía y mito, en la elevación de la realidad cotidiana a categoría estética, en la presentación épico-mítica de un héroe histórico.

dera como proyección de una forma de entender la creación poética, como fusión de lo real y lo mítico o legendario, pues "lo histórico tiene como misión y sentido servir de sostén a lo poético (a lo épicomítico)". La técnica artística del autor cidiano es semejante a la que emplea Velázquez en *Las Meninas*, "donde el pintor lleva al lienzo su caballete, su paleta y aún los curiosos que asoman por el taller". Esta técnica presagia ya la novela moderna: "En lejanía remota — escribe Américo Castro — el *Mío Cid* deja vislumbrar la novela de Cervantes, como el *Roland* parece anunciar el libro de caballerías".[37] Diez años más tarde, Pedro Salinas, partiendo de otro punto de vista, dirá que el juglar del *Poema* "presagia a Lope de Vega, a Calderón, en esto de volverse a un valor espiritual como la honra, y tomarlo como eje de las acciones humanas dignas de ser trasmutadas en arte".[38] Menéndez Pidal, ya en 1913, había afirmado que el *Roland*, "por su simplicidad esquemática, por su unidad de acción y de tiempo y por su esmero en la presentación, anuncia la clásica tragedia francesa" y que el *Poema del Cid*, "por su carácter más histórico, por buscar una superior verdad artística abarcando las complejidades de la vida entera, y por el abandono de la forma, es precursor de las obras maestras de la comedia española". (*Poema*..., pp. 75-82.)

Ernst Robert Curtius, en 1938, se opone a Menéndez Pidal, sosteniendo que el tema central del poema (el matrimonio de las hijas del Cid con los Infantes de Carrión), sin duda la parte más poética y más dramática de la obra, no es histórico; cree además que la Afrenta de Corpes, que produce el choque dramático entre protagonista y antagonista, es producto de la invención del juglar. El crítico subraya el carácter ficticio-novelesco más bien que verista del *Cantar*, y aduce así argumentos para incorporar la epopeya castellana a la épica europea, la cual obedece a un impulso novelador acentuado, como ocurre, por ejemplo, en la *Chanson de Roland*.[39] En 1939 Menéndez Pidal

---

[37] Castro, "Poesía y realidad...," 7, 17-30. Ver también G. T. Northup, "The *Poem of the Cid*...," 17-18; Dámaso Alonso, "Estilo y creación...," *Ensayos*..., 69-111; Bandera Gómez, El "*Poema de Mío Cid*"..., pp. 144-7; Salinas, "La vuelta al esposo...," *Ensayos*..., p. 46; y Thomas Hart, "The Rhetoric of (Epic) Fiction...," *PG*, LI (1972), 23-35.

[38] Salinas, *Ensayos*..., p. 43.

[39] E. R. Curtius, "Zur Literarästhetik...," *ZRPh*, LVIII (1938), 1-50, 129-32, 433-79.

combate la tesis de Curtius; sostiene que el desposorio entre las hijas del Cid y los Infantes de Carrión lo mismo que la Afrenta de Corpes no son invenciones del poeta; y basándose en el carácter verista del *Mío Cid* y la historicidad de sus personajes más insignificantes, declara: "Tratar el *Poema del Cid* como la *Chanson de Roland*, de tan irreal poesía; interpretar los dos poemas en serie, en el taller de la crítica, es negar el carácter diferencial de dos literaturas y dos pueblos. En el *Poema del Cid* hay mucho artificio literario, si no, no sería gran poesía; hay, además, innovaciones revolucionarias del género épico, como he mostrado en otro lugar; pero su sistema seleccionador de la realidad, su artificio, sus ideales épicos, son completamente diversos de los del gran poeta francés." [40]

El poeta del *Cantar* conocido, como han señalado muchos críticos, estaba familiarizado con el estilo épico de las gestas francesas. De la épica de Francia (especialmente de la *Chanson de Roland*) toma el poeta castellano algunos recursos estilísticos. [41] Estos préstamos, muy frecuentes en la tradición épica de los juglares medievales, no significan gran cosa frente a la originalidad de la composición, de la forma, del espíritu y del idearium del arte cidiano. [42] Así pudo afirmar Aubrey Bell en 1938 que el *Cantar* es uno de los poemas más originales de la literatura artística conseguida mediante recursos simples y sencillos: "The *Poem of the Cid* is a striking instance of profound originality attained by simple means." [43] Sería vano, pues, buscar en el *Poema* los refinamientos

---

[40] Menéndez Pidal, "La épica española...," *ZRPh*, LIX (1939), 1-9; en el volumen *Castilla*..., p. 92.

[41] Ver, entre otros, Menéndez Pidal, *En torno*..., pp. 24-30; Horrent, "El *Cantar de Mío Cid*...," 189-209, y "Le *Poema de Mío Cid*...," 443-52; Thomas Thomov, "La *Chanson de Roland*...," 95-8; Martín de Riquer, "Bavieca, caballo del Cid Campeador...," 127-44; I. Hashimoto, "*Poema de Mio Cid* y *Chanson de Roland*," *Hispanica* (Tokio), X (1965), 47-60; Erich von Richthofen, *Nuevos estudios*..., pp. 30-91, 110-36; etc.

[42] Ver: Menéndez Pidal, *La epopeya castellana*..., pp. 35, 75-105; Dámaso Alonso, "Estilo y creación...," *Ensayos*..., 69-111; Cortés y Vázquez, "Ritmo, color y paisaje...," 111-70; Horrent, "Le *Poema de Mío Cid*...," 443-52; Américo Castro, *La realidad*..., pp. 258-93; Gilman, *Tiempo y formas*... (1961); Bandera Gómez, *El "Poema de Mio Cid"*... (1969); y otros.

[43] Bell, *Castilian Literature*, p. 27; ver también Huerta, *Poética*..., pp. 21-29, 85-6.

de una poesía más elaborada y más adelantada, o la variedad y complejidad estilística de los cantares de gesta franceses. El arte del *Cantar* es un arte esencialmente sobrio y mesurado como el héroe de la obra;[44] pero esta misma sencillez, esta elementalidad de estilo y de expresión poética, hace del *Mío Cid* una auténtica obra de arte de mayores encantos y de notas delicadas:

> Il Cid della leggenda e il Cid della storia, e potremmo aggiungere il Cid locale, vengono a fondersi, nella poesia, in una meravigliosa unità, ch'è l'unità stessa del poema saldamente costruito e realizzato da un giullare di talento.
> L'arte del giullare è un arte primitiva, un po' rozza e desiguale; l'elementalità della tecnica e i numerosi difetti di forma e di metrica rivelano una cultura mediocre da parte dell'autore. Ma la sua poesia ha il pregio della simplicità, della naturalezza e della immediatezza. L'autore tende all'essenziale con sobrietà di linee; tratteggia i suoi personaggi.... In conclusione, il cantare ha in sè, sia pure con un sapore un po' aspro e primitivo, qualche cosa di grandioso, d'altamente epico e solenne (il senso delle cose semplici e grandi), come si rivela in tanti suoi tratti dove la poesia ha momenti di bellezza pura e di risonanza soggestiva e potente.[45]

Américo Castro (1935), Pedro Salinas (1940), Menéndez Pidal (1940) y Cortés y Vázquez (1954) rechazan la opinión de la vieja crítica que, fundada en la historicidad del *Cantar,* veía en éste sólo una crónica rimada. Castro establece las diferencias entre cronista y juglar épico. Aquél "narra, narra, a salga el desenlace que saliere"; éste "narra, describe, imagina, da factura, refuerza, atenúa según lo exige su propósito, su intención".[46] Para Salinas, el *Cantar* es una auténtica obra de arte, y no una crónica, ya que en el *Poema* "its historical facts are raised to the category of poetic matter, and what interests us is not the fact, information or knowledge as historical, but the human life or lives that follow

---

[44] Ver Ettore Li Gotti, "El *Cantar de Mio Cid...*," LM, II (1951), 521-43; Orozco Díaz, "Sobre el sentimiento de la naturaleza...," 1-6; Enrique Moreno Báez, "El estilo románico...," 429-38.
[45] Blasi, *Epopea*..., pp. 99-102. Ver además Salvatore Battaglia, *Poema de Mio Cid* (Ed., 1943), y, del mismo, "*Poesia e realtà...*," en *La coscienza letteraria*..., pp. 151-69; Guerrieri Crocetti, Il Cid..., pp. 231-48.
[46] "Poesía y realidad...," 8.

their course on a background of history. But it is not fictionization of reality either, like the French or German epics. It is reality to which a poetic character is given, reality made poetic". [47] Treinta años después de su primer juicio estético sobre el poema, Menéndez Pidal encarece de nuevo la perfección en la estructura de la obra, donde se transparenta la originalidad y profundidad artísticas de un poeta de un gran instinto de selección estética:

> Éste es el más profundo arte del *Poema del Cid*. Fuera de muy preciados recursos estéticos de pormenor, el poeta alcanza su más completo éxito, como notó Fernando Wolf, en la arquitectura general de la obra, donde muestra pericia, tino y finura de selección admirables para convertir el caótico montón de materiales, que la vida ofrece, en un edificio de líneas sobrias y magníficas. Suprime en el carácter del rey los raptos de cólera, las bruscas alternativas del destierro y de favor para con el Cid, suprime en los hechos de éste los rasgos de violencia que una vida guerrera arrastra consigo, y reduce toda la acción poemática a una trabajosa y emocionante progresión en que el héroe perseguido por la malevolencia de los delatores y por la ira del rey, triunfa de su adversa fortuna con la mayor gloria... [48]

Cortés y Vázquez, por su parte, apoya las afirmaciones de don Américo Castro. [49]

Dámaso Alonso, en 1944, estudia el "estilo de la creación artística del *Cantar*", la función creativa y estructural de la palabra y de los personajes en el plan de la obra. [50] El análisis del ilustre estilista destaca los rasgos esenciales del arte del *Poema;* rasgos geniales que hacen de él una de las grandes obras maestras de la literatura española, y que lo diferencian (en cuanto a la técnica y al concepto del arte juglaresco) de la *Chanson de Roland* y otras epopeyas. Éstas son, pues, las características peculiares de la

---

[47] *Reality* ..., p. 20.
[48] Menéndez Pidal, "Mio Cid el de Valencia" (1940), en *Castilla* ..., p. 165.
[49] "Ritmo, color y paisaje ...," 120-21.
[50] "Estilo y creación ...," *Ensayos* ..., pp. 69-111. Ver también de Dámaso Alonso, "El anuncio del estilo directo ...," *MRL*, I, 1969, 379-93; Huerta, *Poética* ..., pp. 9-96, 112-18, 140-44; Colin Smith, "The Personages of the *Poema* ...," 581-98.

técnica artística del poeta del *Mío Cid:* el paso al estilo directo sin utilizar verbos introductores, y ello como elemento que dramatiza el diálogo (y que hace vivir a los personajes como si fuera en un drama); la tendencia a omitir los elementos lógicos, la cual da al poema una "andadura estilística rapidísima, modernísima"; una variada técnica de alusión y el humor especial de los personajes cómicos;[51] como elemento realista resalta la facultad de

---

[51] Friedrich Schlegel (*Sämmtliche Werke*, I, 1822, 318-19) fue el primero en advertir el elemento humorístico del poema. Refiriéndose a los rasgos cómicos del *Cantar*, afirma Schlegel que éstos (cita como ejemplo el episodio de las arcas de arena) no estropean, sino encarecen el tono heroico de la obra. Sin embargo, hasta que Dámaso Alonso analizó los motivos y personajes cómicos del poema nadie los había resaltado suficientemente. "El primer contraste que se nos presenta — dice el crítico — es el que separa (hasta cierto punto) los caracteres heroicos de aquellos tratados humorísticamente." Esta mezcla de elementos serios y cómicos, dos planes del arte español, la constante dualidad del espíritu español, es, según Dámaso Alonso, uno de los principales aspectos del variado estilo de la creación épica del juglar castellano; estilo "tierno, frágil, vivido, humanísimo y matizado." Sobre los pasajes cómicos del *Cantar* y su función como elemento artístico necesario y peculiar de la técnica juglaresca del poeta (o de los poetas) del *Mío Cid*, ver: Dámaso Alonso, *Ensayos*..., pp. 69-111; J. C. Davis, "Realism and Humor in the *Cid*," *KFLQ*, V (1958), 66-72; Thomas Montgomery, "The Cid and the Count of Barcelona," *HR*, XXX (1960), 1-11; Joaquín Casalduero, "El Cid echado de tierra," *Estudios*..., 28-58; Peter Dunn, "Theme and Myth...," 354; Menéndez Pidal, *En torno*..., pp. 207-209; Harold Moon, "Humor in the *Poema del Cid*," Hisp, XLVI (1963), 700-704; Edmund de Chasca *El arte juglaresco*..., pp. 101-103; Moreno Báez, "El estilo románico...," 429-38; Thomas Hart, "The Rhetoric of (Epic) Fiction...," *PQ*, LI (1972), 23-35.

Convienen los autores citados en que el sano humor de los pasajes cómicos del *Poema* (el episodio de las arcas de arena, el del conde de Barcelona, la escena del león, la de las cortes de Toledo...) obedece a especiales condiciones de la poesía oral cantada, de espectáculo público. La comicidad de los episodios señalados es, en efecto, un medio poético y artístico que sirve para caracterizar a los personajes, para captar la atención de un público variado de oyentes, y para dar interés y variedad a la narración épica (Casalduero, Dámaso Alonso, Menéndez Pidal, Harold Moon, Davis). Para no aburrir al auditorio, se utiliza en el cantar una variada técnica cómica que a veces alcanza sutiles matices humorísticos e ironía dramática (Dámaso Alonso, Thomas Hart); en el *Mío Cid* es siempre una comicidad sana y mesurada; y nunca llega a lo truhanesco o a las exageraciones y bufonadas de las "chansons" francesas (Menéndez Pidal, Dámaso Alonso, Moreno Báez). La materia cómica se distribuye, además, con gran acierto artístico en el poema: a veces el episodio cómico es un intermedio cómico; otras veces es algo así como un entremés que permite al juglar ofrecer al auditorio un momento de diversión antes de reanudar la acción principal (Montgomery, De Chasca).

variación retórica y psicológica, ya que las "almas se desnudan hablando". En el tratamiento de los personajes, el juglar del *Mío Cid* es un maestro de la pintura psicológica y moral;[52] todos están bien individualizados, diferenciados y contrastados; y todo esto se lleva a cabo con un maravilloso ahorro de medios estilísticos. La técnica de la creación artística del *Poema*, dice Dámaso Alonso, es la de la insinuación, de la pincelada, del trazo.

En otro estudio Dámaso Alonso resume brillantemente todo lo que le induce a ver en el *Cantar* un extraordinario prodigio del arte:

> El *Poema del Cid* es una portentosa joya literaria, una indiscutible obra maestra del genio español. Asombra pensar cómo en aquella remota época un poeta, impregnado de sentido español, lleno de emoción y pasión españolas, pudo ser al mismo tiempo un meditado, un sereno maestro de la técnica, cómo este hombre supo tallar a geniales golpes el bloque ingente de su poema, cómo pudo dotarle de una perfecta trabazón (que muchas veces falta en obras del Siglo de Oro), cómo midió el alcance y la contraposición de las partes, cómo trabajó con ligera y gozosa mano los pormenores... En la estructura, en las líneas esenciales, nada sobra: las bodas de los Infantes de Carrión, la afrenta de Corpes y la jurídica venganza de las Cortes de Toledo, son los jalones fundamentales de la acción. Para ambientarlos y ligarlos era necesario todo lo demás: el patético principio — destierro y miseria del Cid —; los lentos progresos de su gloria, que, llegada a su cima en Valencia, excita la codicia de los de Carrión, despierta en su espíritu la idea de casar con las hijas del Cid. Y luego, magistralmente, comienza el análisis y la variación matizada del alma de los Infantes: el episodio del león, y otras cobardías suyas, eran necesarias para que el alma de estos personajes se llenara de rencor; por pasos insensibles se prepara la villanía de Corpes, y esta

---

[52] Ya en el siglo XIX Andrés Bello (*Obras*..., VI, 247-50), Fernando Wolf (*Historia de las literaturas*..., I, 41-50), Amador de los Ríos (*Historia crítica*..., III, 122-217) y Milá y Fontanals (*De la poesía*..., pp. XII-XIII, 240-42) llamaron la atención sobre el arte con que el juglar del *Poema* pinta (con pocos pero brillantes trazos) a sus personajes, tanto desde un punto de vista moral como físico y psicológico. En relación con los personajes, es de suma importancia el artículo de Joaquín Casalduero, "Un personaje del *Cantar de Mio Cid*: Per Bermudoz," *LT*, 48 (1964), 21-29, por la acertada y nueva interpretación dada "a la función de los personajes y la forma en que se agrupan" en el poema.

afrenta era imprescindible para que el alma generosa del Campeador se aprestara a la serena venganza... Toda esta acción está llevada directamente, poniendo a los personajes delante del lector, y dejándoles hablar para que descubran los más recónditos rincones de su alma. Las reacciones mutuas entre el Cid y los infantes de Carrión son obra de un intuitivo maestro del análisis psicológico y a la par de la expresión literaria....

Sí, prescindiendo de toda emoción nacional, considerándolo sólo con una fría y objetiva crítica, resulta más que nunca patente que el *Poema del Cid* es una de las máximas creaciones de la literatura española. [53]

En un segundo ensayo sobre el *Mío Cid*, Pedro Salinas (1947) estudia el tema del "ayuntar" (o vuelta de Jimena al esposo) y su función artística en la estructuración de la obra. Cree que el "ayuntar" es el centro de un perfecto organismo poético, y que el desarrollo temático se organiza en dos partes o acciones narrativas (por un lado el viaje de Minaya a Cardeña y vuelta de Jimena al esposo; por otro lado, los preparativos del Cid en Valencia que tiene (el Cid) su corazón allí con Minaya). El penetrante análisis de Salinas descubre que el juglar del *Poema* es un amante de la perfección, pues, utilizando la técnica del "retardar retardando" y guiado por una delicada sensibilidad poética, hace llegar el tema al desenlace cuando las dos acciones, los personajes y los elementos de la composición convergen todos hacia la reunión en Valencia: la unidad final. En cuanto al *Cantar* como obra de arte, Salinas nos dice que ha dividido el desarrollo del tema en dos partes (fases) para demostrar la maravillosa unidad de la obra, los desposorios en ésta de estructura y sensibilidad: "El juglar tiene una gran sabiduría técnica para dar al tema forma narrativa con una estructura orgánica tan perfecta; pero esta sabiduría, como toda técnica, es servidora de una sensibilidad poética delicada y noble que — rectora permanente — la hace trabajar con plenitud de sentido en cada instante. Así es siempre la poesía." [54]

El crítico portugués Ricardo Román Blanco cree que, para descubrir la verdadera esencia del *Poema*, hay que establecer lo

---

[53] Dámaso Alonso, "Una versión moderna del *Poema del Cid*," *De los siglos oscuros*..., pp. 46-8.

[54] Salinas, "La vuelta al esposo...," *Ensayos*..., 45-57; para la cita, ver p. 57.

que éste tiene de historia y lo que tiene de leyenda. En cuanto a la obra como creación artística, afirma que "o anônimo poeta de Medinaceli não pensou nunca em redigir apenas uma bela obra poético-literaria, como também, e mais ainda, uma obra histórica. Seu primeiro intento [artístico] foi um fracasso; se alcançou o segundo, constituiu um êxito". [55]

Por más de dos siglos los críticos han llamado *Poema* o *Cantar* a la antigua gesta del Cid. Para algunos hispanistas, sin embargo, el *Mío Cid* no es una epopeya típica: Northup en 1942 lo compara con una novela; [56] Leo Spitzer en 1948 lo denomina "biografía novelada o epopeyizada"; [57] y Mack Singleton (1952) algo entre epopeya y novela. [58] No obstante estas denominaciones, los tres críticos ven en el *Cantar* una obra de excelencia artística. Northup admira la concepción épica del héroe, la perfecta unidad estructural, la combinación de lo dramático y lo cómico, el realismo de la vida española retratada en el poema, y el elemento ficticio que empuja al poeta hacia propósitos artísticos. Leo Spitzer escribe en defensa de Ernst Robert Curtius; subraya el carácter novelesco y ficticio del cantar, y declara, frente a Menéndez Pidal, que el *Mío Cid* es "obra más bien de arte y de ficción que de autenticidad histórica", pues la Afrenta de Corpes [59] es una invención poética y el autor introduce el episodio novelesco por razones artísticas: quiere oponer las fuerzas del bien (el Cid) a las del mal (los Infantes de Carrión). La invención del matrimonio de las hijas del Cid con los Infantes, afirma Spitzer, es el rasgo más genial del poeta cidiano, pues le permite dar interés dramático a

---

[55] Ricardo Román Blanco, "Historia e lenda...," 304.
[56] Northup, "The *Poem of the Cid*...," 17-23.
[57] Spitzer, "Sobre el carácter histórico...," 115-16.
[58] Singleton, "The Two Techniques...," 222-7.
[59] Ulrich Leo ve en la Afrenta de Corpes una novela psicológica ("La Afrenta de Corpes...," *NRFH*, XIII (1959), 291-304). Adalbert Dessau, por su parte, cree que el matrimonio de las hijas del Cid con los Infantes constituye el elemento narrativo más importante del juglar primitivo (de San Esteban de Gormaz), cuya obra fue refundida más tarde (hacia 1140) por el juglar de Medinaceli. El episodio de la Afrenta de Corpes, aunque narrado "avec un art considérable", no puede caracterizarse de novela psicológica ("Légendes heroïques...," *CN*, XXI (1961), 86, n. 11). Jimeno Jimeno ha localizado la Afrenta de Corpes en Castillejo de Robledo ("Castillejo de Robledo, escenario de la Afrenta de Corpes," *BIFG*, XXXIV (1955), 719-21).

la acción central de la obra, "precipitando al Cid, devuelto al amor del rey, conquistador de Valencia y honrado padre de familia, en el más hondo abismo del sufrimiento, para hacerle subir, al final del poema, a más alto estado".[60] Spitzer insiste, además, en que el *Cantar* y la *Chanson de Roland* son dos obras inconmensurables, pues pertenecen, según él, a distintos géneros de poesía. Para Spitzer, en fin, la historicidad del *Poema* es una historicidad ficticia e intencionada. El estudio de Singleton destaca la habilidad narrativa del juglar castellano en el empleo de una doble técnica épico-novelesca.

Spitzer niega, pues, el carácter verista e histórico del *Poema*, ya que, según él, la originalidad artística del poeta castellano reside en la invención novelesca de la acción central, y en el haber dado al *Mío Cid* un carácter fabuloso. Don Ramón Menéndez Pidal rechaza en 1949 las afirmaciones de Spitzer, sin embargo; declara que el juglar del *Poema* es verídico sin necesidad y sin propósito, y que la historicidad de la geografía y de los personajes constituye no un mérito artístico del *Cantar*, sino un argumento doctrinal que sirve para diferenciar el arte juglaresco castellano del de otros países occidentales.[61] Rechaza también la diferencia establecida por Spitzer entre el poema y la *Chanson*, entre las dos epopeyas hermanas, y encuentra la distinción fundamental en que "la francesa perdió más pronto que la española el gusto por los relatos poéticos de sucesos coetáneos". La épica de Francia de los siglos XI y XII se halla, según don Ramón, en una etapa bastante avanzada de su evolución, muy apartada ya de su primer impulso verista por el transcurso del tiempo (varios siglos); la épica española de igual época, por el contrario, continúa viendo interés poético en los sucesos actuales. Por lo demás, "el

---

[60] Spitzer, "Sobre el carácter histórico...," 107-109, 116-17. Bernardo Gicovate, apoyándose en el estudio de Spitzer, niega, en 1956, lo que Menéndez Pidal llama "verismo" o "veracidad histórica" del poema, afirmando que la obra está llena de "invenciones y ficciones" vagamente relacionadas con los hechos históricos, y que los personajes secundarios son a veces "creaciones del juglar sin base histórica, a veces ampliaciones y trasformaciones artísticas de personajes históricos" ("La fecha de composición...," 419-20). Sobre los personajes del poema y su historicidad, ver: Smith Colin, "The Personages of the *Poema*...," 581-98, y Socarrás, "The Cid and the Bishop of Valencia (an Historical Interpretation),)" *Iberoromania*, II (1970), 101-11.

[61] Menéndez Pidal, "Poesía e historia...," 113-29.

genio español en todas sus épocas siente la poesía más cerca de la realidad". Menéndez Pidal no niega, por otro lado, ni lo negó en otros estudios anteriores, el elemento de ficción presente en el *Cantar;* al contrario, afirma que "la creación poética en el *Poema* reside justamente en lo que no es realidad":

> La creación poética en el *Poema*... reside en la interpretación ejercida sobre la oscura y contradictoria apariencia de los hechos, en la selección de los valores, en la simplificación y ordenación de los revueltos acontecimientos de la vida, en la superposición de ficciones personales y legendarias que realizan y dan sentido profundo a los acontecimientos verdaderos, en la emotividad lírica con que el poeta siente la suerte del desterrado, en la orientación original de la fantasía que repudia las rutinas de escuela, manejando los conceptos épicos de la venganza y de las relaciones vasallales de modo más ideal, más humano y más moderno que lo suelen hacer los poemas medievales, en el acierto expresivo y en tantas otras cosas que ahora no hacen al caso. [62]

Sir Maurice Bowra, en 1952, coincide con Mack Singleton en ver en el *Poema* dos modos de narrar. En cuanto al *Cantar* como obra de arte, Bowra afirma que, en su conjunto, posee "solid virtues", pero como pieza de "arquitectura poética" deja algo que desear, ya que el autor divide la obra en dos partes no muy relacionadas: la primera es monótona, carece de dramatismo y no es más que una campaña guerrera contra los moros; la segunda, aunque más interesante y viva en la narración, muestra cómo el Cid gana el favor del rey Alfonso, pero sin relación alguna con la primera parte. [63]

Ettore Li Gotti (1951), Gustavo Correa (1952), Luis Cortés y Vázquez (1954), Joaquín Casalduero (1954-1964), Oldřich Bělič (1959), Edmund de Chasca (1955-1967), Jules Horrent (1956-1959), Martín de Riquer (1959), Ildefonso Manuel Gil (1963), Anthony

---

[62] *Castilla...*, p. 157. La mayor parte de los comentaristas del *Poema* han aceptado la posición de Menéndez Pidal de que el *Cantar* se distingue por su verismo épico, por su veracidad histórica. Admiten la existencia de lo ficticio o novelesco en el poema, pero lo ven fundado "en una trama de realísimos hechos históricos" (Dámaso Alonso, *De los siglos oscuros...*, p. 65).

[63] Bowra, *Heroic Poetry*, pp. 342-7.

Zahareas (1964), Enrique Moreno Báez (1967)... consideran el *Cantar* una obra de arte inconmensurable, una grandiosa creación poética, no sólo por la perfección de la arquitectura y la unidad con que el poeta traba sus partes en torno a la honra del Cid (tema central y unificador del poema), sino también por su peculiar concepción heroica, por su moderno tono ético-novelístico, por la fina y delicada psicología con que el juglar pinta y descubre el alma de los personajes, por la sobriedad estilística, por el tratamiento de los temas y motivos épicos, etc.

Li Gotti, en 1951, destaca el timbre inconfundible, la voz particularísima del *Cantar*. Cree que Spitzer y Menéndez Pidal están de acuerdo en afirmar que hay en el poema un carácter realista (verismo épico) y que se trata de un realismo poético: la divergencia está en la interpretación: verismo como tradición secular, como característica propia de la épica de Castilla, según Menéndez Pidal; veracidad histórica intencionada (y, por eso, ficticia), según Leo Spitzer. Para Li Gotti, historia y poesía se identifican en la *forma mentis* del poeta: "El verismo o realismo del *Cid* lo requiere la misma creación del poeta y no el hecho narrado: lo cual significa en lenguaje medieval que debe proceder de la misma *humanitas* del poema". El *Mío Cid* es un poema didascálico-novelesco, lo cual da a la obra un sabor de modernidad que lo separa de la *Chanson de Roland*. La modernidad, la novedad y genialidad del arte cidiano provienen del conjunto narrativo y poético: tres son los elementos que contribuyen a dar al poema ese carácter moderno de síntesis artística: influjo y contacto con Francia; inspiración ético-novelística; y tono épico o manera de representar las *nuevas* del Cid (elementos, estos dos últimos, ya señalados por Américo Castro entre 1948 y 1954).[64]

Correa (1952) afirma que la "estructura del *Poema* y su razón de ser como obra de arte obedecen a impulsos de creación artística de irreductible individualidad"; es decir, "el *Poema del Cid* como criatura de arte inconmensurable se nos presenta como un mundo unitario con su complejo de leyes que le son propias y que crean un ambiente que es específicamente suyo".[65] Ponderando

---

[64] Ver Li Gotti, "El *Cantar de Mio Cid*...," 521-43; Castro, *España en su historia*, pp. 258-68, y *La realidad*..., pp. 258-81.

[65] Correa, "El tema de la honra...," 185.

esta misma perfección de su estructura total dice Edmund de Chasca que "el *Cantar* castellano es el más poético de los cantares de gesta europeos, si por poético entendemos el efecto total de la fábula como creación y la acertada disposición de todos y cada uno de los elementos".[66] Y encarece luego la perfecta ordenación de todos los elementos poéticos del *Cantar* en torno al núcleo principal, que es la honra del Cid, según habían ya notado varios críticos anteriores. Aparte del peculiar tratamiento del paisaje, color y ritmo (que separa y distingue grandemente la concepción artística del *Mío Cid* de la del *Roland*), el cantar castellano, escribe Cortés y Vázquez, es una grandiosa obra de arte por su "primitivismo, fuerte e ingenuo, su verismo impresionante, su diafanidad y llaneza como la tierra de Castilla".[67] Eugène Kohler (1955), Jules Horrent (1956-1959) y Martín de Riquer (1959), además de poner de relieve los elementos y motivos retóricos empleados por el autor del *Poema*, subrayan la fuerte individualización (caracterización) de los personajes, la trabada estructura y la unidad moral, temática y artística del poema.[68] Para Ildefonso Manuel Gil el poeta del *Mío Cid*, como otros poetas

---

[66] De Chasca, *Estructura y forma*..., pp. 25-29. El autor continúa el estudio de la creación poética del *Mío Cid* en su libro *El arte juglaresco*... (1967) y en los artículos: "Composición escrita y oral...," 77-94, y "Toward a Redefinition of Epic Formula...," HR, XXXVIII (1970), 251-63. Carmen Castro de Zubirí ("Por amor del rey Alffonsso...," *Clav*, 3 (1952), 28-31) cree que la clave literaria de la estructura del poema ha de verse en la relación Cid-rey; sobre este punto, ver también Edmund de Chasca, "The King-Vassal Relationship...," HR, XXI (1953), 183-92; y Correa, "El tema de la honra...," 185-99. Para Anthony Zahareas, sin embargo, es el tema de la justicia el que da unidad artística y estructural a la obra ("The Cid's Legal Action...," 161-72).

[67] "Ritmo, color y paisaje...," 160.

[68] Kohler, Introducción al *Poema de Mio Cid*...; Horrent, "El *Cantar de Mío Cid*...," 189-209; "Le *Poema de Mio Cid*...," 443-52, y "Tradition poétique...," 451-77; Riquer, "L'épopée vivante...," 121-36. Martín de Riquer dice que en el *Cantar* la historia y la poesía se funden de una manera singular y original (p. 128); que el autor ha elegido un momento de la biografía del Cid (que no podía deformar con su fantasía) para transformarla en epopeya (p. 131). El interés del juglar cidiano consiste en dramatizar la acción del héroe, oponiendo la miseria del exilio a la gloria de la conquista de Valencia. Es verdad que el poeta inventa el episodio de las arcas de arena, el del león y, probablemente, el de la Afrenta de Corpes; pero todo esto no va contra la veracidad histórica ni contradice los acontecimientos reales; al contrario, estos detalles dan al poema un carácter muy particular (pp. 131-2).

medievales, pone (en cuanto a su tratamiento del escenario y del paisaje) su arte al servicio del tema; "esta servidumbre del arte al tema es magníficamente ejemplar en el *Cantar de Mío Cid* y da como resultado, por eso mismo, una portentosa creación artística". [69]

Joaquín Casalduero (1954-1964) es el primer crítico contemporáneo que, al estudiar el poema, lo sitúa dentro de su época literaria: "Románico final: hazaña personal y expresión." [70] Este acercamiento al arte cidiano (arte esencialmente gráfico) es importante para comprender el sentimiento de la naturaleza (paisaje) en la obra y restituir a ésta "su verdadero sentido y forma". [71] El crítico considera el poema "un *Cantar* de la lucha entre dos bandos políticos", pues el rey "que primero favorece a los malos, acaba reconociendo plenamente al bueno, según exige el mundo poético". En cuanto a la composición, Casalduero ve en el *Poema* "una estructura épica, que el poeta dispone con gran sencillez y limpieza de líneas: de un lado, la anticipación, de otro, el contraste; por último la gradación". La arquitectura de la obra se levanta sobre tres temas principales (batallas, embajadas y

---

[69] Ildefonso Manuel Gil, "Paisaje y escenario...," 258.

[70] Casalduero, "El sentimiento de la naturaleza...," en *Estudios...*, pp. 11-27; "El Cid echado de tierra," *Estudios...*, 28-58, y "Un personaje del *Cantar de Mio Cid...*," 21-29. El autor se propone estudiar el motivo inicial del *Cantar* (el destierro), con el fin de "encontrar la belleza de su época, mediados del siglo XII, del último Románico" (*Estudios...*, p. 28). El arte del Románico, dice Casalduero, es un arte gráfico-plástico en que todo "se torna presencia de lo trascendente", en que todo "apunta hacia un significado" (*Ibid.*, pp. 30-32).

Para comprender las diferencias que separan la forma de la concepción heroica del *Mío Cid* de la del *Roland*, escribe Bělič en 1959, hay que situar a los dos héroes (el Cid y Roland) en la perspectiva histórica de la evolución del arte literario medieval. En la Edad Media existían, según Bělič, dos tipos de arte, dos tendencias artísticas: la primera, que podría calificarse de "simbolismo medieval", situaba a los personajes en un plan general e ideal; la segunda, que podría llamarse "naturalismo medieval", se atenía más cerca de la realidad, reproduciéndola con más o menos fidelidad. La concepción heroica rolandiana pertenece al "simbolismo medieval"; la del *Cantar* al "naturalismo medieval". Esta clasificación permite al autor medir la distancia que separa el arte del *Mío Cid* del de la *Chanson* ("La conception du héros épique...," 10).

[71] *Estudios...*, 11-27.

bodas).[72] los cuales dan forma artística al material histórico (la acción político-guerrera o relación entre el rey Alfonso VI y el vasallo) y el novelesco (la acción familiar o relación del Cid con su familia).[73] Si bien el crítico centra el estudio sobre el cantar del Destierro, no ve este episodio como motivo aislado en el poema, sino que lo considera "en función de toda la obra, en la trabazón íntima de los numerosos motivos autónomos", pues hay obras, dice, "cuyo plan obedece a un rígido principio centralizador; otras, en cambio, surgen como unión sumamente libre y suelta de motivos" y "el *Cantar de Mio Cid* pertenece a estas últimas".[74] Estudia luego los recursos poéticos y estilísticos empleados por el juglar, su función tectónica y artística en el conjunto de la obra, y su significado (representación gráfica y saturadora de los sentimientos; presencia de las cosas que hablan por sí mismas; función y significado del paisaje y del tiempo;[75] el epíteto épico (caracterizador);[76] el contraste; la repetición, la gradación...);[77] y, refiriéndose, por último, a la capacidad poéti-

---

[72] Casalduero, *Estudios*..., pp. 28-58. Para Fradejas Lebrero (*Estudios épicos*..., pp. 15-42), los tres temas del *Poema* son: afán de riqueza, fama y honra.

[73] Ver también Martín de Riquer, "L'épopée vivante...," 132: "La veritable unité narrative du *Cantar* n'est pas diminuée mais bien accrue par l'existence de ses deux trames, toutes deux avec leur developpement nu et leur dénouement. La première trame est constituée par le problème du Cid en face de son roi: exil, victoires du héros, riches presents au monarque et reconciliation. La deuxième est constituée par le drame des noces de ses filles: mariage avec les Infants, affront de Corpes, et châtiment des traîtres. Les deux trames sont entrelacées avec habilité, puisque de la primière derive la seconde...".

[74] Casalduero, *Estudios*..., pp. 28-9.

[75] Ver Apéndice D) Sobre el sentimiento del paisaje y del tiempo en el *Poema del Cid* (Cap. IX).

[76] Sobre la función poética y estilística del epíteto épico (caracterizador) en el *Cantar*, ver: Casalduero, *Estudios*..., pp. 32-36; Ian Michael, "A Comparison...," *BHS*, XXXVIII (1961), 32-41; Ruth House Webber, "Un aspecto estilístico...," *AEM*, II (1965), 485-96; Rita Hamilton, "Epic Epithets...," *RLC*, XXXVI (1962), 161-78; Rafael Lapesa, *De la Edad Media*..., pp. 16-17; Edmund de Chasca, *El arte juglaresco*..., pp. 173-93; Deyermond, *A Literary History*..., I, 1971, 43-56; Moreno Báez, "El arte románico...," 437; Thomas Hart, "The Rhetoric of (Epic) Fiction...," *PQ*, LI (1972), 23-35.

[77] Sobre los elementos retóricos (estilísticos) y las expresiones formulísticas que se emplean en el *Cantar*, ver: Menéndez Pidal, *En torno*..., pp. 24-220, y "Los cantores épicos yugoslavos...," 195-225; Jules Horrent, "El *Cantar*

ca y creadora del juglar cidiano, Casalduero afirma que "lo característico y más valioso de la épica no es lo novelesco en sí mismo", como decían Curtius y Spitzer, "sino la invención dentro de la materia histórica".[78]

Enrique Moreno Báez, como Casalduero, coloca el arte del *Cantar* en el período del Románico.[79] El autor ve un gran contraste entre el primitivismo de la sociedad castellana del siglo X y del XI (reflejado en *Los siete Infantes de Lara,* la *Condesa traidora* y el *Infante don García*) y el desarrollo de esta sociedad a mediados del XII, cuando aparece el *Mío Cid,* poema que exalta virtudes cristianas. Esto revela una evolución de sentimientos que, según Moreno Báez, debe atribuirse al contacto e influjo de los cluniacenses. Gracias al comparatismo entre la literatura medieval (el *Cantar,* la *Chanson de Roland*...) y la música y las artes plásticas (pintura y arquitectura), puede llegar el erudito a "la visión del mundo subyacente a las formas artísticas...". El Cid del *Cantar,* dice, es un personaje ejemplar, un modelo de piedad y mesura; este ejemplarismo cristiano (que le distingue de los anteriores héroes castellanos y de Roland) procede del ejemplarismo escolástico llamado entonces *doctrina antiqua*. De ahí puede afirmar Moreno Báez que no es "temerario creer que un eco o destello de la doctrina profesada por la mayoría de los escolásticos de su tiempo hiciera al juglar dar al Cid un carácter arquetípico que no había tenido ninguno de los héroes anteriores":

> El ejemplarismo del *Cantar del Cid* es compatible con la atención a todo lo sensible, desde la topografía hasta la indumentaria, y con la fidelidad a la historia propia de nuestra escuela juglaresca, hasta el punto de que se diría que la unicidad del poema nace de la conjunción de realismo y ejemplarismo. Con razón pudo decir Menén-

---

de Mío Cid...," 189-209; Casalduero, *Estudios*..., pp. 30-58; Dámaso Alonso, "Estilo y creación...," *Ensayos*..., pp. 69-111, y, del mismo, "El anuncio del estilo directo...," *MRL,* I, 1969, 379-93; Ruth House Webber, *EL CANTAR DE MIO CID*...; Edmund de Chasca, *El arte juglaresco*...; y, del mismo, "Toward a Redefinition of Epic Formula...," 251-63; Aguirre, "Épica oral...," 13-43; Eugene Dorfman, *The Narreme*... (1969); von Richthofen, *Estudios*..., pp. 231-94, y *Nuevos estudios*..., pp. 10-146.

[78] Casalduero, *Estudios*..., p. 58.
[79] Moreno Báez, "El estilo románico...," *ASCIH,* Holanda, 1967, 429-38.

dez Pelayo que en él se depura *el carácter del héroe hasta un grado de idealidad moral rarísimo en la poesía heroica,* y Américo Castro que *la técnica de la obra consiste en ir alargando, estirando la figura central desde el plano de la experiencia al de lo extraordinario,* que para mí es el de lo arquetípico. Tal depuración de lo tradicional, aquí el realismo y el historicismo, es propia del románico, estilo muy poco innovador, en el que plasma la cultura cristiana nacida en el siglo IV...

Hasta el ideal latino de la hombridad, fundado en la *gravitas* y en la *pietas*, en la *benevolentia* y en la *magnanimitas*, sobrevive en el Románico, como lo prueba precisamente el Cid del *Cantar*. [80]

Es un hecho reconocido por muchos que, bajo el influjo de la estética de los números (de origen pitagórico) que basa la belleza en proporciones matemáticamente calculadas, la arquitectura "buscará las proporciones más simples y preferirá las figuras más elementales, de las que procede esa sensación de equilibrio y de serenidad, de claridad y sencillez que producen los edificios románicos": "Muchos son los críticos que han sentido ante el *Cantar del Cid* esa armonía entre lo vertical y lo horizontal, que aquí sería entre lo arquetípico y lo cotidiano, propia del Románico. Cuando Menéndez y Pelayo [como indicamos, Milá y Fontanals, maestro de Menéndez y Pelayo, fue el primero en dedicar a la grandiosa composición del *Mío Cid* estas palabras: "la simplicidad de composición, y aquel proceder por grandes masas..." ("Oración inaugural," (1865) en *De la poesía...*, pp. XII-XIII)] nos habla de *la enérgica simplicidad de la composición, que procede por grandes masas,* o don Ramón alaba la pericia con que el juglar convirtió *el caótico montón de materiales, que la vida ofrece, en un edificio de líneas sobrias,* la imagen subyacente es la de la basílica románica, cuyas proporciones, tan exactas y acogedoras, daban una impresión de sosiego y de serenidad". [81] No sólo hay en el *Poema del Cid* equilibrio de masas arquitectónicas y armonía de movimientos, sino también un equilibrio que surge del alma misma del héroe, "dominada por la mesura" y que "se refleja en su estilo, grave y sosegado". [82]

---

[80] *Ibid.*, 429-31.
[81] *Ibid.*, 432.
[82] *Ibid.*, 433.

Además de todo ello, el arte románico equilibra las masas alrededor de un eje; y esto se refleja claramente en el *Cantar*. Mientras en la *Chanson de Roland* (que empieza y termina con la figura de Carlomagno) el eje se desplaza a Roldán en el episodio de Roncesvalles, en el *Mío Cid* su más perfecta estructura "no permite que su eje [el Cid] se desplace; hasta en las cortes las miradas de todos van hacia el Cid y no hacia el rey...".[83] El estilo del *Poema* refleja además dos características de la pintura románica: "los gruesos trazos de su dibujo" y la "falta de perspectiva o profundidad". Concluye Moreno Báez que el *Mío Cid* "refleja las ideas dominantes en la Europa del XII, igual que la música o las artes plásticas".[84]

Los trabajos de interpretación histórica, estética y literaria más recientes continúan viendo en el *Cantar* una obra maestra de gran originalidad, un prodigio del arte juglaresco castellano. Estos estudios buscan la clave artística del poema, insisten en su unidad y composición, en la forma de la expresión oral-juglaresca, en los procedimientos estilísticos y retóricos, en la muy personal creación literaria de los personajes, en la modernidad de su técnica narrativa, en su tratamiento artístico-poético de la historia, en la concepción épico-mítica del héroe-protagonista, en la originalidad y personalidad artísticas del juglar (o de los juglares) del *Poema* dentro de la tradición épica castellana anterior, en la poética del *Mío Cid,* en suma, en el concepto del arte heroico del poeta o de los poetas del cantar.[85] Entre estos estudios

---

[83] *Ibid.*, 435-6.

[84] *Ibid.*, 437. También Ángel Valbuena Prat cree que los dos grandes poemas (el *Cantar* y la *Chanson de Roland*) "pudieran sugerirnos paralelos arquitectónicos de la época, no señalados. La grandeza adusta y sencilla del *Cid* es hermana de la severidad uniforme y formidable de las murallas románicas de Ávila, mientras que la riqueza de matices y una cierta tendencia entre poética y retórica del *Roland* pueden tener su marco en la lírica y bella Cité, de Carcassonne" (Valbuena Prat, *Historia de la literatura española en sus relaciones*..., Madrid, 1965, p. 68).

[85] Américo Castro, "Poesía y realidad...," (1935), y *La realidad*... (1954); Dámaso Alonso, "Estilo y creación...," (1944), *De los siglos oscuros*... (1958), y "El anuncio del estilo directo...," *MRL*, I, 1969, 379-93; Li Gotti, "El *Cantar de Mío Cid*...," (1951); Cortés y Vázquez, "Ritmo, color y paisaje...,"(1954); Robert Picciotto, "Dramatic and Lyrical Unity in the *Cid* and the *Roland*," tesis doctoral escrita en la Univ. de Indiana (1954); Jules Horrent, "El *Cantar de Mío Cid*...," (1956), "Le *Poema de Mío Cid*...," (1959), y "Tradition poétique...," (1964); Guerrieri Crocetti,

destaquemos la interpretación histórico-literaria y mítica que nos da Bandera Gómez en su libro: El *"Poema de Mío Cid": poesía, historia, mito* (Madrid: Gredos, 1969). El autor reconoce con muchos otros comentaristas la calidad poética y artística del *Cantar;* reconoce también su sorprendente carácter histórico y trata de integrar estas dos caras del poema (historia y poesía) "en una dimensión única que sirva de fundamento y nos dé la clave a la vez poética e histórica de la obra", ya que "el carácter histórico del *Cantar* es inseparable de la intuición poética que hace de él una obra de arte literario". [86] En la maravillosa conjunción artística de lo poético y de lo histórico hay que buscar la clave artística del *Poema* (p. 20). Bandera Gómez hace resaltar la sinceridad del poeta a la vez que encarece su actividad creadora que consiste en elevar la historia (acontecimientos históricos) a categoría estética. Según el crítico, también son inseparables la sensibilidad del poeta del *Cantar* y la expresión del sentir colectivo y tradicional. Esta sensibilidad que funde maravillosamente lo individual y lo colectivo es, dice Bandera Gómez, una característica del pensamiento mítico (p. 60). Apoyándose en comentaristas

---

Il Cid... (1957); Stephen Gilman, *Tiempo y formas...* (1961), y "The Poetry of the *Poema*...," (1972); Louis Chalon, "Recherches sur le caractère historique du *Poema de Mio Cid*. Études des Chants I et II," tesis doctoral, Univ. de Liège (1960); Battaglia, "Poesia e realtà...," (1958); Joaquín Casalduero, "Un personaje del Cantar de Mio Cid..." (1964); Ermanno Caldera, "L'oratoria nel *Poema del Cid*," MSI, X (Pisa 1965), 5-29; Ambrosio Huici Miranda, "La lucha del Cid Campeador con los Almorávides y el enigma de su hijo, Diego," *Hespéris-Tamuda*, VI (1965), 79-114; Ilda Grassotti, "La ira regia en León y Castilla," CuHe, XLI-XLII (1965), 5-135; Gárate Córdoba, *Espíritu y milicia...* (1967); Edmund de Chasca: *El arte juglaresco...* (1967); David, V. Foster, "Nota sobre la "Afrenta de Corpes" y la unidad expresiva del *Poema de Mio Cid*," RomN, XII (1970-71), 219-24; Cayetano Socarrás, "The Cid and the Bishop of Valencia...," (1970); Aubrun, "Le *Poema de Mio Cid*...," PQ, LI (1972), 12-22: Eugene Dorfman, *The Narreme...* (1969); Peter Dunn, "Levels of Meaning..." (1970); Colin Smith, "The Personages of the *Poema*..." (1971); Stephen Gilman, "The Poetry of the *Poema*...," (1972); Thomas Hart, "The Rhetorik of (Epic) Fiction..." (1972); etc.

[86] Bandera Gómez, *El "Poema de Mío Cid"*..., p. 16. Más adelante (pp. 20-22) afirma que la coincidencia entre lo narrado (poesía) y lo histórico "se produce en términos poéticos" gracias a la intención creadora del poeta. La unidad del *Poema* es una unidad de intención; y la historicidad del cantar nos interesa, sobre todo, "por el tono poético de la misma y por la intensidad afectiva con que el poeta integra dichos elementos históricos dentro de su obra...".

anteriores (especialmente Dámaso Alonso, Américo Castro, Ettore Li Gotti, Pedro Salinas), afirma que "si por una parte nuestro cantar se asienta en lo mítico, por otra parte, como ya se ha dicho, es como un anticipo de la novela moderna, de la gran novela realista" y que "en esta conjunción de lo épico-mítico y lo lírico radica su modernidad, su carácter de precursor" (pp. 144-5). Bandera Gómez descubre en el *Poema* un mito cristiano y mesiánico, un simbolismo primitivo de las grandes obras de arte, la actividad creadora de un juglar que, con su alma primitiva y con su fe en la significación histórica del héroe-modelo cristiano (el Cid), ha sabido sacar de una infraestructura mítica una obra organizada y coherente.

Conviene recordar, por último, que la nueva tesis de don Ramón Menéndez Pidal sobre los dos poetas-juglares en el *Mío Cid* no disminuye el valor artístico y literario del poema conservado, sino que lo engrandece y magnifica, pues los dos autores, tan discordes en lo tocante al verismo épico, "se hermanan muy concordes en la creación literaria" del *Cantar*.[87] Sus diferencias no chocan, sino se complementan y funden en el campo de la poesía;[88] y sólo cabe añadir que la genial creación del primer juglar (de San Esteban) es acrecentada por el segundo juglar (de Medinaceli):

> El poeta de Medinaceli engrandeció la acción del poema y puede considerársele autor definitivo; pero no dejemos de añadir que más de la mitad del poema y de su grandeza pertenecen al poeta de San Esteban de Gormaz.[89]
> Si el juglar de Medinaceli amplió el escenario del *Cantar* e intensificó el dramatismo al introducir la afrenta de Corpes y las cortes de Toledo, a él deberíamos el estiramiento de la figura del Cid desde el plano de la experiencia al de lo extraordinario, como dice Castro, y la felicísima conjunción de realismo y ejemplarismo; aunque no podamos probar que a ello fuera ajeno el juglar de Gormaz, mucho más verista, cabe al otro la gloria de haber logrado entre ambas tendencias el perfecto

---

[87] Menéndez Pidal, *En torno*..., p. 161; ver también Sanz y Díaz, "Dos poetas...," *Celt*, XIV (1964), 97-116, y Bandera Gómez, *El "Poema de Mío Cid"*..., pp. 63-68, 171-83.
[88] Edmund de Chasca, *El arte juglaresco*..., pp. 308-16.
[89] Menéndez Pidal, "Los cantores épicos yugoeslavos...," 223.

equilibrio en que se fundamenta la unicidad del *Cantar del Cid*.[90]

El arte colectivo y anónimo, forma inicial del arte en los primordios de un pueblo, ha producido en España, durante el último período de su desarrollo, un poema de supremo valor [el Mío Cid]. El pueblo hispano, cultivador ferviente de su historia cantada, creó un héroe epónimo, buscando en él un alto modelo de vida nacional; creó en el campo de la poesía su primera obra maestra, sublime campo auroral de una literatura que surge vigorosa y emprende su camino en esperanza de espléndida jornada.[91]

Podemos decir, por lo tanto, que el *Cantar*, como obra de arte, como creación literaria, no recibe mucha atención por parte de la crítica del xviii. Sarmiento, Sánchez, Vargas Ponce, atendiendo sólo a la antigüedad del poema, no aprecian su verdadera importancia literaria; resaltan lo histórico, pero pierden de vista lo poético de la obra; y Capmany, desconociendo por completo el valor del poema, lo califica, peyorativamente, de historia rimada.

El siglo xix principia con dos hechos contradictorios. La crítica española, por una parte, no participa del entusiasmo con que el naciente romanticismo europeo acoge al *Mío Cid*; y, obedeciendo todavía a los preceptos neoclásicos delimitadores del arte y de la poesía, menosprecia al *Poema*, considerándolo una crónica rimada, una obra tosca, prosaica y apoética (aliteraria); (así juzgan el *Cantar* Martínez de la Rosa, Moratín, Mendívil y Silvela, Eugenio de Tapia...). Los románticos extranjeros (Schlegel, Southey, Hallam, Bello, Wolf, Clarus), por otra parte, comienzan la valoración moderna del *Poema*; y, refutando los juicios de la crítica española, afirman que el *Cantar* es una obra de arte que tiene grandes méritos literarios. Según estos eruditos (especialmente Bello, Wolf, Clarus), la intención y el propósito artístico del poeta; la mezcla de lo cómico y de lo dramático; la perfección, unidad y claridad de la composición; la sencillez y sobriedad del estilo; la individualidad de los personajes... son algunos de los rasgos poéticos que hacen del *Mío Cid* la obra de un artista original y creador.

---

[90] Moreno Báez, "El estilo románico...," 438.
[91] Menéndez Pidal, *En torno*..., p. 220.

La crítica de la segunda mitad del xix, apoyándose en los comentarios de Wolf y la comparación con la *Chanson de Roland*, continúa tributando al poema elogios ponderados. Damas Hinard y Leon de Monge, basándose en las diferencias y semejanzas entre el *Poema* y el cantar francés, consideran el poema castellano superior, en valor artístico, a la *Chanson;* y para los españoles Milá y Fontanals y Amador de los Ríos, el valor literario y artístico del *Cantar* radica en la unidad y concierto de la composición; en la simplicidad de la arquitectura; en la primitiva sencillez del estilo; en la variedad de la narración; en la individualidad, originalidad y naturalidad de los personajes... Las apreciaciones artísticas dadas por Amador de los Ríos y por Milá, abren, junto con los comentarios de Fernando Wolf, un nuevo camino a los críticos posteriores.

El siglo xx, por su parte, se caracteriza por la gran cantidad de estudios que, desde distintas perspectivas, se ocupan del arte del *Cantar*.

Esta centuria principia con los comentarios de Menéndez y Pelayo sobre la originalidad artística del *Poema;* originalidad que reside en el instinto de selección estética del autor, en la simplicidad del estilo y en la sencillez de la composición "que procede por grandes masas". Todos los críticos posteriores insisten en la composición del *Poema;* buscan el arte cidiano, su forma poética, el estilo de la creación juglaresca; la modernidad y originalidad de la obra. Y puede decirse, en fin, que todas las investigaciones llevadas a cabo por la moderna crítica estética cidiana (Menéndez Pidal, Karl Vossler, Américo Castro, Dámaso Alonso, Edwald Kullmann, Ferruccio Blasi, Aubrey Bell, Leo Spitzer, Northup, Pedro Salinas, Gustavo Correa, Joaquín Casalduero, Cortés y Vázquez, Ettore Li Gotti, Edmund de Chasca, Erich von Richthofen, Jules Horrent, Stephen Gilman, Thomas Montgomery, Thomas Hart, Juan Loveluck, Eugène Kohler, Martín de Riquer, Ildefonso Manuel Gil, Moreno Báez, Eugene Dorfman, Peter Dunn, Colin Smith, Bandera Gómez...), tanto las de tipo temático-histórico como las estilísticas y estéticas, concuerdan al ver en el *Poema del Cid* una de las máximas creaciones literarias del genio castellano, la obra del "rey de los juglares medievales" (Leo Spitzer).

Capítulo IX

APÉNDICES

Por razones de claridad y de método nos ocuparemos ahora de otros cuatro aspectos muy discutidos por la crítica cidiana:

Apéndice A)   El papel de Per Abat y la tradición épica oral o (y) escrita del *Mío Cid*.

Apéndice B)   El arte de los cantares de gesta: juglares y clérigos.

Apéndice C)   Sobre el carácter mítico del *Mío Cid*.

Apéndice D)   Sobre el sentimiento del paisaje y del tiempo en el *Poema del Cid*.

Apéndice A)   *El papel de Per Abat y la tradición épica oral o (y) escrita del "Mío Cid"*.

Muchos autores han intentado identificar al Per Abat del explicit del *Poema* ("Per Abat le escrivió en el mes de mayo / En era de mill e CC... XLV años"), fijar la época en que fue manuscrita la versión conservada, establecer cuándo se dictó (por primera vez) para ser puesto por escrito el *Cantar*, y cómo éste ha llegado hasta nosotros ¿por tradición oral o (y) por tradición escrita?

Según el Padre Sarmiento, el códice del *Poema* ("que pasa por original") fue escrito por "P. Abad, que era Abad de Cardeña o de Arlanza, o de Silos, en la era de 1245 o en el año de 1207 por mayo".[1] Sánchez, en 1779, creyó que Per Abat (el copiante del *Cantar*) "era acaso un monje benedictino, a no ser que abbat sea apellido".[2]

Rafael Floranes, en cambio, para fijar la composición del poema en 1245 (fecha anotada, según él, por el explicit), afirmó, hacia 1780, que Per Abat (el autor de la obra) era nombre, el mismo Per Abat (Pero Abad) que aparece como poeta del rey Fernando III.[3] Pascual de Gayangos y E. de Vedia, Joaquín Costa y Antonio Restori aceptaron en el siglo XIX la afirmación de Floranes.[4] En nuestro siglo, Ubieto Arteta (1957), Criado de Val (1970) y Riaño Rodríguez han atribuido la autoría del *Cantar* conservado al Per Abat del explicit.[5]

Ángel de los Ríos y Ríos (1880) y Rudolph Beer (1898), por su parte, identificaron al copista Per Abat con el clérigo de San Juan de Burgos;[6] y Ferotín vio en Per Abat un enfermero de Silos.[7]

Andrés Bello (1827-1841), Fernando Wolf (1831-1859), Damas Hinard (1858), Milá y Fontanals (1874), Fitzmaurice-Kelly (1898), Menéndez y Pelayo (1903), Bertoni (1912), Blasi (1938), Américo Castro (1935), Battaglia (1943), Huerta (1948-1964), Guerrieri Crocetti (1957), Martín de Riquer (1959), Dámaso Alonso (1958), Jules Horrent (1964), Erich von Richthofen (1954-1970), Gilman (1972), Aubrun (1972)... apoyan, con Menéndez Pidal (1908-1965), la opinión de Sánchez (el Per Abat del explicit es copiante del poema); afirman que Per Abat es nombre frecuentemente mencionado en los documentos de los siglos XII-XIV; que todo intento

---

[1] Ver Chacón y Calvo, "El P. Sarmiento y el *Poema del Cid*," RFE, XXI (1934), 151-2.

[2] *Colección...*, I, 1779, 221.

[3] "Dos opúsculos inéditos...," 358-60.

[4] Pascual de Gayangos y E. de Vedia, en su trad. de la *Historia de la literatura española* de Ticknor, I (Madrid, 1851), 493-96; Costa, *Poesía popular...*, pp. 78-80; Restori, "Il Cid Campeador," Prop, XIV (1881), 29; ver también Fernández Espino, *Curso histórico crítico...*, pp. 47-50.

[5] Ubieto Arteta, "Observaciones...," 168-70; Criado de Val, "Geografía...," 105-106; Riaño Rodríguez, "Del autor y fecha...," 467-500 (también Zingarelli (1925), *Scritti...*, 173).

[6] Ángel de los Ríos y Ríos, "Exactitud histórica...," 62-70; Beer, "Zur Ueberlieferung...," 1-41.

[7] Ver Menéndez Pidal, *Cantar...*, I, 18.

de identificación es, por eso, arbitrario e inconvincente; y que el explicit es del copista (Per Abat), no del autor que es anónimo.

No se ha discutido mucho sobre la fecha en que fue copiado el poema conservado. Casi todos los críticos están de acuerdo en que fue copiado en el siglo XIV, exactamente en 1307, por un tal Per Abat, que hizo su copia teniendo a la vista un texto más antiguo, puesto al dictado a finales del siglo XII o a comienzos del XIII,[8] o en 1207.[9] Sólo unos cuantos autores (el Padre Sarmiento, Amador de los Ríos, Dozy...) creyeron que Per Abat copió el *Cantar* en 1207. Véase, en relación con el papel de Per Abat (¿copista del XIII o copista del XIV?), el estudio de Jules Horrent, "Notes de critique textuelle sur le *Cantar de mío Cid*," *MMD*, II (Gembloux, 1964), 275-82.

No se ha podido establecer con seguridad cuándo el poema conservado se dictó (por primera vez) para ser puesto por escrito. Menéndez Pidal sostiene que el antiguo *Poema* oral fue puesto al dictado a finales del siglo XII, más bien que a comienzos del XIII o del XIV.[10] Jules Horrent, por su parte, cree que el texto conocido es transcripción (hecha por Per Abat en 1307) de un modelo de 1207.[11] Según la tesis de Menéndez Pidal y la de Horrent, Per Abat hizo su copia en el siglo XIV (1307), no por dictado, "sino con la vista fija en el viejo manuscrito" de fines del siglo XII, según Menéndez Pidal, de comienzos del XIII, según Horrent.

Los que en estos últimos años de nuestra centuria han intentado aplicar a los cantares de gesta y romances castellanos la moderna teoría de la "composición-creación oral" expuesta por Milman Parry y Albert Lord en relación con la épica homérica, yugoslava y serbo-croata (Harvey [1963], Deyermond [1965], De Chasca [1967-1970], Aguirre [1968], Ruth House Webber [1951-1966], Bruce Beatie [1964], Ochrymowicz [1968]...), han llegado a establecer que en el *Mío Cid*, en el fragmento de *Roncesvalles*, y el *Romancero* castellano, hay muchas de las características que Parry y Lord han encontrado en otras epopeyas contemporáneas

---

[8] Menéndez Pidal, "Los cantores épicos yugoeslavos...," *BRABLB*, XXXI (1965-66), 216, 223.

[9] Jules Horrent, "Notes de critique textuelle...," 275-82, y "Tradition poétique...," *CCM*, VII (1964), 477.

[10] Menéndez Pidal, "Los cantores épicos yugoeslavos...," 216-23.

[11] Horrent, "Tradition poétique...," 477.

(la yugoslava, por ejemplo), compuestas oralmente, es decir, durante la "recitación-performance" juglaresca, y han afirmado que el texto del *Mío Cid* conservado parece ser una transcripción, una representación escrita de una obra más antigua de ejecución-creación oral, de un poema oral dictado por algún juglar a Per Abat en el siglo XIV (1307). El desacuerdo entre la escuela tradicionalista de Menéndez Pidal y la "oralista" de Parry-Lord estriba en que la primera habla no de composición-creación oral, sino de tradición (difusión-transmisión) oral de los cantares de gesta, mientras que la segunda insiste en la composición-creación oral durante el mismo proceso de la recitación juglaresca. Harvey, por ejemplo, fundado en las investigaciones de Lord, sostiene que la irregularidad métrica del *Cantar del Cid* se debe, en gran parte, a su carácter de texto dictado, al mismo hecho de haberse dictado el *Poema oral*.[12] Alan David Deyermond (1965) y J. M. Aguirre (1968) apoyaron, en lo general, las conclusiones de Harvey.[13] Aguirre admite la existencia de cantares cidianos anteriores al conservado y de ejecución oral; y supone además que Per Abat fue quizá el que se puso a escribir una representación del *Cantar*.[14] y Edmund de Chasca aplica, entre 1967 y 1970, la teoría de la composición oral al *Mío Cid* y concluye, apoyándose en Lord, que el poema castellano conservado es una obra netamente oral, por poseer éste las características (lenguaje formulaico, temática y encabalgamiento) que, según Lord, constituyen el andamiaje de la creación oral.[15]

Si la teoría de Parry y Lord es aplicable a la épica medieval románica, si se admite que el *Cantar,* tal como ha llegado hasta nosotros, presenta (según Lord, Harvey, Deyermond, Aguirre y De Chasca) muchas de las características observadas en textos dictados (de composición oral) y si se acepta que Per Abat no

---

[12] "The Metrical Irregularity...," 137-43.
[13] Deyermond, "The Singer of Tales...," 1-8. En escritos posteriores (*Epic Poetry*... (1968) y *A Literary History*..., I, 1971, 43-56) Deyermond opone reparos (obstáculos) a la aplicación de la teoría de la composición oral al *Mío Cid;* y vuelve a defender la tesis de la composición escrita del *Cantar* (aunque éste, después de ser escrito, fue transmitido oralmente por los juglares).
[14] Aguirre, "Épica oral...," 28-29.
[15] De Chasca, "Composición escrita y oral...," 77-94.

hizo más que poner por escrito el dictado de algún juglar, ¿cómo se explica el hecho curioso de que, entre las tantas recitaciones-"performances" juglarescas que sin duda sufrió el *Poema* durante su vida oral y entre los tantos posibles dictados correspondientes, nos ha llegado sólo el transcrito por Per Abat? Habría que distinguir, además (como hace Deyermond),[16] entre lo que unos llaman proceso de difusión (propagación, transmisión) oral o (y) escrita y lo que otros consideran creación-composición oral o (y) escrita de un poema épico tradicional.

Si el *Poema* conservado, sea refundición de un cantar original ideado hacia 1105,[17] o sea refundición de una obra que a su vez refundía otro cantar anterior o cantos noticieros recientes sobre el Cid,[18] fue creado (compuesto) hacia 1140 (según Menéndez Pidal y sus seguidores) o a comienzos del siglo XIII (según Ubieto Arteta, Russell, Fradejas Lebrero, Colin Smith, Deyermond, Riaño Rodríguez, Criado de Val), y su única copia existente data del XIV (1307), ¿cómo ésta procede de aquél? ¿Se ha transmitido el *Cantar* por medio de la tradición oral o (y) por por medio de la tradición escrita?

Ya en el siglo XIX Andrés Bello, el Marqués de Pidal, Damas Hinard, García Gutiérrez, Ángel de los Ríos y Ríos... vieron en el *Poema* una obra destinada al canto, a la transmisión oral.[19] Por otra parte, los primeros investigadores del códice cidiano afirmaron, también en el siglo XIX, que Per Abat había copiado el *Cantar*, sin servirse de ninguna otra copia o manuscrito, sino de su infiel memoria, pues lo había oído cantar una o varias veces

---

[16] Deyermond, *Epic Poetry*..., pp. 166-99, y *A Literary History*..., I, 1971, 48-49. En contra de la aplicación de las tres pruebas lordianas al *Mío Cid*, ver también Stephen Gilman, "The Poetry of the *Poema*...," *PQ*, LI (1972), 1-11.

[17] Menéndez Pidal, "Los cantores épicos yugoeslavos...," 219-23, y "Dos poetas...," *En torno*..., pp. 109-162.

[18] Menéndez Pidal, "Los cantores épicos yugoeslavos...," 219-220; Horrent, "Tradition poétique...," 451-77; De Chasca, "Composición escrita y oral...," 77-94; von Richthofen, *Nuevos estudios*..., pp. 110-46.

[19] Ver: Andrés Bello, *Obras*..., VI, 307-8; Marqués de Pidal, "De la poesía castellana...," Introducción al *Cancionero de Juan Alfonso de Baena* (Madrid, 1851), pp. XVI-XXII; Damas Hinard, *Romancero espagnol*..., I, 1844, pp. V-VI; García Gutiérrez, "Sobre el origen de la poesía...," *DRAE* (Madrid, 1862), pp. 5-46; Ángel de los Ríos y Ríos, "Exactitud histórica...," *RE*, LXXI (1879), 517-38, LXXII (1880), 62-70.

de boca de los juglares. Así explicaban Jules Cornu (1881-1891) y Antonio Restori (1887) las irregularidades métricas del poema (atribuyéndolas a la infiel memoria del copista).[20] Lindforss, por el contrario, creyó, en 1895, que entre los varios manuscritos del poema hubo uno hecho al dictado, quizá el mismo actual.[21] Menéndez y Pelayo, poco después, rechazó la tesis de Cornu y Restori, sosteniendo que la copia de Per Abat "deriva del poema original transmitido por una serie de copias más o menos estragadas, y no se apoya, como algunos han creído, en la tradición oral de los juglares".[22]

Menéndez Pidal ha defendido, a lo largo de los años, la tradición-transmisión oral y escrita de los cantares de gesta medievales. En cuanto al *Mío Cid*, rechaza en 1908 la tesis sostenida por Cornu y por Restori, asegurando que el poema conservado no procede de un dictado de la memoria de Per Abat, sino de varias copias manuscritas de un texto original perdido (puesto al dictado a finales del siglo XII). La gramática, el asonante, la versificación irregular y los arcaísmos conservados en el *Cantar* actual testifican su tradición escrita.[23] Desde 1908 hasta época reciente (1965) Menéndez Pidal ha ido elaborando y desarrollando su teoría; ha afirmado repetidas veces que los largos poemas narrativos como el *Mío Cid* se transmitían, en general, por medio de la tradición oral (la fiel memoria juglaresca), y a veces ayudándose los cantores épicos de recursos mnemotécnicos o de la escritura: "Existía otra poesía juglaresca tradicional, productora de relatos épicos algo extensos, que no sólo se transmitían oralmente, sino a veces ayudándose de la escritura."[24] Según don Ramón, un cantar épico tradicional se propaga tanto por la tradición oral como por la escrita. El poeta-juglar que crea o transmite una canción oralmente y el que crea o difunde un poema por escrito, ambos, dice Menéndez Pidal, obedecen a la técnica de la creación tradicional; ambos consideran la tradición como "tesoro

---

[20] Cornu, "Études...," *Ro*, X (1881), 75-99, y "Études...," en *Études romanes...*, pp. 419-58; Restori, "Osservazioni...," *Prop*, XX (1887), I, 101.

[21] Lidforss, *Los Cantares...*, p. 98.

[22] Menéndez y Pelayo, *Obras...*, XVII, 1944, 136.

[23] Menéndez Pidal, *Cantar...*, I, 1954, 28-33.

[24] *Poesía juglaresca y orígenes...*, p. 348, y "Los cantores épicos yugoeslavos...," 195-225.

común del pasado y del presente, y como posesión individual que permite renovación y re-creación".[25] En su libro *Poesía juglaresca y orígenes*... (1957), p. 369, don Ramón afirma que "la tradicionalidad que se deposita en los manuscritos ofrece caracteres idénticos a la puramente oral". Pero el erudito romanista, como señala De Chasca, no aclara si en esos manuscritos el "juglar pone por escrito su propio cantar en el acto de composición". Menéndez Pidal se refiere, en realidad, al proceso de difusión, no al de composición inicial de la canción épica, pues en el mismo lugar nos dice que "la difusión del cantar de gesta o poema extenso es mixta: esencialmente ha de ser oral, cantada, pero se sirve también mucho de la escritura...".

La posición de Menéndez Pidal respecto a la tradición y composición oral o (y) escrita del *Mío Cid* fue equívoca tanto en su edición del *Cantar*... como en su *Poesía juglaresca y orígenes*... y en su *Romancero Hispánico*.... En estas obras dice a menudo que los juglares aprendían de memoria los cantos que luego recitaban, y apoyaban la memoria en los manuscritos; siempre afirma que el *Mío Cid* se escribió hacia 1140, pero sin especificar si el manuscrito al que se refiere es un texto dictado o transcripción de una obra cidiana ejecutada oralmente. Sólo en su estudio de 1965 ("Los cantores épicos yugoeslavos...," 195-225) afirma que una "extraordinaria retención memorística abunda de modo increíble entre los que se dedican a la transmisión oral" (p. 199); que el viejo poema cantado (oral) se dictó para ser puesto por escrito a finales del siglo XII o a comienzos del XIII; que este antiguo manuscrito perdido se dictó cuando estaba "vivo en la memoria y en el canto de los juglares"; que la copia de Per Abat (de 1307) "no se hizo al dictado, sino con la vista fija sobre el viejo manuscrito"; y que el juglar del *Poema* de Medinaceli (el cual refundía la obra de un refundidor anterior: el poeta de San Esteban de Gormaz) trabajaba "no sobre el pergamino, sino oralmente sobre la memoria de un juglar que supiese a la perfección los versos antiguos y que, en repeticiones varias, se asimilase las enmiendas, mejoras y adiciones" (p. 223): "La memoria del juglar que dictó la copia del *Mío Cid* a fines del siglo XII era de las que abundan entonces, una memoria vasta y firme, algo así

---

[25] Ver De Chasca, "Composición escrita y oral...," 81.

como una escritura analfabética de deseada fijeza. La poesía oral que nos trasmite es una épica que vive de modo muy distinto al en que vive la moderna épica yugoeslava, improvisadora y refundidora de totalidad..." (pp. 22-3). Estas palabras, a pesar de todo, no se refieren a la composición inicial del *Cantar*, sino a su tradición oral; y esto, como ha observado muy bien De Chasca, se debe a que, según Menéndez Pidal, el *Poema* no se creó en su forma completa de una vez, pues "la primera fama de todo héroe es simplemente noticiera", debida la del Cid a breves cantos noticieros recogidos y rehechos en el *Poema* y "compuestos oralmente, muy al calor de los sucesos".[26]

De todo ello se ha podido decir que el *Cantar* surgió, con toda probabilidad, como obra oral (constituida por breves cantos noticieros de actualidad) a finales del siglo XI;[27] que se transmitió oralmente y con la ayuda de varios recursos mnemotécnicos hasta fines del siglo XII, cuando fue dictado para ser puesto por escrito, sufriendo dos refundiciones: la del poeta de San Esteban (hacia 1105) y la del poeta de Medinaceli (hacia 1140);[28] y que desde finales del siglo XII o comienzos del XIII empieza su tradición oral y escrita a la vez, la cual llega hasta el siglo XIV (1307), época en que Per Abat establece con su copia la segunda etapa de su tradición manuscrita.[29] Milman Parry, Albert Lord y los partidarios de la llamada "escuela oralista norteamericana", apoyándose en sus investigaciones de la épica oral serbo-croata-eslava y en sus analogías con la epopeya homérica y con la medieval, defienden que el cantor oral no depende de un texto escrito para aprender de memoria el poema que luego recitará a un auditorio vivo. En efecto, no puede valerse de la escritura porque es analfabeto. El mismo Menéndez Pidal, refiriéndose al *Mío Cid*, afirma que "no es verosímil que hubiese una tradición manuscrita desde hacia 1105; en el siglo XII la práctica de escribir las lenguas románicas era muy escasa y vacilante, y el pergamino o el papel eran

---

[26] Ver Menéndez Pidal, "Los cantores épicos yugoeslavos...," 214-15, y Edmund de Chasca, "Composición escrita y oral...," 82-3.
[27] *Ibid.*; Aguirre, "Épica oral...," 13-43; von Richthofen, *Nuevos Estudios*..., 136-46, y Gárate Córdoba, *Espíritu y milicia*..., p. 21.
[28] Menéndez Pidal, "Los cantores épicos yugoeslavos...," 219-23.
[29] Horrent, "Tradition poétique...," 451-77, y "Notes de critique textuelle...," 275-82.

demasiado caros para emplearlos en un arte vulgar".[30] Lo que sí puede ayudar al cantor épico es su extraordinaria memoria auditiva cultivada a través de su larga formación juglaresca. La memoria de poetas orales como los del *Cantar* depende, según De Chasca, de varios recursos mnemotécnicos: "en el plano tradicional, de fórmulas épicas verbales, de fórmulas del modo narrativo y de temas y motivos tradicionales; en el plano lingüístico, de un estilo formulario del lenguaje común".[31] En efecto, el estilo formulaico es, dice Lord, una característica esencial de la composición oral, y es inseparable de la épica.

La doctrina lordiana rechaza, pues, la teoría de la tradición escrita y oral tal como la defendió Menéndez Pidal antes de 1965; rechaza también la tesis de Bowra según la cual la escritura no sólo ayudó sino que también perfeccionó el estilo homérico y dio lugar a una transición de la poesía oral a la que hasta cierto punto depende de la escritura.[32] Lord, por el contrario, sostiene que esa transición es irrealizable, pues la técnica de la composición oral y la del escritor son incompatibles; y es, además, imposible que las dos técnicas se puedan combinar para crear una tercera técnica transicional.[33]

En el *Cantar*, en fin, se utilizan algunos elementos técnicos propios de la composición oral: fórmulas y expresiones formulísticas, epítetos épicos, temas y motivos tradicionales. Todo esto constituye, según Lord y sus seguidores, la estructura y el andamiaje sobre los que el poeta oral levanta su canción en el momento mismo de la representación-"performance".[34] No sólo en el *Mío Cid*,[35] sino también en el *Rodrigo*,[36] en el fragmento de *Ron-*

---

[30] "Los cantores épicos yugoeslavos...," 219.
[31] "Composición escrita y oral...," 78.
[32] Bowra, *Heroic Poetry*, pp. 240-41; en 1958, sin embargo, el autor afirma que la poesía oral "n'este pas écrite, mais déclamée ou chantée" ("L'épopée orale," *TR*, 132 (1958), 18-41) y en 1963 (*Primitive Song*, p. 42) insiste en que las canciones primitivas se componían oralmente, sin ayuda de la escritura.
[33] Lord, *The Singer*..., p. 129.
[34] Ver Lord, *The Singer*..., pp. 4-34, 35-48, 50-82; De Chasca, "Composición escrita y oral...," 77-94; Aguirre, "Épica oral...," 13-43; Gilman, "The Poetry of the *Poema*...," 1-11.
[35] Ver: Bowra, *Heroic Poetry*; Menéndez Pidal, "Los cantores épicos yugoeslavos...," 195-225; De Chasca, *El arte juglaresco*..., y "Toward

cesvalles,[37] y en el *Romancero* castellano,[38] hay características observadas por Lord en sus investigaciones de la juglaría yugoslava.

Fundados en el libro de Lord y en la analogía con los casos modernos, algunos críticos del *Cantar* (Harvey, De Chasca, Aguirre) han llegado a la conclusión de que el poema conservado es una representación (escrita) de una obra netamente oral. Otros eruditos, apoyados en estudios recientes (especialmente los de Margaret Chaplin), han defendido la composición escrita del *Mío Cid*.[39]

La generalidad de la crítica cidiana del siglo XX defiende la tradición oral de las gestas y de los romances medievales (Menéndez Pidal, Cintra, Martín de Riquer, Américo Castro, De Chasca, Deyermond, Aguirre, Horrent, Battaglia, etc.). Algunos de ellos afirman que los cantares de gesta medievales se transmitían y componían oralmente.[40]

---

a Re-definition of Epic Formula...," 251-63; Harvey, "The Metrical Irregularity...," 137-43; Deyermond, "The Singer of Tales...," 1-8; *Epic Poetry*... y *A Literary History*..., I, 43-56; Ruth House Webber, "Un aspecto estilístico...," 485-96.

[36] Deyermond, *Epic Poetry*....

[37] Ruth House Webber, "The Diction of the *Roncesvalles* Fragment," *HRM*, II (1966), 311-21.

[38] Ruth House Webber, "Formulistic Diction...," *UCPMP*, XXXIV (1951), 175-277; Bruce Beatie, "Oral-Traditional Composition...," *JFI*, I (1964), 92-113; Orest Ochrymowicz, "Aspects of Oral Style...," tesis doctoral escrita en la Univ. de Iowa (1968).

[39] Ver: Juan Loveluck, *Poema de Mio Cid* (ed. y pros. de J. Loveluck, Santiago de Chile, 1954), p. 44: "El códice [del *Poema*] procede de trasmisión escrita y no oral..."; Colin Smith, "The Personages of the *Poema*...," 594-598; Alan David Deyermond, *A Literary History*..., I, 1971, p. 45: "The poem was composed in writing, but was intended for oral diffusion by *juglares* to a popular audience".

[40] J. Rychner, *La Chanson de geste*... (1955), p. 35: "L'exemple de presque toutes les littératures épiques nous incite à croire que les chansons de geste ont été, dans leurs plus ancienne époque, transmises, et parfois composés oralement"; René Louis, "L'épopée française est carolingienne," *Coloquios de Roncesvalles*, Zaragoza, 1956, p. 450; "Toutes les chansons de geste que nous possedons n'ont été écrites que par accident, à date tardive, contrairement à leur nature profonde de poèmes oraux, composés et transmis oralement"; y Deyermond, *Epic Poetry*..., p. 202, afirma que el *Cantar*, como el *Rodrigo*, "seems in its extant manuscript to derive from a dictated oral text but via a manuscript tradition".

Los datos recogidos por los investigadores de la épica románica y los de la epopeya contemporánea han establecido, en fin, que el poeta oral es analfabeto; y que es, a su modo, él mismo, "un creador o recreador, un improvisador dentro de un patrón tradicional, a pesar de su anonimia y no obstante su función como portavoz de un arte colectivo y tradicional". [41]

La canción épica tradicional se transmite y difunde de recitador a recitador; por eso su texto es algo que vive en continuas variantes y refundiciones, las cuales discrepan entre sí en cuanto a pormenores, pero no cambian esencialmente el contenido tradicional. [42] Antes que Lord escribiera sobre el arte de los cantores épicos yugoslavos, Menéndez Pidal había demostrado esta gran verdad de la creación oral castellana al estudiar las 600 versiones del romance de *Gerineldo*. De ahí ha podido decir Edmund de Chasca que no es tan nuevo ni tan revolucionario el descubrimiento de Lord, pues lo que don Ramón demostró en relación con la canción épico-lírica cree que es aplicable también a los cantares de gesta extensos, [43] a los cuales considera como "poesía de transmisión oral, y en esto enteramente semejantes a la canción breve". [44] A todo esto añade Edmund de Chasca que "la modalidad oral se manifiesta desde el principio, desde la creación inicial"; y aplicando al *Poema del Cid* las "tres pruebas lordianas", concluye que éste es una composición netamente oral. [45]

---

[41] De Chasca, "Composición escrita y oral...," 78.
[42] Ver Menéndez Pidal, "Los cantores épicos yugoeslavos...," 197-210.
[43] Menéndez Pidal, "Sobre las variantes del códice rolandiano...," *CN*, XXI (1961), 97-104.
[44] "Los cantores épicos yugoeslavos...," 214.
[45] De Chasca, "Composición escrita y oral...," 86-94.

APÉNDICE B) *El arte de los cantares de gesta: juglares y clérigos.*

Se ha querido averiguar también quiénes fueron (¿los clérigos o los juglares?) los primeros en practicar el arte de los cantares de gesta, establecer qué tipo de persona debió de ser el cantor épico medieval y fijar las cualidades personales y culturales que le rodeaban.

La crítica individualista sostiene que la canción de gesta nace con los textos conservados; que sus antecedentes (si los hay) no constituyen una producción épica de valor artístico; y que es la obra de poetas doctos: los clérigos. Éstos fueron los primeros poetas de las literaturas románicas e iniciaron a los juglares en el uso del arte épico. Esta escuela cree que los dos géneros narrativos, el de juglaría (cantores de gesta) y el de clerecía (vidas de santos), son obra exclusiva de los monjes. El espíritu de la epopeya medieval, dice el individualismo, es religioso y eclesiástico; y el verismo épico (la veracidad histórica que emana de las canciones de gesta: los hechos y personajes históricos, exactitud geográfica, etc.) procede de los anales y las crónicas (fuentes escritas), que los eruditos monjes consultaban antes de escribir sus obras.[1]

Los tradicionalistas (Menéndez Pidal y su escuela), por el contrario, defienden que los cantares de gesta nacen con la lengua misma. Afirman la existencia de una época primitiva anterior a los textos conservados en la que hubo una poesía narrativa latente y tradicional, y en la que los juglares (cantores y recitadores ambulantes) eran los únicos poetas que recreaban épicamente a los hablantes de la lengua romance. Estos juglares fueron los verdaderos creadores de las literaturas romances, los que iniciaron a los clérigos en el uso de la lengua vulgar. Los cantares de gesta

---

[1] Ver Joseph Bédier, *Les légendes épiques...*, 4 vols. (Paris, 1908-1914); Julio Cejador, "El *Cantar de Mio Cid*...," 1-310; Nicola Zingarelli, *Scritti...*, pp. 153-73; Viñas Mey, "Sobre el origen...," *RABM*, XLIII (1922), 528-61; XLV (1924), 127-43; XLVI (1925), 9-22; XLVIII (1927), 70-98; Italo Siciliano, *Les origines des chansons de geste* (Paris, 1951).

no se inspiran en fuentes librescas (escritas), sino en leyendas y tradiciones orales (cantos noticieros de actualidad); y el espíritu que los anima no es monástico, sino más bien caballeresco, profano y antieclesiástico. [2]

El verismo épico del *Cantar de Mío Cid*, por ejemplo, no procede de anales ni crónicas, sino que deriva de la coetaneidad de los hechos narrados. El conocimiento que el autor o autores del *Poema* tiene(n) de asuntos legales y cancillerescos no implica necesariamente su condición erudita y clerical. [3] Sin embargo, por los testimonios que existen sobre la participación de los juglares en los palacios de los reyes y las casas de los grandes, "podemos suponer que un juglar iletrado pudo llegar a conocer por medio de personas letradas la clase de datos del *CMC* que, según Russell, estaban sólo al alcance de éstas". [4]

Menéndez Pidal cree, por su parte, que la acción clerical, en esa época primitiva, es improbable, pero no imposible: "El poeta no juglar, poeta profesional, clérigo o lego, que desecha el anónimo y declara su nombre, aparece en Francia en el siglo XII". En España, un siglo más tarde, Gonzalo de Berceo (primer poeta clérigo castellano que declara su nombre) se llama a sí mismo juglar, y usa elementos y fórmulas (empleadas por los juglares épicos) en sus obras religiosas. [5] El tradicionalismo hace distinción entre esa época primitiva y la de los textos conservados. En aquélla el arte de los cantares de gesta era utilizado por "anónimos juglares, legos acaso influidos indirectamente por la cultura eclesiástica." [6]

Por falta de noticias biográficas y de datos concretos, ha sido muy difícil a la crítica descubrir la personalidad de los cantores épicos medievales y establecer con cierta seguridad las circunstancias histórico-culturales en que vivían. En realidad podemos decir, con Menéndez Pidal y con Pierre Le Gentil, que los juglares

---

[2] Ver Menéndez Pidal, *Poesía juglaresca y orígenes*..., pp. 358-9.

[3] Ver, entre otros, P. E. Russell, "Some Problems of Diplomatic...," 340-49, y "San Pedro de Cardeña...," 57-79; Peter N. Dunn, "Levels of Meaning...," 111; Colin Smith, "The Personages of the *Poema*...," 580-98; Deyermond, *A Literary History*..., I, 1971, p. 45.

[4] De Chasca, "Composición escrita y oral...," 93-4.

[5] Menéndez Pidal, *La "Chanson de Roland"*..., pp. 422-3.

[6] *Ibid.*, p. 424.

épicos, por su anonimato, evitan el acercamiento de la psicocrítica moderna.[7]

En cuanto al autor o autores del *Mío Cid*, se ha podido decir que era(n) poeta(s) ambulante(s) y aficionado(s) a los viajes;[8] se ha podido precisar, además, el tipo de lenguaje (el ilustre dialecto mozárabe) utilizado por los cantores de San Esteban y de Medinaceli.[9] Se ha probado también que el arte del *Cantar* se apoya en una tradición juglaresca anterior; que su(s) autor(es) es (son) consciente(s) de su propósito artístico; que sabe(n) mucho de guerra, de indumentaria militar, de vida cortesana, de costumbres feudales;[10] que conoce(n) asuntos legales y cancillerescos,[11] la liturgia,[12] y el ambiente monacal.[13]

Según Menéndez Pidal, "juglares eran todos los que se ganaban la vida actuando ante un público, para recrearle con la música, o con la literatura [relatos épicos], o con charlatanería, o con juegos de manos, de acrobatismo, de mímica, etc.".[14] *Las Partidas* proporcionan otras noticias referentes a los cantores épicos medievales; recomiendan, por ejemplo, que éstos "no dixiesen otros cantares sinon de gesta e que fablasen de fechos de armas" [historias de carácter épico].

En principio, pues, no hay duda de que el cantor de gesta "fue un fenómeno artístico-social, que necesitó incluso de la atención del legislador".[15] Para llegar a algunas conclusiones sobre el arte, la personalidad, el ambiente y la cultura de los juglares medievales, la crítica ha acudido a otras epopeyas conocidas (griega, yugoslava, turcomana, rusa, serbo-croata...). Matías Murko, Milman Parry, Albert Lord, Maurice Bowra (y otros eruditos del xx)

---

[7] Menéndez Pidal, *Poesía juglaresca y orígenes...*, pp. 240-43; Le Gentil, "À propos de l'origine...," 113-21, y "Les nouvelles tendances...," 138-9.

[8] Menéndez Pidal, *Poesía juglaresca y orígenes...*, pp. 261-2.

[9] Menéndez Pidal, *En torno...*, pp. 140-44.

[10] *Ibid.*, pp. 31-65.

[11] Russell, "Some Problems of Diplomatic...," 340-49, y "San Pedro de Cardeña...," 57-79; Colin Smith, "The Personages of the *Poema*...," 580-91; Deyermond, *A Literary History...*, I, 45.

[12] Pérez de Urbel, "Tres notas...," 634-41; Gariano, "Lo religioso...," 69-78.

[13] *Ibid.*, y Riaño Rodríguez, "Del autor y fecha...," 467-500.

[14] *Poesía juglaresca y juglares...*, p. 3.

[15] Aguirre, "Épica oral...," 14.

nos informan que los poetas orales contemporáneos son, en su mayoría, analfabetos; que han aprendido una técnica y un estilo formulaico orales con mucho trabajo; y que tienden a la improvisación. Estos cantores componen al mismo tiempo que recitan y actúan ante el público oyente: "Our oral poet is a composer..., a composer of tales. Singer, performer, composer, and poet are one under different aspects but at the same time." [16] El analfabetismo parece ser la primera característica del cantor oral, pues el libro es su principal enemigo. [17] No obstante, el poeta oral, dice Lord, puede pertenecer a cualquier grupo social, lo cual no excluye ni incluye a los clérigos; y hay casos en que el cantor oral es "letrado" e "intelectual". [18]

Gracias a esas investigaciones, la crítica de la épica románica ha podido establecer semejanzas y diferencias entre el juglar medieval y el cantor de la llamada "epopeya viva" contemporánea. Señala atinadamente Le Gentil que las analogías generales no conducen nunca a identidades perfectas. Todas las literaturas épicas poseen algunos caracteres comunes, pero los cantares de gesta medievales difieren en mucho de la epopeya homérica o de la yugoslava, por ejemplo. [19]

Las analogías nos dicen que los juglares medievales, como los cantores épicos contemporáneos, son verdaderos poetas; que utilizan unos temas, un estilo formulaico, unos tópicos, comunes a todos los juglares de una época; [20] que usan una técnica de composición oral; [21] y que son, en general, analfabetos y anónimos, aunque "la autoría asoma vergonzante en Yugoslavia y aparece consagrada por escrito en Turkmenia". [22] Las diferencias nos hacen ver que, en realidad, estamos delante de dos tipos de poesía épica

---

[16] Lord, *The Singer...*, p. 13.
[17] Bowra, *Primitive Song*, p. 42.
[18] Lord, *The Singer...*, pp. 20, 109.
[19] Le Gentil, "Les nouvelles tendances...," 137; Menéndez Pidal, "Los cantores épicos yugoeslavos...," 197-213; De Chasca, "Composición escrita y oral...," 77-94.
[20] Ver: Aguirre, "Épica oral...," 18-43; Edmund de Chasca, "Composición escrita y oral...," 77-94; Lord, *The Singer of Tales;* P. Harvey, "The Metrical Irregularity...," 137-43; Deyermond, *A Literary History...*, I, 43-56; etc.
[21] Aguirre, "Épica oral...," 13-43; De Chasca, *El arte juglaresco...*, y "Composición escrita y oral...," 77-94.
[22] Menéndez Pidal, "Los cantores épicos yugoeslavos...," 213.

muy distintos: la medieval se caracteriza por el anonimato, por su fidelidad a la tradición oral anterior, por su sentimiento de colectividad...; la de los cantores orales modernos, en cambio, se caracteriza por la poca fidelidad a la tradición precedente y por su extremada tendencia a la improvisación.[23]

La escuela de Menéndez Pidal y la de Parry-Lord, a pesar de sus diferencias, consideran al juglar medieval y al cantor oral moderno como verdaderos poetas y artistas. Ya no puede negarse al juglar épico medieval, como hacen Jean Rychner y Maurice Delbouille,[24] el nombre de "poeta" ni puede rebajarse su arte; arte oral y juglaresco, pero tan literario y tan poético como el arte escrito.

---

[23] Para las diferencias que hay entre el poema épico medieval y el canto épico moderno yugoslavo, ver Menéndez Pidal, "Los cantores épicos yugoeslavos...," 220-25; Edmund de Chasca, "Composición escrita y oral...," 84-6; Deyermond, A Literary History..., I, 1971, 48-9; Gilman, "The Poetry of the Poema...," 1-11.

[24] Jean Rychner, La chanson de geste..., pp. 13-17; Maurice Delbouille, "Le Mythe du jongleur-poète," SIS, I (Firenze, 1966), 317-27.

APÉNDICE C) *Sobre el carácter mítico del "Mío Cid"*.

Respecto a la cuestión del carácter mítico del *Poema* se han tomado posiciones contradictorias. Menéndez y Pelayo, refiriéndose al *Cantar,* sostuvo en 1891 que la épica de Castilla se diferencia de otras epopeyas "por su carácter puramente humano e histórico, sin mezcla de mito o teogonía".[1] Esta misma tesis defendió Julián Ribera en 1915 al comparar los caracteres de la épica musulmana-andaluza con los de la castellana y de la francesa.[2]

En 1935, sin embargo, Américo Castro rechazó la anterior tesis, afirmando que "la epopeya castellana, aunque de distinto modo, comparte con la epopeya en general lo mítico"; que "el Campeador histórico [en el episodio del león] se despega del suelo y hace rumbo a la maravilla, al mito. Mio Cid, en ese caso como en otros, es profundamente épico. Los que asisten a sus hazañas dentro del poema y entre los oyentes del juglar aguardan anhelantes la esperada transfiguración";[3] y que la creación artística del *Cantar* consiste en la fusión de lo real y lo mítico, en el llamado "estilo o género centáurico", en el que se "confunden la experiencia de lo transcendente poético y la experiencia de lo efectivamente vivido o vivible para el oyente y el lector".[4] Para Américo Castro, lo mítico se confunde con lo épico, y esto, a su vez, con lo maravilloso. Por eso, "comparado con la *Chanson de Roland,* ésta aparece más épica, más mítica que el *Cantar*. Allí es el estilo más subido, planea a mayor vuelo sobre lo cotidiano y elemental".[5] En el poema castellano lo mítico es entonces una cuestión de estilo, pues hay en él momentos míticos y otros que no lo son. Según Castro, el episodio del león pertenece decididamente a los primeros. En 1948 Eleazar Huerta, al darnos su inter-

---

[1] *Antología...,* en *Obras...,* XVII, 1944, 127.
[2] *Disertaciones...,* I, 143.
[3] "Poesía y realidad...," *Tierra Firme,* I (Madrid, 1935), 20-21.
[4] *La realidad...,* p. 271.
[5] "Poesía y realidad...," 20.

pretación estética del poema, afirmó que había hallado "el mito esencial del *Mío Cid* en la hazaña heroica, capaz de cambiar y mejorar el mundo. Se trata de un mito cristiano y optimista, intuición tan ingenua como poderosa, que da unidad a la obra de arte". [6]

Edmund de Chasca se separa en 1955 de la tesis de Menéndez y Pelayo; se aparta también de la posición de Américo Castro. Cree que hay un elemento mítico en el poema, pero "reducido a lo mínimo"; no niega al juglar cidiano un móvil mitificador, ya que en el episodio del león el héroe rebasa ya lo humano; pero el del león es el único caso en que el Cid se eleva hacia lo mítico; por eso le parece a De Chasca "que casi todo el *Poema* es antimítico". [7]

No obstante, en 1956 Bernardo Gicovate se apoya en el estudio de Leo Spitzer ("Sobre el carácter histórico...," *NRFH*, II (1948), 105-17) y en la concepción bedieriana del origen de la épica medieval, y concluye que "el poema es una obra de arte, mítica y ficticia, con una remota base histórica", y que el "Cid Campeador es un héroe mítico, emblema del caballero ideal del medioevo...". [8] La afirmación de Gicovate fue combatida en 1959 por Lloyd. [9]

Menéndez Pidal (quien en varias obras suyas ha puesto de relieve "la repulsión de todo elemento maravilloso profano en la épica medieval española" y ha subrayado el carácter verista de ésta) sólo halla alusión a una leyenda mitológica en los versos cidianos que mencionan los "caños do a Elpha encerró". [10]

Por otra parte Peter Dunn vuelve sobre la cuestión en 1962, intentando aclarar lo que hay de mítico en el *Poema*. "Es de lamentar — dice — que, porque el *Cantar* sea menos fantástico que el *Roland*, se haya pensado que no hay nada mítico en él." Para Dunn, lo mítico existe en el poema castellano, pero ha de

---

[6] *Poética*..., p. 10. Sobre el mito de las espadas del Cid en el episodio de las Cortes de Toledo, ver: Huerta, *Poética*..., pp. 208-12; De Chasca, "Composición escrita y oral...," 86-7; Erich von Richthofen, *Nuevos estudios*..., pp. 80-83.

[7] De Chasca, *Estructura y forma*..., p. 109.

[8] Gicovate, "La fecha de composición...," 419.

[9] Paul Lloyd, "More on the Date...," 488-9.

[10] Menéndez Pidal, "Mitología en el *Poema del Cid*," (1958), en *En torno*..., pp. 181-6.

verse, no tanto en la personalidad del Cid, en su figura y en sus gestos, como en el subyacente patrón estructural de la obra: "The man Rodrigo has to be seen as a part of a formal and structural unity, functioning ritually within its social context".[11] Lo que Dunn descubre en el cantar no es una figura o personaje mítico, sino un patrón mítico; y sugiere que dicho patrón es el de los cuentos de encantamiento: "The juglar seems to me to have composed his epic by analogy with the myths of enchantment and deliverance...".[12]

Para Anthony Zahareas y Emilio Orozco Díaz, los hechos heroicos (virtudes morales y espirituales) elevan al Cid hasta la altura de lo mítico.[13] Edmund de Chasca reafirma su postura en 1967.[14]

Cesáreo Bandera Gómez, entre 1966 y 1969, analiza y explica el carácter mítico del *Poema*, apoyándose en el personalismo del héroe y en la estructura de la obra.[15] Cree Bandera Gómez que la historicidad del *Cantar*, "su incontestable impresión de veracidad histórica, surge precisamente de toda una serie de detalles descriptivos, de matices en la descripción de ambientes y lugares, es decir, de todo aquello que hubo de ser añadido personalísimo del poeta"; y que "la historicidad del *Poema* es una de las aportaciones más originales y de más efecto artístico que introduce el juglar en su elaboración personal de ese cuerpo histórico-legendario transmitido por tradición oral".[16] Según este erudito, la cuestión del carácter mítico del *Mío Cid* se relaciona íntimamente con la de su historicidad, pues lo mítico, afirma, "hay que verlo precisamente, por lo que al *Poema* se refiere, en esa conjunción de historia y poesía. Historia como experiencia viva de una serie de acontecimientos, no historia cronística; poesía, como la intui-

---

[11] Dunn, "Theme and Myth...," *Ro*, LXXXIII (1962), 359.
[12] *Ibid.*, 367.
[13] Zahareas, "The Cid's Legal Action...," *RR*, LV (1964), 169-70; Orozco Díaz, "Sobre el sentimiento de la naturaleza...," *RIE*, XXIV (1966), 18.
[14] *El arte juglaresco*..., pp. 134-5. En "Composición escrita y oral...," 87, apoya De Chasca la posición de Peter Dunn.
[15] "Reflexiones...," *MLN*, LXXXI (1966), 195-216, y *El "Poema de Mío Cid"*... (1969).
[16] "Reflexiones...," 210; *El "Poema de Mío Cid"*..., pp. 15-36.

ción formal de esa experiencia".[17] Frente a la veracidad histórica espontánea (propia de toda la épica castellana) defendida por Menéndez Pidal, y frente a la intencionada historicidad ficticia sostenida por Leo Spitzer, Bandera Gómez afirma que el poeta del *Mío Cid* "no inventa la historia de su héroe; su misión es distinta": "De una parte esa misión consiste en hacer revivir dicha historia como experiencia humana, y de tal forma que su carácter histórico no pueda ponerse en duda por los que lo oyen. De otra parte su misión es elevar esa historia al rango de creencia inapelable, al terreno de los principios fundamentales en cuya existencia reside nada menos que la razón de ser de la comunidad que lo escucha".[18] Sostiene, además, que si el *Cantar* "efectivamente es verídico e histórico, lo es intencionalmente"; y que "la lógica de esa intención es la lógica del mito; la necesidad de expresar el valor mítico de la figura del Cid, su extraordinaria significación histórica que lo convirtió en símbolo viviente de las aspiraciones más profundas de una comunidad en vías de definirse históricamente".[19]

Lo que Bandera Gómez descubre en el *Poema* es un mito mesiánico, un mesianismo mítico: "La historicidad del *Poema* se basa en dos razones, una externa o extrapoética, y otra que pertenece al meollo mismo de su creación. De una parte la proximidad espacio-temporal de los hechos narrados; de otra, la lógica del mito, en la cual la realidad no es otra cosa que la realidad histórica. La intuición de nuestro juglar es una especie de *logos* increado que necesita de la sustancia misma de la historia para manifestarse. La historicidad real, no ideal o formalista, del *Poema*, va ya implícita en la concepción que el juglar se forma de su héroe. Es una historia intuida como tal, no una historia ficticia ni una historia cronística. En esto consiste el carácter mítico del Cid."[20]

Peter Dunn retoma la cuestión en 1970, reafirmando el carácter mítico de la estructura del *Cantar*.[21] El autor subraya el carácter político, religioso y social de la obra, "in part because it helps

---

[17] "Reflexiones...," 211.
[18] *Ibid.*, 214.
[19] *Ibid.*
[20] "Reflexiones...," 215-16, y El *"Poema de Mío Cid"*..., pp. 56-170.
[21] Dunn, "Levels of Meaning...," *MLN*, LXXXV (1970), 109-19.

us to see the poem as an act of cultural consciousness which links past and present. But also because it is on this level that the mythic structure, from which the poem at first appeared to be exempt, is most readily apparent. Briefly, two typical patterns can be seen to interlock. First, the good king released from evil counselors. This pattern is familiar to us in stories of a kingdom plagued by a monster, which is destroyed by a champion from another land, or one who returns from exile... The other, complementary, pattern is the exile, labors, and triumphant return of the hero under the guiding hand of providence...". [22] Concluye afirmando que "the Cid's pattern of exile (for Germanic peoples the other world was beyond, not down) and return to glory retrieving both his honor and the King's fredom to act openly and justly is, I suggest, the structural equivalent of myth". [23]

---

[22] *Ibid.*, 117.
[23] *Ibid.*, 118.

APÉNDICE D) *Sobre el sentimiento del paisaje y del tiempo en el "Poema del Cid".*

Varios autores han acudido al *Poema* para ver si hay en él un verdadero sentimiento (una verdadera visión estética) del paisaje dentro de la creación artística de la obra.

Menéndez y Pelayo, aunque no hable directamente del paisaje cidiano, es el primero en interpretar la subida del Cid y de su familia a la torre de Valencia, de una manera realista-naturalista: "Y cuando subamos con el Cid a la torre de Valencia, desde donde muestra a los atónitos ojos de su mujer y de sus hijas la rica heredad que para ellas había ganado, nos parecerá que hemos tocado la cumbre más alta de nuestra poesía épica, y que después de tan solemne grandeza sólo era posible el descenso." [1] Menéndez Pidal, al comparar el *Poema* con la *Chanson de Roland*, escribe: "Las descripciones que abundan en el *Roland*... apenas tienen correspondientes en el *Poema del Cid* (el amanecer, el robredo de Corpes, Alvar Fáñez en la matanza, el traje del Cid)." [2]

Poco después escriben sobre la descripción paisajística del *Cantar* Pedro Corominas, Lillo Rodelgo y Azorín. Corominas admira la belleza descriptiva que el juglar nos da en su visión del robledo de Corpes y de las cortes de Toledo (aunque afirma que el autor del *Cantar* "no vio casi nunca el paisaje'). [3] Lillo Rodelgo sostiene que el *Mío Cid* "es un poema rudo, de base realista, sí, pero mirando sólo a los hombres y a las cosas de los hombres. Poco o nada hay en él que aluda a la Naturaleza". [4] Azorín, por su parte, es el primero en acercarse al paisaje del poema con honda emoción y sensibilidad impresionistas: "En el *Poema del Cid* aparecen nombres de villas, lugares y campiñas; de tarde en tarde el poeta, en un verso,

---

[1] *Antología*..., en *Obras*..., XXII, 1944, 276.
[2] *Poema*..., p. 80.
[3] Corominas, *El sentimiento de la riqueza*..., pp. 92-94.
[4] Rodelgo, *El sentimiento de la Naturaleza*..., p. 36.

con una indicación sumarísima, compendiosa, nos hace columbrar un paisaje. Pero como en la llanura castellana monótona y calcinada tiene un valor extraordinario, una vida profunda, unos chopos, unos olmos, o unos alisos que la vista divisa en la extensión inmensa, así en la *llanura* del *Poema del Cid*, sacando estos paisajes de su lugar apropiado pierden su trascendencia; preciso es para gustarlos en todo su valor irlos repasando a lo largo de los broncos versos." [5] Más tarde, refiriéndose al paisaje valenciano descrito por el juglar, agrega: Y en otro lugar pinta el panorama de la vega de Valencia y del mar visto desde una torre. Llegados a la ciudad mediterránea la mujer y las hijas del Cid, éste les hace subir al más alto lugar. Desde allí "miran Valencia como yace la cibdad; e del otra parte a oio han la mar; miran la huerta espesa es e grand..." Nada más; pero ¿no se experimenta una indefinible emoción ante esa evocación sumarísima del poeta?" [6]

Guillermo Díaz-Plaja, siguiendo a Azorín, señala que el *Cantar* es un poema de llanura, la obra de un alma rural. Afirma que el paisaje del poema "no es sólo un producto de sensaciones visuales. El paisaje se siente. Junto a la visión plástica, el paisaje, la vida exterior, se nos llega mezclado a sensaciones tactiles, olfativas, acústicas". Hay en la obra descripciones y vislumbres de paisajes que se refieren a montañas; hay también alusiones a la calidad de la tierra castellana y de la vida rural, pero la descripción del robledo de Corpes marca, según Díaz-Plaja, "el momento más feliz en el sentido descriptivo del paisaje de todo el *Poema*". [7]

Casalduero, sin embargo, sitúa el arte del *Cantar* en el "Románico final"; y, refiriéndose al paisaje divisado desde la torre de

---

[5] Azorín, "El paisaje...," *Clásicos y modernos*, p. 100. En otro ensayo ("Paisajes," *El Sol*, 27 de diciembre de 1930) hacía notar Azorín cómo los primeros paisajes descritos por los literatos son montuosos y poblados de árboles.

[6] *Ibid.*, p. 101.

[7] "Las descripciones...," *BH*, XXXV (1933), 7-10. Sobre el valor visual, plástico y sonoro de la descripción cidiana, ver: Díaz-Plaja, "Las descripciones...," 7-18; Huerta, *Poética...*, pp. 87-96; Casalduero, *Estudios...*, pp. 20-58; Cortés y Vázquez, "Ritmo, color y paisaje...," 136-57; Orozco Díaz, "Sobre el sentimiento de la naturaleza...," 1-6; Iván Barrientos, "Notas sobre lo visual...," *USC*, XLVII (1959), 127-38; Ruiz y Pablo, "El elemento plástico en el *Cantar*...," *Revista de Menorca*, XVII (Mahón, 1922), 295-315; Joaquín Artiles, *Paisaje y Poesía...*, pp. 17-20; Bandera Gómez, *El "Poema de Mío Cid"*..., pp. 66-180.

Valencia, lo interpreta como "signo de la hazaña" más que como visión de la naturaleza. Nos advierte también que no debemos "experimentar una indefinible emoción al leer esos versos [citados por Azorín], que no evocan, sino que presentan con gran fuerza expresiva el panorama de Valencia": "La emoción debe ser muy definida. No estamos ante un paisaje; estamos contemplando, con emoción verdaderamente épica, la hazaña del Cid. Lo que abarcamos desde la torre del alcazar es un panorama del valor del Cid, la grafía de su esfuerzo puesto al servicio de la Cruz y que Dios se ha dignado de recompensar. Los tres versos no producen una vaga emoción, dan lugar a alzar las manos para rogar a Dios y agradecerle 'Desta ganancia commo es buena e grand'." [8]

Ernst Robert Curtius relacionó en 1948 y en 1949 el tema de la descripción paisajística medieval con el tipo de paisaje ideal, tópico que, según él, lega a la Edad Media la tradición latina. Refiriéndose al *Poema del Cid,* señala que el Robledo de Corpes es un "escenario para conmover los ánimos", un "signo de la aventura", un *topos* que reúne el vergel tradicional con los tradicionales montes altos. Concluye que este paisaje no es real (según defiende Menéndez Pidal basándose en la congruencia geográfica del poema), sino literario. [9] Para Eleazar Huerta, el paisaje de la meseta castellana (su valor estético) es un descubrimiento moderno. No obstante, en el *Mío Cid,* dice, el paisaje está vivido e intuido, "ya que no se halle descrito". El paisaje late como vivencia en todo el cantar; y "cuando hay algún esbozo descriptivo es de carácter expresionista". Hay en la obra descripciones breves, pero maestras. El poeta hace mejor que pintar: sugiere. Abundan también las descripciones visuales y sonoras, las pinceladas rápidas e impresionistas. [10]

El poeta del *Cantar* no se entrega a la morosa descripción del paisaje ni a los decorados convencionales característicos de la *Chanson de Roland,* escribe Cortés y Vázquez en 1954; pero esto "es lo magnífico, que en todo momento los hechos que se desarro-

---

[8] Casalduero, *Estudios...*, p. 24.
[9] E. R. Curtius, *Literatura europea...*, I, p. 288. También en "Zur Literarästhetik...," 225 y "Antike Rhetorik...," 29.
[10] Huerta, *Poética...*, pp. 87-96.

llan en el *Poema del Cid* tienen una tierra, un cuadro real en donde se mueven y respiran los personajes"; y, de acuerdo con Díaz-Plaja, advierte que el paisaje del poema "no se nos da tan sólo por sensaciones visuales, sino que hay que sentirlo, que oírlo en ocasiones" y que "es la atmósfera misma, el aire respirable, los ríos y los campos que el héroe atraviesa en su ir y venir realmente". [11] Concluye Cortés y Vázquez que el *Poema* "no desconoce el paisaje, si bien es un paisaje que ha de ir adivinando el lector, como ocurriría en la mente del poeta al componer...". [12]

Orozco Díaz, por su parte, afirma entre 1955 y 1966 que en el *Cantar* hay cuadros sencillos de paisajes y un hondo sentimiento de la naturaleza. La descripción paisajística cidiana, dice, tiene una función expresiva que está íntimamente unida a la emoción del juglar ante los hechos y a la propia realidad; y con este sentido aparece siempre a lo largo de la obra (aunque en la descripción del robledo de Corpes y de la vega de Valencia se nos presenta el paisaje con positivo valor de creación estética). El sentimiento de la Naturaleza en el poema no es complejo, ni de índole intelectual o religiosa; es algo elemental y primitivo que corresponde a la técnica mesurada del juglar. Los asomos de paisaje que aparecen a lo largo de la obra tienen un gran sentido expresivo, constituyen un fondo imprescindible para sugerir la emoción del hecho culminante que se narra (aduce como ejemplos la impresionante visión del robledo de Corpes y el goce del poeta al describir el luminoso paisaje valenciano). En el panorama de Valencia nos da el juglar su más logrado cuadro de paisaje artístico, junto a un agudo sentimiento de la naturaleza. Concluye Orozco Díaz que el sentimiento del paisaje y de la naturaleza en el *Poema* no es algo externo o circunstancial en la construcción de la obra, sino que responde a lo más íntimo de su concepción: "Si lo esencial de la narración está profundamente enraizado en la vida toda, no nos extrañará que quien contó, en consecuencia, con el tiempo como factor que actúa en el desarrollo de los hechos y en el cambio de los personajes, sintiera y acertara a comunicarnos esa

---

[11] "Ritmo, color y paisaje...," 149.
[12] *Ibid.*, 156.

emoción de los ritmos de la vida de la naturaleza como elemento cooperante, como factor expresivo." [13]

También Joaquín Artiles ve en el *Cantar* un paisaje simplista, de cosas elementales: la sierra, la llanura, el yermo, el río... Los elementos del paisaje, según él, más que valor poético tienen un valor de pura estrategia. El juglar utiliza la adjetivación no para hacernos ver la belleza del paisaje del poema, sino para subrayar la aspereza de los caminos. Disiente de la crítica anterior en cuanto habla del sentido "apoético" del paisaje cidiano. Pocas veces, concluye Artiles, el juglar se para ante la naturaleza para contemplar su hermosura: "los versos que describen el robledo de Corpes son acaso los únicos en que deliberadamente se ha pintado un paisaje y como tal sorprendente". [14]

Ildefonso Manuel Gil, por su parte, sostiene en 1963 que la naturaleza (paisaje) en el *Cantar* "no es más que campo para la hazaña del héroe" y que los lugares enumerados por el juglar sólo importan "en su relación con los hechos de los personajes, sin que la mirada se detenga en su contemplación". El crítico está de acuerdo con Casalduero cuando afirma que tanto en la presentación del robledo de Corpes como en la del panorama de Valencia "no hay intención descriptiva del paisaje", ya que el poeta "no nos da un paisaje, sino un estado de ánimo". [15] Y para Edmund de Chasca, en el *Poema del Cid* el paisaje "tiene la función de proporcionar un fondo para los personajes". [16]

Señalemos que el arte del cantor épico medieval tenía el propósito fundamental de conmover y entretener a los oyentes; que el público participaba activamente en los hechos narrados; y que su participación dependía grandemente del arte ("mester") del juglar que no debía de descuidar ningún artificio poético y estilístico para lograr el fin deseado, lo que la moderna crítica cidiana califica de "tensión poética". Uno de los medios expresivos más poderosos era sin duda alguna la mezcla de los tiempos

---
[13] Orozco Díaz, "Sobre el sentimiento de la naturaleza...," *Clav*, VI (1955), 1-6, y "Sobre el sentimiento de la naturaleza...," *RIE*, XXIV (1966), 18-20.
[14] Artiles, *Paisaje y Poesía...*, pp. 17-23.
[15] "Paisaje y escenario...," 246-58.
[16] *El arte juglaresco...*, pp. 104-107.

verbales, la *traslatio temporum,* ya que "cada cambio de tiempo significativo, subrayado debidamente por la entonación y acompañado de un gesto o la mímica del juglar, debía de servir para provocar el entusiasmo del público". [17]

El empleo singular de los tiempos y formas verbales, su alternancia en el mismo plano temporal, es, según la mayor parte de los estudiosos, un fenómeno típico de la poesía épica de carácter oral. Este fenómeno (la mezcla de los tiempos) constituye también una nota característica del *Cantar de Mío Cid* y del *Romancero* castellano; y ha sido objeto de varios estudios, en los cuales se intenta explicar la función artístico-estilística de los tiempos y el por qué de sus irregularidades.

Leo Spitzer estudió en 1911 los tiempos del *Romancero del Cid,* dedicándose a explicar el uso del imperfecto con valor de presente. Este empleo, según Spitzer, se debe principalmente a razones de rima. [18] Karl Vossler, por su parte, defendió en 1924 que la ilusión de lo inmediato constituye una destacada característica del estilo de los romances españoles, ya que en éstos se encuentra "un uso del imperfecto con función y significación de presente que no tiene parecido en toda la Romania. Es tan frecuente, que muchas veces su empleo parece someterse de una manera maquinal a las asonancias í-a y a-a. Muy expresivo, aunque de difícil interpretación, es el imperfecto en la frase directa, pues produce el efecto de retrotraernos a la oración indirecta o condicional. Simboliza entonces lo suelto en la distribución del relato, y los bruscos saltos de un tema a otro en la narración que dejan la atención como en suspenso. Narración que no es narración, sino un fluido sonoro entre el presente y el pasado...". [19] Y en otro lugar, Vossler nos dice que los antiguos juglares de gesta querían mover a sus oyentes por un brinco vivaz del pasado al presente. [20] Ludwig Pfandl rechaza en 1933 las explicaciones anteriores, estimando que la mezcla irregular de los tiempos en el *Romancero* no es otra cosa que la huella del pensar arcaico. [21] Menéndez Pidal considera el uso del imperfecto con valor de presente como solecismo peninsu-

---

[17] Joseph Szertics, *Tiempo y verbo*..., p. 8.
[18] "Stilistisch-Syntaktisches...," ZRPh, XXXV (1911), 192-230, 257-308.
[19] *Algunos caracteres*..., pp. 21-22.
[20] *Filosofía del lenguaje,* p. 196.
[21] *Die spanischen Romanzen,* p. 81.

lar que aparece ya en el *Mío Cid*. En los romances, el uso del imperfecto referido es muy frecuente y está favorecido a veces por la asonancia. En cuanto a la mezcla de los tiempos en el *Poema del Cid*, don Ramón afirma que sirve para dar viveza a la narración. [22]

Por otra parte, D. R. Sutherland subraya la importancia de la mezcla de los tiempos verbales en la poesía épica francesa, afirmando que la motivación principal de tal empleo ha de buscarse en razones estilísticas: El poeta del siglo XII debe una gran parte de la intensidad y fuerza dinámica de su relato a la alternancia sutil de los tiempos verbales. [23]

Manfred Sandmann es el primero en dedicar un estudio completo a los tiempos verbales del *Cantar*. Sostiene que la mezcla de los tiempos ocurre en el *Poema* castellano en los pasajes narrativos, mientras que en los de discurso directo se encuentra una cierta regularidad de las formas verbales. No encontrando ningún sistema determinado, concluye que la alternancia de los tiempos puede explicarse por medio de las construcciones paralelísticas (que repiten un mismo verbo en tiempos diferentes); y que los tiempos se utilizan en el *Mío Cid* arbitrariamente y con el fin de dar a la obra una decoración estilística. [24]

Rafael Lapesa, por el contrario, considera que la mezcla (alternancia) de los tiempos en el *Cantar* constituye un fenómeno de estilo y los cambios que el juglar efectúa corresponden a un cambio del punto de vista narrativo: "El uso de los tiempos verbales era particularmente anárquico. El narrador saltaba fácilmente de un punto de vista a otro; tan pronto enunciaba los hechos colocándolos en su lejana objetividad (pretérito indefinido), como los acompañaba en su realización, describiéndolos (imperfecto). Hasta el pretérito anterior o el pluscuamperfecto perdían su valor fundamental de prioridad relativa para tomar el de simples pasados. De pronto la acción se acercaba al plano de lo inmediatamente ocurrido (perfecto), o disfrazada de actualidad presente, discurría

---

[22] *Cantar*..., I, 1954, 354-6.
[23] Sutherland, "On the Use of Tenses...," *Studies in French Language and Mediaeval Literature Presented to Prof. Mildred K. Pope*, 1939, p. 331.
[24] Sandmann, "Narrative Tenses...," *Studies in Romance Philology and French Presented to John Orr*, Manchester, 1953, 258-81.

más real — como si dijéramos visible — ante la imaginación de los oyentes." [25]

Stephen Gilman, por su parte, en su libro *Tiempo y formas temporales*... (1961), ha dicho que el *Cantar*, por su empleo singular de los tiempos verbales es único; y que la abundancia en el poema castellano del imperfecto narrativo contrasta grandemente con su respectiva escasez en la *Chanson de Roland*. Ha demostrado Gilman que los cambios de enfoque eran muy variados, pero no caprichosos; y en el *Mío Cid* responden a un sistema estilístico peculiar, en el que intervienen diversos factores: significado de cada acción o acaecimiento en el desarrollo de los hechos; sujeto protagonista o secundario, individual o colectivo; clase de acción verbal, etc. De acuerdo con Hatcher, opina Gilman que el uso irregular de los tiempos verbales en el *Poema* no se debe a razones de rima; que no puede ser explicado desde el punto de vista puramente temporal. Propone así la noción de "aspecto", del valor aspectual de los tiempos verbales como posible solución. No considera el aspecto, sin embargo, desde el punto de vista gramatical, sino más bien desde el estilístico. En efecto, Gilman habla de "aspectos estilísticos". Rechaza el crítico las explicaciones como la de "anarquía temporal" o la de la "ingenuidad" respecto al poeta del *Cantar*, y cree que la principal función del uso de varios tiempos no consiste tanto en dar vida a la narración (Menéndez Pidal) como en "sentir su importancia y sentido, o sea "celebrar" su tema heroico". [26] Joseph Szertics está de acuerdo con Rafael Lapesa y con Gilman cuando afirma que la mayor parte de las irregularidades temporales que se observan en el *Mío Cid* y en el *Romancero* "pueden explicarse por razones estilísticas"; [27] pero se separa de ellos cuando admite que los arcaísmos, la asonancia, el metro, las construcciones paralelísticas, la busca de variedad narrativa, etc., influyen en parte en el uso irregular de los tiempos verbales. A pesar de ello, no cree que el metro y la rima sean la motivación principal de tal uso:

---

[25] Lapesa, *Historia de la lengua*..., pp. 159-60.
[26] Gilman, *Tiempo y formas*..., p. 16, n. 6.
[27] *Tiempo y verbo*..., pp. 15-24.

"La rima y el metro son sólo medios, pero de ningún modo el fin de la creación poética".[28] En fin, para Szertics, la alternancia de los tiempos, la cambiante perspectiva temporal del *Mío Cid* y del *Romancero viejo* castellano, no obedece a caprichos de los juglares ni a cómodos recursos para encontrar rimas, sino que se trata de un procedimiento meditado, de claro valor estilístico.

A pesar de la afirmación de Gilman de que no hay relación entre el imperfecto y la asonancia en a-a,[29] Oliver Myers ha demostrado la interdependencia de rima y verbo en el *Poema*, la correlación del imperfecto con el asonante a-a. Esta correlación, escribe Myers, "seems to imply that the a-a assonance, because of its formal association with the imperfect, was a more natural choice for narrative expression. But what really seems to be in operation here is a subtler bond of interdependence linking rhyme tense, and mode of discourse so firmly that it cannot be said that one causes any others, but rather that no one factor can flourish without the others".[30] Edmund de Chasca acepta en 1967 la tesis de Gilman, desarrollando algunos puntos (como el de la rima interna del *Cantar*); acepta también la posición de Oliver Myers, admitiendo que la rima influye en el uso de los tiempos del *Mío Cid*.[31] Por otra parte, Thomas Montgomery (1968) y Federico Laredo (1968) defienden que la asonancia, la rima y el metro influyen grandemente en la elección de los tiempos verbales por el juglar del *Poema*. El primero sostiene que el metro afecta "tense-choice even in the anisosyllabic *Poema del Cid*"[32] Gilman había afirmado que en el *Cantar* parece existir una cierta relación entre su tiempo y su número; y que esta anómala relación se debe exclusivamente a razones estilísticas.[33] Federico Laredo, por el contrario, estima que no parece prudente "desestimar en lo absoluto los motivos lingüísticos que puedan haber dado lugar a dicha anomalía", y concluye afirmando la "posibilidad de que no haya

---

[28] *Ibid.*, p. 15.
[29] Gilman, *Tiempo y formas*..., pp. 14n, 49, 108-109.
[30] "Assonance and Tense...," *PMLA*, LXXXI (1966), 493-8.
[31] *El arte juglaresco*..., pp. 217-35, 267-306, 331.
[32] "Narrative Tense...," *RPh*, XXI (1968), 253-74, y en su reseña al libro de Szertics, *RPh*, XXI (1968), 228-30.
[33] Gilman, *Tiempo y formas*..., pp. 56-7.

habido una elección de números y tiempos determinados con el único propósito de ajustarse a la estilística del género épico, sino que muchos sujetos plurales pueden haber sido forzados dentro del tiempo presente debido a exigencias métricas".[34]

En 1967 vuelve Rafael Lapesa sobre la cuestión, defendiendo que en la épica y en los romances castellanos "era preciso animar el relato, lograr que el auditorio imaginara como presentes los personajes y hechos de que se les hablaba". "Con fines actualizadores y de evocación" — dice Lapesa — los juglares épicos utilizaban la mezcla de los tiempos verbales. Como en todo cantar de gesta hay "peligro de que los hechos se sucedan con monotonía abrumadora", pues todos son pretéritos, no hay más remedio (para evitar esa monotonía) que "variar el punto de mira, presentándolos desde diferentes distancias y con distintas perspectivas". Este procedimiento *(traslatio temporum)* sirve para vivificar el relato.[35]

En 1968 Manfred Sandmann reafirma su postura al reseñar la tesis doctoral de Stefenelli-Fürst.[36] Ahora Sandmann subraya de nuevo que, en cuanto al uso de los tiempos verbales en el *Mío Cid,* existe una marcada diferencia entre los pasajes narrativos ("the narrative portions exhibit a special heroic style characterized by an abnormal tense usage") y los escritos en discurso directo ("Only in direct discourse do we find a "normal", orderly use of tenses").[37] La mezcla de los tiempos en la épica medieval es, según Sandmann, una característica estética de notable originalidad. La comparación entre los textos épicos franceses y el del *Cantar,* afirma, revela una acentuada originalidad en la tradición española. El autor utiliza la expresión "confusion de temps" como término estilístico que sirve para describir el uso irregular de las formas verbales en los pasajes narrativos del *Poema.* Concluye que "the abnormal usage ("confusion de temps") in the author's narrative varies with

---

[34] Laredo, "Las influencias de las formas verbales...," *BH,* LXX (1968), 426-30.

[35] *De la Edad Media...,* pp. 17-22.

[36] *Die Tempora des Vergangenheit in der Chanson de Geste* (Wiener Romanistische Arbeiten, 1966).

[37] Sandmann, Sobre *Die Tempora...,* en *RPh,* XXI (1968), 574.

regional traditions. In the French epic the rare instances of the imperfect transcend the confusion of tenses, whereas in the *Old Spanish Cantar* the imperfect and the various forms of the anterior past partake in the process. To credit these regional and traditional differences to the esthetic whims of a *juglar* would be an error".[38]

---

[38] *Ibid*. Sobre el tiempo como intuición histórica (tiempo existencial, vector y humano) y como movimiento, ver Bandera Gómez, *El "Poema de Mío Cid"*..., pp. 61-70, 137-83; Peter Dunn, "Levels of Meaning...," 109-12. Stephen Gilman nos da la última interpretación del tiempo en el *Poema* en 1972: "The Poetry of the *Poema*...," 1-11.

Capítulo X

CONCLUSIONES

Podemos decir, por lo tanto, que la historia de la crítica cidiana pasa por tres momentos (el siglo XVIII, el XIX y el XX) a lo largo de los cuales se plantean, estudian, analizan y a veces se resuelven los problemas surgidos en torno a los diferentes aspectos del *Mío Cid*. Podríamos llamar al primer momento (1750-1800) el del nacimiento de la crítica cidiana, al segundo (1800-1900) el de su desarrollo y al tercero (1900-1971) el de su madurez.

En el XVIII, gracias a un grupo de eruditos (Sarmiento, Sánchez, Floranes, el Abate Andrés, Capmany, Vargas Ponce), se despierta el primer interés por el *Cantar,* se plantean los primeros problemas, y se formulan entre 1750 y 1782 las primeras teorías. La crítica cidiana comienza, pues, a mediados del siglo XVIII y con la discusión de la fecha, del autor y de su patria, de la relación del *Poema* con las crónicas, de la versificación y del arte del *Cantar*. Sarmiento (primer crítico cidiano) hacia 1750 introduce pero no plantea el problema de la fecha y enuncia las primeras teorías sobre el autor y la versificación del poema (autor anónimo, juglar, metro irregular). Veintinueve años después, en 1779, publica Sánchez el *Poema del Cid,* formula la primera teoría sobre la antigüedad de la obra (se redactó hacia mediados del XII), acepta las tesis de Sarmiento sobre el autor, indica que el cantar se caracteriza por una pronunciación francesa o lemosina, inicia la tesis de que la *Crónica del Cid* sigue al pie de la letra al autor épico, y concluye que la versificación, aunque irregular, imita modelos latinos. Muy poco después, hacia 1780, Rafael Floranes refuta, por lo general, las afirmaciones de sus coetáneos, fecha el poema en 1245 y lo atribuye a Per Abat (poeta-cantor de la corte de San Fernando III). Sólo está de acuerdo con Sánchez en que la crónica del rey Sabio y la *Particular del Cid* son posteriores al texto épico. Dos años más tarde el Abate Juan Andrés coloca al *Poema* en el siglo xi. El *Mío Cid*, como obra de arte, recibe menos atención por parte de la crítica dieciochesca. Tanto Sarmiento como Sánchez, el Abate Juan Andrés, Antonio Capmany y Vargas Ponce se interesan por aquilatar el valor histórico más bien que artístico de la obra. Con estos autores, pues, comienza la historia de la crítica cidiana y se establecen las primeras trayectorias que habían de seguir y desarrollar los investigadores posteriores.

Durante los cien años de su desarrollo (siglo xix) la crítica del *Cantar* se nos presenta con nuevos intereses y con mayores preocupaciones. No sólo se enfrenta con los problemas planteados por el xviii y desarrolla sus teorías (prefiriendo las de Sarmiento y de Sánchez a las de Floranes), sino que formula también otras y más complicadas cuestiones. La primera diferencia que notamos entre la crítica del xviii y la del xix es que ésta es mucho más numerosa. Ahora el *Poema* es objeto de estudio y discusión por parte de eruditos de diversos países del mundo occidental; y esto se debe en gran parte al romanticismo que, con su vuelta a la Edad Media y su amor hacia lo popular, lo tradicional y anónimo, populariza el *Cantar;* un nuevo vigor parece animar entonces a los críticos cidianos. El romanticismo, primero, y la reacción antirromántica, después, suscitan nuevas preocupaciones e influyen en el camino de la crítica a lo largo de la centuria. Este período se caracteriza por el planteamiento de casi todos los otros grandes problemas. Se caracteriza también por haberse acercado a esos problemas con diferentes métodos críticos (la primera mitad de la centuria es más subjetiva; la segunda es más objetiva y científica), y por haber iniciado la valoración literaria y estética del *Poema*. Seguiremos el desarrollo de la crítica en dos etapas: la primera (1800-1851) y la segunda (1851-1900).

La primera etapa comienza con la discusión en torno a la antigüedad y origen de los romances, y su relación con el *Poema*. Surge así la teoría (romántica) que considera los romances muy antiguos y precursores del *Cantar:* es la tesis de Herder, de Grimm, de Durán, de Tapia... En 1811 y 1813 Schlegel y Simonde de Sismondi plantean la cuestión de la influencia musulmana, negándola el primero, y exagerándola el segundo. Simonde de Sismondi afirma, además, que la *Crónica del Cid* es anterior al poema y a los romances que derivan de ella; esta tesis, sin embargo, se abandona en seguida. En 1828 el alemán Julius introduce la cuestión del influjo germánico en el metro del *Mío Cid*. Agustín Durán, entre 1828 y 1832, lanza el manifiesto romántico en su *Colección de romances...*, y sitúa, por vez primera, el nacimiento del autor en una región limítrofe con Asturias. Por esta misma época Wolf (1831-1832) y Eugenio de Tapia (1840) fijan la composición del *Poema* en 1151 y 1150, respectivamente.

Los años 1827-1843 son en este sentido especialmente importantes. El venezolano Andrés Bello se ocupa de casi todos los problemas del *Cantar*: lo fecha en el siglo XIII, lo atribuye a un poeta desconocido, a un juglar antisemita, desarrolla la tesis de Sánchez sobre la relación del poema con la *Particular del Cid*, plantea tres nuevos problemas (¿poeta creador o refundidor?; los orígenes de la epopeya castellana; la influencia francesa), y formula cinco teorías nuevas: a) el poema es una refundición de un juglar antisemita; b) la épica de Castilla deriva de la francesa que, a su vez, deriva de la germánica; c) el *Cantar* es una imitación de las "chansons de geste"; d) los romances se compusieron después de los largos poemas heroicos y no son más que fragmentos de cantares de gesta perdidos o conservados; e) el autor del *Poema* utiliza una combinación de metros imitados todos de las canciones épicas de Francia.

Desde 1843 hasta 1849 Puybusque, Dozy y Ticknor apoyan la tesis del metro irregular. Dozy (1849) y Ticknor (1849) colocan el poema en 1207 y 1200, respectivamente. El norteamericano acude ahora a la observación de Sánchez sobre la "pronunciación francesa y lemosina" del autor del *Cantar* y, basándose en el artículo anónimo atribuido a Robert Southey, enuncia la tesis de que el autor del *Poema* era de Cataluña. Dos años más tarde nace, gracias al Marqués de Pidal (1851), la teoría del metro regular; y Delius (1851) establece otras semejanzas entre el antiguo verso germánico y el del *Mío Cid*.

Durante la segunda etapa del XIX los críticos continúan desarrollando y manteniendo las teorías de Sarmiento y de Sánchez sobre la fecha y el autor, mientras abandonan poco a poco las de Floranes. Desde 1853 hasta 1893 un grupo de autores extranjeros

(Huber en 1853, Wolf en 1859, Puymaigre en 1861, Monge en 1883, Restori en 1890 y Frank Körbs en 1893) exageran el influjo de la épica francesa sobre el *Poema*. Damas Hinard (1858) y Wolf (1859) sitúan la patria del autor en Valencia, exageran el influjo francés, y fechan la obra hacia 1140. Es Wolf el primero en afirmar la unidad artística y poética del *Mío Cid* y el primero en atribuirlo a un poeta único y creador. Cuatro años después, en 1863, Amador de los Ríos marca otro momento significativo en la historia de la crítica cidiana: fija la composición del *Poema* hacia 1149, establece que la patria del autor es de San Esteban, adelanta la hipótesis de la doble autoría, rechaza la tesis de la imitación e influencia francesas (afirmando que el *Poema del Cid* es una protesta indígena contra la influencia extranjera), y formula las primeras teorías sobre la relación del cantar con la crónica alfonsí y la de los veinte reyes.

En 1865 Gaston Paris declara que España no tiene una epopeya nacional; que los juglares de Castilla son rudos imitadores de los poetas franceses; y que los romances no son fragmentos de cantares de gesta anteriores. Los años 1865-1874 representan uno de los momentos más importantes de la historia de la épica medieval castellana: Milá y Fontanals prueba la existencia de una poesía heroico-popular en Castilla; defiende su independencia de la francesa; se separa de las dos posturas de la crítica anterior respecto al influjo de las "chansons" francesas sobre el *Cantar* (la de Bello que exageraba la influencia, y la de Amador de los Ríos que la negaba), adoptando una postura conciliadora; desarrolla la teoría de la fragmentación de la épica en romances; establece que la versificación del *Poema* es irregular (amétrica), lo cual contrasta con la general regularidad de las "chansons"; y ve en el cantar castellano una obra maestra en la que destacan la unidad artística, la simplicidad del estilo y de la composición "que procede por grandes masas", la originalidad e individualidad de los personajes.

Desde 1874 a 1895 se reanudan las discusiones en torno a la fecha, la patria, la doble autoría y la versificación. El italiano Restori (1887) y Jules Cornu (1891-1893) desarrollan la tesis del Marqués de Pidal (el metro es regular) y atribuyen las irregularidades métricas del *Cantar* a la transmisión oral, a la infiel memoria del copista Per Abat; el italiano hace el primer estudio sobre las asonancias del *Poema* y pone en duda la unidad de autor. Cornu sostiene de nuevo que el poeta era asturiano; pero la tesis se abandona en adelante. Vollmöller (1882) y Lidforss (1895) fijan la composición del poema entre 1135 y 1139; Menéndez y Pelayo (1891), Baist (1894) y Lidforss (1895) presentan otros argumentos que apoyan la irregularidad métrica del *Mío Cid*.

En los últimos años del siglo xix ocurren hechos que influyen grandemente en el rumbo de la crítica posterior. En 1896 don Ramón Menéndez Pidal publica *La leyenda de los Infantes de Lara*, obra en la cual continúa las investigaciones científicas de Milá y Fontanals y prueba que los romances derivan de poemas heroicos perdidos. En 1898 Gaston Paris rectifica en parte su posición de 1865; admite la existencia de la epopeya castellana y acepta el origen épico de los romances, pero continúa defendiendo su tesis del origen francés de la épica de Castilla. En este mismo año Menéndez Pidal expone por primera vez la hipótesis del origen germánico-gótico; y establece de modo casi definitivo, también en 1898, las relaciones entre el *Cantar* y las diversas crónicas de Castilla: la *Crónica* alfonsí, la de *Castilla*, la *Particular del Cid*, la *Crónica de 1344*, la *Tercera general*, prosifican refundiciones tardías del *Cantar de Mío Cid*; sólo la *Crónica de veinte reyes* presenta una versión idéntica a la conservada en la copia de Per Abat (1307); y son estas teorías las que en adelante han prevalecido y que han sido aceptadas por la mayor parte de los críticos posteriores (los del xx). En 1898 aparece, además, una nueva y atrevida tesis sobre la patria y la profesión del poeta del *Cantar*: Rudolph Beer atribuye el poema a un clérigo de Cardeña. Y es en 1898, por último, cuando Fitzmaurice-Kelly y Menéndez Pidal se oponen a Beer, defendiendo la teoría única que el siglo xviii y el xix habían mantenido (autor-juglar y anónimo), y, desarrollando la tesis de Amador de los Ríos, colocan el nacimiento del poeta en el Valle de Arbujuelo, región situada entre San Esteban de Gormaz y Medinaceli.

El siglo xix termina con Menéndez y Pelayo (1891), el inglés Fitzmaurice-Kelly (1898), Ducamin (1899), Eduardo de Hinojosa (1899), Heinrich Morf (1900) y Pedro Corominas (1900). Menéndez y Pelayo, Fitzmaurice-Kelly y Pedro Corominas defienden la unidad de estilo y de autor en el *Poema;* Ducamin y Corominas vuelven a defender la tesis antisemita; Hinojosa demuestra que el poema refleja fielmente el estado social y jurídico castellano del siglo XII, y Morf propugna la teoría de la fragmentación de las gestas en romances.

Cuando el siglo XIX termina ya se han planteado, estudiado y discutido los más importantes problemas del *Cantar*. Algunas de las teorías iniciadas en el siglo XVIII y en el XIX se abandonan casi por completo en los últimos años del XIX (se olvidan, aunque reaparezcan de vez en cuando, la tesis del Abate Juan Andrés y de Ángel de los Ríos y Ríos, que situaban la composición del *Poema* en el siglo XI (en vida del Cid), las de Sánchez sobre la relación del poema con la *Particular del Cid* y la imitación del verso latino, las de Durán y de Ticknor sobre la patria del autor, la de Bello sobre el origen francés del metro del *Cantar*, las de Amador de los Ríos sobre la influencia francesa y la relación del poema con la crónica alfonsí; y la tesis de los romances anteriores al *Mío Cid* comienza a perder terreno frente a la de la fragmentación de las gestas).

El siglo XVIII tocó seis problemas e inició diez teorías, de las cuales sólo cuatro quedan vigentes a finales del XIX: la de Sánchez sobre la fecha, y las de Sarmiento y Sánchez: autor anónimo, juglar y metro irregular. El siglo XIX trató todos los problemas espinosos del *Cantar* y formuló más de treinta teorías, de las cuales sólo cinco se abandonan a finales de la centuria. El XVIII introduce, inicia; el XIX analiza, desarrolla. Por ello la crítica del siglo XIX puede ser considerada como puente de enlace entre el primer momento (el nacimiento) y el tercero (la madurez), como la etapa en la cual las corrientes críticas del XVIII se unen a las del XIX para desembocar y culminar en el siglo XX. La crítica cidiana es neoclásica en su nacimiento; es romántica y antirromántica en el XIX; y es moderna en el XX.

El siglo XX se caracteriza por los numerosos estudios cidianos y la variedad de los métodos críticos empleados. Es la centuria de la famosa polémica entre individualismo y tradicionalismo; polémica que determina el rumbo de casi todos los críticos en relación con varios problemas del *Cantar*. Es el período del replanteamiento de la problemática cidiana, de la revisión de las teorías y de los datos de las generaciones precedentes, y de la formulación de otras tesis. Este replanteamiento y esta revisión están motivados por los recientes trabajos sobre la creación, el origen, la historicidad, la esencia, los autores, el arte... de la épica románica medieval; por los hallazgos y descubrimientos de textos y documentos medievales antes desconocidos, por el progreso de la crítica contemporánea en la investigación científica y metodológica de la literatura, por la publicación de las teorías de Milman Parry y Albert Lord sobre la composición oral de las canciones épicas yugoslavas y su aplicación a la epopeya medieval, y por las muchas colecciones diplomáticas de varios centros de *Estudios Medievales* que han unido sus esfuerzos a los de la crítica cidiana para revalorizar y contrastar con nuevos acercamientos y desde diferentes perspectivas todo lo que se dijo en torno al primer *Cantar* de Castilla que ha llegado hasta nosotros.

El siglo XX principia con Menéndez y Pelayo (1903). Atribuye éste el *Poema* a un juglar único y creador, aporta nuevos datos a favor de la fragmentación de la poesía heroica castellana, rechaza la tesis de la imitación francesa, y da comienzo a la moderna crítica estética (iniciada ya en el XIX por Wolf, Milá y Fontanals y Amador de los Ríos) con sus finos comentarios sobre el estilo, la forma y la arquitectura del *Mío Cid*. En 1904 Eduardo de Hinojosa escribe sobre la influencia del derecho germánico en la épica de Castilla y en el *Cantar*. Alfred Coester, dos años más tarde, propone el origen clerical de la obra y enuncia la extravagante teoría de la "Compression" en el *Mío Cid;* teoría que se abandona en seguida. A partir de 1908 en adelante comienza la pugna entre las dos grandes escuelas (la de Bédier y la de Menéndez Pidal); polémica que influye en el camino de casi toda la crítica cidiana contemporánea. Bédier publica sus doctrinas entre 1908 y 1914. Menéndez Pidal publica las suyas por la misma época.

En 1908 Menéndez Pidal fija la composición del *Poema* hacia 1140; reafirma su origen juglaresco atribuyéndolo a un juglar anónimo y mozárabe de Medinaceli; defiende la unidad de autor; actualiza la teoría de Milá y Fontanals sobre la versificación irregular y amétrica del *Cantar*, y emprende un detenido examen de su asonancia. En 1908 pueden ya considerarse resueltos los problemas de la fecha y del autor (fue escrito el cantar por un juglar anónimo hacia 1140), pues, aunque los críticos posteriores continúan discutiendo sobre ellos, se aceptan en general las dos teorías pidalianas. Sólo un año después, Hanssen y Ford presentan nuevas argumentaciones a favor del metro regular cidiano.

Menéndez Pidal reafirma en 1910 sus teorías; combate el origen francés de la épica castellana que Andrés Bello había adelantado y que Gaston Paris había proclamado; defiende su origen germánico-gótico; propugna la tesis del fragmentarismo; establece lo que de francés, de germánico y de musulmán tiene el *Poema;* y aprecia la unidad artística y estructural de la obra. En 1910, debido a los argumentos de don Ramón a favor del origen germánico de la épica castellana, se abandona casi por completo la teoría de Gaston Paris.

En 1912 sostiene Giulio Bertoni el origen clerical del *Poema;* defiende la tesis antisemita iniciada por Andrés Bello; y exagera la influencia francesa en el *Cantar.* Vuelve don Ramón en 1913 sobre las debatidas cuestiones. En relación con la primera, defiende Menéndez Pidal el origen juglaresco. Respecto a la segunda, don Ramón refuta la tesis que veía en el episodio de las arcas de arena un sentimiento antijudío; y en cuanto a la tercera, resuelve definitivamente la cuestión del influjo francés, reconociendo en el *Cantar* "un fondo de tradición poética indígena y una forma algo renovada por la influencia francesa". Es ésta la posición que defienden, aunque con ligeras modificaciones, los comentaristas posteriores.

Henry Lang, en 1914, declara que el *Poema* tiene un metro regular y que es una refundición hecha por un monje de Cardeña. Un año después Julián Ribera y Tarragó defiende el origen arábigo-andaluz de la epopeya castellana; esta tesis, sin embargo, deja de defenderse a los pocos años, y entonces sólo queda vigente la teoría del origen germánico, la cual, a pesar del nuevo vigor que Galmés de Fuentes (1970) y Marcos Marín (1970-71) han dado a la tesis de Julián Ribera, es la que hoy prevalece.

En 1917 publica Menéndez Pidal el fragmento de *Roncesvalles* que coincide, en cuanto a la versificación, con el *Poema del Cid.* Gracias a este descubrimiento, la vieja disputa sobre la métrica del *Cantar* termina con el triunfo de los partidarios de la irregularidad; esta irregularidad métrica (anisosilabismo) se considera como una nota característica de toda la epopeya castellana de los comienzos. A pesar de que Lang (1926), Carmody (1934) y Charles Aubrun (1947-1951) sostienen de nuevo la tesis del metro regular, y a pesar de que algunos eruditos (Harvey en 1963, Deyermond en 1965 y 1968, Aguirre en 1968) han intentado explicar las irregularidades métricas del *Poema* acudiendo a la teoría de la composición oral, el resto de la crítica del siglo xx (Henríquez Ureña [1920], Hills [1925-1927], Leonard [1928-1931], Américo Castro [1948-1954], Jules Horrent [1951-1964], Dámaso Alonso [1958], Erich von Richthofen [1954-1970], Stephen Gilman [1961-1972], Edmund de Chasca [1967-1970] ...), ha aceptado la teoría de Milá-Menéndez Pidal.

En 1919 Gerardo Geers retoma el problema de los romances y propone una nueva tesis: la de la contemporaneidad de la épica y del romancero; y Julio Cejador y Frauca, en 1920, se declara partidario de Bédier; defiende el origen erudito, tardío y clerical del *Mío Cid;* y sostiene además que la *Primera crónica general* y el *Poema* se inspiran en romances primitivos. Esta teoría, como la de Coester, no encuentra el apoyo de los críticos posteriores. En 1924 Menéndez Pidal reafirma sus doctrinas tradicionalistas en *Poesía juglaresca y juglares*... (origen juglaresco del *Cantar,* anonimia de la obra, etc.); y Karl Vossler, en el mismo año, formula la tesis del "nuevo estilo ilusionista" de los romances. Un año después Nicola Zingarelli atribuye el *Poema* a Per Abat y lo fecha en 1307, considerándolo una desdichada versificación de la *Crónica* alfonsí; Vossler entonces, para sustentar su tesis del origen tardío de la literatura castellana, se apoya, en 1926, en el "absurdo artículo de Zingarelli" (Américo Castro), y fecha el *Poema* en 1300; pero Zingarelli renuncia a su hipótesis y acepta la fecha de hacia 1140. En esta década se abandona la teoría de los romances precursores del *Mío Cid*, aunque vuelvan a defenderla Lang (1926), Fradejas Lebrero (1962) y Aguirre (1968). Desde 1930 hasta nuestros días triunfan los partidarios de la fragmentación de la poesía heroica en romances.

De 1921 a 1970 un grupo de eruditos (Gamillscheg en 1921, Grossmann en 1926, Leonard entre 1928 y 1931, Geers en 1930, Frings en 1938, Robert Hall y Maldonado de Guevara en 1965 y Mary J. Strausser en 1970) desarrollan la vieja tesis de Delius (1851), según la cual el metro germánico ha influido en el ritmo de la versificación cidiana. Hills en 1929 reanuda la discusiones en torno a la doble autoría, mientras que Kullmann (1934), Américo Castro (1935-1954), Blasi (1938), Bell (1938), Dámaso Alonso

(1944-1958), Corbató (1941), Cirot (1945), Salinas (1945-1947), Huerta (1948), Menéndez Pidal (1940-1965), Curtius (1938-1949), Li Gotti (1951), Cortés y Vázquez (1954), Casalduero (1954-1964), Edmund de Chasca (1955-1967)..., escriben una serie de trabajos en los que se insiste en el arte del *Cantar*, en las características esenciales que lo diferencian y separan del arte de la *Chanson de Roland*, en los temas, en el estilo, en la estructura y en la técnica, y en los que se reafirma la unidad artística y poética de la obra.

Entre 1945 y 1955 Leo Spitzer enuncia, siguiendo a Vossler, la tesis sobre la "nueva concepción del tiempo" de los romances españoles. Mateu y Llopis, en 1947, fija la composición del *Poema* hacia 1130; pero Curtius, entre 1948 y 1949, afirma que se escribió entre 1170 y 1180. Spitzer, también en 1948, acepta como fecha del *Cantar* el año 1140, pero, frente a Menéndez Pidal, lo considera anti-histórico, y lo califica de "biografía epopeyizada" y ve en él una "obra de arte y de ficción" más que de autenticidad histórica. Don Ramón, entre 1949 y 1954, defiende de nuevo la fecha de hacia 1140; sostiene también la veracidad histórica del *Poema;* y refuta las afirmaciones de Spitzer y las de Curtius. En 1951 Cintra establece una nueva cronología para las crónicas de Castilla y apoya la tradicionalidad de la épica, de las crónicas y de los romances castellanos. Menéndez Pidal, en el mismo año, da nuevo vigor a sus teorías de 1898; y Mack Singleton aduce otros argumentos que favorecen la tesis de la doble autoría en el *Cantar*.

Azorín (1950), Bowra (1952), Rusell (1952-1958), Gárate Córdoba (1955-1967), Guerrieri Crocetti (1957), Pérez de Urbel (1955), Núñez Marqués (1955), Palacios Madrid (1958), Deyermond (1968-1971), Peter Dunn (1970), Colin Smith (1971), Riaño Rodríguez (1971), Aubrun (1972), defienden el origen culto-clerical del *Poema*, por una parte; Menéndez Pidal (1908-1965), Américo Castro (1935-1954), Pedro Salinas (1945-1947), Huerta (1948), Dámaso Alonso (1944-1958), S. Battaglia (1958-1965), Ermanno Caldera (1965), Jules Horrent (1956-1964), von Richthofen (1954-1970), Gilman (1961-1972), Moreno Báez (1967), De Chasca (1967), defienden el origen juglaresco del *Cantar*, por otra. Y mientras que Américo Castro (1954), García Gallo (1955), Abd Al-Badi (1954), González Palencia (1928), Guerrieri Crocetti (1957), Galmés de Fuentes (1970) y Marcos Marín (1970-71) vuelven a la tesis del influjo musulmán en la épica castellana, Gustavo Correa (1952), Lida de Malkiel (1955), De Chasca (1955-1970), von Richthofen (1954-1970), Casalduero (1954-1964), Dámaso Alonso (1958-1969), Horrent (1956-1964), Eugene Dorfman (1969), Moreno Báez (1967), Colin Smith (1971), Deyermond (1968-1971), Thomas Hart (1972), Charles Aubrun (1972), Gilman (1972) escriben sobre los temas, los personajes, la composición (técnica narrativa) y el estilo del *Cantar;* y buscan la originalidad artística del poeta, las singularidades del espíritu creador y juglaresco del que lo compuso.

En 1956 Bernardo Gicovate se declara seguidor de las doctrinas de Bédier, considera el *Poema del Cid* "una elaboración tardía de la historia", un "roman de chevalerie", y lo fecha, por eso, en 1200. Ubieto Arteta, por su parte, resucita en 1957, después de ochenta años de abandono, las teorías de Rafael Floranes: atribuye el *Cantar* conservado a Per Abat y fija la composición en 1207, considerándolo una refundición. Siguiendo a Ubieto Arteta y a Peter Russell (1952-1958), Fradejas Lebrero (1962), Diego Catalán (1963), Louis Chalon (1967), Jules Horrent (1959-1964), Pattison (1967), Miguel Barceló (1967-1968), Deyermond (1968-1971), Peter Dunn (1970), Colin Smith (1971), Criado de Val (1970), Riaño Rodríguez (1971), presentan otros argumentos a favor de una fecha más moderna (entre 1155 y 1215). Menéndez Pidal (1963-1965), Erich von Richthofen (1954-1970), Gárate Córdoba (1967), y el resto de la crítica del siglo XX, por el contrario, sitúan el poema conservado hacia 1140 y fechan la versión original (la obra de un juglar de San Esteban de Gormaz) muy a comienzos del siglo XII. Erich von Richthofen adelanta en 1955 la hipótesis de dos poetas en el *Cantar de Mío Cid;* y Menéndez Pidal reafirma en 1957, 1959 y 1960 sus teorías predilectas; pero, teniendo en cuenta los estudios de Milman Parry y Albert Lord sobre la juglaría yugoslava, reconoce en 1965 "la extraordinaria retención memorística que abunda de modo increíble entre los que se dedican a la trasmisión oral", y rectifica (entre 1957 y 1965) su postura con respecto a dos problemas del autor y al de la creación-tradición oral del *Poema:* acepta ahora la tesis de la refundición; defiende la doble autoría al mismo tiempo que encarece la unidad artística de la obra; unidad que se debe al gran fenómeno estético del arte tradicional y colectivo que hermana a los dos juglares "en el terreno de la creación literaria". La mayor parte de los críticos del xx (Dessau en 1961, Laza Palacio en 1964, Sanz y Díaz en 1964, Martínez de Pisón en 1965, Entrambasaguas en 1961, Gárate Córdoba en 1967, Edmund de Chasca en 1967, Bandera Gómez en 1969, René Cotrait en 1970-1971, Rafael Lapesa en 1967, Moreno Báez en 1967, Erich von Richthofen en 1964 y 1970...) han aceptado las nuevas teorías de Menéndez Pidal; pero no faltan quienes las admiten con precauciones o reservas, y aún hay algunos (Paul Olson en 1962, Jules Horrent en 1964, Thomas Montgomery en 1968, Eugene Dorfman en 1969, Colin Smith y Alan David Deyermond en 1971) que se oponen a ellas, estimando que el *Cantar* conservado (aunque sea refundición), por su unidad estilística y poética interna, y por su unidad temática, moral..., no puede atribuirse a dos poetas diferentes.

Diego Catalán (1963-1971) acepta, por una parte, las monumentales investigaciones llevadas a cabo por Menéndez Pidal en el campo de la tradición épico-romancística de Castilla, reconociendo lo mucho que don Ramón ha hecho para reconstruir la tradición épica castellana: "Las hipotéticas refundiciones de los viejos cantares de gesta que postula Menéndez Pidal, escribe Diego Catalán, no son un expediente para «explicar», con prejuicios tradicionalistas, las invenciones del *Romancero* (Di Stefano); son parte de una grandiosa restauración «arqueológica» levantada trabajosamente conjuntando toda la información directa e indirecta asequible" ("Memoria e invención...," *RPh*, XXIV [1971], 454). Por otra parte, rechaza Catalán la teoría pidaliana de las varias refundiciones del *Poema del Cid* prosificadas en las diversas *Crónicas Generales* de España, y vuelve, entre 1963 y 1971, a la tesis adelantada en 1863 por Amador de los Ríos: la *Primera crónica general* prosifica una versión del *Cantar* idéntica a la que ha llegado hasta nosotros; las divergencias entre el relato épico y el cronístico no exigen otro *Cantar* (una refundición del viejo poema), sino que deben atribuirse al diferente estilo empleado por el equipo alfonsí, son incisos para acomodar al género narrativo el género "pictórico-dramático" del *Poema:* "Después de considerar una por una todas las divergencias notables existentes entre el relato del *Mío Cid* copiado por Per Abbat y la *Crónica* alfonsí, me reafirmo en la creencia de que la *Estoria de España* [Diego Catalán llama "Estoria de España" a la obra de Alfonso el Sabio;

y "Primera Crónica General" al texto editado por Menéndez Pidal y que sólo es alfonsí hasta el capítulo 896 de la edición pidaliana] tuvo aquí como fuente una redacción de la Gesta idéntica a la conocida" ("Crónicas Generales...," 300-301). Defienden una posición semejante a la de Catalán P. Harvey (1963), Miguel Barceló (1968) y Ciriaco Morón Arroyo (1970). El primero afirma: "To talk of the first, second and third version of the *Cantar de Mio Cid* is nonsense" ("The Metrical Irregularity...," 142). Barceló escribe: "El trabajo de Catalán es importante, puesto que establece convincentemente que el "texto" del *Cantar* prosificado en la *PCG* es idéntico al de Per Abbat..., lo cual pone seriamente en entredicho la teoría de varias refundiciones del *Cantar* prosificado en distintas *Crónicas Generales*" ("Sobre dos textos cidianos," BRABLB, XXXII [1967-68], 20, n. 27). Y Morón Arroyo agrega: "La doctrina pidaliana del estado latente y las refundiciones de nuestra literatura épica, parece indiscutible para el romancero. Ahora bien, esta doctrina, aplicada a los poemas largos, se encuentra hoy en mayor peligro que nunca..." ("La teoría crítica de Menéndez Pidal," HR, XXXVIII [1970], No. 5, 38).

Muchas de las cuestiones cidianas han sido estudiadas y resueltas gracias principalmente a las ingentes investigaciones de Menéndez Pidal y de su escuela tradicionalista. Los problemas que han quedado sin solución definitiva, o mejor dicho, que están aún sujetos a más investigación, son pocos: la profesión y la patria del autor (Criado de Val [1970], Peter Dunn [1970], Colin Smith [1971], Deyermond [1971], Riaño Rodríguez [1971], Aubrun [1972]); la cuestión de si el *Poema* conservado es obra de dos poetas (de varios autores: Menéndez Pidal [1961-1965], Sanz y Díaz [1964], Erich von Richthofen [1964-1970], De Chasca [1967-1970], Lapesa [1967], Moreno Báez [1967], Bandera Gómez [1969]...) o de un juglar-autor con diferentes estilos (Paul Olson [1962], Jules Horrent [1964], Eugene Dorfman [1969], Colin Smith [1971], Deyermond [1971]; el problema del influjo musulmán en la épica castellana y en el *Cantar* (Galmés de Fuentes [1970], Marcos Marín [1970-71]); el del influjo germánico en la versificación irregular y en el ritmo del *Mío Cid* (R. Hall en 1965, Maldonado de Guevara en 1965 y Strausser en 1970); el problema de la tradición y composición oral o (y) escrita del *Poema:* Harvey (1963), Deyermond (1965-1971), Menéndez Pidal

(1965), De Chasca (1967-1970), Aguirre (1968), Colin Smith (1971), Thomas Hart (1972), Stephen Gilman (1972); y la cuestión de si las *Crónicas* castellanas han prosificado versiones del *Cantar* idénticas a la conservada o refundiciones de ésta: Menéndez Pidal (1954-1965), Harvey (1963), Barceló (1968), Diego Catalán (1963-1971), Morón Arroyo (1970). Y aunque la discusión sigue, la generalidad de los críticos aceptan las teorías de Menéndez Pidal.

Hemos visto por lo tanto cómo la crítica cidiana ha ido evolucionando, abriéndose en distintas teorías, y resolviendo la mayor parte de los problemas. Hemos visto también el gran número de posturas que en torno al *Cantar* se han adoptado. Esas posturas, por supuesto, estuvieron determinadas por los fenómenos históricos y culturales que caracterizan a los tres últimos siglos. Quisiéramos ahora, para terminar, y aun exponiéndonos a repetir algo de lo dicho, enumerar esos fenómenos.

El neoclasicismo es el primer movimiento literario que influye en la postura de la crítica dieciochesca y de la de los primeros años del XIX. Motivados por conceptos históricos y filosóficos de la literatura y del arte y por los preceptos (reglas) clásicos, se preocupan los críticos del XVIII por la antigüedad del *Poema*, por el autor y la versificación, y principalmente por el valor histórico y verídico de la obra. La apreciación histórica es, por otra parte, un daño para la valoración literaria del *Mío Cid,* ya que lo histórico de la obra induce a ciertos críticos a ver en el poema una ruda y prosaica crónica rimada (Antonio Capmany, Bouterwek). El neoclasicismo de tipo francés (que en España dura hasta 1830) también influye en los críticos cidianos españoles del primer tercio del siglo XIX, los cuales, sujetados por el falso gusto francés y las reglas clásicas (por eso han sido llamados "afrancesados") no pueden ver en el *Cantar* nada más que una obra prosaica y monótona (Eugenio de Tapia), un embrión informe (Martínez de la Rosa) que no tiene nada de épico (Mendívil y Silvela), un poema bárbaro, irregular y deforme en todo (Leandro Fernández de Moratín).

Contra esta postura negativa de los españoles se levantan los románticos extranjeros. El romanticismo, con sus conceptos revolucionarios del arte y de la poesía, con su entusiasmo por la poesía popular, tradicional y anónima, determina la posición de muchos críticos del poema durante gran parte del siglo XIX. El movimiento romántico aporta, ante todo, una reacción contra los criterios neoclásicos y produce la primera apreciable valoración artística del *Cantar,* contraponiendo a los autores de España los extranjeros (Schlegel, Southey, Hallam, Clarus, Wolf, Ticknor...), los cuales consideran el poema como obra de grandes méritos históricos, nacionales, literarios y artísticos. El fenómeno romántico suscita, además, nuevas cuestiones (los orígenes épicos y romancísticos, las influencias en el *Poema,* la tradición oral de la épica y del romancero de Castilla, problemas de autoría...) y da lugar a la concepción romántica de la poesía tradicional, popular y colectiva (de los romances). Determinados por la postura romántica y la "tesis wolfiana" entonces en boga, varios críticos (Diez, Durán, Huber, Tapia, Wolf, Hoffmann, Ticknor...) defienden la teoría de los fabulosos romances primitivos, considerándolos la verdadera poesía tradicional española que luego dio origen a los cantares de gesta como el *Mío Cid.* Basándose en motivos sentimentales más bien que en hechos concretos, la crítica romántica llegó a formular una teoría que estaba destinada al fracaso; pero su concepto de la poesía popular y tradicional servirá de punto de partida al moderno neotradicionalismo sustentado por Menéndez Pidal y su escuela.

La reacción antirromántica es otro fenómeno cultural que influye en la postura de la crítica cidiana de la segunda mitad del XIX: Andrés Bello, Damas Hinard, Amador de los Ríos, Milá y Fontanals, Menéndez y Pelayo, Menéndez Pidal. Estos eruditos reaccionan contra los criterios de la generación precedente. Rechazan, además, el mito romántico de que la poesía espontánea y primaria del pueblo español son romances primitivos hoy perdidos, de los cuales derivarían luego los cantares de gesta; y, basándose en los textos conservados y aplicando a la discusión una crítica objetiva, documental y severa, llegan a establecer, con más fundamento, que los largos poemas narrativos son anteriores a los romances y que éstos son un género derivado del épico. Gracias a los trabajos de Andrés Bello, Damas Hinard, Amador de los Ríos, Milá y Fontanals, Menéndez y Pelayo y Menéndez Pidal, se inicia en la segunda mitad del XIX el estudio científico de la epopeya, del romancero y de las crónicas de Castilla.

Pero el fenómeno histórico-cultural que más determina la posición de los críticos con respecto a varios problemas del *Cantar de Mío Cid* es la polémica que surge desde principios del XX entre los individualistas (Bédier y su escuela) y los tradicionalistas (Menéndez Pidal y su escuela), la pugna entre dos concepciones literarias del origen, de la historicidad, de la antigüedad, del carácter, de los autores, del arte... de los cantares de gesta medievales. Puede decirse que esta polémica divide a los críticos de nuestra centuria en dos grandes grupos: los que defienden las doctrinas de Bédier y las aplican a la epopeya castellana, y los que sostienen las doctrinas tradicionalistas de Menéndez Pidal.

La teoría individualista proclama que la canción de gesta no existe hasta que un autor, un poeta individual, le dé forma poética varios siglos después de los sucesos que trata. Si el autor es anónimo, lo es por casualidad. La épica medieval es un género tardío; y su historicidad es sólo una evocación de noticias y nombres sacados de las crónicas y de los libros. El arte de las canciones de gesta es un arte culto, de origen clerical, y surge en los monasterios y en las abadías. El poema épico se basa en algún suceso remoto tomado de una crónica, de un diploma o del recuerdo de alguna reliquia; todo el resto se debe a la invención y a la fantasía del poeta-clérigo, el cual escribe para hacer propaganda religiosa.

La teoría tradicionalista desarrolla, con nuevas aportaciones, la idea romántica de la creación literaria como expresión del genio colectivo del pueblo. Proclama, pues, que existe un arte tradicional en el que el gusto literario es colectivo. El autor de cada canción de gesta es anónimo por esencia, porque él, el individuo, se sumerge en la colectividad. Las canciones de gestas son históricas; se basan, en su origen, en hechos reales, de actualidad, y toman forma poética cuando aún está fresca la memoria de los sucesos que se narran. El poema épico medieval nace para noticiar y conmemorar hechos actuales; y el arte de los cantares de gesta es un arte popular, colectivo, de origen juglaresco, no clerical.

A las dos formas del individualismo: "Au commencement était la route" (las iglesias y los monasterios) y "Au commencement était le poète" (el poeta-clérigo), se oponen las del tradicionalismo: "En principio era la historia", y "la historia era canción de un poeta lego" (juglar).

Al enfrentarse con los problemas del *Cantar,* muchos de los críticos del xx toman una posición que está determinada por el individualismo o por el tradicionalismo. Así, pues, los que siguen las doctrinas que Bédier y sus discípulos o continuadores aplicaron a las "chansons de geste" francesas defienden el origen clerical-monástico del *Mío Cid* (Mérimée [1909], Coester [1906], Bertoni [1912], Cejador [1920], Viñas Mey [1927], H. R. Lang [1926], Guerrieri Crocetti [1944-57], Russell [1952-58]), dan al *Poema* una fecha tardía (Cejador [1920], Zingarelli [1925], Vossler [1926], Gicovate [1956]), sitúan el nacimiento de la obra en el monasterio de Cardeña (Mérimée [1909], Cejador [1920], Kohler [1955]...), consideran el *Cantar* como elaboración tardía y fantástica de la historia, como un "roman de chevalerie" (Curtius [1938-1949], Gicovate [1956]), desestiman el carácter histórico-verídico del *Poema,* haciendo hincapié sólo en la invención y en la fantasía poéticas del autor (Curtius [1938], Spitzer [1948], Gicovate [1956]), y mantienen que el autor del *Mío Cid* conservado es un poeta-clérigo intelectual (quizá un abogado) que se inspira en las crónicas y en los libros, en documentos legales y cancillerescos (Zingarelli [1925], Bowra [1952], Russell [1952-1958], Pérez de Urbel [1955], Colin Smith [1971], Deyermond [1971], Riaño Rodríguez [1971]), y que se escribe el *Cantar* por motivos religiosos y propagandísticos (Bertoni [1912], Viñas Mey [1927], Guerrieri Crocetti [1957], Fradejas Lebrero [1962]).

Los que están determinados por la postura tradicionalista, en cambio, fechan el *Poema* poco después de la muerte del Cid (Américo Castro [1935], Frings [1938], Dámaso Alonso [1944], Mateu y Llopis [1947], Michèle Chéret [1954], Martín de Riquer [1953-1959], Paul M. Lloyd [1959], von Richthofen [1954-1970]..., defienden su origen juglaresco y su anonimia (Fitzmaurice-Kelly [1914], Pedro Salinas [1945-1947], Huerta [1948], Dámaso Alonso [1944-1969], Li Gotti [1951], Jules Horrent [1956-1964]...), sitúan el nacimiento del poeta en Medinaceli o en San Esteban (Ortega y Gasset [1911], Díaz-Plaja [1933], Américo Castro [1935], Huerta [1948], Gilman [1961], Sanz y Díaz [1964], Horrent [1959-1966], Criado de Val [1970], Erich von Richthofen [1954-1970]...), estiman su carácter histórico y verídico a la vez que aprecian su invención poética (Américo Castro [1935-1954], Li Gotti [1951], Dámaso Alonso [1944-1958], Cortés y Vázquez [1954], Casalduero [1954-1964], von Richthofen [1954-1970], Martín de Riquer [1959], Carmelo Gariano [1964], Rafael Lapesa [1967], Horrent [1956-1964], Edmund de Chasca [1967-1970] Moreno Báez [1967], Bandera Gómez [1969] ...), y consideran que el *Mío Cid* pertenece a un arte colectivo y tradicional, arte oral y cantado que depende de una tradición juglaresca anterior y de una continua actividad refundidora.

Entre las dos escuelas contrapuestas se sitúan los eclécticos, con el fin de terminar la larga polémica empezada a comienzos del xx y de conciliar en cierto modo las doctrinas expuestas por los dos bandos sobre los autores, la tradición y el desarrollo de las gestas medievales (Le Gentil [1959-1965], Italo Siciliano [1951-1970], De Chasca [1967] ...). Unos reprochan la exagerada importancia que el individualismo pone en el autor-individuo-clérigo (en oposición al autor-legión del tradicionalismo), su negación de la tradición épica oral anterior a los textos conservados...; otros reprochan el excesivo historicismo pidaliano, su método de reconstrucción de la épica castellana perdida...; lo cual apunta hacia una re-examinación y revisión de los métodos críticos de ambas escuelas. La fórmula ecléctica propuesta por Le Gentil en varios escritos suyos parece ser una posible solución. En efecto, Deyermond sugiere en su libro *Epic Poetry*..., p. 206, que "just as Bédier's doctrines have in the past thirty years been critically examined and modified by students of French epic, so an examination and modification of *neotradicionalismo* now seems to be urgently required", y que la solución última podrá encontrarse quizá en ese tipo de compromiso defendido por Le Gentil. También Edmund de Chasca adopta una postura ecléctica cuando trata de conciliar la escuela tradicionalista-oralista pidaliana y la escuela oralista norteamericana de Parry-Lord.

Las doctrinas oralistas expuestas por Milman Parry y Albert Lord constituyen otro fenómeno histórico-cultural determinante en la postura de la crítica cidiana de nuestros días. En efecto, algunos críticos (Harvey en 1963, Deyermond en 1965, De Chasca de 1967 a 1970, Aguirre en 1968...) han aplicado a la épica de Castilla la teoría de la composición oral y formulística, y, acudiendo a Milman Parry y a Lord, han tratado de comprender mejor el arte del cantor épico medieval, su manera de componer y transmitir la canción épica; y han intentado, además, solucionar algunos problemas espinosos del *Cantar* (la autoría, la fecha de composición, la cuestión de creación y recreación, la versificación, etc.). Otros eruditos, sin embargo, han llegado a establecer que la teoría de la composición oral, por varias razones (el estilo, la versificación, escasez de fórmulas épicas, de lenguaje formulaico, de encabalgamiento...), no puede aplicarse al *Cantar de Mío Cid*, pues el poema no resiste a las pruebas lordianas (Colin Smith en 1971, Deyermond en 1971, Margaret Chaplin en 1970, Gilman en 1972).

Unas veces los autores adoptan una postura para defender la influencia francesa en el *Poema*. Ernst Robert Curtius (1948-1949) y Gicovate (1956), por ejemplo, para sustentar la tesis de que las "chansons de geste" influyeron en ciertos recursos estilísticos del *Cantar*, fijan su composición entre 1170 y 1200. Otros eruditos, para probar que la epopeya francesa es más antigua que la castellana y que España ha estado siempre supeditada a influjos transpirenaicos, no sólo presentan a la épica de Castilla como hija de la francesa (Andrés Bello hacia 1830, Gaston Paris entre 1865 y 1898, Saroïhandy en 1904, Edmond Faral en 1910), sino que defienden también que el juglar del *Mío Cid* imita el estilo, el lenguaje, el metro, las asonancias... de las canciones extranjeras ([Bello], Bello, Damas Hinard [1858], Fernando Wolf [1859], Puymaigre [1861], Gaston Paris [1865-1898], Bertoni [1912-1941], Kohler [1955]). Ángel de los Ríos y Ríos (1880), para demostrar ese influjo, llega al extremo de atribuir el poema a un juglar francés.

Otras veces la posición de la crítica está determinada por la defensa de una teoría. Rafael Floranes (1780), Fernández Espino (1871), Ubieto Arteta (1957), Riaño Rodríguez (1971), para poder mantener la fecha del siglo XIII, atribuyen a Per Abat la autoría del *Poema;* y Karl Vossler (1924-1926), para probar que la poesía artística castellana nace tarde, coloca el *Mío Cid* en 1300. Lo mismo ocurre en otros casos. Los partidarios del origen germánico-gótico, por ejemplo, para fundamentar la teoría, presentan los temas, los elementos y las costumbres que el mundo visigótico ha dejado en la épica de Castilla, especialmente en el *Poema del Cid*.

Así es como ha ido funcionando la crítica a lo largo de los años. En su camino desde el siglo XVIII hasta nuestros días ha explorado los diferentes aspectos del *Cantar*. Con distintos métodos e intereses, y desde diversos puntos de vista, se ha acercado a la obra, ha analizado y discutido sus problemas, y ha resuelto la mayor parte de ellos. Tanto las investigaciones temático-históricas como las literarias (estéticas), las filológicas y las estilísticas han enriquecido el conocimiento del *Poema,* han descubierto y definido los rasgos esenciales de su arte, y han abierto nuevos horizontes y caminos para los futuros estudiosos y lectores de la obra.

Con objetividad hemos delineado la historia de las corrientes críticas cidianas; hemos visto y seguido así, como meros observadores, su desenvolvimiento a lo largo de los tres últimos siglos (XVIII-XX), enumerando los fenómenos histórico-culturales que han determinado las varias posturas de la crítica, mostrando los diversos métodos de trabajo, exponiendo las teorías más características, mencionando las cuestiones que han encontrado una solución aceptada por la mayor parte de los autores así como las que están aún sujetas a interpretaciones y discusiones, y destacando a aquellos eruditos que de una manera sobresaliente han intervenido en el estudio del *Poema.* Presentar todo ello ha sido nuestro propósito fundamental.

A lo largo de nuestro estudio hemos visto también cómo el paso del tiempo ha sido cruel para las teorías que intentaban explicar hechos históricos y literarios. A cada instante hemos asistido al penoso declinar de algunas teorías y hemos visto caer las firmes construcciones de otras. Por ello es muy significativo el caso de don Ramón Menéndez Pidal, que a lo largo de su vida ha visto confirmados por nuevos testimonios sus más queridos puntos de vista: la existencia de una épica castellana anterior a los textos conservados, el carácter anónimo de la epopeya española, la tradicionalidad, vitalidad e historicidad de los cantares de gesta, de las crónicas y del *Romancero,* la irregularidad del metro épico castellano, etc. La figura de don Ramón, el más profundo y consumado investigador cidiano, el "recreador del *Poema del Cid",* ocupa un lugar distinguido en la historia de la crítica cidiana. Su nombre y sus teorías llenan miles de páginas escritas en torno al *Cantar;* y sus tesis son las más generalmente aceptadas. Las tesis pidalianas, sin embargo, no son invariables: firmes en lo esencial, admiten cambios, modificaciones y desarrollo (ver Lapesa, *De la Edad Media...,* pp. 29-32). Pero hace pocos años que el mismo don Ramón ha sorprendido al mundo de la crítica cidiana al descubrir en el antiguo texto del *Poema* la mano de dos juglares (uno de San Esteban de Gormaz y otro de Medinaceli), y al convertirse, en cierto modo, a la teoría de la composición oral del *Mío Cid*. Estos cambios de posición ocurren también en varios otros casos; están motivados por el hallazgo de nuevos testimonios y noticias referentes al arte juglaresco medieval; e indican que la crítica cidiana, como toda otra crítica, ha estado y estará siempre en movimiento y evolución (desarrollo). Y podemos decir que, a pesar del predominio de las teorías de Menéndez Pidal y de su escuela tradicionalista, continúan y continuarán las polémicas, discusiones e interpretaciones sobre diversos aspectos del *Cantar*. Las doctrinas y teorías recientes (tanto las de Menéndez Pidal como las de sus contrarios) apuntan (en esta época de postpidalismo) hacia nuevas direcciones y sugieren que descubrimientos y hallazgos inesperados pueden muy bien determinar y cambiar el rumbo de la futura crítica del *Cantar de Mío Cid*.

CAPÍTULO XI

BIBLIOGRAFÍA [1]

Abd Al-Badi, Ahmed. "La poesía épica en la España musulmana y su influencia en la épica española," tesis doctoral escrita en la Universidad de Madrid, 1954.
Aguirre Bellver, Joaquín. *El juglar del Cid*. Madrid: Doncel, 1960.
Aguirre, J. M. "Épica oral y épica castellana: Tradición creadora y tradición repetitiva," *RF*, LXX (1968), 13-43.
Allen, Louise H. "A Structural Analysis of the Epic Style of the *Cid*," *Structural Studies on Spanish Themes*, Edited by H. R. Kahane and A. Pietrangeli (Publ. in cooperation with the Univ. of Salamanca by the Univ. of Illinois Press, Urbana, 1959), 341-414.
Alonso, Amado. "Dios, ¡qué buen vassallo, si oviesse buen señore!," *RFH*, 187-91.
Alonso, Dámaso. "Estilo y creación en el *Poema del Cid*," *Ensayos sobre poesía española* (Buenos Aires: Revista de Occidente Argentina, 1944), 69-111.
———. *De los siglos oscuros al de oro (Notas y artículos a través de 700 años de letras españolas)*. Madrid: Gredos, 1958. Contiene "Una versión moderna del *Poema del Cid*," 45-50, y "*La epopeya castellana a través de la literatura española*, por Menéndez Pidal," 51-69.
———. "Menéndez Pidal en la *RFE*," *RFE*, LI (1968), 1-14.
———. "Juventud, madurez y ancianidad de la obra de Menéndez Pidal," *BRAE*, XLVIII (1968), 350-60.
———. "El anuncio del estilo directo en el *Poema del Cid* y en la épica francesa," *MRL*, I (Gembloux, 1969), 379-93.
———. "La tradición épica castellana en la obra de Menéndez Pidal (Teoría y hechos comprobados)," *LT*, LXX-LXXI (1970-1971), 15-49.
Alonso Manuel. "El Canciller Diego García de Campos y el *Cantar de Mío Cid*," *Razón y Fe*, CXXVI (1942), 477-94.

---

[1] A lo largo de este trabajo se citan varios libros y artículos que no están directamente relacionados con la problemática del *Mío Cid*. Empero, no pretendemos, ni mucho menos, ser exhaustivos en relación con el material escrito durante nuestra centuria sobre varios aspectos de la épica medieval y de la contemporánea: tradición y composición, formación y creación formulística de la epopeya oral, etc.

Alonso, Manuel. *Diego García de Campos. Planeta, obra ascética del siglo XIII.* Edición, introducción y notas por el P. Manuel Alonso.
Alonso y Martín, José. "La geografía en el *Poema del Cid*," *Razón y Fe*, CXXII-III (1941), 211-27.
Álvarez, Fray Jesús. *El Cid y Cardeña.* Burgos, 1952.
Amador de los Ríos, José. *Historia crítica de la literatura española.* 7 vols., Madrid, 1861-65.
Andrés, Abate Juan. *Dell'origine, del progressi e dello stato attuale d'ogni letteratura.* I (Parma, 1782).
Arco, Ricardo del. "La dueña en la literatura española," *RL*, III (1953), 293-343.
Arrilucea, Diego de. "Del *Cantar del Cid*. Realismo, historicidad y poesía en el *Cantar*," *La Ciudad de Dios*, CLXIV (1952), núm. 1, 571-602.
Artiles, Joaquín. *Paisaje y Poesía en la Edad Media.* La Laguna, 1960.
Asensio, Eugenio. *Poética y Realidad en el Cancionero Peninsular de la Edad Media.* Madrid: Gredos, 1957.
Atkinson, William C. Reseña al *Poema de mio Cid. Le Poème de mon Cid (vers 1140)*, trad. y ed. E. Kohler (1955), en *RPh*, X (1956-7), 49-51.
Attias, Moshe. *El Cid. Poema de Mio Cid.* Trad. hebrea de M. Attias, Jerusalén, 1967 (con abreviada introducción en español).
Aubrun, Charles V. "La métrique du *Mio Cid* est régulière," *BH*, XLIX (1947), 322-72.
——. "De la mesure des vers anisosyllabiques médiévaux. Le *Cantar de Roncesvalles*," *BH*, LII (1951), 351-74.
——. "Tradición literaria y crítica tradicionalista," *Filología*, VII (1961) 1-11.
——. "Le *Poema de Mio Cid*, alors et à jamais," *PQ*, LI (1972), 12-22.
Azorín [Martínez Ruiz, José]. "El paisaje en la poesía," *Clásicos y Modernos.* Madrid, 1919.
——. "Paisajes," *El Sol*, 27 de diciembre de 1930.
——. *La Cabeza de Castilla.* Madrid, 1950.
Babbitt, Theodore. "Observations on the *Crónica de Once Reyes*," *HR*, II (1934), 202-16.
——. "Twelfth-Century Epic Forms in Fourteenth-Century Chronicles," *RR*, XXVI (1935), 128-36.
——. *La "Crónica de Veinte Reyes"; a Comparison with the Text of the "Primera Crónica General" and a Study of the Principle Latin Sources.* Yale Romanic Studies, XIII (New Haven: Yale University Press, 1936).
Badía Margarit, Antonio. "Sobre las interpretaciones del verso 20 del *Cantar de Mio Cid*," *Miscelánea Filológica en Memoria de A. Alonso*, *AO*, IV (1954), 149-65.
——. "La frase de la *Primera Crónica General* en relación con sus fuentes latinas. Avance de un trabajo de conjunto," *RFE*, XLII (1958-9), 179-210.
——. "Dos tipos de lengua, cara a cara," *HDA*, I (Madrid: Gredos, 1960), 115-39.
——. "Nécrologie" Ramón Menéndez Pidal (1869-1968)," *RLC*, XXIII (1969), 220-22.
Baist, Gottfried. "Die spanische Literatur," *Gr. r. Ph*, de Gröber, II (1894), parte 2, 383-90.
Bandera Gómez, Cesáreo. "El sueño del Cid en el episodio del león," *MLN*, LXXX (1965), 245-51.

Bandera Gómez, Cesáreo. "Reflexiones sobre el carácter mítico del *Poema de Mío Cid*," MLN, LXXXI (1966), 195-216.

———. *El "Poema de Mío Cid": poesía, historia, mito*. Madrid: Gredos, 1969.

Barbera, Raymond. "The 'Pharmakos' in the *Poema del Cid*," Hisp, L (1967), 236-41.

———. "The Source and Disposition of Wealth in the *Poema de Mío Cid*," RomN, X (1968), 393-9.

Baret, E. *Du poème du "Cid" dans ses analogies avec la "Chanson de Roland"*. Art en Province, 1856.

———. *Histoire de la littérature espagnole*. Paris, 1863.

Barrientos, Iván. "Notas sobre lo visual en el *Poema de Mío Cid*," USC, XLVII (1959), 127-38.

Battaglia, Salvatore. *Poema de Mio Cid*. Ed. S. Battaglia. Roma, 1943.

———. "La trasmissione giullaresca," en *La coscienza letteraria del Medioevo*, Napoli: Liguori, 1965, 63-89. En su *Introduzione alla Filologia Romanza e la "Chanson de Roland"* (Napoli: Liguori, 1967), 317-47.

———. "Poesia e realtà nel *Poema de Mio Cid*," *La coscienza...*, 151-69.

Beatie, Bruce A. "Oral-Traditional Composition in the Spanish *Romancero* of the Sixteent Century," JFI, I (1964), 92-113.

Bédier, Joseph. *Les légendes épiques. Recherches sur la formation des chansons de geste*. 4 vols., Paris, 1908-14.

Becker, Otto. *Die Ueberlieferung des lateinischen Plusquamperfekt-Indikatives im Spanischen*. Leipzig, 1939.

Beer, Rudolph. "Zur Ueberlieferung altspanischer Literaturdenkmäler," Separatabdruck aus der *Zeitschrift für die österreichischen Gymnasien*, Wien 1898, 1-45.

Bělič, Oldřich. "La conception du héros épique dans la *Chanson de Roland* et dans le *Poema del Cid*," RPr, I (1959), 3-12.

Bell, Aubrey. *Castilian Literature*. Oxford: Clarendon Press, 1938.

Bello, Andrés. *Obras completas de don Andrés Bello*. II-VII (Santiago de Chile, 1881-85).

Bénichou, Paul. *Romancero Judeo-Español de Marruecos*. Madrid: Ed. Castalia, 1968.

———. *Creación poética en el "Romancero" tradicional*. Madrid: Gredos, 1968.

Bertoni, Giulio. *Il Cantare del Cid*. Introd. y notas de G. Bertoni, Bari, 1912.

———. "Ancora sul verso 1917 del *Cid*," (*Archivum Romanicum*, VII (1924), 139.

———. "Intorno alla cronologia del *Cantare del Cid*," ARAST, LXI (1926), 455-62.

———. *In Cantare del Cid*. Modena, 1938.

———. "Il *Cid* e la *Chanson de Roland*," CN, I (1941), 131-2.

Bezard, L. "Les larmes dans l'épope française jusqu'à la fin du XIIe siècle," ZRPh, XXVII (1903), 385-413, 513-49, 641-74.

Blanco, Ricardo Román (Historia e lenda na poesía heroica espanhola. Estudo paleográfico-diplomático do primeira cantar épico espanhol o *Poema de Mio Cid*," en *Revista da Historia*, VIII (São Paulo, 1954), 303-25.

Blasi, Ferruccio. *Epopea Spagnuola*. Modena, 1938.

Bouterwek, F. *Geschichte der spanischen Poesie und Beredsamkeit* (1804); traducción inglesa por Th. Ross *(History of the Spanish Literature)*. London, 1847.

Bowra, Sir Maurice. *Heroic Poetry*. London, 1952.
―――. "L'épopée orale," *TR*, 132 (1958), 18-41.
―――. *Primitive Song*. New York, 1963.
Brenan, Gerald. *The Literature of the Spanish People, from Roman Times to the Present Day*. Cambridge University Press, 1962.
Buceta, E. "Opiniones de Southey y de Coleridge acerca del *Poema del Cid*," *RFE*, IX (1922), 52-7.
Burmeister, Erwin. "Vergleichende Untersuchungen zum epischen Stil des *Poema de Mio Cid* und des *Martín Fierro*," tesis doctoral escrita en la Universidad de Hamburg, 1954.
Caldera, Ermanno. "L'oratoria nel *Poema de Mio Cid*," *MSI*, X (Pisa, 1965), 5-29.
Camón Aznar, José. "El Cid, personaje mozárabe," *REP*, XVII (1947), 109-41.
Canalejas, Francisco de Paula. *La poesía épica en la antigüedad y en la Edad Media*. Madrid, 1869.
Cantera Burgos, Francisco. "Breves palabras más sobre Raquel e Vidas," *BIFG*, XXV (1956), núm. 134, 26-7.
―――. "Raquel e Vidas," *Sef*, XVIII (1958), 99-108.
Capella, Miguel. *El "Poema del Cid", gesta de una raza*. Madrid: Hernando, 1941.
Capmany, Antonio. *Teatro histórico-crítico de la elocuencia española*. I, Madrid, 1786.
Carmody, Francis James. *Franco-Italian Sources of the "Roncesvalles"* (Publications of the Institute of French Studies). New York: Columbia University, 1934.
Carrasco, Félix. "Un antecedente latino de ¡Dios, qué buen vassallo! ¡Si oviesse buen señore!," *Thesaurus*, XXIV (1969), 284-6.
Casalduero, Joaquín. "El sentimiento de la Naturaleza en la Edad Media española," *Clav*, IV (1953), reimpreso en sus *Estudios de literatura española* (Madrid: Gredos, 1962), 11-27.
―――. "El Cid echado de tierra," publicado en *La Torre* (Puerto Rico, 1954) y reproducido en *Estudios...*, 28-58.
―――. "Un personaje del *Cantar de Mio Cid*: Per Bermudoz," *LT*, XLVIII (1964), 21-29.
Castro, Américo. "Notas bibliográficas," *RFE*, XV (1928), 182.
―――. "Poesía y realidad en el *Poema del Cid*," *Tierra Firme*, I (Madrid, 1935), 7-30.
―――. *España en su historia*. Buenos Aires, 1948.
―――. *La realidad histórica de España*. México, 1954.
―――. *Semblanzas y estudios españoles*. Princeton, N. J., 1956.
Castro de Zubirí, Carmen. "Por amor del rey Alffonsso fue el Cid 'bien barbado'," *Clav*, III (1952), núm. 18, 28-31.
Catalán, Diego. "Importancia da tradiçao portuguesa para o romanceiro hispánico," *RFL* (Lisboa), XIV (1948), 103-104.
―――. *De Alfonso X al conde de Barcelos. Cuatro estudios sobre el nacimiento de la historiografía romance en Castilla y en Portugal*. Madrid, 1962.
―――. "El taller historiográfico alfonsí. Métodos y problemas en el trabajo compilatorio," *Ro*, LXXXIV (1963), 354-75.
―――. "Crónicas Generales y Cantares de Gesta: el *Mio Cid* de Alfonso y el del pseudo Ben-Alfaray," *HR*, XXXI (1963), 195-215, 291-306.

Catalán, Diego. *Siete siglos de "Romancero". (Historia y poesía).* Madrid: Gredos, 1969.

———. "Poesía y novela en la historiografía castellana de los siglos XIII y XIV," *MRL*, I (Glembloux, 1969), 423-41.

———. *Por campos del "Romancero". Estudios sobre la tradición oral moderna.* Madrid: Gredos, 1970.

———. *Crónica general de España de 1344*, ed. Diego Catalán, I (Madrid, 1970).

———. "Memoria e invención en el *Romancero* de tradición oral (I)," *RPh*, XXIV (1970), No. 1, 1-25; (II), XXIV (1971), No. 3, 441-63.

———. "Las obras finales de Menéndez Pidal," *LT*, LXX-LXXI (Homenaje a Menéndez Pidal), 1970-71, 51-73.

Cejador y Frauca, Julio. "El *Cantar de Mio Cid* y la epopeya castellana," *RH*, XLIX (1920), 1-310.

Celaya, Gabriel. "La poesía oral," *RO*, año 3, VIII (1965), núm. 23, 208-15.

Cintra, Luiz Filipe Lindley. *Crónica Geral de Espanha de 1344.* Ediçao crítica do texto portugués por L. F. L. Cintra, I-III (Lisboa, 1951-61).

Cirot, Georges. "Deux notes sur les rapports entre romances et chroniques," *BH*, XXX (1928), 250-55.

———. "Quelques mots encore sur le *Cid*," *BH*, XLI (1939), 178-80.

———. "Le vrai Cid," *BH*, XLI-XLII (1939-40), 86-9.

———. "L'épisode des Infants de Carrión (L'affaire du lion et la scène des adieux dans le *Mio Cid* et la *Chronique Générale*," *BH*, XLVII (1945), 124-33.

———. "*Cantares et Romances*," *BH*, XLVII (1945), 6-25, 169-86.

———. "L'épisode des Infants de Carrión (La rouvraire de Corpes et le retour à Valence) dans le *Mio Cid* et la *Chronique Générale*," *BH*, XLVIII (1946), 64-74.

———. "L'affaire des malles du Cid," *BH*, XLVIII (1946), 171-7.

Clarke, Dorothy Clotelle. "A Chronological Sketch of Castilian Versification together with a List of its Metric Terms," *UCPMP*, XXXIV (1952), 279-374.

Clarus, Ludwig. *Darstellung der spanischen Literatur.* Mainz, 1846.

Clissold, Stephen. "El Cid: Moslems and Christians in Medieval Spain", *HT*, XII (1962), 321-26.

———. *In Search of the Cid.* London: Hodder and Stoughton, 1965.

Coester, Alfred. "Compression in the *Poema del Cid*," *RH*, XV (1906), 98-203.

Comfort, William Wistar. "Notes on the *Poema del Cid* in Further Proof of its Spanish Nationality," *MPh*, I (1903), 309-15.

Corbató, Hermenegildo. "La sinonimia y la unidad del *Poema del Cid*," *HR*, IX (1941), 327-47.

Cornu, Jules. "Étude sur le *Poème du Cid*," *Ro*, X (1881), 75-99.

———. "Études sur le *Poème du Cid*," *Études romanes dédiées à Gaston Paris* (Paris, 1891), 419-58.

———. "Verbesserungsvorschläge zum *Poema del Cid*," *Simbolae Praegensis* (Prrag-Wien-Leipzig, 1893), 17-19.

———. "Beiträge zur einer kunftigen des *Poema del Cid*," *ZRPh*, XXI (1897), 461-528.

Corominas, Joan. "*Libro de Buen Amor*". Ed. crítica de J. Corominas, Madrid: Gredos, 1967.

Corominas, Pedro. "Las ideas jurídicas en el *Poema del Cid*," tesis doctoral publicada en la *RGLJ*, Madrid, 1900; estudio reproducido en parte y como prólogo a *El sentimiento de la riqueza en Castilla; conferencias dadas en la residencia de estudiantes los días 24, 26 y 28 de marzo de 1917* (Publicaciones de la Resid. de Estud., serie 2, v. 12) [Imprenta de Fortanet, 1917], pp. 21-60: "Sobre algunas ideas jurídicas en los *Cantares de Mio Cid*."

———. *El sentimiento de la riqueza en Castilla*... Publicaciones de la Residencia de Estudiantes, vol. 12, 1917.

Correa, Gustavo. "El tema de la honra en el *Poema del Cid*," *HR*, XX (1952), 185-99.

———. "Estructura y forma en el *Poema de Mio Cid*," *HR*, XXV (1957), 280-90.

Cortés y Vázquez, Luis. "Ritmo, color y paisaje en la *Chanson de Roland* y en el *Poema del Cid*," *BBMP*, XXX (1954), 111-70.

Costa, Joaquín. *Poesía popular española y literatura celto-hispanas*. Madrid, 1881.

———. "Representación política del Cid en la epopeya española," en sus *Estudios jurídicos y políticos*, Madrid, 1884, pp. 86-95.

———. "Programa político del Cid," *BILE*, IX (1885), 141-61.

Cotrait, René. Sobre Eugene Dorfman: *The Narreme in the Medieval Romance Epic. An Introduction to Narrative Structures*. Toronto Univ. Press, 1969, en *BH*, LXXII (1970), 171-9.

———. Sobre Erich von Richthofen: *Nuevos estudios épicos medievales*. Madrid: Gredos, 1970, en *BH*, LXXII (1970), 387-405.

Crescini, Vincenzo. "Postille," *NSM*, I (Bologna, 1923-24), 151-8.

Criado de Val, Manuel. *Teoría de Castilla la Nueva*. Madrid: Gredos, 1960.

———. "Geografía, toponimia e itinerarios del *Cantar de Mio Cid*," *ZRPh*, LXXXVI (1970), 83-107.

Cubí y Soler, Mariano. Introducción a los *Ensayos poéticos en dialecto Berciano* por Fernández y Morales. León, 1861.

Cuervo, R. J. "El hexámetro en el *Poema del Cid*," *Disquisiciones sobre filología castellana*, Bogotá, 1950, 612-17.

Curtius, Ernst Robert. "Zur Literarästhetik des Mittelalter," *ZRPh*, LVIII (1938), 1-50, 129-32, 433-79.

———. *Literatura europea y Edad Media latina* (1948). México-Buenos Aires: Fondo de Cultura Económica, 1955, 2 vols., trad. esp. por M. F. Alatorre y A. Alatorre.

———. "Antike Rhetorik und vergleichende Literaturwissenschaft," *CL*, I (1949), 24-31.

Chacón y Calvo, José María. "El P. Sarmiento y el *Poema del Cid*," *RFE*, XXI (1934), 150-56.

Chalon, Louis. "Recherches sur le caractère historique du *Poema de Mio Cid*. Études des Chants I et II," tesis doctoral escrita en la Univ. de Liège, 1960.

———. "La bataille du Quarte dans le *Cantar de Mio Cid*," *MA*, LXXII (1966), 425-42.

———. "À propos des filles du Cid," *MA*, LXXIII (1967), 217-37.

———. "Le roi Bucar du Maroc dans l'histoire et dans la poésie épique espagnole," *MA*, LXXV (1969), 39-49.

Chaplin, Margaret. Sobre Eugene Dorfman: *The Narreme in the Medieval Romance Epic*..., en *BHS*, XLVIII (1971), 58-60.

Chéret, Michèle. "La vérité historique de circa 1145 dans le *Poema de Mio Cid*," Memoire pour l'obtention du diplôme d'études supérieures, Paris, 1954. Ver la reseña de Charles V. Aubrun en *BH*, LVII (1955), 211-12.

Davis, J. Cary. "Realism and Humor in the *Cid*," *KFLQ*, V (1958), 66-73.

De Chasca, Edmund Villela. "The King-Vassal Relationship in *El Poema de Mio Cid*," *HR*, XXI (1953), 183-92.

———. *Estructura y forma en "El Poema de Mio Cid"* (Hacia una explicación de la imitación poética de la historia de la epopeya castellana.) México-Iowa City, 1955.

———. "Rima interna en el *Cantar de Mio Cid*," *HRM*, I (Madrid, 1966), 133-46.

———. *El arte juglaresco en el "Cantar de Mio Cid"*. Madrid: Gredos, 1967.

———. "Composición escrita y oral en el *Poema del Cid*," en *Filología*, XI-XII (1966-67). Publ. 1969, 77-94.

———. *Registro de fórmulas verbales en el "Cantar de Mio Cid"*. Univ. of Iowa, 1968.

———. "Problemas en torno a la composición del *Poema del Cid*," *Actas del Tercer Congreso Internacional de Hispanistas* (ATCIH), Colegio de México, México, 1970, 233-40.

———. "Toward a Redefinition of Epic Formula in the Light of the *Cantar de Mio Cid*," *HR*, XXXVIII (1970), 251-63.

Defourneaux, M. *Les Français en Espagne aux XIe et XIIe siècles*. Paris, 1949.

Delbouille, Maurice. "Les chansons de geste et le livre," *La technique littéraire des chansons de geste (Actes du Colloque de Liège, 1957)*, Paris, 1959, 249-407.

———. "Chansons de geste et chants heroïques yugoslaves," *CN*, XXI (1961), 97-104.

———. "Le chant heroïque serbo-croate et la genèse de la chanson de geste," *BRABLB*, XXI (1965-66), 83-98.

———. "Le mythe du jongleur-poète," *SIS*, I (Firenze, 1966), 317-27.

Delius, N. Reseña al libro *Das Gedicht vom Cid*, en *ASNSL*, VIII (1851), 433-34.

Delluc, Louis. "Un monje-cavalher en Jeroni de Perigús, companhon del Cid," *Anales del Centro de Cultura Valenciana*, XII (Valencia, 1951), 250-74.

Dessau, A. "Rélations épiques internationales: les changes de thèmes entre les légendes heroïques françaises et espagnoles," *CN*, XXI (1961), 83-90.

Deyermond, Alan David. "The Singer of Tales and Medieval Spanish Epic," *BHS*, XLII (1965), 1-8.

———. *Epic Poetry and the Clergy: Studies on the "Mocedades de Rodrigo"*. London: Tamesis Books Limited, 1968.

———. *A Literary History of Spain. I. The Middle Ages*. London-New York, 1971.

———. "Folk-Motifs in the Medieval Spanish Epic," *PQ*, LI (1972), 36-53.

Di Stefano, G. *Sincronia e diacronia nel Romanzero*. Pisa, 1967.

Díaz-Plaja, Guillermo. "Las descripciones en las leyendas cidianas," *BH*, XXXV (1933), 5-22.

Diez, F. *Altromanische Sprachdenkmale berichtig und erklart nebst einer Abhandlung über den epischen Vers*. Bonn, 1846.

Dorfman, Eugene. "El narrema en la epopeya y el romance medievales," *Comentario,* XI (1964), 18-40.

———. "The *Roland* and the *Cid:* a Comparative Structural Analysis," Ann Arbor, Mich., University Micro-films, Public. No. 1843, 1950.

———. *The Narreme in the Medieval Romance Epic. An Introduction to Narrative Structures.* Toronto University Press, 1969.

Dozy, Reinhart. *Recherches sur l'histoire et la littérature de l'Espagne pendant le Moyen Âge.* 2 vols., Leyde: Brill, 1849 (utilizamos la tercera edición, 2 vols., 1881).

———. *Histoire des musulmanes d'Espagne.* Leyde: Brill, 1861.

Ducamin, Jean. Sobre "Zur Ueberlieferung... de R. Beer," en *RLR,* 1899, 372-78.

Dunn, Peter N. "Theme and Myth in the *Poema de Mío Cid,*" *Ro,* LXXXIII (1962), 348-69.

———. "Levels of Meaning in the *Poema de Mío Cid,*" *MLN,* LXXXV (1970), 109-19.

Durán, Agustín. *Romancero general o colección de romances castellanos anteriores al siglo XVIII.* Madrid, 1828-32; en *BAE,* X, 1949.

Egéa, O. "Apuntes sobre el Cid histórico y el de la leyenda," *LNL,* mars-avril, 1952.

Entrambasaguas, Joaquín de. "Comentarios al *Cantar del Cid.* El matrimonio judío de Burgos," *PE,* núm. 105 (Madrid, 1955).

———. "El *Cantar del Cid,* hoy," *PE,* 66-67 (1961), 45-58.

Entwistle, William James. "Remarks Concerning the Historical Account of Spanish Epic Origins," *RH,* LXXXI 1933), part. I, 352-77.

———. "Remarks Concerning the Order of Spanish Cantares de Gesta," *RPh,* I (1947-48), 113-23.

Espinosa, A. M. "El *Romancero,*" Hisp. XII (1929), 1-32.

———. "Notes on the Versification of *El misterio de los Reyes Magos,*" *RR,* VI (1915), 378-401.

Faral, Edmond. *Les jongleurs en France au Moyen Âge.* Paris, 1910.

Fernández de Moratín, L. *Orígenes del teatro español.* Madrid, 1830 (*BAE,* II).

Fernández Espino, José. *Curso histórico crítico de la literatura española.* Sevilla, 1871.

Fernández Flores, Darío. *Breviario del Mío Cid.* Madrid, 1942.

Fiorentino, Luigi. "Sul *Cantare del Cid,*" *Ausonia,* XI 1956), 4-10.

Fitzmaurice-Kelly, James. *A History of Spanish Literature.* London, 1898.

———. *Chapters on Spanish Literature.* London, 1908.

———. *Literatura española.* Madrid, 1914.

Floranes, Rafael. *Notas críticas de R. R. F. R. y E. al tomo I de la Colección... de Tomás Antonio Sánchez* (Biblioteca Nac. ms. Mm-396). El texto que utilizamos puede verse en "Dos opúsculos inéditos..." publicados por Marcelino Menéndez y Pelayo en la *RH,* XVIII (1908), 295-431.

Ford, J. D. M. Sobre el *Cantar*... (I) de Menéndez Pidal, en *MLN,* XXIV (1909), 84-86.

———. *Old Spanish Readings.* New York: Ginn and Co., 1911.

———. *Main Currents of Spanish Literature.* New York: Henry Holt and Co., 1919.

Foster, David W. "Nota sobre 'La Afrenta de Corpes' y la unidad expresiva del *Poema de Mío Cid,*" *RomN,* XII (1970-71), 219, 24.

Fotitch, Tatiana. "The Chanson de Geste in the Light of Recent Investigations of Balkan Epic Poetry," *Linguistic and Literary Studies in Honor of H. A. Hatzfeld*. Ed. by A. Crisofulli, Washington: The Catholic University of America Press, 1964, 149-59.
Foulché-Delbosc, R. *Essai sur les origines du Romancero*. Paris, 1912.
Fradejas Lebrero, José. *Estudios épicos: "El Cid"*. Ceuta: Instituto Nacional de Enseñanza Media, 1962.
Friërio, E. "A Lenda do Cid," *Kriterion*, V-VI (Brazil, 1948), 122-49.
Frings, Theodore. "Europäische Heldendichtung," *Neoph*, XXIV (1938), 1-27.
Galmés de Fuentes, Álvaro. "Épica árabe y épica castellana (Problema crítico de sus posibles relaciones,"" *AAL*, CXXXIX (1970), 195-259.
Gamillscheg, E. "Zur Kritik des *Cantar de mio Cid*," *ZRPh*, XLVI (1931), 57-69.
Gárate Córdoba, José María. *Las huellas del Cid*. Burgos, 1955.
———. "El timo del cofre," *ABC*, 3 de mayo de 1957.
———. *Espíritu y milicia en la España medieval*. Madrid: 1967.
García de Diego, Vicente. "Don Ramón Menéndez Pidal (1869-1968)," *BRAE*, XLVIII (1968), 343-49.
García Gallo, A. "El germanismo de la épica y del Derecho en la Edad Media," Madrid: *Instituto Nacional de Estudios Jurídicos*, 1955, 5-93.
García Gómez, Emilio. "Esos dos judíos de Burgos," *Al-Andalus*, XVI (1951), 224-27.
———. "El Rey Bucar del *Cantar de Mio Cid*," *Studi Orientalistici Levi Della Vida*, I (Roma, 1956), 371-77.
García Gutiérrez, Antonio. "Orígenes de la poesía castellana," *DRAE*, Madrid: Rivadeneyra, 1862, 5-46.
García Rámila, Ismael. "Mio Cid, Ruy Díaz de Bivar, el de la luenga y enmarañada barba," *BIFG*, XL (1961), 587-91.
Gariano, Carmelo. "Lo religioso y lo fantástico en el *Poema de Mio Cid*," *Hisp*, XLVII (1964), 69-78.
Gayangos, Pascual de. Ver Ticknor, George. *Historia de la literatura española*. Madrid, 1851, 2 vols.
Geers, Gerardo J. "El problema de los romances," *Neoph*, V-VI (1919-20), 193-99.
———. "Algo sobre versificación española," *Neoph*, XV (1929-30), 178-83.
Genin, Francis. *La Chanson de Roland*. Ed. F. Genin, Paris, 1850.
Gibs, Jack. "Quelques observations sur la *Poema de Almería*," *Societé Rencesvalls* (IVº Congrès International, Actes et Memoires). *Studia Romanica*, Heidelberg, 1967, publ. en 1969, 76-81.
Gicovate, Bernardo. "La fecha de composición del *Poema de Mío Cid*," *Hisp*, XXXIX (1956), 419-22.
Giese, Wilhelm. "Cuadros de la cultura en la época del Cid," *BBMP*, VIII (1926), 195-209.
Gil, Ildefonso Manuel. "Paisaje y escenario en el *Cantar de Mio Cid*," *CHA*, LIII (1963), 246-58.
———. "El caballero desdeñado: nota al *Cantar de Mio Cid*," *Ins*, XVIII (1963), números 200-201, 8.
Gilman, Stephen. "The Imperfect Tense in the *Poema de Mio Cid*," *CL*, VIII (1956), 291-306.
———. *Tiempo y formas temporales en el "Poema del Cid"*. Madrid: Gredos, 1961.

Gilman, Stephen. "The poetry of the *Poema* and the Music of the *Cantar*," *PQ*, LI (1972), 1-11.

Gimeno, Joaquín. "Sobre la oración narrativa medieval: estructura, origen y supervivencia," *AUM*, XVI (1957-58), 5-17.

González, J. "Babieca, el caballo del Cid," *Archivos Leoneses*, X (1956), 108-19.

Gorostiaga, J. "Un paso de Estrabón sobre el peán cántabro, el famoso canto de Lelo y un detalle de métrica del *Mio Cid*," *Helmántica*, IV (1953), 81-89.

Grassotti, Ilda. "La ira regia en León y Castilla," *CuHE*, XLI-XLII (1965), 5-135.

Green, Otis H. *Spain and the Western Tradition. The Castilian Mind in Literature from "El Cid" to Calderón*. I-IV, Madison: The University of Wisconsin Press, 1963-66.

Grimm, Jacob. *Silva de Romances Viejos*. Viena, 1815.

Grossmann, R. "Zum metrischen Problem in der alteren spanischen Volksepik," *Iberica*, V (1926), Baiblatt: Spanische Philologie und Spanischer Unterricht, 8-15.

Guerrieri Crocetti, Camillo. "Motivi dominanti nel *Cantare del Cid*," *Italia e Spagna; saggi sui rapporti storici, filosofici ed artistici tra le due civiltà*, Firenze, 1941, 51-83.

———. "Note e divagazioni sul *Cantare del Cid*," *Problemi di Filologia neo-latina*, Pavia, 1943.

———. *L'epica Spagnola*. Milano, 1944.

———. *Il Cid e i Cantari di Spagna*. Firenze: Sansoni, 1957.

Guglielmi, Nilda. "Cambio y movilidad social en el *Cantar de Mio Cid*," *AHAM*, XII (1963-65), 43-63.

Guillén, Jorge. *Lenguaje y poesía*. Madrid: RO, 1962.

Guillén, José. "La espiritualidad de Mio Cid," *Esp*, San Sebastián, 1942, 186-205.

Hall, Robert A. Jr. "Old Spanish Stress-Timed Verse and Germanic Superstratum," *RPh*, XIX (1965-66), 227-34.

Hallam, Henry. *View of the State of Europe During the Middle Ages*. Vol. III, London, 1822.

Hämel, Adalbert. "Französische und spanische Heldendichtung," *NJWJ*, IV (1928), 37-48.

Hamilton, Rita. "Epic Epithets in the *Poema de Mio Cid*," *RLC*, XXXVI (1962), 161-78.

Hanssen, F. *Sobre la poesía épica de los visigodos*. Santiago de Chile, 1892.

———. "De los adverbios Mucho, Mui y Much en antiguo castellano," *AUCh*, CXVI (1905), 113-17.

———. Reseña al *Cantar*... (I) de Menéndez Pidal, *RDR*, I (1909), 452-69.

———. "Notas al *Poema del Cid*," *AUCh*, CXXVIII (1911), 213-47.

———. "La colocación del verbo en el *Poema del Cid*," *BH*, XIV (1912), 47-59.

Hart, Thomas R. "The Infantes de Carrión," *BHS*, XXXIII (1956), 17-24.

———. "Hierarchical Patterns in the *Cantar de Mio Cid*," *RR*, LIII (1962), 161-73.

———. Sobre Edmund de Chasca: *El arte juglaresco en el "Cantar de Mio Cid"* (Madrid: Gredos, 1967), en *PQ*, XLVII (1968), 599-601.

Hart, Thomas R. "The Rhetoric of (Epic) Fiction: Narrative Technique in the *Cantar de Mio Cid*," *PQ*, LI (1972), 23-35.
Hashimoto, I. "*Poema de Mio Cid* y *Chanson de Roland*," *Hispanica*, X (Tokio, 1965), 47-60.
Harvey, L. P. "The Metrical Irregularity of the *Cantar de Mio Cid*," *BHS*, XL (1963), 137-43.
———. Sobre Edmund de Chasca: *El arte juglaresco*... en *MLR*, LXX (1970), 181-3.
Hatzfeld, H. A. *Literature Through Art. A New Approach to French Literature*. New York: Oxford Univ. Press, 1952.
Henríquez Ureña, Pedro. *La versificación irregular en la poesía castellana*. Madrid, 1920. En su forma final, el libro apareció con el título de *Estudios de versificación española* (Buenos Aires, 1961).
Herder, Jacob Gottfried von. *Der Cid, nach spanischen Romanzen*. Berlin, 1805.
Hergueta, Domingo. "*Poema de Mio Cid*," *BCPMB*, V (1938), 65-71, 104-109, 151-8.
Hills, E. C. "Irregular Epic Metres. A Comparative Study of the Metre of the *Poem of the Cid* and of Certain Ango-Norman, Franco-Italian and Venitian Epic Poems," *HMPidal*, I (Madrid: Hernando, 1925), 759-77.
———. "Notes and Queries on the Metre of the Poem of the *Cid*," *Homenaje a Bonilla y San Martín (Estudios eruditos...)*, I (Madrid, 1927), 471-83.
———. "The Unity of the *Poem of the Cid*," *Hisp*, XII (1929), 113-18.
Hinard, Damas. *Poëme du Cid. Texte espagnol accompagné d'une traduction française, de notes, d'un vocabulaire, et d'une introduction*. Paris, 1858.
———. *Romancero general o recueil des chants populaires de l'Espagne*. I (Paris, 1844).
Hinojosa, Eduardo de. "El derecho en el *Poema del Cid*," *HMPelayo*, I (Madrid, 1899), 551-81.
———. "Relaciones entre la Poesía y el Derecho," *DRAE*, Madrid, 1904, 27-41.
———. *El elemento germánico en el derecho español*. Madrid, 1915.
Hodcroft, F. W. Sobre Edmund de Chasca: *Estructura y forma*..., en *MAe*, XXVI (1957), 209.
Horrent, Jules. *Roncesvalles; étude sur le fragment de "cantar" de gesta conservé à l'Archivo de Navarra* (Pampelune). Paris: Les Belles Lettres, 1951. (Bibliotheque de la Faculté de Philosophie et Lettres de l'Université de Liège, CXX).
———. "El *Cantar de Mio Cid* frente a la tradición rolandiana," *Coloquios de Roncesvalles* (Zaragoza, 1956), 189-209.
———. "Le *Poema de Mio Cid* mis en Français," *RLV*, XXV (1959), 443-52.
———. "L'œuvre monumentale de Ramón Menéndez Pidal," *NC*, X (1959), 5-34.
———. "La prise de Castejón. Remarques littéraires sur un passage du *Cantar de Mío Cid*," *MA*, LXIX (1963), 289-97.
———. "Notes de critique textuelle sur le *Cantar de mio Cid*," *MMD*, II (Glembloux, 1964), 275-82.
———. "Tradition poétique du *Cantar de mio Cid* au XIIe siècle," *CCM*, VII (1964), 451-77.

Horrent, Jules. "Localisation du *Cantar de mío Cid*," *MRC*, I (Poitiers, 1966), 609-15.

———. "Chansons de geste et roman courtois," reseña sobre *Chanson de geste und höfischer Roman* (Heidelberger Kolloquium, 30. Januar, 1961), en *RPh*, XX (1966-67), 192-203.

Huber, V. A. *Chrónica del famoso cavallero Cid Ruydíez Campeador* Stuttgart, 1853.

Huerta, Eleazar. *Poética del Mío Cid*. Santiago de Chile, 1948.

———. "La primera hoja del *Mío Cid*," *CSAC*, Oxford-England, 1965, 259-65.

Huici Miranda, A. "La lucha del Cid Campeador con los almorávides y el enigma de su hijo, Diego," *Hespéris-Tamuda*, VI (1965), 79-114.

Janer, Florencio. *Poema del Cid*. Ed. F. Janer. Madrid, 1964 (*BAE*, LVII)

Jimeno Jimeno, P. D. "Castillejo de Robledo, escenario de la Afrenta de Corpes," *BIFG*, XXXIV (1955), 719-21.

Jones, George Fenwick. "El papel del beso en el cantar de gesta," *BRABLB*, XXXI (1965-66), 105-18.

Julius, E. R. Prólogo a la edición del *Romancero del Cid* recopilado por Escobar. Frankfurt, 1828.

Kohler, Eugène. *Poema de mio Cid. Le Poème de mon Cid (vers 1140)*. Texto crítico de Menéndez Pidal; trad. y prólogo en francés de E. Kohler. Paris, 1955.

Körbs, Frank. *Untersuchung des sprachlichen Eigentumlichkeiten des altspanischen Poema del Cid*. Frankfurt, 1893.

Kullmann, Ewald. "Die dichterische und sprachliche Gestalt des *Cantar de Mío Cid*," *RF*, XLV (1931), 1-65.

Lahmann, Enrique Macaya. "Las asonancias del *Poema del Cid:* posibles significados de la diferencia de cambios de asonantes. La métrica irregular y la asonancia perfecta de *Mío Cid*," *Hisp*, XVII (1934), 63-74.

Lang, H. R. "Notes on the Metre of the *Poem of the Cid*," *RR*, V (1914), 1-30, 295-349; VII (1917), 241-78, 401-33; IX (1918), 48-95.

———. "Contributions to the Restoration of the *Poema del Cid*," *RH*, LXVI (1926), 1-509.

———. "The Metrical Forms of the *Poem of the Cid*," *PMLA*, XLII (1927), 523-603.

Lapesa, Rafael. *Historia de la lengua española*. Madrid, 1962 (5.ª ed.).

———. "La lengua de la poesía épica en los cantares de gesta y en el romancero viejo," *ALM*, IV (1964), 5-24.

———. *De la Edad Media a nuestros días. Estudios de historia literaria*. Madrid: Gredos, 1967.

———. *Crestomatía del Español medieval*. I-II (Madrid, 1965); obra empezada por Ramón Menéndez Pidal, acabada y revisada por Rafael Lapesa y María Soledad de Andrés.

Laredo, Federico. "La influencia de las formas verbales tetrasilábicas en la métrica del *Cantar de Mío Cid*," *BH*, LXX (1968), 426-30.

Laza Palacio, Manuel. *La España del poeta del "Mío Cid". Comentarios a la "Crónica de Alfonso VII"*. Málaga: Librería Anticuaria, El Guadalhorce, 1964. Ver la reseña de E. Martínez de Pisón, "Bien e tan mesurado," *Ins*, XX (1965), números 224-5, 22.

Le Gentil, Pierre. "La notion d'état latent et les dérniers travaux de Menéndez Pidal," *BH*, LV (1953), 113-48.

Le Gentil, Pierre. "À propos de l'origine des chansons de geste: le problème de l'auteur," *Coloquios de Roncesvalles* (Zaragoza, 1956), 113-21.

———. "Discussions sur la versification espagnole médiévale," *RPh*, XII (1959), 1-31.

———. "Le traditionalisme de R. Menéndez Pidal," *BH*, LXI (1959), 185-215.

———. "Réflexions sur la création littéraire au Moyen Âge," *CN*, XX 129-40.

———. "Les chansons de geste et le problème de la création littéraire au Moyen Âge. *Remaniement* et *Mutation brusque*," *MMB*, Bordeau, 1962, 490-97.

———. "Le traditionalisme et l'étude des chansons de geste," *RN*, XLII (1965), 40-52.

———. "Les nouvelles tendances de la critique et l'interprétation des epopées médiévales," *BRABLB*, XXXI (1965-66), 133-41.

Legendre, Maurice. "Conferencia" recogida en *Santiago en la Historia, la Literatura y el Arte,* II (Madrid: Ed. Nacional, 1955).

Leo, Ulrich. "La Afrenta de Corpes, novela psicológica," *NRFH*, XIII (1959), 291-304.

Leonard, William Ellery. "La métrica del *Cid*," *RABM*, XLIX (1928), 334-52; LI (1930), 16-40; LII (1931), 195-210, 302-28, 401-21.

———. "The Recovery of the Metre of the *Cid*," *PMLA*, XLVI (1931), 289-306.

Lida de Malkiel, María Rosa. *La idea de la Fama en la Edad Media castellana*. México-Buenos Aires: Fondo de Cultura Económica, 1952.

Lidforss, E. *Los Cantares de Myo Cid*. Lund, 1895.

Li Gotti, Ettore. "El *Cantar de Mio Cid*, Cantar del 'buen vassallo'," *LM*, II (1951), 521-43.

Lillo Rodelgo, J. *El sentimiento de la Naturaleza en la Pintura y en la Literatura española*. Toledo, 1929.

López Estrada, Francisco. *Poema del Cid*. Texto íntegro en verso moderno y prólogo de F. López Estrada. *Odres Nuevos*, Valencia, 1961.

———. *Introducción a la literatura medieval española*. Madrid: Gredos, 1962.

Lord, Albert Bates. *The Singer of Tales*. Cambridge, Mass., 1960 (*Harvard Studies in Comparative Literature*, No. 24).

Louis, René. "L'épopée française est carolingienne," *Coloquios de Roncesvalles* (Zaragoza, 1956), 327-460.

———. "Qu'est-ce que l'épopée vivante?," *TR*, 132 (1958), 9-17.

———. "Ramón Menéndez Pidal et le progrès actuel des recherches sur l'épopée romane," *NC*, X (1959), 35-89.

Loveluck, Juan. *Poema de Mio Cid*. Ed. J. Loveluck, Santiago de Chile, 1954.

———. "Las lágrimas del partir," *RNC*, XXIV (1962), 182-5.

Lloréns, Vicente. "El destierro del héroe," *Asomante*, II (1947), 28-41.

Lloyd, Paul. "More on the Date of Composition of the *Cantar de Mio Cid*," *Hisp*, XLII (1959), 488-91.

Macía Serrano, P. "El Cid moro y el Cid cristiano," *África*, 234 (1961), 12-14.

Maldonado de Guevara, F. "Knittelvers 'verso nudoso'," *RFE*, XLVIII (1965,), 39-59.

Mancini Giancarlo, Guido. "Il *Cid* e la primitiva poesia," *Storia della letteratura spagnola*, Milano, 1961, 17-33.

Marcos Marín, Francisco. *Estudios épicos: los árabes y la poesia épica.* Montreal, 1970.

——. *Poesía narrativa árabe y épica hispánica: elementos árabes en los orígenes de la épica hispánica.* Madrid, 1971.

Martin, June Hall. "Order, Morality, aund Justice as Traditional Epic Themes: a Comparison of the *Cantar de Mio Cid* with the *Odissey* and the *Chanson de Roland,*" *SHR*, I (1962), 274-82.

Martínez Burgos, Francisco. *El Cid estadista.* Burgos, 1951.

Martínez Burgos, Matías. *Poema de Mio Cid. Texto ant. y trad. exacta en metro desigual y rima asonante.* Burgos, 1955.

Martínez de la Rosa, F. "Anotaciones" a su *Arte Poética.* Madrid, 1828 (*BAE*, CXLIX).

Martínez de Pisón, Eduardo. "Bien e tan mesurado," *Ins,* XX (1965), números 224-5, 22.

Mateu y Llopis, F. "La moneda en el *Poema del Cid*. Un ensayo de interpretación numismática del *Cantar de Mío Cid,*" *BRABLB*, XX (1947), 43-56.

McMillan, Duncan. "L'humiliation du Cid," *Coloquios de Roncesvalles* (Zaragoza, 1956), 253-61.

——. "À propos de traditions orales," *CCM*, III (1960), 67-70.

——. "À propos d'un travaille de M. Maurice Delbouille sur *Les Chansons de geste et le livre,*" *CCM*, IV (1961), 47-54, 86-91.

Mendívil y Silvela, [?]. *Biblioteca selecta de literatura española.* I, Madrid, 1819.

Menéndez Pidal, Juan. *Poesía popular: Romancero asturiano.* Madrid, 1885.

Menéndez Pidal, Ramón. *La leyenda de los Infantes de Lara.* Madrid, 1896; 2.ª ed., Madrid, 1934 (*Obras* de R. Menéndez Pidal, I).

——. *Catálogo de la Real Biblioteca,* I, *Manuscritos. Crónicas Generales de España* descritas por Ramón Menéndez Pidal. Madrid, 1898.

——. "El *Poema del Cid* y las Crónicas Generales de España," *RH*, V (1898), 435-69.

——. "Notas para el romancero del conde Fernán Fonzález," *HMPelayo,* I (Madrid, 1899), 429-507.

——. "Disputa del alma y el cuerpo, y auto de los *Reyes Magos,*" *RABM,* IV (1900), 449-62.

——. *Poema del Cid.* Ed. anotada. Madrid, 1900.

——. "*Poema de Yuçuf*. Materiales para su estudio," *RABM*, VII (1902), 91-129, 276-309, 347-62.

——. "La crónica general de 1404," *RABM*, IX (1903), 34-55.

——. *La leyenda del abad don Juan de Montemayor.* Dresden, 1903.

——. "Los romances tradicionales de América," *CE*, I (1906), 72-111.

——. *Primera Crónica General de España que mandó componer Alfonso el Sabio y se continuaba bajo Sancho IV en 1289,* publicada por Menéndez Pidal, 2 vols. (Madrid, 1955). La primera edición es de 1906) (*NBAE*, V).

——. Sobre E. Staaff: *Étude sur les pronoms abregés en ancien espagnol,* en *CE*, IV (1906), 1107-1109.

——. "Catálogo del romancero judío-español," *CE*, IV (1906), 1045-77; V (1907), 161-99.

——. *Cantar de Mio Cid. Texto, gramática y vocabulario.* (Obra premiada por la Real Academia española). I: Crítica del texto y Gramática. Madrid: Bailly-Bailliere e Hijos, 1908. II-III (Madrid, 1911).

Menéndez Pidal, Ramón. *L'Épopée castillane à travèrs la littérature espagnole.* Traduction de H. Mérimée, avec une préface de Ernest Mérimée. Paris: A. Colin, 1910.

———. *El romancero español.* New York, 1910.

———. "El elemento histórico en el *Romanz dell Inffant García*," *Studi litterari e linguistici dedicati a Pio Rajna,* Firenze, 1911, 41-85.

———. "El *Poema del Cid.* Valor artístico del poema," *RLi,* I (1913), 5-11.

———. *Poema de Mio Cid.* Introducción, edición y notas. Madrid, ed. de La Lectura, 1913 (*Clásicos Castellanos,* 24).

———. Sobre R. Foulché-Delbosc: *Essai sur les origines du Romancero,* en *RLi,* II (1914), 3-14.

———. "Elena y María. Poesía leonesa inédita del siglo XIII," *RFE,* I (1914), 52-96.

———. "Poesía popular y romancero," *RFE,* I (1914), 357-77; II (1915), 105-36, 329-38; III (1916), 234-89.

———. "Quelques caractères de la littérature espagnole," en *Revue Internationale de l'Enseignement,* LXX (Paris, 1916), 401-13.

———. Sobre Lang: "Notes...," en *RFE,* III (1916), 338-44.

———. "*Roncesvalles.* Un nuevo cantar de gesta español del siglo XIII," *RFE,* IV 1917), 105-204. Reimpreso en *Tres poetas primitivos* (Buenos Aires: Colección Austral, 1948), pp. 49-79.

———. "Algunos caracteres primordiales de la Literatura española," *BH,* XX (1918), 205-32.

———. *Estudios literarios.* Madrid: Atenea, 1920.

———. "¡Par San Isidro! (*Cid,* versos 3028, 3140)," *RFE,* VII (1920), 182-3.

———. "Sobre geografía folklórica. Ensayo de un método," *RFE,* VII (1920), 229-328, y tres mapas.

———. Prólogo a *La versificación irregular en la poesía castellana* de Henríquez Ureña (Madrid: Publicaciones de la *RFE,* 1920), pp. V-VI.

———. "Sobre la traducción portuguesa de la *Crónica general de España de 1344,*" *RFE,* VIII 1921), 391-9.

———. *El Cid en la historia.* Madrid: Jiménez y Molina, 1921.

———. "La epopeya y los romances españoles, examen de una antigua teoría," *RFE,* VIII (1921), 5-12.

———. *Poesía popular y poesía tradicional en la Literatura española.* Oxford: University Press, 1922.

———. "Caracteres de la poesía juglaresca," *RO,* II (1923), 171-200.

———. "Relatos poéticos en las crónicas medievales," *RFE,* X (1923), 329-72.

———. *Poesía juglaresca y juglares. Aspectos de la historia literaria y cultural de España.* Madrid, 1924.

———. *Floresta de leyendas heroicas españolas.* Compilada por Ramón Menéndez Pidal. Rodrigo, el último godo. Madrid: La Lectura, 1925 (*Clásicos Castellanos,* 62).

———. *Orígenes del español. Estado lingüístico de la península Ibérica hasta el siglo XI.* Madrid: Hernando, 1926.

———. "Año y lugar del nacimiento del Cid," *BRAH,* LXXXIX (1926), 8-9.

———. "El solar del Cid," *Revista de las Españas,* I (1926), 1-3.

———. "De la vida del Cid. Notas sueltas," *RO,* XI (1926), 145-67.

———. *Flor nueva de romances viejos que recogió la tradición antigua y moderna.* Madrid, 1928.

———. *El "Romancero". Teorías e investigaciones.* Madrid, 1928.

Menéndez Pidal, Ramón. *La España del Cid.* Madrid: Ed. Plutarco, 1929, 2 vols.

———. "Realismo de la epopeya española," *Humanidades,* XXI (1930), 11-13.

———. "Supervivencia del *Poema de Kudrun* (Orígenes de la balada)," *RFE,* XX (1933), 1-59.

———. "La forma épica en España y en Francia," *RFE,* XX (1933), 345-52.

———. *Historia y epopeya.* Madrid, 1934.

———. "La épica española y la *Literarästhetik des Mittelalters* de E. R. Curtius," *ZRPh,* LIX (1939), 1-9.

———. *Idea imperial de Carlos V.* Madrid: Colección Austral, 1940.

———. "Mio Cid el de Valencia," Valencia, *Patronato del VIII Centenario del Poema del Cid,* 1943, 13-60.

———. "Poesía tradicional en el Romancero Hispano-Portugués," *BACL,* XV (1943), 5-31.

———. "Carácter originario de Castilla," *REP,* VII (1944), 383-408.

———. "Filología e Historia. De Crítica Cidiana," *ZRPh,* LXVI (1944), 211-32.

———. *Cantar de Mio Cid...* Segunda edición. Madrid, 1944-46.

———. *Como vivió y como vive el "Romancero".* Valencia: La Enciclopedia Hispánica, IV, 1945, 87 págs.

———. *La epopeya castellana a través de la literatura española.* Buenos Aires: Espasa-Calpe, 1945.

———. *Castilla, la tradición, el idioma.* Buenos Aires: Colección Austral, 1945.

———. "La política y la Reconquista en el siglo XI. (Examen de los últimos escritos referentes al Cid," *REP,* XIX (1947), 1-35.

———. "Alfonso X y las leyendas heroicas," *CHA,* I (1948), 1-24.

———. *Tres poetas primitivos.* Buenos Aires: Colección Austral, 1948.

———. "Poesía e historia en el *Mio Cid,*" *NRFH,* III (1949), 113-29.

———. "Caracteres primordiales de la literatura española," en la Introducción a la *Historia general de las literaturas hispánicas,* Barcelona: Ed. Barna, 1949, XV-LIX.

———. *El Cid Campeador.* Buenos Aires: Colección Austral, 1950.

———. *Los españoles en la Historia y en la Literatura.* Buenos Aires: Espasa-Calpe, 1951.

———. *Reliquias de la poesía épica española.* Madrid: Espasa-Calpe, 1951.

———. *Problemas de la Poesía Épica.* Roma: Instituto Español de Lengua y Literatura, 1951.

———. *Los orígenes de las literaturas románicas a la luz de un descubrimiento reciente.* Santander: Univ. Internacional Menéndez y Pelayo, 1951.

———. *La épica española y la francesa comparadas.* Curso para extranjeros en Segovia, 1951, 15 págs.

———. *De primitiva lírica española y antigua épica.* Buenos Aires: Colección Austral, 1951.

———. "La épica medieval en España y Francia," *CL,* IV (1952), 97-117.

———. *Dos teorías sobre la épica medieval.* Universidad La Laguna, 1952.

———. *Miscelánea histórico-literaria.* Buenos Aires: Espasa-Calpe, 1952.

———. *Romancero Hispánico (Hispano-Portugués, Americano y Sefardí). Teoría e historia.* Madrid: Espasa-Calpe, 1953, 2 vols.

———. *Cómo vive un romance, dos ensayos sobre tradicionalidad. RFE,* Anejo LX (1954). Contiene: "Sobre geografía folklórica. Ensayo de un método," por Menéndez Pidal, y "La vida de un romance en el espacio y en el tiempo," por A. Galmés y D. Catalán.

Menéndez Pidal, Ramón. "Fórmulas épicas en el *Poema del Cid*. Cuestión metódica," *RPh*, VII (1954), 261-7.

——. *Cantar de Mio Cid*.... Madrid, 1954-56.

——. *Los Godos y el origen de la epopeya española* (publicación privada). Madrid: Espasa-Calpe, 1955.

——. "Tradicionalidad de las Crónicas Generales de España," *BRAH*, CXXXVI (1955), 7-73.

——. *Los Godos y la Epopeya Española. Chansons de Geste y baladas nórdicas*. Madrid: Espasa-Calpe, 1956.

——. *Los Godos y el origen de la Epopeya Española*. Settimana di Studio del Centro Italiano di studi sull'alto medioevo. III, *I Goti in Occidente. Problemi*, Spoleto, 1955, 325-51.

——. "La *Chanson de Roland* desde el punto de vista del tradicionalismo," *Coloquios de Roncesvalles* (Zaragoza, 1956), 181-86.

——. *Mis páginas preferidas. Temas literarios*. Antología Hispánica, Madrid: Gredos, 1957.

——. *Poesía juglaresca y orígenes de las literaturas románicas. Problemas de la historia literaria y cultural*, 6.ª ed. corregida y aumentada. Madrid, 1957.

——. *España y su Historia*. 2 vols. Madrid, 1957.

——. "Mitología en el *Poema del Cid*," *Studia philologica et litteraria in honorem L. Spitzer*, Berne, 1958, 331-36; reimpreso en *En torno al Poema del Cid*, Barcelona, 1963, pp. 261-67.

——. *La "Chanson de Roland" y el neotradicionalismo (orígenes de la épica románica)*. Madrid, 1959.

——. "Le romancero et l'état latent de la poésie épique," *TR*, 133 (1959), 136-43.

——. "Lo irreal y lo maravilloso en la *Chanson de Roland*," *La technique littéraire des chansons de geste* (Actes du Colloque de Liège, 1957), Paris: Les Belles Lettres, 1959.

——. "Sobre las variantes del códice rolandiano V4 de Venecia," *CN*, XXI (1961), 10-19.

——. "Dos poetas en el *Cantar de Mio Cid*," *Ro*, LXXXII (1961), 145-200; reimpreso en *En torno*..., pp. 109-162.

——. "*Cantar de Mio Cid*," *Gran Enciclopedia del Mundo*, IV (Bilbao, 1962), columnas 463-90.

——. "Una duda sobre el duelo en el *Poema del Cid*," *Strenae, estudios de Filología e Historia dedicados al Prof. M. García Blanco*, Salamanca, 1962; en *En torno*..., pp. 173-78.

——. "El estado latente en la vida tradicional," *RO*, 2.ª época, II (1963), 129-53.

——. *En torno al Poema del Cid*. Barcelona, 1963.

——. "Los cantores épicos yugoeslavos y los occidentales. El *Mío Cid* y dos refundidores primitivos," *BRABLB*, XXXI (1965-66), 195-225.

——. "Los Infantes de Salas y la Epopeya Francesa — influencias recíprocas dentro de la tradición épica románica —," *MRL*, I (Gembloux, 1969), 485-501.

Menéndez y Pelayo, Marcelino. *Tratado de los romances viejos*. 2 vols. Madrid, 1903-1906; en la *Antología de poetas líricos castellanos*, tomos XI-XII de la primera edición.

Menéndez y Pelayo, Marcelino. "Dos opúsculos inéditos de D. Rafael Floranes y D. Tomás Antonio Sánchez sobre los orígenes de la poesía castellana," publicados por Menéndez y Pelayo en la *RH*, XVIII (1908), 295-431.

———. *Historia de la poesía castellana de la Edad Media*. 2 vols., Madrid, 1911-13.

———. *Antología de poetas líricos castellanos*. Edición Nacional de las Obras completas de Menéndez y Pelayo, Santander, 1944, tomos XVII, XXII-XXIII.

Merêa, Paulo. "Relendo o *Poema do Cid*. Algunas notas acerca do duelo na historia do direito," *MEJC*, IV (Figueira da Foz, 1960), 394-8.

———. "Sobre o duelo no *Poema do Cid*," *BFD*, XXXVIII (Coimbra, 1962), 234-41.

Meregalli, Franco. *Questioni riguardanti l'epica spagnola*. Milano, 1949.

Mérimée, Ernest. Sobre el *Cantar*... (I) de Menéndez Pidal, *BH*, XI (1909), 119-23.

Mérimée, (E) y Morley, (S. G.). *A History of Spanish Literature*. New York, 1930.

Mettmann, Walter. "Altspanische Epik. Ein Forschungsbericht," *GRM*, II (1961), 129-53.

Michael, Ian. "A Comparison of the Use of the Epic Epithets in the *Poema de Mio Cid* and the *Libro de Alexandre*," *BHS*, XXXVIII (1961), 32-41.

Michaëlis de Vasconcellos, C. "Romanzenstudien," *ZRPh*, XVI (1892), 40-89.

———. "Romances velhos em Portugal," *CE*, tirada aparte, Madrid, 1907-1909, 15-19, 329-36.

Milá y Fontanals, Manuel. *Observaciones sobre la poesía popular*. Barcelona, 1853.

———. *De la poesía heroico-popular castellana*. Barcelona, 1874. Ed. Martín de Riquer y J. Molas, Barcelona, 1959.

Mínguez, M. "El *Poema del Cid*," *Revista de Historia y Genealogía Española*, I (1912), 123-6.

Monge, L. de. "Roland et le Cid," *Mus*, II (1883), No. 4, 501-22.

Monteverdi, Angelo. "Regolarità e irregolarità sillabica del verso epico," *MMD*, II (Gembloux, 1964), 531-44.

Montgomery, Thomas. "The Cid and the Count of Barcelona," *HR*, XXX (1962), 1-11.

———. "Narrative Tense Preferences in the *Cantar de Mío Cid*," *RPh*, XXI (1968), 252-74.

———. Sobre Joseph Szertics: *Tiempo y verbo en el "Romancero" viejo* (Madrid: Gredos, 1967), en *RPh*, XXI (1968), 228-30.

———. Sobre Edmund de Chasca: *El arte juglaresco*... y sobre Bandera Gómez: *El "Poema de Mío Cid"*..., en *RPh*, XXIV (1970), 213-16.

Montolíu, Manuel de. "La poesía heroico-popular castellana y el mester de clerecía," *Historia general de las literaturas hispánicas* publicadas bajo la dirección de Guillermo Díaz-Plaja, I (Barcelona, 1949).

Moon, Harold. "Humor in the *Poema del Cid*," *Hisp*, XLVI (1963), 700-704.

Moreira, O. "Parejas de personajes en el *Poema del Cid*," *Estrofa*, XVIII (1955), 11-13.

Morejón, Julio. "La religiosidad en el *Poema de Mio Cid*," *Journal de Filología*, II (São Paulo, 1954), 150-71.

Moreno Báez, Enrique. *Nosotros y nuestros clásicos*. Madrid: Gredos, 1961.

———. "El estilo romántico y el *Cantar del Cid*," *ASCIH* (Univ. de Nimega, Holanda, 1967), 429-38.

Morf, Heinrich. "Die sieben Infanten von Lara," *DR,* CIII (1900), 373-96; reimpreso en *Aus Dichtung und Sprache der Romanen,* Strassburg, 1903, 55-100.
Morley, S. G. "Are the Spanish *Romances* Written in Quatrains? And Other Questions," *RR,* VII (1916), 42-82.
———. *Spanish Ballads.* New York, 1924.
———. "Spanish Ballad Problems. The Native Historical Themes," *UCPMP,* XIII (1925), 207-28.
———. "Recent Theories about the Metre of the *Cid,*" *PMLA,* XLVIII (1933), 965-80.
Morón Arroyo, Ciriaco. "La teoría crítica de Menéndez Pidal," en *Studies in Memory of Ramón Menéndez Pidal,* publicados por la *HR,* XXXVIII (1970), No. 5, 22-39.
Muñoz Fillol, C. "El Cerro de las Cabezas y su significación en la epopeya medieval castellana," *CuEM,* X (1960), 305-33.
Muñoz González, L. "Andrés Bello y los orígenes de la epopeya romancesca," *A,* 410 (1965), 125-33.
Muñoz y Manzano, Cipriano [Conde de La Viñaza]. *Biblioteca Histórica de la Filología Castellana.* Madrid, 1893.
Myers, Oliver T. "Assonance and Tense in the *Poema del Cid,*" *PMLA,* LXXXI (1966), 493-8.
———. Sobre Edmund de Chasca: *El arte juglaresco...,* en *HR,* XXXVII (1969), 401-407.
Navarro González, A. "El mito del Cid," *Atlántida,* II (1964), 5-22.
Navarro, Tomás. *Métrica española. Reseña histórica y descriptiva.* New York: Syracuse University Press, 1956.
Nichols, Stephen G. Jr. "The Interaction of Life and Literature in the *Peregrinationes ad loca sancta* and the *Chansons de Geste,*" *Spec,* XLIV (1669), 4-10.
Nogués Aragonés, J. "La fecha de la *Chanson de Guillaume,*" *Romanistisches Jahrbuch,* XI (1960), 54-9.
Northup, G. T. "The *Poem of the Cid* Viewed as a Novel," *PQ,* XXI (1942), 17-22.
Notopoulos, James A. "Studies in Early Greek Oral Poetry," *HSCPh,* LXVIII (1964), 1-77.
Núñez Marqués, Vicente. "Itinerario del Cid desde San Esteban de Gormaz a Navapalos, lugar donde fueron golpeadas cruelmente las hijas del Cid," *BIFG,* XXXIV (1955), 737-41.
Ochrymowicz, Orest. "Aspects of Oral Style in the *Romances Juglarescos* of the Carolingian Cycle," tesis doctoral escrita en la Univ. de Iowa, 1968.
Olson, P. R. "Symbolic Hierarchy in the Lion Episode of the *Cantar de Mio Cid,*" *MLN,* LXXVII (1962), 499-511.
Ormsby, J. *The Poem of the Cid.* London, 1879; New York, 1915.
Oroz, Rodolfo. "Los animales en el *Cantar de Mio Cid,*" *Miscelánea F. A. Coelho* (Lisboa, 1949), 273-8.
———. "Andrés Bello y el *Poema del Cid,*" *RFE,* XLVII (1964), 437-43.
Orozco Díaz, Emilio. "Sobre el sentimiento de la naturaleza en el *Poema del Cid,*" *Clav,* VI (1955), núm. 31, 1-6.
———. "Sobre el sentimiento de la naturaleza en la poesía española Medieval," *RIE,* XXIV (1966), 3-34.

Ortega y Gasset, José. "Tierras de Castilla. Notas de andar y ver," *El Espectador*, I (Madrid: RO, 1916), 51-61; ensayo que lleva el título de "La vida en torno" (1911).

———. "Arte de este mundo y del otro," (1911) en *Obras completas* de José Ortega y Gasset, I (Madrid: RO, 1902-16), 186-90.

Pagés, G. "Las arcas del Cid," *EH*, I (1959), 27-49.

Palacios Madrid, F. "¿Se escribió en Gumiel de Hizán el *Poema de Mío Cid*?," *BIFG*, XXXVII (1958), 134-43.

Pantorba, Bernardino. *El Cid. Historia y fábula*. Madrid, 1961.

Paris, Gaston. *Histoire poétique de Charlemagne*. Paris, 1865.

———. "*La leyenda de los Infantes de Lara* de Ramón Menéndez Pidal," *JS*, LXIII (mai-juin, 1898), 296-309, 321-35.

Pattison, D. G. "The Date of the Cantar de Mio Cid: a Linguistic Approach," *MLR*, LXII (1967), 443-50.

Pellegrini, Silvio. "Epica Francese e *Cantare del Cid*," *CN*, III (1943), 232-8.

Pérez de Guzmán, Fernán. *Generaciones y semblanzas*. Ed. de R. B. Tate, London, 1965.

Pérez de Urbel, Fray Justo. "Tres notas sobre el *Cantar de Mío Cid*," *BIFG*, XXXIV (1955), 634-41.

Pérez Olagaray, María Elena. "*Roland y Mío Cid*. Dos Cantares de Gesta," tesis doctoral escrita en la Univ. de México, 1954.

Petriconi, Helmuth. "Das Rolandlied und das Lied vom Cid," *RJ*, I (1947-48), 215-37.

Pfandl, L. *Spanische Literaturgeschichte*. Leipzig-Berlin, 1923.

———. *Die spanischen Romanzen*. Halle, 1933.

Picciotto, Robert. "Dramatic and Lyrical Unity in the *Cid* and the *Roland*," tesis doctoral, Indiana Univ., 1964.

Pidal, Pedro José (Marqués de). "De la poesía castellana en los siglos xiv y xv," Introducción al *Cancionero de Juan Alfonso de Baena* (Madrid, 1851), XIII-XCIII.

———. *Estudios literarios*, 2 vols. Madrid, 1890.

Pidal y Mon, Alejandro. *Discursos y artículos literarios de Alejandro Pidal y Mon*. Madrid, 1887.

———. "Relaciones entre la Poesía y el Derecho," *DRAE* (Madrid, 1904), 42-69.

Pound, Ezra. *The Spirit of Romance*. London, 1912.

Pritchett, V. A. "El Cid," en *The Working Novelist* (London, 1965), 43-48.

Puymaigre, Th. de. *Les vieux auteurs castillans*, 2 vols. Paris, 1861-62.

Quintana, Manuel José. *Poesías selectas castellanas*. Madrid, 1808 (*BAE*, XIX).

Rajna, Pio. *Origini dell'epopea francese*. Firenze: Sansoni, 1884.

———. "Osservazioni e dubbi concernenti la storia delle romanze spagnuole," *RR*, VI (1915), 1-41.

Reinhart, Wm. "La tradición visigoda en el nacimiento de Castilla," *EMP*, I (Madrid, 1950), 535-54.

Resnic, Seymour. "The Jews as Portrayed in Early Spanish Literature," *Hisp*, XXXIV (1951), 54-58.

Restori, Antonio. "Il Cid Campeador," *Prop*, XIV (1881), 9-27.

———. "Osservazioni sul metro, sulle assonanze e sul testo del *Poema del Cid*," Prop, XX (1887), I, 97-158; II, 109-164, 408-37.

Reyes, Alfonso. *Poema del Cid* (según el texto antiguo preparado por Menéndez Pidal, y prosificación moderna de A. Reyes). Madrid: Espasa-Calpe, 1963.
Riaño Rodríguez, Timoteo. "Del autor y fecha del *Poema de Mio Cid*," *Prohemio*, II (1971), 467-500.
Ribera y Tarragó, Julián. "Épica romanceada andaluza," en *Disertaciones y opúsculos*, I (Madrid, 1928), 104-150.
Richthofen, Erich Freiher von. *Estudios épicos medievales*. Madrid: Gredos, 1954.
―――. "Interpretaciones histórico-legendarias en la épica medieval," *Arbor*, XXX (1955), 184-90.
―――. "Katalonien in französischen Wilhelmlied," *MIF* (Sarrebruck, 1957), 560-72.
―――. "Notas sobre temas épicos medievales," *Boletín de Filología*, XI (1959), 337-54.
―――. "La justice dans l'épilogue de la *Chanson de Roland* et du *Poème du Cid*," *CCM*, III (1960), 76-79.
―――. "Style and Chronology of the Early Romance Epic," *Saggi e Ricerche in memoria di Ettore Li Gotti*, III (1962), 83-96.
―――. "Considérations complémentaires sur les Légendes épiques et les Romans courtois," *MMD*, II (Gembloux, 1964), 581-96.
―――. "El problema estructural del *Poema del Cid*," *ERO*, Santiago de Chile, 1967, 425-36.
―――. "Relaciones franco-hispanas" (1962), en *Nuevos estudios épicos medievales* (Madrid: Gredos, 1970), 30-46.
―――. "Problemas rolandinos, almerienses y cidianos," *AEM*, V (1968), 437-44.
―――. *Nuevos estudios épicos medievales*. Madrid: Gredos, 1970.
―――. "*Tradicionalismo, Individualismo y Positivismo* en el estudio de la Épica y la Novela Primitivas," *Prohemio*, I (1970), 397-435.
Ríos y Ríos, Ángel de los. "Exactitud histórica y geográfica del *Poema del Cid*," *RE*, LXXI (1879), 517-38; LXXII (1880), 62-70.
Riquer, Martín de. "¡Dios, qué buen vassallo! ¡Si oviesse buen señore!," *Revista Bibliográfica y Documental*, III (1949), 249.
―――. "Bavieca, caballo del Cid Campeador, y Bauçan, caballo de Guillaume d'Orange," *BRABLB*, XXV (1953), 129-44.
―――. "L'épopée vivante en Espagne," *TR*, 133 (1959), 121-36.
―――. "Épopée jongleresque à écouter et épopée romanesque à lire," en *La technique littéraire des chansons de geste* (Actes du Colloque de Liège, 1957), Paris, 1959, 75-84.
Robson, C A. "Aux origines de la poésie épique romane: art narratif et mnemotécnie," *MA*, LXVII (1961), 41-84.
Rodríguez Puértolas, Julio. "Un aspecto olvidado en el realismo del *Poema de Mio Cid*," *PMLA*, LXXXII (1967), 170-77.
Ruiz y Pablo, A. "El elemento plástico en el *Cantar de Mio Cid*," *Revista de Menorca*, XVII (Mahón, 1922), 295-315.
Russell, P. E. "Some Problems of Diplomatic in the *Cantar de Mio Cid* and Their Implications," *MRL*, XLVII (1952), 340-49.
―――. "Where was Alcocer?," *Homenaje a J. A. van Praag* (Amsterdam, 1956), 101-7.
―――. "San Pedro de Cardeña and the Heroic History of the Cid," *MAe*, XXVII (1958), 57-79.

Rychner, Jean. *La chanson de geste. Essai sur l'art épique des jongleurs.* Geneve-Lille, 1955.
Saint-Hilaire, R. *Étude sur l'histoire de la langue et des romances espagnoles.* Paris, 1838.
Sainz de Baranda, García. "¿Quién pudo escribir el *Poema del Cid?*," *BCPMB*, IV (1936), 56-7, 463-5.
Salinas, Pedro. *Reality and the Poet in Spanish Poetry.* Baltimore: The John Hopkins Press, 1940.
———. "El *Cantar de Mio Cid.* Poema de la honra," *UNC* IV, (1945), 9-24; reimpreso en sus *Ensayos de literatura hispánica,* ed. Juan Marichal (Madrid: Aguilar, 1958), 27-44.
———. "La vuelta al esposo: Ensayo sobre estructura y sensibilidad en el *Cantar de Mio Cid,*" *BHS*, XXIV (1947), 79-88; en *Ensayos...,* pp. 45-57.
Salomonski, Eva. "Raquel e Vidas," *Vox Romanica,* XV (1957), 215-30.
Salverda, J. de Grave. "La Chanson de Geste et la Ballade," *MATh,* Paris, 1927, 389-94.
Sánchez, Tomás Antonio. *Colección de poesías anteriores al siglo XV,* 2 vols. Madrid, 1779-80. Ver también "Dos opúsculos inéditos...," *RH,* XVIII (1908), 295-421.
Sandmann, M. "Narrative Tenses in the Past in the *Cantar de Mio Cid,*" *Studies in Romance Philology and French Literature Presented to John Orr* (Manchester, 1953), 258-81.
———. Sobre Stefenelli-Fürst: *Die Tempora der Vergangenheit in der Chanson de Geste* (*Wiener Romanistische Arbeiten,* V, 1966), en *RPh,* XXI (1968), 570-4.
Sandoval, Prudencio de. *Primera parte de las fundaciones de los monasterios del glorioso padre San Benito.* Madrid, 1601.
Sanz y Díaz, José. "El moro Abengalvón, rey de Molina, en el *Cantar de Mio Cid,*" *Estrofa,* IV (1952), 20-4.
———. "Molina en la geografía árabe y en la historia cidiana," *Bol,* II (1958), 305-18.
———. "Dos poetas en el *Cantar de Mio Cid* (uno de San Esteban y otro de Medinaceli)," *Celt,* XLV (1964), 97-116.
Sarmiento, Fray Martín. *Memorias para la historia de la poesía y poetas castellanos.* Tomo I de las *Obras Pósthumas* de Sarmiento. Madrid, 1775.
Saroïhandy, J. "Origine française du vers des romances espagnoles," *MFB* (Paris, 1904), 311-23.
Scheludko, D. "Neues über das *Couronnement Louis,*" *ZFSL,* LV (1931-32), 425-57.
———. "Über das Altfranzösische epische Gebet," *ZFSL,* LVIII (1934), 67-86.
Schlegel, Friedrich. *Geschichte der neuen und alten Literatur.* Wien, 1811.
———. *Sammtliche Werke.* I, Wien, 1822.
Schnelle, Kurt. "Metodología e historia. Algunas reflexiones sobre la obra de Ramón Menéndez Pidal," *ATCIH* (celebrado en México, agosto de 1968), publicado por el Colegio de México, México, 1970, 823-30.
Serís, Homero. "Apuntes para la bibliografía de Ramón Menéndez Pidal," *HR,* XXXVIII (1970), No. 5 *(Studies in Memory of R. Menéndez Pidal),* 40-46.
Serrano Castilla, F. "El *Poema del Cid,* obra probable de algún monje benedictino," *Est,* X (1954), 67-71.

Siciliano, Italo. *Les origines des chansons de geste.* Paris, 1951.
———. *Les chansons de geste et l'épopée. Mythes, histoire, poème.* Torino: Soc. Ed. Inter., 2, 1968.
Simonde de Sismondi, J. C. L. *De la littérature du midi de l'Europe.* Paris, 1813.
Singleton, Mack. "The Two Techniques of the *Poema de Mio Cid:* An Interpretative Essay," *RPh,* V (1951-52), 222-7.
Smith, Colin C. "Did the Cid Repay the Jews?," *Ro,* LXXXVI (1965), 520-38.
———. *Spanish Ballads. Oxford:* Pergamon Press, 1964.
———. "Latin Histories and Vernacular Epic in Twelfth-Century Spain: Similarities of Spirit and Style," *BHS,* XLVIII (1971), 1-19.
———. "The Personages of the *Poema de Mio Cid* and the Date of the Poem," *MLR,* LXVI (1971), 581-96.
———. *Poema de Mio Cid.* Ed. Colin Smith. Oxford, 1972.
Smith (Colin C.) y Morris (John). "On Physical Phrases in Old Spanish Epic and Other Texts," *PLPLS-LHS,* XII (1967), parte 5, 129-90.
Socarrás, Cayetano J. "The Cid and the Bishop of Valencia (An Historical Interpretation)," *Iberoromania,* II (1970), 101-111.
Solalinde, A. G. *Cien romances escogidos.* Madrid, 1919.
Southey, Robert. Artículo anónimo atribuido a Southey: "Chalmers English Poets," *QR,* XII (1814-15), 63-64.
———. *Chronicle of the Cid.* London, 1808.
Spitzer, Leo. "Stilistische-Syntaktisches aus den spanisch-portugiesischen Romanzen," *ZRPh,* XXXV (1911), 257-308.
———. "Zur Kunstgestalt einer spanischen Romanze," *NS,* XXXIV (1926), 506-14.
———. "Beiträge zur spanischen Syntax," *HMPidal,* I (Madrid, 1925), 49-62.
———. "Zur den Gebeten im *Couronnement Louis* und im *Cantar de Mio Cid,*" *ZFSL,* LVI (1932), 196-209.
———. "Los romances españoles: el romance de *Abenámar,*" *Asomante* (Puerto Rico), I (1945), 7-29.
———. "El sintagma 'Valencia la bella'," *RFH,* VII (1945), 259-76.
———. "¡Dios, qué buen vassallo! ¡Si oviesse buen señore!," *RFH,* VIII (1946), 132-6.
———. "Sobre el carácter histórico del *Cantar de Mio Cid,*" *NRFH,* II (1948), 105-17; reimpreso en *Sobre antigua poesía española.* Buenos Aires, 1962.
———. "Romance del *Conde Arnaldo,*" *HR,* XXIII (1955), 173-87.
———. *Sobre antigua poesía española.* Buenos Aires, 1962.
Staaff, E. *Études sur les pronoms abregés en ancien espagnol.* Upsala, 1906.
———. "Contribution à la syntaxe du pronom personnel dans le *Poème du Cid,*" *RF* XXIII (1907), 621-35.
———. "Quelques Remarques concernant les Assonances dans le *Poème du Cid,*" *HMPidal,* II (Madrid, 1925), 417-29.
Steiger, A. "Vom Ursprung des spanischen Epos," *Festschrift Louis Gauchat* (Aarau, 1926), 271-81.
Strausser, Mary J. "Alliteration in the *Poema de Mio Cid,*" *RomN,* XI (1969-70), 439-43.
Sutton, Donna. "The *Cid:* A Tentative Bibliography to January 1969," *Boletín de Filología,* XXI (1970), 21-174.

Szertics, Joseph. *Tiempo y verbo en el romancero viejo.* Madrid: Gredos, 1967.
Tailhan, P. "Notes sur la langue vulgaire d'Espagne," *Ro,* IX (1880), 433.
Tapia, Eugenio de. *Historia de la Civilización Española.* I, Madrid, 1840.
Tejera, M. J. "Las investigaciones [de Andrés Bello] sobre el *Cantar de Mio Cid,*" *RNC,* CLXXII (1965), 69-73.
Terlingen, Juan. "Uso profano del lenguaje cultual cristiano en el *Poema de Mio Cid,*" *EMP,* IV (Madrid, 1953), 265-94.
Thomov, Thomas S. "La *Chanson de Roland* et le *Poème du Cid.* À propos de la question d'imitation (Résumé)," *CCM,* III (1960), 95-8.
Ticknor, George. *History of Spanish Literature.* Boston, 1849.
———. *Historia de la literatura española,* 4 vols. Madrid, 1851, trad. de P. de Gayangos y E. de Vedia.
Tyssens, Madeleine. "Le jongleur et l'écrit," *MRC,* I (Poitiers, 1966), 685-95.
Ubieto Arteta, A. "Observaciones al *Cantar de Mio Cid,*" *Arbor,* XXXVIII (1957), 145-70.
———. *Introducción a la historia de España.* Barcelona, 1963.
Unamuno, Miguel de. *En torno al casticismo.* Madrid, 1916.
Valbuena Prat, A. *Historia de la literatura española,* I. Barcelona, 1938.
———. *Literatura española en sus relaciones con la universal.* Madrid, 1965.
Valera, Juan. *Disertaciones y juicios literarios.* Sevilla, 1882.
Van Emden, W. G. "'La bataille est adurée endementres': traditionalism and individualism in Chanson-de-Geste Studies," *Nottingham Medieval Studies,* XIII (1969), 3-26.
Varvaro, Alberto. *Manuale di filologia spagnola medievale.* II. *Letteratura.* Napoli, 1969.
Vázquez de Parga, María Luisa. "Bibliografía de don Ramón Menéndez Pidal," *RFE,* XLVII (1964), 7-127.
Vernet, J. "El conocimiento del Islam por la cristiandad de Occidente a través de los cantares de gesta," *BRABLB,* XXXI (1965-66), 351-4.
Villemain, F. *Tableau de la littérature du moyen âge.* Bruxelles, 1830.
Viñas Mey, Carmelo. "Sobre el origen e influencia de los cantares de gesta," *RABM,* XLIII (1922), 528-61; XLV (1924), 127-43; XLVI (1925), 9-22; XLVIII (1927), 70-90.
Viscardi, Antonio. "In principio era el poeta," *AFFLUSM,* IX (1956), 31-56.
———. "Credo quia absurdum!," *FR,* III (1956), 342-70.
———. "Poesia collettiva, poesia giullaresca, letteratura epica," *Filologia e Letteratura,* VIII (1962), 143-92.
Vollmöller, K. *Gottinger gelehrte Anzeigen,* I (1882), 509.
Voretzch, Karl. "Spanische und französische Heldendichtung," *MPh,* XXVIII (1930), 397-409.
Vossler, Karl. "Carta española a Hugo von Hofmannsthal," (1924) en el volumen *Algunos caracteres de la cultura española* (Madrid: Espasa-Calpe, 1962), cuarta edición, pp. 9-49.
———. "La fisonomía literaria y lingüística del español," en *Algunos caracteres...*, pp. 50-67.
———. *Filosofía del lenguaje.* Buenos Aires: Losada, 1949.
Wagner, M. L. "Ramón Menéndez Pidal und die spanischen Epos," *IMW-KT,* XV (1921) 565-74.
Webber, Ruth House. "Formulistic Diction in the Spanish Ballad," *UCPMP,* XXXIV (1951), 175-278.
———. "Un aspecto estilístico del *Cantar de Mio Cid,*" *AEM,* II (1965), 485-96.

Webber, Ruth House. "The Diction of the *Roncesvalles* Fragment," *HRM*, II (Madrid, 1966), 311-21.

———. *El CANTAR DE MÍO CID: a Study in Traditional Style* (de próxima publicación).

Wester, Louise Hatch. "A Structural Analysis of the Epic Style of the *Poema del Cid*," *DA*, Univ. of Illinois, 1953, XV, 120.

Wolf, F. *Studien zur Geschichte der spanischen und portugiesischen Nationalliteratur*. Berlin, 1859.

———. *Historia de las literaturas española y portuguesa*, 2 vols. Madrid, sin fecha; con notas de Menéndez y Pelayo y traducción de Miguel de Unamuno.

Wolf (F.) y Hoffmann (C.). *Primavera y Flor de Romances*. Berlin, 1856; en la *Antología de poetas líricos castellanos* de Menéndez y Pelayo, tomos VIII-IX.

Zahareas, Anthony. "The Cid's Legal Action in the Court of Toledo," *RR*, LV 1964), 161-72.

Zamora, Vicente A. "Don Ramón maestro," *Les Lettres Romanes*, XXII , (1968), 195-202.

Zingarelli, Nicola. "Per la genesi del *Poema del Cid*. Alcuni raffronti con la *Crónica Generale*," en su libro *Scritti di varia letteratura* (Milano, 1935), 153-73.

DOS NOTAS BIBLIOGRÁFICAS ADICIONALES

Quisiéramos mencionar aquí en esta Post-data dos importantes estudios cidianos, publicados ambos en 1972. Los dos libros no figuran en la *Bibliografía* porque no pudimos consultarlos hasta después de haber entregado el manuscrito a la imprenta:

> Rubio García, Luis. *Realidad y fantasía en el "Poema de Mio Cid".* Universidad de Murcia: Dep. de Fil. Rom., 1972. (Biblioteca Filológica, III.)

> Smith, Colin C. (ed.). *Poema de mio Cid.* Edited with Introduction and Notes by Colin Smith. Oxford: Clarendon Press, 1972.

Los dos libros echan nueva luz sobre varios aspectos problemáticos del *Cantar*. Ambos autores analizan y estudian con rigor metodológico y crítica objetiva problemas cidianos muy discutidos por la crítica contemporánea; defienden muchas veces una firme postura anti-tradicionalista o anti-historicista. Especialmente importante y revolucionario es (en este sentido) el libro de Colin Smith, no sólo por sus teorías anti-tradicionalistas, sino también por su nueva aproximación al *Cantar* y por su revalorización literaria y artística del *Poema*.

ÍNDICE GENERAL DE AUTORES Y MATERIAS

Abat, Pedro (Per), autor del *CMC* conservado, 18, 22, 26, 29, 33-35, n. 67, 39, 43, n. 24, 209, n. 5; Per Abat considerado como autor-refundidor y poeta definitivo del *PMC* conocido, 29, 33-35, n. 67, 71-74 y notas, 209; Per Abat es el copista del *CMC*, 38-39, 208-210; identificación del Per Abat que figura en el *explicit* final del *CMC*, 208-209; Per Abat, clérigo de Fresno de Caracena, escribió el *Poema* conservado (tesis ésta de Riaño Rodríguez), 33-34, 55-56, n. 74; según José Sanz y Díaz, Per Abat nació en tierras del antiguo señorío de Molina y, por su conocimiento geográfico y topográfico de las tierras y lugares descritos en el *PMC*, pudo muy bien ser el autor de éste; J. M. Aguirre ve en el Per Abat del *explicit* final del poema "un juglar que, sin sentido alguno de la métrica escrita, se puso a escribir una representación del *CMC*", 53, n. 24. Recientemente C. Colin Smith ha vuelto sobre la cuestión de "Per Abbat and the *Poema de mio Cid*", *Medium AEvum*, XLII (1973), N.° 1, 1-17; declara Colin Smith que su propósito "is to argue for the literal accuracy of the *explicit* of the *PMC* and to show that there was a Pedro Abad, layman and lawyer, who lived at the right time and who was sufficiently acquainted with the history and legend of the Cid to have been the *refundidor* of the poem in 1207".
Abd Al-Badi, Ahmed, 87, 115-16, 117, 249.
Afrenta de Corpes, choque dramático del *PMC*, 187-88, 194-195; invención de la fantasía del poeta, 187-188, 194-195; la Afrenta de Corpes como novela psicológica, 194, n. 59; el episodio de la Afrenta se atiene a la veracidad histórica (al verismo épico) característico del *Poema*, 187-189, 194-195.
Aguirre Bellver, J., 56, n. 75.
Aguirre, J. M., 35, 42-43, n. 24, 71, n. 127, 87, n. 36, 141-142, n. 21, 144, n. 27, 168, 200-201, n. 77, 210-211, 215, n. 27, 217, 221, n. 15, 222, n. 20-21, 247, 252, 257, 261.
Alfonso X, el Sabio, 118-124; ver también *Primera crónica general* (alfonsí) de España, 23-29, 118-124.
Alonso, Dámaso, 43-46, 67, 87, n. 37, 104, n. 43, 105-106, n. 48, 123, n. 19, 143, n. 26, 147, n. 32, 165-166, n. 58, 173, n. 87, 187, n. 37, 188, n. 42, 190-192, n. 50-51, 193, 196, n. 62, 199, n. 71, 200-201, n. 77, 203, n. 85, 205, 207, 209, 248, 249-256.
Alonso, M., 23, 27, 37, 43-44, n. 25, 52, n. 64, 62-63, n. 93, 76, 97, n. 28, 104, n. 45.
Alonso y Martín, J., 50, n. 56.

Álvarez, Fray Jesús, 53.
Amador de los Ríos, José, 21, 36, 39, 44, 59-60, 64, n. 106, 92-96, n. 46, 118-119, 123, 125, 128, 134, 138, n. 7, 151-152, n. 8, 154, n. 20, 181, 192, n. 52, 207, 210, 243-246, 251, 254.
Analfabetismo, ——— de los cantores épicos medievales y yugoslavos, 221-223.
Analogías, ——— entre el CMC y la épica francesa, especialmente la Chanson de Roland, 91-92, n. 6, 93-106; analogías y comparación entre el CMC y la Chanson de Roland, 180-207; ——— entre los juglares épicos yugoslavos y los medievales castellanos, 220-223; ——— entre el verso del PMC y el antiguo verso germánico-gótico, 171-173, 107-110.
Andrés, Abad Juan, 19-20, n. 8, 36, 39, 44, n. 28, 240-41, 245.
Anonimia, ——— general de los cantores épicos medievales, 39-42; el porqué de la anonimia, 39-42; los que defienden la anonimia del CMC, 42-43; los que atribuyen el Poema a un autor conocido, 18, 27-30, 33-34, n. 67, 43-44, n. 24; opiniones varias sobre el anonimato de los cantares de gesta, 40-44.
Arcas de arena, episodio cómico visto por algunos críticos como expresión de un sentimiento antisemita (antijudío), 45-48; constituye el episodio de los judíos (Raquel y Vidas) un elemento artístico y poético de la obra, 46-48; el porqué de no mantener el Cid la promesa de pago a Raquel y Vidas, 46-48; lo cómico-picaresco del episodio, 46, 179, 190-191, n. 51.
Artiles, Joaquín, 230, n. 7, 233.
Asonancias, el uso de las asonancias en el PMC, su función poética y artística dentro del conjunto de la obra, 160, n. 38; el uso y la distribución irregular de las asonancias en el Poema han hecho pensar a algunos críticos que el Cantar es obra de dos o varios autores, 67-68, n. 123.
Atkinson, W. C., 50-51, n. 57, 55, n. 74, 61, 87, n. 37, 98, n. 29.
Attias, Moshe, 48.
Aubrun, Charles V., 12, n. 2, 23, 34-35, n. 67, 36, n. 69, 52-56, n. 74, 61, 73, n. 139, 164, n. 56, 167, 172, 203-204, n. 85, 209, 249, 250-252.
Auditorio medieval, su participación en los relatos de los juglares épicos, 233-234; el PMC estaba destinado a un auditorio de Medinaceli y San Esteban de Gormaz, 60-61; el auditorio público del Cantar era burgalés, 61-62, n. 96, 63, n. 104.
Autor, autoría, problemas de autoría en el CMC, 38-77; autor anónimo, 38-43; autor conocido, 39-44; autor juglar, 44-56; autor clérigo y erudito, 44-56 y notas; patria del autor o de los autores del PMC, 57-63; unidad de autoría en el Poema, 64-69; doble autoría, autores varios, 64-69 y notas; unidad poética, artística, temática, moral, etc., a pesar de la doble o múltiple autoría en el Cantar, 64-69 y notas; autor-refundidor del Poema conservado, 70-74 y notas; la cuestión de la autoría en el PMC y sus críticos, 75-77.
Azorín [Martínez Ruiz, José], 53, 229-230, 249.

Babbitt, Theodore, 122, n. 16, 129-130, n. 45, 122, 128, n. 39, 129-130, 131, 134.
Badía Margarit, A., 123, n. 19.
Baist, Gottfried, 22, 127, n. 37, 156, 244.

ÍNDICE GENERAL DE AUTORES Y MATERIAS   289

Bandera Gómez, C., 40, n. 13, 48, 54-55, n. 74, 61, 69, n. 125, 105, 106, n. 48, 143, 185, n. 30, 186, n. 32 y n. 36, 187, n. 37, 188, n. 42, 203-204, n. 85, 205, n. 87, 207, 227-228, 230, n. 7, 239, n. 38, 251-252.
Barceló, M., 23, 27, 31, 36, 37, 68-69, n. 124, 124, n. 21, 134, 250-253.
Baret, E., 91-92, n. 6, 180.
Barrientos, Iván, 56, n. 75, 230, n. 7.
Battaglia, S., 53, n. 70, 56, n. 75, 91-92, n. 6, 105-106, n. 48, 165, 189, n. 45, 203-204, n. 85, 209, 217, 249.
Beatie, Bruce, A., 144, n. 27, 210, 217, n. 38.
Bédier, Joseph, 41, 48-49, n. 53, 51-52, 56, 60, 76, 84-85, 89, 220, n. 1, 246, 248, 250, 256-7.
Beer, R., 44-45, 48, 50-52, 60, 76, 120, n. 7, 127, n. 37, 209, 244.
Bělič, Oldřich, 98, n. 29, 102, 105, 106, n. 48, 165, 196, 199, n. 70.
Bell, Aubrey, 36, n. 69, 43, 165, 172, 188, n. 42, 207, 248.
Bello, Andrés, 20-21, n. 11, 36, 44-46, 70-71, 78-79, 81, 84, 88, 90-91, n. 2, 91-92, n. 6, 93, 94-97, 110, 114, 116, 126, 127, n. 37, 134, 137, n. 5, 142, n. 21, 148-149, 152-153, 173-174, 192, n. 52, 206, 209, 212, 242, 247, 254.
Bénichou, P., 147, n. 32, 149.
Bertoni, Giulio, 26, 36, n. 69, 45, 50-51, n. 57, 52, 61, 84, n. 22, 95, 97, n. 28, 98, 104, n. 44-45, 116, 122, 131, n. 49, 209, 247.
Beszard, L., 96, n. 21.
Blanco, Ricardo Roman, 165, 193-194.
Blasi, F., 36, n. 69, 43, 56-57, 71, 78, n. 1, 86, n. 31, 91-92, n. 6, 104, n. 45, 105, n. 46, 122, 131, n. 49, 165, 189, 207, 209, 248.
Bouterwek, F., 178, n. 2, 253.
Bowra, Sir Maurice, 41-42, 43, n. 24, 53, 87, n. 36, 143, 165, 173, 196, 216, 221-222, 249.
Brenan, G., 185, n. 30.
Burgos, patria del autor del *CMC* conservado, 62, n. 96, 63, n. 104.

Caldera, Ermanno, 104, n. 48, 203-204, n. 85, 249.
Canalejas, Francisco de Paula, 92-93, 154.
Cantar de Mío Cid (CMC), la fecha de composición del *CMC*, 17-37 (distintas teorías); lugar de composición (génesis) del *CMC*, 57-63; influencias en el *CMC*, 90-117; su metro y su ritmo, 150-176; el *CMC* como obra de arte, 177-207; el arte del *Poema* y el de la épica francesa, 90-106, 180-206; características peculiares del *CMC* que lo distinguen y separan del arte de las canciones épicas francesas, 104-106 y notas, 177-206; el *CMC* conservado en el manuscrito de Per Abat visto como refundición de un texto primitivo más antiguo y más histórico, 70-74.
Cantera Burgos, F., 47.
Cantor épico oral medieval y cantor oral yugoslavo, 220-223.
Capmany, A., 178, n. 2, 206, 240, 253.
Carácter culto, clerical y religioso del *CMC*, 53-57 y notas.
Cardeña, San Pedro de ———, lugar donde se creó el *CMC* y patria del autor, 44-45, 48, 49-57 y notas, 60.
Carmody, F. J., 87, n. 36, 164, 247.
Casalduero, J., 47-48, 67, 191, n. 51, 192, n. 52, 196, 199-200, n. 70, 201-204, n. 85, 207, 230, n. 7, 231, 249-250.
Castro, A., 11, 23, 26, 36, n. 69, 43-46, 50-51, n. 57, 52-3, 61, 86, n. 31, 91-92, n. 6, 104-106, n. 48, 112, 115, 117, 146, 165-166, n. 58, 186,

n. 36, 87, n. 37, 188, n. 42, 189, 197, 202-203, n. 85, 205, 207, 209, 217, 224, 248-249.
Castro de Zubirí, C., 198, n. 66.
Catalán, Diego, 3, 27, 29, n. 47, 35-37, 118-119, n. 1, 120-121, n. 7, 123-124, n. 19, 129-130, n. 48, 131-132, 134-135, 147, n. 32, 149, 175, 250-251, 252, 253.
Cejador y Frauca, J., 23, 25, 37, 48-49, n. 53, 52, 60, 87, n. 36, 96, 121-122, 128, n. 39 y n. 43, 134, 141-142, n. 21, 149, 184, 220, n. 1, 248.
Cintra, Luiz Filipe Lindley, 118-119, n. 1, 122-23, n. 16, 124, n. 22, 128-29, n. 44, 131, n. 49-50, 132, 135, 217, 249.
Cirot, G., 43, 46, 122, 143, 165, 248.
Clarke, D. C., 165, 172.
Clarus, L., 138, n. 7, 180, 206, 254.
Clérigos y juglares, autores de las canciones de gesta medievales, 219-233; distintas posturas críticas sobre el origen (formación, creación) y los autores de las canciones de gesta medievales (crítica tradicionalista, crítica individualista y crítica ecléctica), 48-49, n. 53; autor-clérigo y culto del *CMC*, 44-57; autor-juglar del *CMC*, 44-57.
Coester, A., 49-50, 60, 82, 121-122, 134, 246.
Comfort, W. W., 94.
Cómico, lo ——— en el *CMC*, episodios cómicos, su función y sentido dentro de la obra, 190-193, n. 51.
Composición (creación), ——— escrita o (y) oral en el *PMC*, 210-18; efectos de la composición oral en el metro cidiano, 167-170, 213; composición oral y formulaica del *CMC* y del *Romancero*, 144-145, n. 27, 208-218.
Conde de Barcelona, uno de los personajes cómicos del poema, 190-193, n. 51.
Contenido numismático del poema, 27, n. 41.
Corbató, H., 66, 248.
Cornu, J., 58, 60, 126, 134, 156, 158, 160-161, 164, 166, 174, 212-13, 243.
Corominas, J., 165.
Corominas, P., 45, 83-84, n. 2, 111, 229, 244.
Correa, G., 67, 185, n. 29, 196, 197, 207, 249.
Cortés y Vázquez, L., 91-92, n. 6, 100-102, 104, n. 44, 105-106, n. 48, 185, n. 31, 186, n. 36, 188, n. 42, 189-190, 196, 198, 203, n. 85, 207, 230, n. 7, 231-32, 249.
Costa, J., 22, 36, 39, 71, 114, 139, 155, 209.
Cotrait, R., 251.
Creación-recreación (refundición) en el *CMC*, 70-74, 210-218.
Crescini, V., 95, n. 18.
Criado de Val, M., 34-35, n. 67, 37, 43, 50, n. 56, 63, n. 104, 74, n. 141, 87, 115, n. 85, 209, 212, 250, 252.
Crítica cidiana, ——— del siglo xviii, 240-41, 253-54; ——— del siglo xix, 241-45, 253-54; ——— del siglo xx, 245-53; crítica estética del *CMC*, 207-239; crítica tradicionalista, 48-49, n. 53, 219-220; crítica individualista, 48-49, n. 53, 219-220; crítica ecléctica, 48-49, n. 53, 257; crítica oralista, 257-258.
Crónica de Alfonso VII, 44.
Crónicas de Castilla, su relación con el *CMC* conservado y su utilidad e importancia en la reconstrucción del texto del *Poema* que conocemos, 118-135.
Cubí y Soler, M., 58.

Curtius, E. R., 23, 27-28, 30, 35, 37, 87, n. 36, 91-92, n. 6, 104-105, n. 46, 187, 194, 201, 231, 249.

Chacón y Calvo J. M., 151, n. 3.
Chadwick, H. M., 41.
Chalón, L., 23, 27, 31, 35, 37, 203-204, n. 85, 850.
Chanson de Roland, su comparación con el *CMC*, 91-106 y notas, 180-206.
Chaplin, M., 144-45, n. 27, 217.
Chéret, M., 23, 27-28, n. 42.

Davis, J. C., 191, n. 51.
De Chasca, E., 47-48, 55-56, n. 74 y n. 75, 61, 67, 69, n. 125, 74, n. 141, 124, n. 21, 144, n. 27, 160, n. 38, 165, 185, n. 29-30, 186, n. 32, 191, n. 51, 196, 198, 200, n. 76, 200-201, n. 77, 203-204, n. 85, 207, 210-211, 214-218, 220-222, n. 20-21, 223, n. 23, 225, 227, 233, 248-252.
Defourneaux, M., 91-92, n. 6.
Delbouille, M., 41, 48-49, n. 53, 143, 223.
Delius, N., 107, 171, 174, 242, 248.
Dessau, A., 194, n. 59, 250.
Descripción, ——— paisajística en el *CMC*, 229-233; ——— enumeratoria en el *Poema*, 104, n. 44; valor visual, plástico y sonoro de la descripción paisajística cidiana, 230, n. 7, 231-233.
Deyermond, A. D., 23, 27, 31-32, 34-37, 42, 54-55, n. 74, 63, n. 104, 69-70, n. 126, 74, 87, n. 36, 100, n. 33, 104, 143-44, n. 27, 145, 168, n. 70, 200, n. 76, 210-12, 216-17, n. 35, 217, n. 39-40, 220, n. 3, 221, n. 11, 222, n. 20, 233, n. 23, 247-252.
Díaz-Plaja, Guillermo, 50-51, n. 57, 230, n. 7.
Diego García de Campos, supuesto autor del *CMC* (según la tesis de Manuel Alonso), 43-44, n. 25.
Diez, F., 107, 152, 254.
Di Stefano, Giuseppe, 147, n. 32, 149, 251.
Documentos, ——— legales y cancillerescos descritos en el *PMC*, 32, 55-56, n. 74, 221-222.
Domingo Gonzalo-Gundisalvo, supuesto autor del *CMC* y de la *Crónica de Alfonso VII* (con su *Poema de Almería*), 44, 57 (según la tesis de Laza Palacio).
Dorfman, E., 69-70, n. 126, 105, 200-201, n. 77, 203-204, n. 85, 207, 250-252.
Dozy, R., 21-22, 36, 78, n. 2, 79, 85, 114, 152, 173, 210, 242.
Ducamin, Jean, 45, 50, 126 n. 7, 244.
Dunn, Peter N., 54-56, n. 74, 186, n. 36, 191, n. 51, 203-204, n. 85, 207, 220, n. 3, 225-228, 239, n. 38, 249-252.
Durán, A., 58, 126, 136, 148, 151-152, 241-242, 245, 254. (Durán fue el propugnador de la "teoría romántica" que creía en la existencia de antiquísimos romances anteriores al *CMC*.)

Eclecticismo, postura ecléctica de la crítica cidiana en relación con algunos problemas del *Mío Cid*, 48-49, n. 53, 56-57, n. 76, 73-75, 144-145, n. 27, 257.
Elementos, ——— retóricos y estilísticos empleados en el *PMC*, 94-106, 183-200, n. 77.

Entrambasaguas, Joaquín de, 68-69, n. 124, 251.
Entwistle, W. J., 36, n. 69, 50-51, n. 57, 61, 147.
Epíteto, ——— épico caracterizador, su función en el *Cantar*, 200, n. 76.
Escuela, ——— tradicionalista (o de Menéndez Pidal), 40, 48-49, n. 53, 73-75, 223, 255-257; ——— individualista (o de Joseph Bédier), 41-42, 48-49, n. 53, 73-75, 255-57; ——— oralista (o de Parry y Lord), 42, 73-75, 223, 257-58; ——— ecléctica, 48-49, n. 53, 56-57, n. 76, 73-75, 144-145, n. 27, 254-255.
Espacio-naturaleza, ver paisaje, descripción paisajística en el *CMC*.
Espadas, ——— del Cid (Colada y Tizón), derivan (toman) el nombre de la épica francesa, 97-98, n. 28; el poeta del *Cantar* castellano no se acordaba para nada de las espadas de los héroes de la épica de Francia, 97-98, n. 28; el mito de las espadas del Cid en las Cortes de Toledo, 225, n. 6.
Espinosa, M. A., 143, n. 47.
Estilo, ——— formulaico en el *CMC*, 92-104, 210-218; ——— narrativo y novelístico del *PMC*, 186-197; el *CMC* pertenece al estilo del "Románico", 199, n. 70, 200-204; sencillez del estilo y del arte épico del *Cantar*, 185-190; estilo directo y dramatizante en el *PMC*, 190-192 y notas.
Estructura, arquitectura, composición artística y poética del *CMC*, 177-206 y notas.

Faral, Edmond, 82.
Fecha, la ——— de composición del *PMC*, 17-37; la ——— del *MS* del poema conservado, 210-211; la ——— del dictado del *Poema* oral del cual deriva la copia conservada, 211-218.
Fenómenos, ——— culturales e históricos determinantes en las distintas posturas de la crítica cidiana, 253-260.
Fernández de Moratín, L., 136, n. 1, 151, 178, n. 4, 206, 253.
Fernández Espino, José, 39, 92, n. 6, 93, 154.
Fernández Flores, Darío, 97, n. 28.
Festschrift dedicada a Edmund De Chasca, 12, n. 2.
Fiorentino, L., 36, n. 69.
Fitzmaurice-Kelly, James, 22, 39, 44, 52, 60-61, 64-65, 85, 96, 141, n. 19, 143, 152, n. 9, 166, 209, 244.
Floranes, R., 17-23, 29, 36, 39, 43-44, 119, 125, 127, n. 37, 209, 240, 250.
Ford, J. M. D., 61, 65, 96, 160-61, 164, 247.
Fórmulas épicas en el *CMC*, ver estilo formulaico.
Foster, David W., 67, 203-204, n. 85.
Foulché-Delbosc, R., 142-43, n. 24.
Fradejas Lebrero, J., 23, 31-32, 35-37, 54-55, n. 74, 141, 149, 185, n. 29, 200, n. 72, 212, 248, 250.
Fragmentarismo, teoría del ——— de la épica en romances, 136-149.
Fresno de Caracena, supuesta patria del autor-clérigo (Per Abat) del *CMC* conservado según la tesis defendida por Riaño Rodríguez, 33-34, 55-56, n. 74.
Frings, Theodore, 108, 165.

Galmés de Fuentes, Álvaro, 87, 89, 115, 117, 247, 249, 252.
Gamillscheg, E., 107, 117, 171, 248.
Gárate Córdoba, José María, 30-31, n. 53, 47, 55, n. 74, 69, n. 125, 73, n. 139, 185, n. 30, 203-204, n. 85, 215, n. 27, 249-51.
García Gallo, A., 87, n. 36, 249.

García Gómez, E., 47.
García Gutiérrez, A., 58, n. 86, 90, 154, 159, n. 36, 212.
García Ordóñez, personaje cómico del *CMC*, 190-192, n. 51.
Gariano, Carmelo, 47, 57, 61, 185, n. 30, 221, n. 12.
Gayangos, Pascual de, 209.
Geers, Gerardo J., 107-108, n. 56, 144, 147, 149, 165, 248.
Genin, F., 91-92, n. 6.
Geografía, ——— del *CMC*, 50-52, n. 56-57, 63, n. 104.
Gerineldo, Romance de, 218.
Gicovate, B., 23-27, 29, 30, 35, 37, 67, 120-21, n. 7, 195, n. 60, 225, 250.
Giese, W., 112, n. 69.
Gil, Ildefonso Manuel, 101, n. 35, 105, 106, n. 48, 196, 198-99, 207, 233.
Gilman, Stephen, 43, 61, 67, 105-106, n. 48, 144-145, n. 27, 160, n. 38, 165, 166, n. 58, 169-170, 186, n. 36, 188, n. 42, 203-204, n. 85, 207, 209, 223, n. 23, 236-37, 239, n. 38, 249-52.
Gimeno, Joaquín, 105, n. 46.
González Palencia, A., 86, 114-115, n. 85, 117, 249.
Grassotti, Ilda, 36, n. 69, 203-204, n. 85.
Green, Otis H., 185, n. 29.
Grim, Jacob, 136, n. 1, 241.
Grossmann, R., 107, n. 56, 171, 248.
Guerrieri Crocetti, C., 26, 36, n. 69, 52, 60, 62, 86, n. 31, 87, n. 36, 91-92, n. 6, 97, n. 28, 104-105, 115, 117, 147, 165, 189, n. 45, 203-204, n. 85, 209, 249.
Guillén, Jorge, 165.
Gumiel de Hizán, supuesta patria del poeta del *CMC* según la tesis de Palacios Madrid, 44, n. 25, 62, n. 93.
Gybbon-Monypenny, G. D., 144-45, n. 27.

Hall, Robert A. Jr., 87, 109, 117, 168, 172, n. 80, 248, 252.
Hallam, H., 39, 151, 178, 206, 254.
Hämel, A., 84, n. 22, 165.
Hamilton, Rita, 62, n. 96, 200, n. 76.
Hanssen, F., 83, n. 21, 152, n. 9, 156, 160, n. 39, 247.
Hart, Thomas, 54-55, n. 74, 185, n. 30, 187, n. 37, 191, n. 51, 200, n. 76, 203-204, n. 85, 207, 250, 252.
Hashimoto, I., 188, n. 41.
Harvey, L. P., 134, 167-68, 210-211, 216-17, n. 35, 222, n. 20, 247, 252-253.
Henríquez Ureña, P., 143, 163, 175, 248.
Herder, Jacob Gottfried von, 136, n. 1, 241.
Hergueta, Domingo, 62, n. 96.
Hills, E. C., 60, 65-66, 107, 120-121, n. 7, 122, 131, n. 49, 163, 165, 175, 248.
Hinard, Damas, 21, 36, 39, 44, 58, 90-92, n. 6, 93, n. 10, 105, n. 46, 110, 137-38, 141-42, n. 21, 148 153-54, 180, 207, 209, 212, 243, 254.
Hinojosa, Eduardo de, 22-24, n. 25, 26, 36, 82, 111, 244, 246.
Hipótesis, ——— de que los cronistas castellanos (tanto los historiadores de la escuela alfonsí como los cronistas posteriores a Alfonso X), para prosificar la epopeya del Cid *(CMC)*, no hayan utilizado ni libros ni manuscritos, sino más bien el dictado y la tradición oral, 130-131, n. 48.
Historia escolástica de Pedro Comestor, 29.
Historicidad (verismo épico), historia, poesía, ficción y mito en el *PMC*,

183-207, 224-228; historicidad y ficción de los personajes del *Poema*, 24-25, 32-33, 186-207.
Hoffmann, C., 90, 138, 153, 254.
Honra, ——— como tema esencial y central del *PMC*, 185-86, n. 29, 197-199.
Horrent, J., 23, 27, 30-31, n. 53, 35, 37, 43, n. 24, 53, n. 70, 54, 55, n. 74, 56, n. 75, 63, 66-67, n. 119, 67-68, n. 123, 69, n. 126, 73, n. 139, 74-75, 84, n. 22, 86, n. 31, 87, 91-92, n. 6, 98, n. 29, 99-100, n. 31, 101, n. 35, 104, n. 44-45, 105, n. 46, 106, n. 48, 108-109, 131, n. 49, 143, 157-58, n. 31, 164, n. 55, 165, 166, n. 58, 167, n. 62, 172, 175, 186, n. 35, 188, n. 41-42, 196, 198, 200, n. 77, 203, n. 85, 207-209, 210, 215, n. 29, 217, 248-252.
Huber, V. A., 58, 136, 138-139, 148, 153, 243, 254.
Huerta, Eleazar, 36, n. 69, 43, 50-51, n. 57, 52-53, 61, 66, 127, n. 37, 160, n. 38, 165, 173, 188, n. 42, 209, 224-225, 230, n. 7, 231, 249.
Huet, A., 85, n. 27.
Huici Miranda, A., 203-204, n. 85.
Humor, Ironía dramática, comicidad del *PMC*, 191-192, n. 51.

Influencias (francesa, germánico-gótica y musulmana) en el *PMC*, 90-117.

Janer, F., 21-22, 36, 39, 126-127, n. 37.
Jimena, doña, la oración narrativa de doña Jimena en el *PMC*: origen y supervivencia, 105-106, n. 46.
Jimeno Jimeno, P. D., 194, n. 59.
Judíos (Raquel y Vidas), ver arcas de arena, 45-48, 179, 190-191, n. 51.
Juglares épicos medievales, circunstancias histórico-culturales en que vivían, 219-223; la juglaría épica medieval y la moderna juglaría yugoslava: analogías y diferencias, 221-223; juglares y clérigos: el arte de los cantares de gesta, 219-223.
Julius, E. R., 107, 242.

Kohler, Eugène, 54-55, n. 74, 56, n. 76, 62, n. 93, 67, 84, 87, n. 36, 97-98, 104, n. 44-45, 105, n. 46, 116, 157, n. 31, 167, 172, n. 83, 198, 207.
Körbs, F., 44, 94, 243.
Kullmann, E., 185, n. 29, 207, 248.

Lahmann, Enrique Macaya, 160, n. 38, 165.
Lang, H. R., 52, 71, 129, n. 45, 131, 141, 149, 161-162, 163-64, 247-48.
Lapesa, R., 61, 69, n. 125, 127, n. 37 200, n. 76, 235-36, 238, 251-52.
Laredo, F., 237-238.
Las Partidas, 221.
Laza Palacio, M., 30-31, n. 53, 44, 57, 76, 250.
Legendre, M., 185, n. 30.
Le Gentil, Pierre, 42, 48-49, n. 53, 56-57, n. 76, 74-75, 165, 220-22, n. 19.
Lejeune, R., 48-49, n. 53.
Leo, Ulrich, 194, n. 59.
Leonard, William Ellery, 107-108, 117, 165, 171-72, 248.
Libro de Alexandre, 39.
Lida de Malkiel, María Rosa, 185 n,. 29, 250.
Lidforss, E., 22-23, 36, 156-57, 213, 244.

Li Gotti, E., 59-60, n. 89, 103, n. 38, 105-106, n. 48, 165, 186, n. 36, 189, n. 44, 196-97, 203, n. 85, 205, 207, 249.
Lillo Rodelgo, J., 229.
López Estrada, F., 67.
Lord, Albert B., 35, 42-43, n. 24, 76, 144, n. 27, 147, 167, 169, 210-211, 215-16, 217-23, 246, 250.
Louis, R., 87, 143, 217, n. 40.
Loveluck, J., 98, n. 29, 106, n. 48, 207, 217, n. 40.

"Llorar de los ojos", fórmula épica utilizada frecuentemente en el *PMC* (opiniones varias), 104, n. 45.
Lloyd, Paul, 23, 29-30, 225.

Maldonado de Guevara, F., 109, n. 63, 117, 173, 248, 252.
Marcos Marín, F., 87, 89, 115-117, 247, 249, 252.
Martínez de la Rosa, F., 113, 151, 178, n. 4, 206, 253.
Martínez de Pisón, E., 30-31, n. 53, 250.
Mateu y Llopis, F., 23, 27, n. 41, 71, 72-73, n. 139, 97, n. 28, 248.
McMillan, D., 41, 48-49, n. 53.
Medinaceli-San Esteban de Gormaz, patria del juglar del *PMC* de hacia 1140 (según la teoría de Menéndez Pidal y sus seguidores), 59-63 y notas.
Mendívil y Silvela [?], 178, n. 4, 206, 253.
Menéndez Pidal, J., 139, n. 13, 144, n. 27.
Menéndez Pidal, R., 23-27, n. 41, 28-29, n. 47, 30-31, n. 53, 32-33, 35, 37 (tesis sobre la fecha de composición del *CMC* conservado en el manuscrito de Per Abat y tesis de los dos poetas del *PMC* (uno de San Esteban de Gormaz y otro de Medinaceli); 40-43, n. 24, 45-49, n. 53, 50, n. 56, 51-53, n. 70, 54. n. 73, 56-57, 60-62, 65-68, n. 123, 72-73, n. 139, 74, n. 141, 76-77 (postura de Menéndez Pidal respecto a varios problemas de autoría en el *CMC*); 78, n. 1, 80-85, 87-89 (su teoría del origen germánico-gótico de la épica castellana); 91-92, n. 6, 94-96, 98, n. 29, 103-104, n. 44-45, 104-105, n. 46, 106, n. 48, 107, 112-117 (su posición con respecto a las influencias en el *CMC*: francesa, germánico-gótica y musulmana); 119-124, n. 24, 125-129, n. 45, 130, n. 48, 131-135 (teorías pidalianas sobre las relaciones existentes entre el *CMC* y las diversas *Crónicas Generales de España* que prosifican el antiguo poema de hacia 1140 o sus refundiciones sucesivas); 140-142, n. 21, 143-44, n. 27, 145-150 (teoría de la fragmentación de las antiguas gestas medievales en romances); 152, n. 9, 156-160, n. 38, 161-164, n. 55, 165-66, n. 58, 167-76 (teoría de Menéndez Pidal sobre la irregularidad métrica (ametría, anisosilabismo) del *CMC* y de su ritmo); 177, n. 1, 183-85, n. 30-31, 186, n. 36, 187-88, n. 41-42, 189-91, n. 51, 194-97, 200, n. 77, 205 (méritos artísticos y poéticos del *CMC*: el Poema como obra de arte); 209-218 y notas (teorías pidalianas referentes al Per Abat del *explicit* final del *CMC* y a la tradición y composición oral o (y) escrita en el *Mío Cid*); 219-222, n. 19, 223, n. 23 (posición tradicionalista respecto a los autores (¿clérigos o juglares?) de las canciones de gesta medievales); 225, 227, 229, 234-36 (opiniones de Menéndez Pidal sobre el carácter mítico del *PMC*, sobre el paisaje y el tiempo); 244-260 (algunas conclusiones sobre las teorías de Menéndez Pidal y su metodología tradicionalista-historicista).
Menéndez y Pelayo, M., 22, 40, 45-46, 65, 72, n. 136, 82, n. 18, 91-92, n. 6, 94, 103, 111, n. 68, 116, 121 131, n. 49, 132, 139-42, n. 21, 143, 148,

156-57, 173, 182-83, 185, n. 30, 202, 207, 209, 213, 224-25, 229, 244, 246, 254.
Meregalli, F., 26, 66, n. 119, 71, 104, n. 45, 105, n. 46.
Mérimée, E., 51, 87, n. 36.
Mettmann, W., 87.
Michael, Ian, 200, n. 76.
Michaëlis de Vasconcellos, C., 139-41, 149.
Milá y Fontanals, M., 22, 44, 59, n. 89, 64, 72, 78, 80, 88, 91-92, n. 6, 93, n. 10, 94, 103-104, n. 44, 105, n. 46, 107, 111, 114, 116, 119, 123, 127, n. 37, 134, 138, n. 7, 139-42, n. 21, 148, 154-58, 160-61, 165, 174-75, 181-82, 185, 197, n. 52, 207, 209, 243, 246, 248, 254.
Mito, lo mítico, carácter mítico del *PMC* (varias opiniones), 224-228.
Monge, L. de, 91-92, n. 6, 94, 111, n. 68, 180-81, 207.
Monteverdi, A., 167.
Montgomery, Thomas, 47, 69-70, n. 126, 191, n. 51, 207, 237.
Montolíu, Manuel de, 43, 84, 86, n. 31, 105, n. 46, 122.
Moon, H., 191, n. 51.
Moreno Báez, E., 74, n. 141, 100, n. 33, 105-106, n. 48, 185, n. 31, 189, n. 44, 191, n. 51, 197, 200, n. 76, 201-203, 205-207, 251-52.
Morf, H., 81, 88, 141, n. 19, 244.
Morley, S. G., 52, 87, n. 36, 108, 144, 147, 163, n. 47, 165.
Morón Arroyo, C., 124, n. 21, 134-35, 252.
Movimiento dramático del *PMC*: efecto cinematográfico de su ritmo narrativo, 100-102 y notas.
Muñoz y Manzano, C., 152, n. 9.
Murko, M., 221-22.
Myers, Oliver T., 67-68, n. 123, 160, n. 38, 237.

Navarro, Tomás, 36, n. 69, 143, 164, n. 56, 165, 167, 172-73.
Neoclasicismo (crítica cidiana del xviii), —— fenómeno histórico-cultural determinante en la posición de la crítica dieciochesca: métodos y teorías, 177-78, 240-241, 253-54.
Neotradicionalismo, ver escuela tradicionalista (o de Menéndez Pidal).
Northup, G. T., 66, 185, n. 29, 187, n. 37, 194, 207.
Notopoulos, J., 35, 43, n. 24, 185, n. 30.
Núñez Marqués, V., 44, n. 25, 54, 62, n. 93, 249.

Ochrymowicz, O., 144, n. 27, 210-11, 217, n. 38.
Olson, P., 55, n. 74, 69, n. 126, 251-52.
Ormsby, J., 52, n. 60.
Orozco Díaz, E., 56, n. 75, 101, n. 35, 185, n. 31, 189, n. 44, 227, 230, n. 7, 232-33.
Ortega y Gasset, J., 25, n. 29, 61, 161, 176-77, 184.

Pagés, G., 47.
Paisaje, descripción, sentimiento y función del paisaje en el *CMC*, 229-33, y notas.
Palacios Madrid, F., 54-55, n. 74, 62, n. 93, 63, 249.
Paris, G., 22, 44, 78, n. 2, 79-82, 84-86, 88-89, 138, 141, 149, 243, 247.
Parry, M., 35, 42, 76, 144, n. 27, 147, 167, 169, 210-11, 215, 221-22, 246, 250.

Patria, ——— del autor o de los autores del *CMC*, 52-63 y notas; 64-68: el autor del *Cantar* era de una región frontera al lemosín, 57; era asturiano, 58; era de una región cercana a Cataluña-Valencia, 58; era el poeta del *Mío Cid* un juglar francés, 58-59; era de San Esteban de Gormaz, 54, 59-63, 67-68, n. 123; era el autor del *Poema* de San Pedro de Cardeña, 52-55, n. 74, 60-62; era un clérigo de Fresno de Caracena, 55-56, n. 74, 33-35; era un clérigo mozárabe de Extremadura, 56-57; el autor del *Mío Cid* era un poeta culto de Burgos, 30-31, n. 53, 32-34, 62, n. 96, 63, n. 104; un primer poeta-juglar era de San Esteban de Gormaz, y un segundo poeta-juglar vivía en Medinaceli, 60-63, notas, 97 y 104, 67-68, n. 123.

Pattison, D. G., 23, 31-32, 37, 250.

Peculiaridades y características de la épica castellana *(CMC)* que separan y distinguen el *PMC* de los cantares de gesta de Francia (en cuanto al uso irregular del metro y de los tiempos verbales, en cuanto al uso del estilo directo, etc.), 104-106 y notas, 177-206 y notas.

Pellegrini, S., 91-92, n. 6, 94, 97, n. 28, 104, n. 44-45, 105, n. 46, 116.

Per Abat, ver Abat, Pedro (Per).

Pérez de Guzmán, F., 124.

Pérez de Urbel, Fray Justo, 54, n. 73, 55, n. 74, 56, n. 76, 97, n. 28, 221, n. 12, 249.

Personajes, los ——— del *PMC*: están bien contrastados e individualizados, 178-182, 190-193, n. 52; se presentan como si vivieran en un drama y algunos de ellos de una manera cómica y con finura psicológica, 190-193, n. 51.

Pfandl, L., 234.

Pidal, Pedro José (Marqués de), 44, 126, n. 32, 153, 156, 174, 212, 242-243.

Pidal y Mon, A., 81, 88, 94, 111.

Pierce, F., 170.

Poema de Almería, 21, 24, 44.

Poema del Cid, visto como obra de arte, 177-206; considerado como obra de composición (creación) oral, 208-218; en su origen el *PMC* era una obra compuesta por escrito, pero luego fue destinada a la tradición-difusión oral de los juglares, 212-217, y n. 39; el *PMC* no es una epopeya típica, sino una novela o una "biografía novelada, epopeyizada", 194-195; el texto del poema conservado nos ha llegado mediante una tradición oral y escrita, por medio de un texto oral más antiguo que se puso al dictado a finales del siglo XII o a comienzos del XIII, 208-215; el *PMC* y la *Chanson de Roland*: semejanzas y diferencias, 90-106 y notas, 180-207 y notas; el poema castellano pertenece al llamado "naturalismo medieval", la canción francesa, en cambio, pertenece al "simbolismo medieval", 199-200, n. 70.

Poesía épica, ——— castellana (sus orígenes), 78-89; teoría del origen francés, 78-82, 84; teoría del origen germánico-gótico, 82-85, 87-88 y notas; teoría del origen arábigo-andaluz, 85-87; elementos característicos de la antigua épica de los musulmanes andaluces que se encuentran también en la castellana y en la francesa, 85-86, n. 30.

Polémica, ——— entre la escuela tradicionalista y la individualista, 40-42, 48-49, n. 53, 73-75, 219-23, 254-257; ——— entre Gaston Paris y Menéndez Pidal, 79-84.

Pound, Ezra, 105, 106, n. 48, 184.

Procter, E. S., 118-19, n. 1.

Puybusque, A. de, 152, 242.
Puymaigre, Th. de, 39, 90-92, n. 6, 126, 139, 173.

Quintana, Manuel José, 39, 151, 178, n. 3.

Rajna, Pío, 95, n. 20, 139, 141-2, n. 21, 144, 149.
Raquel y Vidas, ver "arcas de arena".
Reacción antirromántica, ——— de la crítica cidiana, 148, 254.
Realismo, poesía e historia, realidad y ficción en el *CMC*, 180-84, 185-92, 194-199, 200-206.
Resnick, S., 47.
Restori, A., 19-20, n. 8, 22, 36, 39, 59-60, n. 89, 64, 94, 107, 139, 150, 155, 160, n. 38, 166 171-72 174, 209, 243.
Reyes, A., 61.
Riaño Rodríguez, T., 23, 31, 33, 34-37, 43, 54-56, n. 74, 63, n. 104, 73, n. 139, 76, 100, n. 33, 209, 212-13, 221, n. 13, 249-252.
Ricard, R., 105, n. 46.
Richthofen, Erich von, 30-31, n. 53, 36, n. 69, 43, 59-60, n. 89, 66-69, n. 124, 71, 73, n. 139, 84, n. 22, 87, n. 36, 91-92, n. 6, 99, n. 31, 104, n. 44-45, 105, n. 46, 106, n. 48, 108-109, 113, 143, 165, 170-71, 186, n. 32, 188, n. 41, 200-201, n. 77, 207, 209, 215, n. 27, 225, n. 6, 249-252.
Rico, F., 68-69, n. 124.
Ríos y Ríos, Ángel de los, 19-20, n. 8, 36, 50, n. 56, 58-59, 126, 209, 212, 245.
Riquer, Martín de, 30, n. 53, 48-49, n. 53, 56, n. 75, 67, 72-73, n. 139, 87, 97-98, n. 28, 100, n. 33, 104, n. 44, 165, 188, n. 41, 196, 198, n. 68, 200, n. 73, 207, 209, 217, 249-252.
Ritmo, ——— acentual del verso irregular del *CMC*: opiniones varias, 171-73, 175-76.
Romances, relaciones entre romances y *CMC*, 136-149; "teoría romántica", 136-141; teoría del "fragmentarismo", 137-143, 147; "teoría de la contemporaneidad" de romances y cantares de gesta, 144-145, n. 27; "teoría del nuevo estilo ilusionista" y "teoría de la nueva concepción del tiempo" de los romances castellanos, 145-147; estilo formulaico, tradición y composición oral del *Romancero* castellano, 144-145, n. 27.
Romanticismo, ——— fenómeno histórico-literario que influye en la postura de la crítica cidiana: métodos y teorías, 136-137, 148, 241-242, 253-54; el ——— contribuye mucho al comienzo de la crítica estética del *CMC*, 178-181.
Romanz del Infant García, 51.
Ruiz y Pablo, A., 230, n. 7.
Russell, P. E., 23, 27-28, 31-35, 37, 54-56, n. 74, 62, 100, n. 33, 131, n. 49, 212, 220-21, n. 11, 249-250.
Rychner, J., 43, n. 24, 217, n. 40, 223.

Saint-Albine, E. de, 19-20, n. 8, 93, n. 8.
Saint-Hilaire, R., 110.
Salinas, Pedro, 43, 50-51, n. 57, 52-53, 182, 185, n. 29, 186, n. 35, 187, n. 37, 189, 190, 193, 205, 207, 248.
Salverda, J. de Grave, 141, 149.
Sánchez, Tomás Antonio, 17, 18, 19, 21-23, 36, 38-39, 57-58, 90, 119, 125-27, n. 37, 134, 151, 153, 173, 206, 240, 245.

Sandmann, M., 235, 238-39.
Sandoval, Prudencio de, 150-51, 173.
Sanz y Díaz, J., 43, n. 24, 62, n. 93 y n. 96, 205, n. 87, 209, 251-52.
Sarmiento, Fray Martín, 17, 38-40, 44, 136, n. 1, 148, 151, 173, 177, n. 1, 208-210, 216, 240, 245.
Saroïhandy, J., 82, 141, n. 19, 157, n. 31.
Scheludko, D., 105, n. 46.
Schlegel, F., 113-14, 179, 191, n. 51, 206, 241-42, 254.
Serrano Castilla, F., 53-54, n. 71.
Siciliano, I., 41, 43, n. 24, 48-49, n. 53, 220.
Simonde de Sismondi, J. C. L., 113-14, 126, 151, 178, n. 3, 241-42.
Singleton, Mack, 66, n. 119, 194-196.
Smith, Colin C., 23, 30-31, n. 53, 32-37, 48, 54-56, n. 74, 63, n. 104, 69-70, n. 126, 100, n. 33, 124, n. 21, 144, n. 27, 186, n. 36, 195, n. 60, 203-204, n. 85, 207, 212, 217, n. 39, 220-21, n. 11, 249-252, 286.
Smith, Colin C. y Morris, J., 104, n. 45.
Socarrás, Cayetano J., 195, n. 60, 203-204, n. 85.
Solalinde, A. G., 143.
Southey, R., 58, n. 84, 137, 178, 206, 254.
Spitzer, Leo, 43, n. 24, 46, 61, 103, 105, n. 46, 106, n. 48, 145-47, 149, 185, n. 30, 194-197, 207, 225, 227, 234, 249.
Staaff, E., 67-68, n. 123, 156-57, 160, n. 38.
Steiger, A., 143, 163.
Strausser, M., 109-110, 117, 248, 252.
Sutherland, D. R., 235.
Szertics, Joseph, 233-34, n. 17, 236-37.

Tailhan, P., 22, 36.
Tapia, Eugenio de, 19-20, 36, 136, 137-39, 148, 151, 181, 206, 241, 253, 254.
Temas, ——— de origen germánico-gótico en la épica de Castilla, 83, n. 21.
Teoría, ——— de la composición (creación) oral del *PMC* y del *Romancero* castellano, 144-145, n. 27 y 208-218; su aplicación a la épica castellana determina la postura de algunos críticos respecto a la fecha de composición y al problema de la autoría del *CMC*, 35, 42; determina también la posición de algunos críticos con respecto al problema de la irregularidad métrica del *Mío Cid*, 167-170.
Texto oral dictado, el *PMC* como transcripción (representación) escrita de un texto oral más antiguo, 208-218; el texto del *Poema* conservado es una "refundición" de un texto cidiano desaparecido más antiguo, 70-74 y notas.
Thomov, Thomas S., 36, n. 69, 67, 91-92, n. 6, 98, n. 29, 99, n. 31, 104, 188, n. 41.
Ticknor, G., 39, 58, 152, 178-79, 242, 245, 254.
Tiempo-formas temporales, uso, función e irregularidades del tiempo y de las formas verbales en el *PMC*, 233-239.
Tradición épica, ——— oral o (y) escrita del *Mío Cid* y del *Romancero* castellano, 144-45, n. 27, 208-218.

Ubieto Arteta, A., 23, 29-30, n. 53, 31-32, 35, 43, 59-60, n. 89, 66, n. 119, 71-73, n. 139, 76, 209, 212, 250.
Unamuno, Miguel de, 96, n. 21.

Valbuena Prat, A., 86, n. 31, 88, 104-105, n. 46, 122, 203, n. 84.

Valera, Juan, 91, n. 5.
Vargas Ponce, José de, 151, 177, n. 1, 206, 240.
Versificación, la ——— del *CMC*, 150-176: imita metros latinos, 151-152, n. 9; es irregular y amétrica, 151, 154-166, 169-170; es regular, 153, 155, 156, 160-164, notas 55-56; es de origen francés, 152-155, 157-58, n. 31; se asemeja al antiguo metro acentual germánico, 107-110, 171-73; la versificación cidiana es irregular y amétrica, lo cual constituye una peculiaridad hispánica, una característica congénita de la épica de Castilla, 165-166, n. 58; las irregularidades métricas del *CMC* se deben a la infiel memoria del copista, a la tradición oral del texto conservado, al hecho de ser el *PMC* conocido una obra que deriva de un texto oral dictado, 166-169 y notas; se deben las irregularidades métricas del *Poema* a la imperfecta imitación de los metros franceses, 167.
Viardot, L., 113.
Villemain, F., 137.
Viñas Mey, C., 52, 60, 86, 96, 220, n. 1.
Viscardi, A., 41, 48-49, n. 53, 87, n. 36.
Vollmöller, K., 22-23, 36, 244.
Voretzch, K., 87.
Vossler, K., 26, 45-46, 52-53, 65, 96, 105-106, n. 48, 122, n. 12, 145-147, 149, 163, 185, 207, 234, 248.

Wagner, L., 87.
Webber, Ruth House, 144-145, n. 27, 147, 149, 200, n. 76, 200-201, n. 77, 210-211, 216-217, n. 37-38.
Whinnom, Keith, 144-145, n. 27.
Wolf, F., 19, 36, 39, 58, 64, 72, 78, n. 2, 79, 90, 114, 136, 138-139, 148, 153-154, 179, n. 10, 182, 185, 192, n. 2, 206-207, 209, 242, 243, 254.
Wolf, F., y Hoffmann, C., 138.

Zahareas, A., 197-198, n. 66, 227.
Zingarelli, N., 23-26, 37, 43, 48-49, n. 53, 76, 121-122, n. 12, 129, n. 43, 134, 184, 209, n. 5, 220, n. 1, 248.

The Department of Romance Studies Digital Arts and Collaboration Lab at the University of North Carolina at Chapel Hill is proud to support the digitization of the North Carolina Studies in the Romance Languages and Literatures series.

www.ingramcontent.com/pod-product-compliance
Lightning Source LLC
Chambersburg PA
CBHW030610230426
43661CB00053B/1913